Hermann Schreiber

SCHOTTLAND

Hermann Schreiber

SCHOTTLAND

Geschichte eines Landes
am Rande Europas

Casimir Katz Verlag

CIP-Titelaufnahme der Deutschen Bibliothek

Schreiber, Hermann:
Schottland: Geschichte eines Landes am Rande Europas /
Hermann Schreiber. – Gernsbach: Katz, 1990
ISBN 3-925825-41-X

© Casimir Katz Verlag, Gernsbach 1990
Satz: Casimir Katz Verlag, Gernsbach
Umschlaggestaltung: Zembsch' Werkstatt, München
Druck: Clausen & Bosse GmbH, Leck
ISBN: 3-925825-41-X

Inhalt

Torf und Heidekraut. Ein nicht ganz
ernstgemeintes Vorwort   7

Felsen und Feen   11

Kelten und Römer   35

Die Zeit der Drachenschiffe   69

Von Columba bis Kenneth MacAlpine   93

Von Beda zu Beowulf   123

Wilhelm und der Stamm Bruce   143

Stuart the Stewart   179

Mary und ihr Land   203

Ein Schotte aus Turin   235

Oliver Cromwell und die Schotten   245

Schottland im Zwiespalt   269

Der unglückliche Liebling der Nation   289

Auferstehung auf dem Papier   319

Von Georg III. zur großen Queen   335

Seine Aufgabe hat es längst erfüllt   361

Zeittafel der schottischen Geschichte   373

Stichwort Clan. Eine Kurzinformation als Anhang   381

Literaturbericht   383

Torf und Heidekraut

Ein nicht ganz ernstgemeintes Vorwort

Nurse Nanny, Schottlands berühmteste Märchenerzählerin, weiß von den Pikten, daß sie klein und sehr kräftig gewesen seien, „mit roten Haaren und langen Augen und ganz breiten Füßen, die konnten sie sich bei Regen über den Kopf halten wie einen Schirm". Damit waren sie zweifellos für das schottische Wetter bestens ausgestattet, ja man möchte beinahe meinen, sie seien mit ganz normalen Füßen eingewandert und diese hätten sich erst im Lauf jener Jahrhunderte, in denen die Pikten in Schottland lebten, zu jederzeit verfügbaren Regenschirmen verbreitert. Noch mehr als diese Fähigkeit imponierte den späteren Schotten jedoch, was die Pikten als Brauer zu leisten imstande waren: „Sie brauten auch ein herrliches Ale, und zwar machten sie das aus Heidekraut." Es gibt mindestens zwei sehr alte Märchen, in denen die letzten Pikten, Vater und Sohn, dieses Geheimnis gegen die Eroberer dadurch schützen, daß der Vater seinen Sohn töten läßt — der Junge nämlich hätte der Folter nicht widerstanden — und als nur noch er, der alte Pikte, übrig war, gaben die Eroberer es auf, hinter das Geheimnis des Heidekraut-Biers zu kommen.

Seither ist die Geschichte dieses armen und rauhen Landes von geheimnisvollen Getränken durchsetzt, als habe man nördlich des Antoninus-Walls zweieinhalb Jahrtausende lang von nichts anderem geträumt als von solchen Genüssen. Das sagenhafte Gelage, nach dem die Könige von Irland und Dänemark sich verabreden, den König der Schotten zu töten, sieht Bier und Whisky auf dem Tisch, und der Sagenheld Fionn MacCumhal trinkt bei der Toch-

7

ter des Schmieds von Ulster aus einem so komplizierten Gefäß, daß er sich benetzt, ausgelacht wird und der Schmiedstochter gleichsam als Denkzettel ein Kind macht...

Als Charles Edward, Stuartprinz und Thronprätendent, nach der furchtbaren Niederlage gegen die Hannoveraner auf dem Cullodenmoor monatelang durch die Highlands und nach den Hebriden fliehen mußte, hatten die Engländer ein Kopfgeld von 30 000 Pfund ausgesetzt – für das arme Schottland eine schier unvorstellbare Summe. Charles Edward wurde dennoch nicht verraten, fand Unterschlupf auf den Hebriden und konnte endlich nach Frankreich fliehen. Und dem Mädchen, das dabei das größte Verdienst um ihn erwarb, soll er zum Dank das Rezept jenes Whiskylikörs verraten haben, den wir heute als Drambuie kennen.

Dieses älteste und echteste Schottland, die Inseln, hat auf eine besondere Weise und mit einem besonderen Getränk Einzug in das europäische Bewußtsein gehalten, mit dem Malt-Whisky, der nicht mehr, wie der klassische Whisky des schottischen Festlands, sich kunstvoller Mischungen der Ingredienzen rühmt, sondern wie ein Ordensband seinen Inselnamen trägt: *Single Islay Malt* oder *Isle of Jura pure Malt* oder *Distilled by the Island of Skye*. Die bizarren Würzen dieses unverfälscht vom Torfboden einer bestimmten Insel zehrenden Getränks haben Schocks ausgelöst, haben uns des klassischen Scotch-Whiskys entwöhnt und es zuwege gebracht, daß Herren, die Ostpreußens Landschaften längst nicht mehr zu nennen wissen, flüssig von den Hebrideninseln parlieren oder die herrliche Melodie vom Mull of Kintyre summen.

Das heutige Schottland ist aufgestiegen und seiner Vergangenheit entronnen, und es muß schon der Nebel über den Highlands liegen, man muß beim dritten der einsamen Hotels vergeblich um Quartier gefragt haben, um sich die Zeiten heraufrufen zu können, in denen – wie ein hartes Wort sagt – in Schottland jedes Stück Brot wußte, wohin es gehört, Zeiten, in denen Boswell zu Doktor Johnson sagte 'I do indeed come from Scotland, but I cannot help it...' Und Johnson antwortete: 'That, Sir, I find, is what a very great many of your countrymen cannot help.' Wenn man weiß, was dieser Doktor Johnson, der bei uns beinahe unbekannt geblieben ist, den Engländern bedeutet, daß er in ihren Nachschlagewerken und Zitatensammlungen soviele Seiten füllt wie William Shakespeare, dann versteht man kaum, daß sie dieses Wort zu Boswell nicht beherzigen – daß sie gegenüber Schottland noch heute in beinahe der gleichen Hilflosigkeit verharren wie seit Jahrhunderten. Nur die militante Aggression, wie sie in Nordirland noch täglich ihren Blutzoll fordert, gehört zwischen Schotten und Engländern inzwischen der Vergangenheit an. Aber Boswell hat auch noch einen anderen Ausspruch Johnsons aufgezeichnet, das Wort, Schottland sei ein schlimmeres, ein übleres England (wie immer man das Wort *worse* übersetzen will), und da muß man nun sagen: Hier irrt Doktor Johnson zum Glück für beide, für Engländer wie für Schotten. Wir wissen es heute, wir hoffen, auf den folgenden Seiten einiges sagen zu können, das dieses alte und grausame Fehlurteil auflöst. Aber allein, daß es so lange Bestand haben konnte, sagt uns eigentlich schon, daß das alte Schottland ein neues Leben gewonnen hat – nach einem langen, mit unvergleichlicher Tapferkeit begangenen Weg.

9

Felsen und Feen

Vor nicht ganz dreihundert Jahren, um 1695, besucht ein Schriftsteller namens Martin Martin die Orkney-Inseln. Die Reise muß damals sehr beschwerlich gewesen sein, aber Martin, nicht sehr berühmt, war sich klar darüber, auf diesen unwirtlichen und nur zum Teil besiedelten Eilanden so manches finden zu können, was ihm im erwachenden Interesse für die gemeinsame britische Vergangenheit vielleicht doch noch einen Namen machen würde.

Auf der Insel Hoy wurde er fündig: man zeigte ihm einen gewaltigen Block aus Buntsandstein, der an der Südflanke des höchsten Inselberges, des Ward Hill, die Phantasie der wenigen Einwohner zweifellos seit jeher beschäftigte. In den beinahe neun Meter langen Block, den über den weichen Boden zu transportieren schier unmöglich erscheint, ist nämlich eine kleine Wohnung gebrochen, gleichsam ein Unterschlupf für Zwerge, weswegen das Wahrzeichen der Insel auch Dwarfie Stane (nicht Stone), also Zwergenstein, heißt. Links und rechts von einem schmalen Gang sind kleine Schlafkammern ausgehöhlt, in der einen ist sogar eine Art steinernen Kissens erkennbar, und nach oben ist die kleine Anlage nicht ganz geschlossen, so daß man einen Rauchabzug vermuten kann, wie ihn jede steinzeitliche Wohnung brauchte. Ein großer Steinbrocken, der in den Gang paßt, liegt vor dem Dwarfie Stane, aber es würde Maschinen brauchen, um ihn in den Eingang einzufügen.

Seit einigen Jahrzehnten, seit Vorgeschichtler ihre Forschungen einigermaßen koordiniert haben, weiß man, daß diese Zwergenwohnung ein Grab, offensichtlich für vornehme und gutsituierte Inselherren gewesen ist, vielleicht für ein Herrscherpaar. Der schwere Stein vor der Kammer sollte die Beraubung des Grabes verhindern, weswegen vielleicht die Rauchabzugsöffnung gewaltsam erweitert und das Grab von oben her geplündert wurde, ein Grab aus der Zeit um 1800 vor Christus, aus der Epoche von Stonehenge.

Mister Martin Martin hat damit natürlich nicht den Beginn der schottischen Geschichte aufgefunden und in seiner *Description of the Western Islands* dargestellt. Aber diese und viele andere ähnliche Funde präsentieren uns die Orkneys, die Shetlands und einige Hebriden-Inseln als wahre Schatzkammern aus jenen vorrömischen Zeiten, die merkwürdigerweise auch von namhaften Geschichtswerken bis heute mit deutlicher Mißachtung behandelt werden. Nun ist natürlich die ganze nordeuropäische Früh- und Vorgeschichte niemals auf jenes Interesse gestoßen, wie es die spektakulären Bauten in Ägypten, im Zweistromland, im Industal oder in verschiedenen Gegenden Chinas erweckt haben. Nirgends führen endlose Treppen zu geheimnisvollen Opfer-Plattformen hinauf wie in Mittelamerika, nirgends lassen sich die gewaltigen Fundamente eines Turmbaues entdecken, wie es jener zu Babel gewesen sein soll. Es ist eine gefährliche Tendenz, die faszinierenden, an sich aber nicht sehr ansehnlichen Funde mit berühmten Ausgrabungsstätten zu vergleichen und etwa von einem schottischen Pompei zu sprechen, wenn von Skara Brae die Rede ist, oder die zahlreichen Steinsetzungen an Schottlands Küsten und auf den Inseln mit Stonehenge zu vergleichen. Zu dem Erlebnis, das uns die vorgeschichtlichen Denkmäler Schottlands und der Inseln vermitteln, muß eine gewisse innere Bereitschaft kommen und die Liebe zu dem eigenartigen, spröden und doch überwältigenden Land, dem wir auf der Reise in die schottische Geschichte begegnen. Es ist ein Land, dessen bis an die Schwelle der Neuzeit heraufreichende Abgeschlossenheit uns ein einzigartiges Stück Alteuropa bewahrt hat und einen Blick in Zeiten und Zustände gestattet, die auf dem europäischen Festland beinahe überall vollständig überdeckt oder schon seit vielen Jahrzehnten aussichtslos verändert und verfälscht worden sind. Seine karge Natur, sein rauhes Klima, seine entfernte Lage und zerklüftete Gestalt haben aus Schottland ein Freilichtmuseum von bestürzender Großartigkeit gemacht, geheimnisvoll wie das korsische Filitosa, beeindruckend wie Carnac oder Malta.

Bei Inseln und fernen, schroffen Küsten muß man immer mit einer vergleichsweise späten Besiedlung rechnen; wir wissen schließlich, daß der ganze amerikanische Doppelkontinent frei von Frühmenschenformen ist, weil erst eiszeitliche Brücken über die Beringstraße eine Einwanderung ermöglichten. Auch die Einwanderer nach Schottland haben den für sie kürzesten und mit kleinen offenen Booten zu bewältigenden Weg von Irland zur Halbinsel Kintyre gewählt, wo nur 23 Kilometer offener See zu bezwingen waren, und sie mußten ihre Wanderung beenden, weil von den Orkneys und den Shetlands ein Weiterkommen mit ihren Fahrzeugen nicht mehr möglich war. Man darf annehmen, daß es sich dabei nicht um die üblichen Einbäume handelte, die für nördliche Meere zu tief im Wasser liegen und schwer zu handhaben sind, sondern um Boote in der Art, wie sie die Eskimos bis an die Schwelle der Gegenwart benützten: Spanten aus elastischen Hölzern oder Weidengeflecht, über die Häute gezogen sind. Im unsprechbaren Walisisch hießen diese Boote *corwgl* und waren meist rund wie heutige Rettungsinseln, irisch hießen sie *curach*, woraus später dann *coracle* wurde. Man muß annehmen, daß ganze geschlossene Sippenverbände in der schwierigen Irischen See, ihren Strömungswirbeln und ihrem schnell wechselnden Wetter zugrundegegangen sind. Der Zeitraum, in dem sich dies vollzog, kann nur nach Jahrtausenden gemessen werden: Im sechsten vorchristlichen Jahrtausend scheinen die ersten Einwanderer aus der maritimen Völkerdrehscheibe Irland am Mull of Kintyre gelandet zu sein, etwa zweitausend Jahre später hatten sie auch die äußersten Hebriden und die nördlichen Inseln erreicht.

Einzelne Eilande der Orkney- und der Shetland-Gruppe blieben jedoch völlig siedlungsleer.

Das Volk, dessen Wanderung hier um 3800 vor Christus zuende ging, kam vermutlich aus Nordwestspanien und hatte altiberischen Charakter, und wenn man sich vergegenwärtigt, welch außerordentliche Leistungen baskische Seefahrer mit ihren vorkolumbianischen Ozeanüberquerungen vollbrachten, darf man wohl Zusammenhänge mit ihnen vermuten.

Noch ehe das Großstein-Volk auf allen Weltmeeren seine Zeichen setzte, hatten sich diese Menschen, von Feinden bedrängt oder an der rauhen kantabrischen Klimasituation verzweifelnd, längs der westeuropäischen Küsten aufgemacht und waren, da der Ärmelkanal damals nur zeitweise schiffbar war, längs der Cornwallküste nach Irland und von dort nach Westschottland gelangt. Ihr bedeutendstes Denkmal hinterließen sie uns jedoch nicht auf dem schottischen Festland, sondern auf Mainland, der größten Orkney-Insel – das Steinzeitdorf Skara Brae.

Wie es bewahrt und entdeckt wurde, ist eine eigene Geschichte, ein Romanstoff beinahe, von dem leider Walter Scott noch nichts wußte: Er starb 1832, und 1851 legte ein schwerer Sturm mit seinen Hochfluten in der Bay of Skaill offensichtlich sehr alte Gebäudereste frei, die unter einer Sanddüne begraben gewesen waren. William Watt, Gutsherr von Skaill House, schaufelte in eigenen und notwendigerweise laienhaften Ausgrabungen bis 1860 insgesamt vier Häuser frei, wobei es blieb, bis ein weiterer schwerer Sturm im Jahr 1926 Teile der freigelegten Mauern ins Meer riß und damit bewies, daß es die gewaltige Düne gewesen war, die das alte Dorf vor der Zerstörung durch die Wogen geschützt hatte. Da man nun schon stärker an der Frühgeschichte interessiert war, da man inzwischen auch wußte, daß viele vorgeschichtliche Siedlungen vornehmlich an der Westküste von Großbritannien und Irland auf diese Weise zugrundegegangen waren, handelte der *Ancient-Monuments-Branch* des Arbeitsministeriums überraschend schnell und ließ einen Damm aufführen, der die Ausgrabungsstätten fortan und bis heute schützt.

1928 bis 1931 standen die Ausgrabungs- und Sicherungsarbeiten unter der Leitung eines der bedeutendsten europäischen Frühgeschichtlers, des Professors V. Gordon Childe (geboren 1892 in Sidney, gestorben 1957) von der Universität Edinburgh. Sein Bericht erschien 1931 unter dem Titel *Skara Brae*, dem Namen der Fundstelle.

Von Gordon Childe stammt der Satz 'There is no neolithic culture, but a limitless multitude of neolithic cultures' (*What happened in history* p. 62), weswegen es nicht viel Sinn hat, in den auf so wunderbare Weise erhaltenen Häusern von Skara Brae nach Parallelen zu verwandten Kulturen zu suchen. Was sich hier ereignete, was hier Menschen einer sehr fernen und dennoch uns verwandten Kultur betraf, ja über sie herfiel, ist an sich bemerkenswert genug: Die Häuser müssen von ihren Bewohnern in größter Eile, ja in angsterfüllter Hast verlassen worden sein, sei es, daß sich eine Sturmflut ankündigte, sei es, daß nach einer solchen die Düne in Bewegung geraten war und die Menschen vor den Sandmassen nur das nackte Leben retten konnten. Für diese zweite Version spricht die Tatsache, daß der Sand in allen Räumen in dicker Schicht auf dem Boden lag und daß einzelne Häuser in späterer Zeit trotz dieser Sandschicht wieder bewohnt wurden, ohne daß die neuen Bewohner ernsthafte Versuche machten, sie durch die Entfernung des Sandes wohnlicher zu gestalten.

Die Häuser sind beinahe quadratisch mit etwa sieben Metern Seitenlänge und aus unbehauenem, zyklopisch aneinander gefügtem Stein errichtet. Der ständig wehende Wind führte jedoch den Sand in alle Ritzen, so daß diese nicht nur alsbald verstopft waren, sondern daß sich auch aus Meerwasser, Sand, angewehten Pflanzenteilen und Mineralstoffen eine Art Mörtel gebildet haben muß, der die Wände, leider aber nicht die Dächer dieser Häuser schützte. Der nur etwa 130 cm hohe Eingang konnte durch einen schweren Stein verschlossen werden wie im Fall des

Zwergensteins von der Insel Hoy. Da es auf den Dünen praktisch keinen Baumwuchs gab, konnten sich die Bewohner von Skara Brae keine Möbel anfertigen, sondern mußten sich mit steinernen Betten, Sitzgelegenheiten und Ablagefächern in der Wand begnügen. In der Mitte des Hauptraumes fand man Asche von der Feuerstelle, von dort führte auch eine Drainage-Rinne als Abwasserkanal zu einer für alle Häuser gemeinsamen, geräumig ausgehobenen Kloake.

Das Ost-Ende des Dorfes ist von den Wogen verschlungen worden, so daß sich die Größe der Siedlung nicht mehr mit Sicherheit ermitteln läßt. Es scheint jedoch festzustehen, daß die einzelnen Behausungen im Wesentlichen Schlafstätten waren, allenfalls noch Aufbewahrungsort für private Besitztümer oder Schätze wie Perlen, von denen sich viele fanden. Das eigentliche Leben des Dorfes spielte sich in einer Art großem Patio zwischen den Häusern ab, wo auch eine Back- und Grillhütte stand. Der Großteil des Dorfes war versenkt gebaut oder durch Aufschüttungen gesichert, vor allem wohl gegen den Wind, weniger gegen die Sicht vom Meer her, denn es steht fest, daß das Dorf niemals geplündert wurde, ja daß mindestens drei Häuserfolgen aufeinander gebaut wurden, so daß man, ähnlich wie in Troja, genau genommen von Skara Brae I, II und III sprechen muß.

Die Bauweise erinnert an so manche ingeniöse Vorrichtung, die sehr viel später auch die Grönlandwikinger treffen mußten: Die Bedeckung der Häuser mit Grasnarben, der sorgfältige Windschutz, die enge und niedrige, vor der Kälte schützende und die Wärme bewahrende Bauweise, die Kommunikation zwischen den Steinhütten in überdeckten Gängen (!), weil man sich an dieser nach Westen offenen und hart am Strand ungeschützten Wohnlage offensichtlich ein Gutteil des Jahres gegen rauhestes Wetter zur Wehr setzen mußte.

Obwohl man alles fand, was eine Dorfschaft zum Leben braucht, fehlten Metallgegenstände vollständig. Die Siedlung ist also auch in ihrer obersten und jüngsten Schicht noch steinzeitlich zu nennen, und auch das Leben ihrer Bewohner war archaisch, ohne Ackerbau, ohne Weberei. Sie lebten von Haustierhaltung, von der Milch ihrer Herden und der Jagd auf alle Tiere ihrer Umwelt vom Kaninchen bis zum Wal. Sie kleideten sich in Felle, die sie mit großen Nadeln aus Walfischbein zusammennähten. Alles, was sie verwendeten, kam aus der nächsten Umgebung, der Torf, mit dem sie heizten, ebenso wie die Steine, aus denen sie Äxte und andere Werkzeuge verfertigten.

Skara Brae ist nicht nur an sich hochinteressant, es ist auch als Fundort kennzeichnend für die gesamte nordische Archäologie, in der wir auf die spektakulären Baudenkmäler und weitgehend auch auf kunstvolle Schmuckstücke oder Werkzeuge verzichten müssen, die uns aber doch über die Lebensweise jener Menschen, in diesem Fall der ersten Bewohner Schottlands, sehr wertvolle Aufschlüsse geben. Auch daß dieses Dorf von mindestens drei verschiedenen Völkerschaften und insgesamt annähernd ein Halbjahrtausend lang (bis etwa 2200 v. Chr.) bewohnt war, bot der Forschung die Möglichkeit, durch den Vergleich der Gewohnheiten, Vorlieben und Ansprüche der Dörfler Schlüsse auf deren kulturellen Gesamtstatus zu ziehen. Die letzten Bewohner, jene, die nach der Katastrophe in die sandgefüllten Häuser einzogen, kommen dabei am schlechtesten weg. Sie nahmen am Gestank ihrer Abfälle keinen Anstoß, sie waren zufrieden mit dem Dach über dem Kopf, sie bemühten sich nicht um ein echtes dörfliches Gemeinschaftsleben. Ihre Vorgänger aber, jene, die vor dem Sand flüchteten, erscheinen uns in vielem erstaunlich modern in dem Sinn, daß sie an ihre Daseinsbedingungen höhere Ansprüche stellten als viele Gemeinschaften des europäischen Mittelalters: Die Abflußrinnen waren zugedeckt, es gab eigene Toiletten-Nischen im Gangsystem, und aus dem wenigen, das sie hatten, verfertigten sie Schmuck vermutlich nicht nur für die Frauen und Mädchen: Halsketten aus Schafknöchelchen und aus den Zähnen verschiedener Meerestiere, wobei der Nervenkanal des Zahns das Auffädeln erleichterte. Aus Walroßbein wurden Figuren für verschiedene Spiele geschnitzt, doch läßt sich nicht sagen, ob es sich dabei um Brettspiele handelte und ob auch Erwachsene spielten. Die Beschäftigung der Männer scheint neben Jagd und Fischfang auch die Anhäufung von Waffen gewesen zu sein, Steinkugeln, die mit Spikes versehen waren, Messer aus Obsidian. Speere oder Schwerter wurden nicht gefunden, so daß die Kugeln aus Vulkanstein, die sehr sorgfältig gearbeitet waren und mit ihren pyramidenförmigen Spikes kleine Kunstwerke darstellten, wohl eher bei der Jagd als im Kampf verwendet wurden und eingesammelt werden konnten, wenn sie – geworfen oder geschleudert – ihr Ziel getroffen und erlegt hatten.

Den geschickten Umgang mit Tierknochen, Tierzähnen und Schmuckstein beweisen aber vor allem die mehr als tausend voll ausgeschliffenen Perlen und Kügelchen, die gefunden wurden, wozu noch eine große Anzahl Schmuckperlen in allen Stadien der Fertigung kommen. Es gibt zwar in Skara Brae nicht allzuviele Hinweise auf kulturelle Ansprüche, aber diese Primitiv-Manufaktur, das Schmuckbedürfnis und die Spielfiguren erheben die Bewohner der zweiten Schicht doch über den Status der primitiven Jäger und Sammler. Daß Reste verschiedener Farben gefunden wurden – Rot, Gelb und Weiß – hatte weitreichende Folgen: Da sich mit diesen Farben vermutlich die Männer bemalten, und das natürlich nicht nur in Skara Brae, brachte das diesen frühen Schotten die Bezeichnung Picts (Pikten), also die Bemalten, die Angestrichenen, ein, und Gordon Childe nennt Skara Brae auch ausdrücklich *Pictish Village*.

Zum Schluß muß die Frage nach der Einordnung der Skara-Brae-Menschen oder Steinzeit-Pikten gestellt werden. Dabei half die Keramik mit ihren erhabenen und eingekerbten Ornamenten, wenn auch nur wenig Töpferware gefunden wurde. Eine Scherbe mit einem Spiralornament aus der untersten Schicht erwies sich als einzigartig im ganzen vorgeschichtlichen Großbritannien, doch muß dieser Einfall eines Skara-Brae-Kunsttöpfers nicht gleich auf eine unbekannte Einwanderersippe schließen lassen. Die übrige Keramik ordnet man seit der Ausgrabung des mit Skara Brae gleichzeitigen Dorfes Rinyo auf der kleinen Orkney-Insel Rousay in eine neue spätsteinzeitliche Kulturgruppe ein. Ihr Name Rinyo-Clacton-Kultur deutet auf eine direkte Abkunft von Clactonien hin, das im vierten vorchristlichen Jahrtausend von der englischen Essex-Küste bis nach Nordschottland vorherrschend war. (Rousay, wo man schon megalithische Grabkammern kannte, wurde seit 1939 vor allem von Walter G. Grant erforscht.)

Auf Rousay, einer freilich nicht ganz leicht erreichbaren Insel, läßt sich der Übergang von dieser letzten Steinzeitkultur zu den sogenannten Glockenbecherleuten auch gut verfolgen. Sie heißen englisch kurz Beaker-People und sind weniger als eine ethnische, eher als eine kulturelle Einheit aufzufassen, weil die nach der charakteristischen Form ihrer Keramikbecher benannten Kulturträger und -bringer aus einem so großen Gebiet kommen, daß mit volkreichen Wandergruppen gerechnet werden muß. Dieses Gebiet liegt nach Jan Filip, dem wir hier folgen, im westlichen Mittelmeer und reicht von Nordafrika bis über die Pyrenäen nach Norden. Am häufigsten treten in Bestattungen kurzschädelige Individuen auf, und neben der Keramik haben sich als gemeinsame Merkmale gewisse Formen für Waffen und Schmuck ergeben, dazu Knöpfe mit V-förmigen Bohrungen. „In dieser Hinsicht gibt es zwischen den Ortsgruppen keine wesentlichen Unterschiede." (Filip)

Die englisch-schottische Gruppe ist durch besonders reichhaltige Funde dokumentiert, die von Feuersteindolchen bis zu solchen aus Kupfer reichen und von Silexklingen zu Kupferäxten, das heißt: die Glockenbecherleute brachten die Kenntnis der Metallverarbeitung, die sie selbst in Nordafrika und in Spanien kennengelernt hatten, nach und nach in ihre englischen und schottischen Wohnsitze, wo wir dank der Hockerbestattungen, der Grabhügel und der auf uns gekommenen Grabbeigaben ein Bild dieser letzten vorgeschichtlichen Bewohner der britischen Inseln gewinnen können.

Die Brochs (Rundfestungen) von Rousay und Gurness (auf Mainland) zeigen uns die frühe Metallzeit in ihrem Einzug in Schottland, also nach der Eroberung der ganzen Insel von Cornwall bis zu den Shetlands. Die Anlage dieser Brochs auf geschützten Plätzen (auf Rousay ist er auf drei Seiten vom Meer umgeben) ergibt sich aus dem neuen Bedrohtsein. Bei Durchmessern von meist unter zwanzig Metern haben diese Fluchtburgen Mauerdicken von drei Metern an der Basis, was sich freilich nur aus der zyklopischen Bauweise erklärt. Da man nicht mörtelte, mußte man auf einer breiten Basis aufschichten. Mit mauerbrechenden Angriffswaffen brauchte nicht gerechnet zu werden. Der Zentralbau war von tiefen Grabensystemen umzogen, vor denen nicht selten weitere Mauern den Angreifer abwehrten, also wohldurchdachte Befestigungen, die sich dank ihrer Abwehrkraft bis in die Wikingerzeit erhalten haben und genutzt wurden und die schließlich zum Teil noch heute vor uns stehen. Der Broch von Midhowe auf Rousay war mit einer beinahe sechs Meter dicken Mauer zusätzlich gegen die Landseite geschützt, was auf Angriffe von Seiten anderer Siedler hindeutet; das Meer, auf dem die gewaltigen Invasionen der Angeln, Sachsen und anderen Nordmänner erfolgen werden, gilt noch als sicher.

Die Ausgrabungen der Jahre zwischen 1930 und 1933 legten unweit des Brochs auch einen Schmelzofen frei, der von der Bronzezeit bis hinein in die Eisenzeit in Betrieb war. Im Broch von Gurness auf der Orkney-Hauptinsel Mainland vermutet man sogar den Gebrauch einer praktikablen, das heißt leicht zu entfernenden Brücke über den Graben, Vorläufer der Zugbrücken späterer Burgen. Auch hier fanden sich bronze- und eisenzeitliche Schmuckstücke und Waffen, so daß man vier verschiedene Nutzungsperioden der Befestigungsanlage ermitteln konnte.

Zeitweise, offenbar, wenn der Feind nahe war, fand das ganze dörfliche Leben innerhalb der Ringmauern statt. Die Wikinger, die vor allem zur See kämpften, ebneten später den Graben ein, fanden aber die ganze Anlage von Gurness doch auch für ihre Zwecke geeignet, was zu dem verwirrenden Fund von Scherben einer römischen Amphore führte: Sie war zweifellos auf einem Wikingerzug geraubt worden; die Römer selbst, die keine großen Seefahrer waren und vor allem die Gezeiten fürchteten, sind niemals auf die Orkneys gekommen.

Nun wissen wir heute zwar, daß die Glockenbecherleute nicht jenes tödlich überlegene Bogenschützenvolk waren, für das man sie so lange halten hat. Sie stießen an Donau und March auf gleichstarke Abwehrkräfte und wandten sich eben darum dem europäischen Westen zu, dem sie alles brachten, was inzwischen den Ruhm von Tartessos ausmachte: Schmelztechnik, Metallverarbeitung, Bronzemischungen, Erzhandel über die Weltmeere, Fernhandel, Warenaustausch, Berührung mit alten Kulturstätten am Ostrand des Mittelmeers. Die Bronzezeit war angebrochen, das große, ja gewaltige Erwachen von Cornwall bis zum Nil, vom Atlas bis zu den Orkneys. „Es ist nicht überraschend", schreibt Gordon Childe, „daß in den frühen historischen Gesellschaften genau wie in den letzten Barbarenvölkern unseres Jahrhunderts die Metallurgen Spezialisten sind. Schon die ersten ihrer Art besaßen nicht nur eine Technik, sie waren in den Augen ihrer Zeitgenossen mit besonderen Kräften begabt. Schmiede, Bergleute, Metallgießer verfügten nicht nur über besondere Geschicklichkeit, sie waren in Mysterien eingeweiht... und diese Sonderstellung vererbte sich weiter, denn nicht jedes Mitglied der Gemeinschaft (not every clansman) wurde in diesen Künsten ausgebildet." (l.c.p. 77)

Skara Brae war ebenso wie Rinyo und die anderen Dörfer steinzeitlichen Zuschnitts so gut wie autark gewesen. Man hatte notgedrungen eine Lebensform entwickelt, die der Außenwelt alles Notwendige abgewann, aber Verbindungen zu anderen Gemeinschaften nicht brauchte. Mit dem Metall wurde alles anders. Wenn wir im heutigen Cornwall rätselhafte Metallkonstruktionen und einsame Schornsteine aufragen sehen, wo längst keine Siedlungen mehr sind, dann haben wir darin das Ende jener goldenen Zeiten vor uns, in denen selbst die Phöniker noch den weiten Weg auf sich nahmen, das unerläßliche Zinn zu holen. Die Erze, für Landtransport zu schwer, wurden auf den Scilly-Inseln oder auf der Ile de Ré umgeschlagen, weil Inseln seit jeher den Händlern eine gewisse Sicherheit bieten, ja oft als exterritorial gelten durften. So wurden diese kleinen Eilande südlich von England und an der französischen Atlantikküste zu den Cassiteriden, den Zinn-Inseln der Antike, ohne daß auf ihnen selbst Zinn gewonnen worden wäre. Nach einem Rundblick über den Bergbau der ihm bekannten Welt sagte Strabo (auf Poseidonius fußend): „Das Zinn aber wird nicht auf der Oberfläche gefunden, wie die Geschichtsschreiber schwatzen, sondern ausgegraben. Erzeugt wird es bei den Barbaren oberhalb Lusitaniens (Portugals) und auf den Kassiterischen Inseln, und es wird auch von den Britannischen Inseln nach Massilia (Marseille) gebracht." Strabo weiß auch genau, daß diese Inseln 'vor Europa' liegen und 'außerhalb der Säulen', womit die Säulen des Herkules gemeint sind, die Meerenge von Gibraltar. Da sich Strabo wie Poseidonius auf frühere Geschichtsschreiber beziehen, darf man annehmen, daß die sichere Kenntnis vom britischen Zinn, ihre geschichtliche, schriftliche Verankerung, ins vierte vorchristliche Jahrhundert zu setzen ist. Herodot, der 425 vor Christus starb, läßt erkennen, daß man ihm von den Zinninseln gesprochen hat, sagt aber mit seiner bekannten Skepsis:

„Über die äußersten Länder Europas nach Westen hin kann ich nichts Bestimmtes mitteilen. Ich glaube nicht an den Eridanos, wie die Barbaren einen Fluß bezeichnen sollen, der ins Nordmeer, aus dem der Bernstein herkommt, fließe. Ich weiß auch von den Zinninseln nichts, von denen das Zinn zu uns kommt. Schon der Name Eridanos erweist sich als hellenisch, nicht barbarisch, und also als Erfindung eines Dichters. Ferner kann ich trotz aller Mühe von keinem Augenzeugen Näheres über jenes Nordmeer in Europa erfahren. Daß Zinn und Bernstein aus dem äußersten Lande der Erde kommen, ist sicher." (III, 115)

Es gibt nichts Reizvolleres, als sich mit diesem größten aller Geschichtenerzähler an die Grenzen Alteuropas heranzutasten, nicht zuletzt, weil er uns den Erkenntnisvorgang miterleben läßt, das Entstehen eines europäischen Bewußtseins. Der Augenzeuge, den er braucht, um die vielen Gerüchte über Europas Atlantikküste zu fixieren, nachzuprüfen, in mitteilbare Wissenschaft zu verwandeln, dieser Augenzeuge ist erst hundert Jahre nach Herodot unterwegs. Er heißt Pytheas, ist ein Kaufmann, Gelehrter und Seefahrer aus dem Welthafen Massilia unweit der Rhônemündung und wird zum ersten Kultur-Europäer, der die britischen Inseln und Teile Schottlands betritt. Zwischen 323 und 322 vor Christus hat er die stürmische Meerenge zwischen dem bretonischen Festland und der Insel Ouessant passiert, spätestens um 300 vor Christus hat er seinen sensationellen Bericht *Vom Weltmeer* veröffentlicht, den wir leider nur aus Zitaten bei anderen Autoren kennen. Sonst hätten wir die erste Beschreibung der schottischen Küsten als geschlossene geographische Berichterstattung vor uns. So aber müssen wir dem glücklicherweise beträchtlichen anthologischen und polemischen Eifer der Herren Strabo, Polybius, Plinius, und wie sie alle hießen, dafür danken, daß sie, die das Werk des Pytheas vor Augen hatten, sich auch so emsig damit auseinandersetzten. Wären nicht so viele antike Bibliotheken den Kriegen und dem Glaubenseifer der ersten Mönche zum Opfer gefallen, wir besäßen eine der sensationellsten Reportagen aus der Alten Welt...

Daß Pytheas tatsächlich, in der Girondemündung lossegelnd, über Ouessant, die Scillys und Irland Schottland erreichte, die Orkneys und die Shetlands besuchte und danach Norwegen, das ist der nicht zweifelhafte Teil seiner

Reise. Er gibt nicht nur den Gesamtumfang der britischen Inseln mit etwa 7500 Kilometern genauer an, als dies spekulativ oder nach den Erzählungen ungebildeter Schiffer möglich gewesen wäre, er weiß auch, daß die Barbaren der schottischen Inseln keinen Ackerbau treiben, sondern von ihren Herden und dem Fischfang leben, kennt die Polarnacht, den Nordmeernebel, die Gezeiten und die Lederboote, mit denen die Pikten das Meer befuhren.

Auch bei Pytheas beweist sich, daß der Ärmelkanal damals noch kein Schiffahrtsweg war, ja daß so tiefe Ebben vorfielen, daß man Zinn-Transporte trockenen Fußes nach Frankreich bringen konnte. Die große Drehscheibe für den vorgeschichtlichen Fernhandel West- und Nordeuropas war Irland, und zweifellos erhielt Schottland mit seinen Inseln die wesentlichsten Bevölkerungselemente aus Nordirland, durch die Einfallspforte des Mull of Kintyre. Dieses Vorwalten atlantischer Wege, also der Einwanderung über See, blieb vermutlich noch in der Glockenbecherzeit bestimmend, wenngleich nun zweifellos aus dem südlichen England auch Nordwanderungen auf der großen Insel selbst eingesetzt haben müssen.

See-Einwanderer und Land-Zustrom haben sich in den kaum bevölkerten Weiten von Schottland vermutlich miteinander abgefunden, selbst die wegen der Fischerei begehrten Küstenplätze waren ja mehr als ausreichend vorhanden. Solches Nebeneinander-Siedeln bestimmt den Charakter des vorkeltischen Geschehens in Europa, weil zum Kriegführen ja bekanntlich immer zwei gehören. Bis herauf ins achte und neunte Jahrhundert nach Christus können wir feststellen, daß blutige Begegnungen vor allem dann stattfinden, wenn kein Platz zum Ausweichen vorhanden ist. In den Alpen zum Beispiel haben die Slawen in vielen Tälern die Flucht auf die Almen einem Kampf mit den in die Täler einwandernden Bayern vorgezogen.

Die schottische Landschaft und ihr Klima mochten auf niemanden wirken wie das gelobte Land. Ansässige Pikten und eingewanderte Glockenbecherleute hatten zweifellos einige Jahrhunderte Zeit, sich aneinander zu gewöhnen, sich miteinander zu vermengen und eine gemeinsame Sprache auszubilden, woran das Hauptverdienst wohl den späteren, kulturell weiter fortgeschrittenen Land-Einwanderern zuzuschreiben ist. Wir kennen sie ein wenig, diese Sprache, die von den heutigen Briten ohne Frage nach ihrem doppelten Ursprung kurz *Pictish* genannt wird, eine Sprache 'of uncertain origin and of doubtful affinity', wie sich die sonst so auskunftsfreudige *Encyclopaedia Britannica* ausdrückt. Sind Herkunft und Verwandtschaft somit unklar, so steht doch fest, was das Piktische nicht ist: „Die Pikten haben uns eine Reihe von Inschriften im Ogham-Alphabet hinterlassen, aber alle Versuche, diese Inschriften mit irgendwelchen altkeltischen Dialekten in Verbindung zu bringen, haben nichts produziert als Quatsch", sagt R.A.S. Macalister in aller wünschenswerten Eindeutigkeit 1928, aber auch heute steht eigentlich nur fest, daß das Piktische eine nichtindogermanische Sprache war, mit anderen Worten, sie hatte keine Verwandtschaft mit jenem ein wenig hypothetischen Urvolk, das sich einst, zwischen Frankreich und Iran in großen Gruppen lebend, zu einer gemeinsamen Sprache durchrang. Die Pikten erweisen sich damit als eines der Rätselvölker des alten Europa, weil sie weder Germanen noch Slawen noch Romanen, Griechen oder Illyrer noch gar Indo-Arier waren. Und es hat auch keinen jener legendären Zufälle gegeben, wie sie die Verwandtschaft zwischen dem Finnischen und dem Ungarischen aufdeckten. Immerhin kennen wir aus dem alten Europa zwei sogenannte isolierte und mit Sicherheit nicht indo-europäische Sprachen von Seefahrer- und Händlervölkern, das Baskische und das Etruskische, aber es bedürfte wohl der Hingabe eines Wilhelm von Humboldt, um in emsigen Vergleichen etwaige Verwandtschaften einer dieser Sprachen mit dem Piktischen herauszufinden.

Während wir in Skara Brae oder Rinyo keinerlei Schriftdenkmäler gefunden haben, sind uns aus nachrömischer Zeit immerhin zwei Dutzend Ritzungen in der Oghamschrift aus Schottland überliefert (andere Denkmäler dieser Art fanden sich in Irland und Wales). Dies war möglich, weil die ein wenig von römischen Lettern beeinflußte Oghamschrift im fünften Jahrhundert entstand, das Piktische als Sprache jedoch bis ins neunte nachchristliche Jahrhundert lebte, ehe keltische Sprachen es überlagerten und verschwinden ließen.

Damit haben sich die Pikten in ihrer neuen Zusammensetzung aus rätselhaften Seefahrern und Glockenbecherleuten als ein außerordentlich zähes Volk erwiesen, dem in seiner kulturellen und sprachlichen Selbstbehauptung freilich auch die an sich nicht sonderlich einladende schottische Landesnatur zuhilfe kam und die Entlegenheit der piktischen Hauptsiedlungsgebiete: diese haben ja auch innerhalb Schottlands mit ihrer Erstreckung bis auf die westlichen und nördlichen Inseln noch eine besondere Distanz zu den südlichen Grenzen und dem römischen Piktenwall eingehalten. Sie sind die Schotten jener nordischen Bronzezeit, von der man so lange nichts wissen wollte, bis der Däne Sophus Müller und der Schwede Oscar Montelius in ihrer jahrzehntelangen sorgfältigen und unwiderleglichen Arbeit nachwiesen, daß dieser Kulturkreis in seiner Eigenart zweifellos die selbe Beachtung verdiene wie die Ergebnisse der klassischen Archäologie. Es war eine Kultur, die sich nur dank der Seefahrt ausbreiten konnte, die aber auch vor allem durch den Fernhandel, wie er schon in den letzten Jahrhunderten der Steinzeit eingesetzt hatte, eine Chance zum Aufstieg, zum Kontakt mit höher entwickelten Gruppen hatte. Dadurch wurde das Fehlen der Metalle im Norden (die schwedischen Gruben waren noch nicht bekannt) zu jener Not, die eine Tugend gebar, nämlich den Handelsverkehr mit Irland und Cornwall. Einige dieser Händler mußten aus anderen küstennahen Teilen Europas die Großstein-Setzungen kennen und brachten Kunde und Bericht von diesen Vorbildern auch nach Schottland, ohne daß man an eine Einwanderung von Megalith-Leuten denken muß. Die Steinzirkel und Großsteingräber, die sich uns auf schottischem Boden und auf den Inseln erhalten haben, entsprechen diesen Einflüssen, lassen aber eine ethnisch erfaßbare Invasion nicht erkennen. Immerhin hat man aus den Langgräbern mit ihren vielen Kammern (auch Ganggräber genannt) auf eine deutliche soziale Schichtung schließen wollen, weil naturgemäß der einfache Mann sich solch aufwendige Grabstätten nicht schaffen konnte.

Wo einer herrscht, da baut er sich auch eine Residenz, darum setzte nach solchen Überlegungen auch die Suche nach größeren Siedlungen ein und nach Spuren anspruchsvollerer Importwaren. Man fand zwar mit größter Präzision erarbeitete Steinwerkzeuge, die wohl über den Mangel an Einfuhr-Metallen hinweghelfen sollten, man fand auch Gold aus dem damals goldreichen Irland, aber die größte Siedlung, die sich bis auf unsere Tage erhalten hat, bescherte uns doch wiederum ein Zufall: Die schweren winterlichen Stürme, wie sie das neunzehnte Jahrhundert an seinem Ende zu verzeichnen hatte, rissen Teile der Shetlandküste ins Meer, vor allem auf Mainland (wie auch die größte der Shetlandinseln heißt). Dabei wurden Gebäudereste sichtbar, die sich bei näherer Untersuchung als Überbleibsel eines großen Dorfes entpuppten, das von etwa 1700 vor Christus bis ins schottische Mittelalter, also annähernd 3000 Jahre lang, bewohnt gewesen sein mußte: Jarlshof. So wurde die Siedlung nach Wikingerart benannt, von keinem geringeren als Walter Scott, der 1816 hierher kam, zu einer Zeit freilich, wo von den drei Jarlshof bildenden Dörfern noch vergleichsweise wenig zu sehen war.

Nach 20 Jahren durch den Zweiten Weltkrieg unterbrochener Ausgrabungen liegt heute ein Komplex von Wohnstätten und Festungen vor uns, über den die Hubschrauber hindröhnen, wenn sie zu den Bohrinseln in der Nordsee starten; andererseits hat die Nähe des Flughafens von Sunburgh den Vorteil, daß man sich zur Besichtigung dieser Ausgrabungsstätte nicht einem schwankenden Miniaturboot mit unsicherem Fahrplan anvertrauen muß. Jarlshof hat zwar den Skeptizismus eines Geoffrey Bibby nicht widerlegen können, daß die gesamte nordische Archäologie nichts wirklich Spektakuläres zutage fördern könne, nichts, was dem ohnedies vor uns aufragenden Stonehenge entsprechen würde. Aber Jarlshof hat auf die Shetlands aufmerksam gemacht, die letzte und nördlichste Zuflucht der bronzezeitlichen Ein- und Weiterwanderer, den Zwischenhafen für den irisch-schottisch-norwegischen Handel mit inzwischen mehr als fünfzig Ausgrabungsstätten auf der Inselgruppe, die mit ihren hundert sehr unterschiedlichen Eilanden etwa hundert Kilometer nördlich der Orkneys in der Nordsee liegt.

Einzelne der dort aufgefundenen Siedlungen sind älter als Skara Brae, primitiver, nicht zu einem Gangsystem zusammengefaßt, mit niedrigen Häusern aus sehr dicken Mauern. Andere Siedlungen wieder, vor allem jene, die vom Meer her gut erkennbar waren, haben als Landmarken Bevölkerungen sehr unterschiedlicher Art angezogen, die jedoch an Ort und Stelle dann allesamt im Wesentlichen so lebten oder leben mußten wie die Einwohner von Skara Brae oder von der Insel Rousay, blieben doch Fischfang und Jagd bis an die Schwelle unserer Zeit, bis zum Touristik- und zum Öl-Boom die Einnahmequellen aller Bewohner.

Zwischen dem Nordrand Irlands und Cape Wrath an der schottischen Nordküste zieht sich als doppelte Völkerbrücke die so seltsam zerklüftete und zerschlagene Reihe der Hebriden hin, von den Engländern und Schotten häufiger *Western Isles* genannt. Hier hat der Wogenprall der Jahrmillionen das Land geradezu maltraitiert, die große Insel Lewis, die größte der Äußeren Hebriden, inzwischen beinahe aufgelöst und den Südteil, der den Namen Harris trägt, bis auf ein Straßenbrückchen abgetrennt. Die Inneren Hebriden sind noch deutlicher ehemaliges Festland, weil nur schmale Meereskanäle sie vom eigentlichen Schottland trennen. Kintyre, der lange Landlappen, den Schottland in die Irische See hinausstreckt, ist ein Mittelding, weil der Crinan-Kanal die Halbinsel genau genommen zur Insel macht.

Hier sind Irland und Schottland nur einen Segeltag voneinander entfernt; man hat von der irischen Nordostspitze zum Mull of Kintyre ganze 23 Kilometer gemessen, und wenn die frühen Seefahrer es zuwege brachten, auf dem kleinen Rathlin-Eiland zu landen, dann reduzierte sich selbst diese kurze Strecke noch.

Insgesamt ist die Inselkette etwa 200 Kilometer lang, bei einer Gesamt-Landfläche von rund 3000 Quadratkilometern, auf denen nie mehr als höchstens 80 000 Menschen lebten. Da man zudem weiß, daß gut ein Drittel (heute die Hälfte) dieser Menschen allein auf der großen Außeninsel Lewis wohnten oder wohnen, bleibt für die anderen Inseln, so wohlbekannt uns ihre Namen auch klingen, nur noch die Bevölkerung einer Kleinstadt übrig, gut verteilt auf bergige oder doch hügelige Eilande mit viel Regen, viel Torfboden und einigen nicht allzu großen landwirtschaftlichen Flächen.

Am Nordausgang der schwer zu befahrenden, zu allen Zeiten gefährlichen Irischen See waren die Hebriden oft Not-Ziel oder Zufluchtsort von wandernden Gruppen, die eigentlich ganz woanders hin wollten, und darum haftet dieser Besiedlung ein gewissermaßen zufälliger Charakter an. Selbst die Eremiten, die auf kleinen und größeren Hebrideninseln die Einsamkeit suchten, scheinen nicht immer dorthin gewollt zu haben, wo der Wind sie hintrug.

Eine ähnliche Unsicherheit und Zufälligkeit waltet über den archäologischen Denkmälern der Hebriden, deren bekanntestes die Callanish Standing Stones auf Lewis sind. Nennt man sie kurz den Steinkreis von Callanish, so tut man ihnen Unrecht, aber erhebt man sie zu einem schottischen Stonehenge, so erweckt man übertriebene Erwartungen. Jedesmal, wenn man diese schmalen Steinpfeiler zählt, kommt man zu einem anderen Ergebnis, ein wahres Turandot-Rätsel also.

Callanish liegt genau auf der Höhe von Stornoway, dem

heutigen Hauptort von Lewis, am Ostende der tiefen Bucht, die der Ozean hier in die Insel gebrochen hat (East Loch Roag). Die vorgeschichtlichen Siedlungsreste ringsum sind so zahlreich, daß nur wissenschaftliche Werke sie allesamt nennen, und das Nebeneinander der schmucken, an die Bretagne erinnernden Giebelhäuschen und der zyklopischen sich durch die Felder erstreckenden Mauern ist eher bedrückend als erhebend, gleichsam, als hätten sich die Bewohner unserer Zeit in einem ausgedehnten Friedhof niedergelassen.

Die durch den Abtransport von Steinen zum Häuserbau verminderte und noch unübersichtlicher gewordene ausgedehnte Steinsetzung von Callanish hat, wie man heute annimmt, einen astrologischen Kalender für die Landwirtschaft gebildet, um aus Sternbeobachtungen die richtige Zeit für die Aussaat der Feldfrucht ermitteln zu können. Die schlanken, geheimnisvoll aufragenden Menhire bedurften also einer Gruppe kundiger Astronomen, die zu sehen, zu deuten und zu rechnen verstanden und das, was dabei für die Inselbauern herauskam, dann als ihr priesterliches Wissen an die Bevölkerung weitergaben. Da wir keine steinernen Querbalken vor uns haben, ist die ganze Anlage ein verwirrender, durch nichts zusammengefaßter Eindruck, aber sie hatte ja auch nicht schön zu sein, sondern bildete auf ihrer kleinen Halbinsel, die in die Bucht hinausragt, einen vermutlich heilig gehaltenen Anziehungspunkt zweifellos auch für die Seefahrer von anderen Inseln.

Das Alter der Callanish Standing Stones wird auf mindestens 4000 Jahre geschätzt, was sie an das Ende der Steinzeit setzt und in die Nähe von Skara Brae rückt. Etwas später versenkte man eine Steinkammer inmitten der Anlage, nach manchen Forschern ein Königsgrab, nach anderen eine Beobachtungsstation für die Sternbewegungen, in der die Priester sich gegen Licht und Wind von außen abschirmen konnten. Noch ist nicht klar, wieviel jene Priester-Astrologen wußten und ob sie, wie manche Forscher vermuten, schon lange vor Kopernikus annahmen, daß die

Erde sich um die Sonne bewege, nicht umgekehrt. Die Spezialliteratur über die Callanish Standing Stones und andere archaische Denkmäler auf den Hebriden ist erst im Entstehen, aber es sieht so aus, als wolle sie aus manchem schlichten Steinkreis ein Gegenstück zu der geheimnisvollen Cheopspyramide machen...

Eben darum möchten wir dieses Kapitel altenglischsolide beschließen, mit jenem Mr. Martin Martin, mit dem es begann. Sein Buch über Schottland und die Hebriden hatte Doktor Johnson und seinen Eckermann, den jungen schottischen Edelmann James Boswell, zu einer Nordreise angeregt in der Annahme, „wir könnten auf jenen Inseln eine uns völlig fremde Lebensweise beobachten", schreibt Boswell, und er fährt ganz in der Mode des ausgehenden 18. Jahrhunderts fort: „Das einfache Leben in der wilden Natur, wie es sonst nur in fernen Ländern oder Zeiten vorkommt, hier aber in greifbare Nähe gerückt war, schien uns ein würdiger Gegenstand der Wißbegierde. Allerdings war dabei mit Mühsal und Beschwer zu rechnen, vielleicht sogar mit einiger Gefahr; doch wollte uns bedünken, man mache sich im allgemeinen eine übertriebene Vorstellung davon. Als ich 1764 in Ferney unser Vorhaben in einem Gespräch mit Voltaire erwähnte, schaute er mich an, als hätte ich von einer Reise nach dem Nordpol gesprochen und fragte: 'Sie bestehen doch nicht darauf, daß ich mitkomme?' Ich verneinte. 'Dann', schloß Voltaire, 'mögen Sie meinetwegen hinreisen.'"

Martin Martins *Description of the Western Islands of Scotland* war, als die beiden Reisenden schließlich in Edinburgh eintrafen, immerhin 70 Jahre alt, sie hatte somit ihre Attraktivität und ihren Rang als Standardwerk durch ein ganzes Menschenalter bewahrt. Andererseits muß man daraus schließen, daß für so manchen Intellektuellen die Hebriden tatsächlich dem Nordpol gleichzuachten waren, was ihre Unerreichbarkeit und die Strapazen der Reise betraf. Selbst Doktor Johnson und Boswell, die mit den besten Vorsätzen losgezogen waren und wirklich etwas erleben wollten, sahen ihren Unternehmungsgeist vor allem durch das schlechte Wetter und die schwierigen, ja lebensgefährlichen Seefahrten zwischen den Inseln bald reduziert (Sir Walter Scott stellte später fest, sie seien im September und Oktober mindestens vier bis sechs Wochen zu spät im Jahr unterwegs gewesen und es gleiche einem Wunder, daß sie nicht bei einer der Bootsfahrten zwischen den Inseln ertrunken seien.) Auf Skye zeigte man ihnen ein 'unterirdisches Haus', also zweifellos eine der vorgeschichtlichen Wohn- oder Begräbnisstätten ähnlich Skara Brae. „Es befand sich in einem Hang drinnen. Man war darauf gestoßen, als man einem Fuchs nachspürte, der darin seinen Bau hatte. Sehr schmal und niedrig, maß es der Länge nach schätzungsweise zwölf Meter. In der Nähe fanden wir die Grundmauern mehrerer Hütten, aus Stein aufgeführt. Macqueen (Pfarrer von Kilmuir auf Skye), dem nichts uralt genug sein kann, behauptete, bei der unterirdischen Kammer handle es sich um eine Behausung der Ureinwohner der Insel, und gab sie für eine große Sehenswürdigkeit aus, die anderswo kaum vorkomme. Auch meinte er noch, diese Menschen hätten offenbar das Feuer noch nicht gekannt."

Doktor Johnson zweifelt an dieser Ansicht, weil solch ein unterirdisches Haus doch viel schwerer zu erbauen sei als eines an der Erdoberfläche. Das katastrophale Wetter der herbstlichen Hebriden hatte ihm also nicht klar gemacht, daß man hier besser unter als über der Erde wohne. Mr. MacLeod, Clanshaupt und Herr jener unendlichen Besitzungen auf Skye und Rassay, die sich schon damals seit 400 Jahren in den Händen der Familie befanden, bot dem berühmten Mann aus London schließlich eine kleine Insel als Geschenk an, gegen die Zusicherung, sich alljährlich drei Monate dort aufzuhalten, eine Bedingung, die auf einen Monat ermäßigt wurde, aber Doktor Johnson hatte genug von den Inseln: Obwohl jenes Inselchen, Isa genannt, sehr anmutig und landnah in der Bucht von Dunvegan lag, lehnte Doktor Johnson entsetzt ab. Hätte er angenommen, so hätte er seinem allzu häufigen Namen nicht mehr zur

Unterscheidung den akademischen Grad voransetzen müssen, sondern wäre nach schottischer Sitte Johnson of Isa genannt worden (worauf die MacLeods mit ihm bereits etwas voreilig angestoßen hatten...)

Kelten und Römer

Es lag im Wesen des Briten, selbst gegenüber den unbestreitbaren zivilisatorischen Segnungen der klassischen Antike eine gewisse Distanz zu wahren. Das römische Recht, die griechische und römische Literatur, ja das ganze gewaltige Römererbe vom Piktenwall bis nach Londinium ist in das Bewußtsein der Bildungsschicht des *United Kingdom* bei weitem nicht in dem Maß eingegangen wie etwa in Deutschland oder gar in den romanischen Völkern. Dennoch finden wir die britischen Historiker des vorigen Jahrhunderts weitgehend davon überzeugt, daß die große Insel von einer buntbemalten barbarischen Bevölkerung erfüllt war, die erst von den Römern zu jener Kultur erweckt oder vielmehr mit ihr beglückt wurde, die dann auch, nach dem Abzug der Invasoren, noch Kraft genug hatte, lokale Herrschaftsbereiche entstehen zu lassen und die Abwehr gegen die nordischen Seefahrer zu leisten.

Seltsamerweise war es der große Knossos-Ausgräber Arthur Evans, der 1886, also mit 35 Jahren, in Zusammenarbeit mit seinem Vater Sir John Evans, dem bekannten Fachmann für britische Frühgeschichte, in Aylesford (Kent) einen großen eisenzeitlichen Friedhof entdeckte und auszugraben begann. Aus der Sandgrube, die nur 40 Kilometer von London entfernt war, kamen nach und nach bronzezeitliche Gefäße zutage, die bereits mit der Drehscheibe hergestellt worden waren, dazu Schmuck und Gerätschaften mit phantastischen Tierdarstellungen, kurz reinste und schönste Fundmaterialien aus der La-Tène-Zeit, mit Sicherheit vorrömisch, aber ebenso sicher auch unbarbarisch, Zeugnisse von einem Volk mit geistigen Ansprüchen und Fähigkeiten.

Die Autorität des alten und des jungen Gelehrten und die Nähe zur Hauptstadt begünstigten einen Umschwung des Interesses. Die Kelten, mit denen man sich bis dahin nicht sonderlich beschäftigt hatte, erfuhren eine deutliche Neubewertung gegenüber den Epochen, in denen man sie intuitiv für das barbarisch-kriegerische Element in der so unbequemen Psyche der Iren und der Schotten verantwortlich gemacht hatte. Es ist klar, daß die Engländer zu einer Aufwertung der Kelten einen weiteren Weg zurückzulegen hatten als wir Kontinentaleuropäer, nicht zuletzt, weil ihnen kritische Geister wie Bernard Shaw oder H.G. Wells und zuletzt Lloyd George häufig genug versicherten, das eigentliche Ingenium auf den Inseln komme, wenn schon nicht aus Irland, so doch mit Sicherheit aus Wales. Und je näher solche Behauptungen der Wahrheit kamen, umso entschiedener mußten sie natürlich abgelehnt werden in einer Nation, die ihre Sprache aus Skandinavien und Frankreich, ihr Königshaus aus Deutschland und ihr Bankensystem aus Italien empfangen hatte.

Daran muß man denken, wenn man sich die Frage nach den tieferen Gründen des inzwischen zweitausend Jahre alten englisch-schottischen Gegensatzes stellt. Auch nach dem Aylesford-Fund, nach allem, was an Keltenforschung auf den Inseln seither geleistet wurde, ist die volle Keltenbegeisterung, wie wir auf dem Kontinent sie inzwischen verzeichnen, jenseits des Kanals noch nicht ausgebrochen. Die Kelten haben nämlich in Irland und Schottland zu lange gelebt, weswegen man sie nicht wie teure Verblichene vorbehaltlos verehren kann: Niemand zweifelt an Brennus oder Vercingetorix, aber als Cäsar das keltische Heldenvolk an den Westrändern Europas isolierte, während sich Europas Kernraum in der römischen Kultur sonnen durfte, da entstand zwangsläufig und wie von selbst jenes Kelten-Image, das die einstigen Kulturbringer in druidische Nebel hüllte. Im Süden, rund um König Arthur, waren sie lichter, im ossianischen Norden dichter. In einer Zeit, da in ganz Europa die kritische Geschichtsschreibung einsetzte, war das historische Denken Englands von einem hochbegabten Einzelgänger beherrscht, jenem Henry Thomas Buckle (1821-62), dem nicht nur die kluge Queen Victoria alles bis aufs Wort glaubte.

Buckle, der in Damaskus eines frühen Todes starb, war über die prinzipiellen Grundlegungen seiner großen englischen Geschichte nicht hinausgelangt, da er diese sehr breit angelegt und vor allem Englands Schicksalsgegner Spanien einen ganzen Band gewidmet hatte. Aber die Erkenntnisse, zu denen er bei dieser Gelegenheit gelangt war, enthielten so ziemlich alles, was sich in England an unterschwelliger Gegnerschaft gegen die keltischen Ränder Irland, Wales und Schottland entwickelt hatte. Einer von Buckles Grundsätzen lautete: „Wenn wir in unseren Zeiten die verschiedenen Völker Europas miteinander vergleichen, so finden wir, daß die reichsten auch die mächtigsten, die menschlichsten und die glücklichsten sind. Wir leben in einem so fortgeschrittenen Zustand der Gesellschaft, daß Reichtum in ihm sowohl der Grund als die Folge des Fortschritts ist, während Armut die fruchtbare Mutter der Schwäche, des Elends und der Verbrechen ist." (l.c.II, 158) Wer noch nicht begriffen hatte, daß damit die entscheidende Trennungslinie zwischen England und Schottland gezogen worden war, dem sagte Buckle es ein paar Seiten später noch einmal deutlicher: „Die Wildheit des schottischen Charakters, die natürliche Folge der Unwissenheit und der Armut des Volkes, war ohne Zweifel vornehmlich an solchen Verbrechen Schuld, die nicht heimlich, sondern im offenen Licht des Tages und von den vornehmsten Männern im Staate begangen wurden." (l.c.II,197) Und Buckles großer Vergleich zwischen Engländern und Schotten, Feststellungen, die alsbald in ganz Europa die Runde machten, lautet folgendermaßen:

„Wenn wir unsere Geschichte mit der unserer nördlichen Nachbarn vergleichen, so müssen wir uns ein sanftes und unterwürfiges Volk nennen. In Schottland sind mehr Empörungen als in irgendeinem anderen Land vorgefallen, und diese Empörungen sind ebenso blutig wie zahlreich gewesen." Und dann kommt, was die Legende von der besonderen, in Geiz ausartenden Sparsamkeit der Schotten stützte, ja vielleicht sogar begründete: „Als sie sich der Person (König) Karls I. bemächtigt hatten, verkauften sie Seine Majestät gegen eine große Summe Geldes an die Engländer; die Schotten waren nämlich sehr arm und hatten diese Summe bitter nötig. Ein solcher Verkauf ist ohne Beispiel in der Geschichte, und obwohl die Schotten mit Recht behaupten können, dies wäre der einzige Nutzen, den sie von ihrem angestammten König gehabt oder jemals hätten haben können, so steht der Vorfall doch immer einzig dar, er war der erste in seiner Art, hat bis jetzt noch keine Nachahmung gefunden, und sein Eintreten ist ein überraschendes Symptom für den Zustand der öffentlichen Meinung in Schottland." (l.c.II, 153 ff)

Buckle stützt sich dabei unter anderem auf eine Quelle aus dem Jahr 1670, in der wörtlich gesagt wird: „Forty of their kings have been barbarously murdered by them; and half as many more have either made away with themselves for fear of their torturing of them, or have died miserably in strait imprisonment." (Account of Scotland ed. Park von 1810, VI/140) Zählt man allerdings all die angeblich ermordeten, geflohenen oder in Kerkern elend zugrundegegangenen Könige zusammen, so ergibt sich, daß diese alte Quelle auch Kleinkönige und Clanshäupter in diese schaurige Ziffer einbezieht, immerhin: Das England römischer Gesittung, die Nation südlich des Hadrians-Walls und östlich von Cardiff, setzt sich deutlich gegen die keltischen Zonen ab. Und als man es besser wußte, als die Keltenforschung unseres Jahrhunderts dieses Rätselvolk entsprechend zu würdigen begann, blieb man aus Trotz erst recht dabei: Nicht nur Tennyson spricht von einer blinden Kelten-Hysterie, sondern auch noch Kipling macht sich über den allzu geradlinigen Volkscharakter der Kelten 'in all his variants from Builth to Ballyhoo' lustig: Jeder von ihnen wisse so genau, was er tun will, daß sich schon beim Start das unvermeidliche Ende logisch berechnen lasse.

Wir Kontinentaleuropäer haben auf unserem bewegten und kleinen Erdteil gelernt, mit solchen Vorurteilen, den eigenen und den der anderen, zu leben; aber wir sind nicht, wie die Inselbriten, in einen geographisch und historisch unverrückbaren Rahmen mit einem Volksteil gespannt, der zweifellos sehr unterschiedliche Wurzeln hat und der gegenüber den romanisierten Angelsachsen aus sehr drastischen Gründen in Abwehr verharrte. Die von Cromwells Soldaten niedergebrannten Schlösser und Kirchen sind in Irland bis heute erst zum Teil wieder aufgebaut, und der Stuart-Kult von den Hebrideninseln bis Culloden zeigt uns eine ähnliche Geistesverfassung in Schottland.

Aus unserer Distanz betrachtet, erweisen sich die Kelten für ganz Europa zweifellos als ein Glücksfall und für die britischen Inseln doch immerhin als jenes belebende Element, das nach der Beinahe-Stagnation der Bronzezeit dann in der Eisenzeit für den Ausbruch aus den archaischen Daseinsformen sorgte. Schlüssig zu argumentieren ist schwierig, weil selbst heute die Keltenforschung noch mit den seltsamsten Paradoxa arbeitet oder sie jedenfalls nicht los wird: Die keltische Sprache sei in der späteren Bronzezeit entstanden, doch dürfe man darum noch nicht von den Kelten als Volk sprechen (Jürgen Driehaus). „Die Entwicklung faßte zweifellos bereits in der jüngeren Steinzeit Wurzeln." (Jan Filip) Und Lloyd Laing vermutet in seinem schönen Buch *Celtic Britain*, daß Europa etwa um 700 vor Christus die erste große keltische Kulturblüte zu verzeichnen hatte.

Nicht viel hilfreicher sind die keltischen Dialekte, denn wenn man inzwischen auch sicher ist, daß sie alle zur indoeuropäischen Sprachenfamilie gehören, so ist doch das Insel-Keltische in seinen ältesten Erscheinungsformen sehr schwer erfaßbar. Irisch, Bretonisch, Gälisch und Walisisch sind, so wie sie heute gesprochen werden, auf das Altirische zurückzuführen, so daß sich über den *kulturell* entscheidenden Vorgang der keltischen Einwanderung aus der Champagne und Nordfrankreich daraus keine Anhaltspunkte ergeben, die mehr sagen würden als die Ausgrabungen. Erst in römischer Zeit haben wir Sicherheit: Als die Römer auf der Insel landeten, wurden in allen Landesteilen, auf allen Inseln keltische Sprachen gesprochen, ausgenommen lediglich die Pikten in ihren schon in der Bronzezeit in Besitz genommenen oder seit der Jungsteinzeit bewahrten Wohnsitzen. Zwischen Kelten und Pikten kam es denn auch zu lang anhaltenden Kämpfen, in denen die altpiktische, nicht-indoeuropäische Sprache unterging und sich die Bedeutung des Begriffes Pikten wandelte: Die zahlenmäßig unbedeutende Restbevölkerung aus vorkeltischer Zeit verschmolz mit den Einwanderern, ging in ihnen auf und unter...

Der Sprachbefund spricht also für eine Kelteneinwanderung über Irland, was wiederum auf die Keltiberer hinweisen würde. Diese sind mit den ihnen verwandten Ligurern die hartnäckigsten Gegner der Römer gewesen, sie haben ihnen den Heldenkampf von Numantia geliefert, sie sind ein großes Seefahrervolk, dem das Abenteuer einer atlantischen Wanderung nach Irland und über Irland nach Schottland zuzutrauen wäre. Mit ihnen wäre die zäheste, tapferste und genügsamste Spielart aller Keltenstämme auf die britischen Inseln gekommen, und das würde so manches spätere Ereignis erklären.

Selbst wenn es so war, und es spricht nicht wenig dafür, so ist das Geheimnis nicht gelüftet, das Rätsel noch nicht gelöst. Denn Altiberer wie Ligurer waren keine Mitglieder der indoeuropäischen Völkerfamilie, sondern aller Wahrscheinlichkeit nach nordafrikanischen Ursprungs. Sie waren große Seefahrer, was man von den Kelten, ehe sie die eben erwähnten Verbindungen eingingen, nicht sagen kann. Und wenn es auch feststeht, daß ein Volk aus geographischer Notwendigkeit die Seefahrt aufnehmen und in ihr schließlich Bedeutendes leisten kann, so hat Martin Löpelmann doch gewiß recht, wenn er die Basken, Iren und Kaledonier in ihrer Hochsee-Kühnheit und Meervertrautheit als archaische Seefahrervölker bezeichnet, die ihr Wissen an die Kelten weitergaben – ihr Wissen und das Erbe aus ihrer schicksalshaften Verbundenheit mit dem Meer. Und es ist nicht ganz unberechtigt, für diese Völkermischung am Westrand der Alten Welt eine eigene Bezeichnung zu suchen, wobei Löpelmanns Vorschlag, sie *Atlantiker* zu nennen, zwar ein wenig an die allzuvielen Atlantis-Hypothesen erinnert, aber nicht willkürlicher ist als der neue Gebrauch, die Vandalen Vandilier zu heißen, die guten alten Alemannen nun Alamannen und so weiter. „Der Atlantik formt letzten Endes die Züge im Antlitz Europas", sagt Löpelmann (Erinn p. 26), und wo wäre dies deutlicher zu erkennen als an den Küsten, die von den irisch-schottischen Vorgängervölkern besiedelt wurden.

Um das Gestrüpp der Vermutungen nicht allzu dick werden zu lassen, setzen die meisten Autoren je nach Temperament früher oder später einen Punkt, auf den dann die eigene Ansicht folgt, und da dieses Buch ohnedies einen nur begrenzten wissenschaftlichen Anspruch verficht, tun wir dies jetzt. Nach dem Stand der Diskussion nehmen wir eine keltiberische See-Einwanderung ab frühestens 700 vor Christus an, der seit dem zweiten vorchristlichen Jahrhundert keltische Landvorstöße über den Kanal folgten, getragen von Stämmen aus der Champagne und dem heutigen Flandern. Nach tausend Jahren Irland wandern gälisch sprechende irische Stämme, die im Besitz der Ogdanschrift sind, über die Hebriden in Nordschottland ein und drängen die Pikten nach Osten ab. Dieser massiven Einwanderung ist eine lang während Infiltration in kleinen Gruppen vorangegangen. Etwa zugleich, im vierten nachchristlichen Jahrhundert, wandern keltische Stämme aus Cornwall über das Meer nach Frankreich und lassen sich in der Bretagne nieder, deren Bevölkerung nur wenig Berührung mit den Römern gehabt hat und nicht in dem Maß wie das übrige Frankreich der galloromanischen Kulturzone einverleibt worden ist.

Daß wir dies überhaupt wissen, daß wir davon sprechen und darüber Erwägungen anstellen können, verdanken wir zwei Umständen: Der erste ist die Randlage der kaledonischen Zone, die angesichts der römischen Scheu vor der Nordsee eine kampflos bewahrte Freiheit von römischen Einflüssen mit sich brachte. Der zweite Umstand ist schier unglaublich: Der aus England stammende (heilige) Patrick (385-464) „war Christ, führte aber ein sehr weltliches Leben" (nach dem Heiligenlexikon von Wimmer-Melzer). Solchermaßen tolerant gestimmt, verzichtete er darauf, die vorchristlichen Schriftdenkmäler und andere Überlieferungen als Teufelswerk zu verdammen, wie es seine Glaubensgenossen im übrigen Europa so gründlich taten, ja im Gegenteil, er bemühte sich, alles zu sammeln, niederschreiben zu lassen und zu bewahren, was ihm an vorchristlichem Geistesgut überhaupt in die Hände fiel. Damit ist Patrick − ein von Seeräubern nach Irland verschleppter Sohn eines römischen Offiziers − ein ähnlicher Glücksfall wie jener Ulfilas, dessen Eltern die Goten aus Kappadokien raubten, nicht ahnend, daß er ihnen die Bibelübersetzung und damit auch die Schrift schenken würde. Man kann nun darüber lamentieren, daß wir unser Wissen vom nichtantiken Alteuropa vornehmlich Glückszufällen verdanken und ein paar universell interessierten griechischen und römischen Schriftstellern, oder man kann dies als Fügungen begrüßen: auf jeden Fall müssen wir damit leben...

Was sich uns auf diese Weise enthüllt, ist ein frühes Nehmen und Geben, das sich im Bereich der materiellen Kultur einigermaßen sicher abschätzen läßt, hinsichtlich der allgemeinen kulturellen Entwicklung und gar der Blutsmischungen aber schwer erfaßbar bleibt. Da die aus Gallien gekommenen Kelten, über Kent und London nach Norden vordringend, die förderlichen mittelmeerischen Einflüsse länger aufnehmen konnten als die Keltiberer, kommt der massive Anstoß zum Fortschritt über den Ärmelkanal. Aus der Hallstattzeit, die man lange mit den Kelten gleichsetzte, wirken noch kunsthandwerkliche Formen herein;

das Neue aber kommt von den Etruskern, die mit den Kelten in Mitteleuropa jahrhundertelang enge Kontakte hatten, kommt aber auch aus anderen Bereichen der mittelmeerischen Kulturen und zum Teil sogar aus dem Orient. „Alle Elemente werden zum neuen Stil verschmolzen, der in der bis dahin recht trockenen barbarischen Kunstlandschaft Europas wie eine bunte Blüte anmutet: mediterane Palmettenornamentik wird ebenso umstilisiert wie Tierfiguren und menschliche Masken." (Jürgen Driehaus) Das beginnt im fünften vorchristlichen Jahrhundert und braucht dreihundert Jahre bis in die britischen Gräber und Friedhöfe. Auch Hortfunde haben sich ergeben, denn als im siebenten Jahrhundert die Überfälle nordischer Seeräuber sich häuften, vergrub man, was immer man zu retten wünschte, in den Boden. Im armen Schottland war dies nicht allzuviel, weswegen wir die schönsten Funde keltischer Kunst in Wales und England verzeichnen. Aus Schottland kommt aber immerhin die prachtvolle Trinkhorn-Ornamentik auf den Torrs Horns von Kelton (Kirkcudbright) etwa 150 vor Christus. Ein stilverwandter Schildbuckel wurde bei Wandsworth im Großraum von London aus dem Grund der Themse heraufgeholt. Von einem besonders schönen keltischen Helm, der unter der Londoner Waterloo-Bridge gefunden wurde, nimmt man an, daß er nie zum Kampf getragen wurde, sondern eine Statue schmückte. (Es wurden in ganz Europa erstaunlich wenige Keltenhelme gefunden.) Königin Victoria, deren Vorliebe für Schottland den Touristenstrom nach Norden nachhaltig belebte, bedauerte es, daß diese interessante vorrömische Kunst in ihrem lieben Schottland nur ausnahmsweise anzutreffen war, und beauftragte Hof-Goldschmiede mit Nachbildungen von Keltenkunst. Gewiß wäre sie sehr glücklich gewesen, die wunderschönen Piktenschmuckstücke im keltischen Stil zu sehen, die 1958 bei den Ausgrabungen auf der Insel Saint Ninian gefunden wurden: vor Sumburgh-Head in den Shetlands, auf einer kleinen Insel, die bei Ebbe zu Fuß erreicht werden kann und somit einigermaßen geschützt war. Der Schatz fand sich unter der Kapelle und befindet sich heute im National Museum of Antiquities zu Edinburgh.

Die schottischen Funde hatten mit diesem Ereignis jene aus England und Wales auf einmal in den Schatten gestellt. Die Piktenarbeiten des Fundes sind zwar nachchristlich, aber offenbar für einen oder mehrere keltische Auftraggeber angefertigt und zeigen jenen großartigen und geschmackvoll-zeitlosen Tierstil, wie er uns auch in südrussischen Gräbern begegnet. An geeigneten Flächen des Saint Ninians-Fundes waren Inschriften angebracht, die auf kuriose Weise den ganzen Vermischungs- und Beeinflussungsvorgang erkennen lassen. Die Worte sind piktisch-römisch, die Buchstaben altirisch, wenn auch nicht mehr im Strich-Alphabet der Oghamschrift. Man kann nun Vermutungen anstellen, wie viele von solchen und ähnlichen kunstvoll gefertigten Gebrauchsgegenständen den Nordmännern bei ihren zahllosen Überfällen in die Hände gerieten und wieviele Schätze andererseits noch unentdeckt, weil wohlvergraben, auf den Orkneys, den Shetlands und den Hebriden in der kühlen Erde schlummern. Jedenfalls hat sich auch der angeblich so arme Norden der britischen Inseln in der Vorwikingerzeit zu einer gewissen häuslichen Kultur und zu privaten Ansprüchen aufgeschwungen, für die jene feine alte Keltenkunst als adäquat empfunden wurde.

Die historische Auswertung dieser Ausgrabungen und Hortfunde ergibt für Schottland, daß sich auch hier, wie in den Jahrhunderten zuvor in Mitteleuropa, eine gewisse soziale Differenzierung in allen von den Kelten beherrschten Räumen durchgesetzt hat. Auch wenn auf schottischem Boden nicht so spektakuläre Wiederherstellungen gelangen wie im südlichen Deutschland und nicht so reiche Funde wie bei Châtillon-sur-Seine mit dem Krater von Vix, so läßt sich doch sehr deutlich erkennen, daß es in diesem im ganzen armen Land nun eine Ober- und Unterschicht gibt, für deren Existenz sich aus der Bronzezeit noch sehr wenig Anhaltspunkte ergeben hatten. In Skara Brae mußte man den Eindruck gewinnen, daß hier ein gut funktionierendes Kollektiv gemeinsam den Kampf gegen eine karge Natur und ein ungünstiges Klima aufgenommen hatte. Im vorrömischen Schottland nach der keltischen Invasion sind die Pikten in die Unterschicht hinabgedrückt, die Herren sind Kelten. Daß die piktischen Handwerker und Kunsthandwerker aber imstande sind, den Ansprüchen dieser Oberschicht nachzukommen, daß sie den Geschmack der neuen Herren zu treffen wissen und Schmuckstücke schaffen, die dem besten europäischen Standard entsprechen, das ist eine wichtige Tatsache: Wir denken an die Pruzzen in ihrem zäh verteidigten Wohngebiet an der Weichselmündung, wo sie als Bernsteinfischer und Bernsteinschneider an die zwei Jahrtausende hindurch lebten und arbeiteten und ihre kleinen Kunstwerke bis nach Rom verschickten.

Da die Kelten so gut wie überall siegten, weil sie die besseren Waffen hatten und kundiger geführt wurden, braucht man aus der Unterwerfung der Pikten nicht auf einen biologischen Niedergang dieser Siedler aus der späten Steinzeit zu schließen, wie er etwa die Grönlandwikinger gegen die Eskimos wehrlos machte. Die Pikten hatten offensichtlich eine gesunde Volkssubstanz und waren im Besitz wertvoller Fähigkeiten; vielleicht hat gerade das ihnen nach der Unterwerfung das Leben gerettet.

Noch heute, nach 150 Jahren aufschlußreicher Grabungserfolge in beiden Hemisphären, kann man den Satz lesen *Contact with Rome took Britain from prehistory into history*. Mit ihm hebt die großartige 'Cambridge Historical Encyclopaedia of Great Britain and Ireland' an, aber der Satz ist ungerecht. Hätte er seine volle Bedeutung, so wären die Römer niemals nach England gelangt, ja hätten eigentlich auch gar nichts von England wissen können. Die 200 Jahre emsiger keltischer Handelsbeziehungen zwischen Insel und Kontinent sorgten nicht nur dafür, daß man im ganzen

nordwestlichen Gallien den Ärmelkanal und die gegen-
überliegenden Küsten und Häfen genau kannte, es wirkten sogar einzelne energische Lokalfürsten über den Kanal
hinweg auf Südengland ein und passierten diese Wasserstraße routinemäßig.

Cäsar konnte, als er seine gleichwohl imposante Invasion
vorbereitete, auf eine Summe von Informationen zurück-
greifen, die kaum viel geringer war als das, was 1100 Jahre
später Wilhelm der Eroberer über seinen Gegner wußte.
Dafür haben wir den unschätzbaren Beweis der Römer-
münzen, die sich ja beinahe auf das Jahr genau festlegen
lassen und die aus allen Teilen Englands und Schottlands
auch schon aus der Zeit *vor* der Invasion bekannt sind. Sie
beweisen breiter und genauer als die vereinzelten Waren-
funde den regelmäßigen und dichten Handelsverkehr, den
Import von Wein und Keramik, die Ausfuhr von Haussklа-
ven und britischen Mädchen aus der Unterworfenen-
schicht nach Gallien und Spanien. Und Cäsar erzählt uns
selbst, daß er nicht viel Mühe hatte, von Kaufleuten und
Schiffern an der Kanalküste zu erfahren, was immer er über
die Insel, zu deren Eroberung er sich anschickte, wissen
wollte.

Wir wissen, daß Cäsars Invasion im Jahr 54 vor Christus
erfolgreich war, daß die Römer danach aber England wieder aufgeben mußten. Eine dauerhafte Etablierung der Rö-
mermacht auf der Insel gelang erst nach dem Jahr 43 nach
der Invasion unter Kaiser Claudius, jenem hinkenden und
als versponnen geltenden Gelehrten, der doch einer der
Größten auf Roms Kaiserthron wurde.

Obwohl gesamtbritische und nicht eigentlich schottische
Geschichte, sei hier zum besseren Verständnis berichtet,
daß der Feldherr Aulus Plautius insgesamt an die 40 000
Mann über den Kanal führte, die sich nachher noch verstärkten. Mit dem Überschreiten der Themse bei und oberhalb des späteren London wartete Aulus Plautius, bis Kaiser Claudius selbst eintraf, vermutlich, weil dieser Platz am
landseitigen Ende des Meerestrichters schon eine gewisse

Handelsbedeutung hatte: Der Name Londinium ist jedenfalls keltisch. An dem Flüßchen Medway kam es zu einer
Zweitageschlacht gegen die keltischen Briten, die von den
Römern nur gewonnen wurde, weil ihre batavischen Hilfstruppen es schafften, den Fluß in voller Rüstung und mit allen Waffen zu durchqueren und den Gegner unerwartet in
der Flanke zu packen. Hauptstadt der Briten war allerdings
nicht Londinium, sondern Camulodunum, das heutige Col-
chester. Daß die Römer diese Stadt nach der schnellen Eroberung auch zu dem Mittelpunkt ihrer Verwaltung machten, deutet darauf hin, daß den keltischen Bewohnern Englands damals schon das zur Verfügung stand, was wir
heute Infrastruktur nennen. Zwar wurde das Straßennetz
auf der Insel erst von den Römern geschaffen, aber keltische Verkehrslinien gab es, wie schon die Römer feststellen konnten, auch schon vorher, und die zentrale Rolle einzelner Keltenstädte verweist auf Strukturen, die sich die
Römer immerhin zunutze machen konnten. In den drei
Jahrhunderten der Römerherrschaft wurden insgesamt
etwa 15 000 Kilometer an Haupt- und Nebenstraßen geschaffen. Rückgrat dieses Straßennetzes war der von Südwesten nach Nordosten ziehende, 550 Kilometer lange
Fosse Way, der so großartig trassiert war, daß er heute so
gut wie vollständig von modernen Überbauungen bestätigt
wird.

Vermutlich wüßten wir sehr viel weniger von dem sensationellen Nordvorstoß der Römer, der sie bis an die schottischen Grenzen und nach Schottland hinein führte, hätte
sich nicht der tüchtige General und Statthalter Gnaeus Julius Agricola einen der größten Geschichtsschreiber des Al-
tertums zum Schwiegersohn erkoren, nämlich Cornelius
Tacitus. Zweifellos konnte er für seinen Nachruhm nichts
Besseres tun und triumphierte auf diese Weise endgültig
über all die Neider und Intriganten, die stets in Rom tätig
wurden, wenn ein Großer sich in einer fernen Kolonie ihrer
Meinung nach gefährliche Verdienste erwarb.

Gnaeus Julius wurde am 13. Juli des Jahres 40 in Forum

Yulii geboren, also aus der weitverzweigten Sippe Cäsars und rund 80 Jahre nach seinem Tod. Er wuchs in Massilia auf, einer Stadt, in der man alles erfahren konnte, was sich überhaupt in der römischen Welt begab, und war schon mit 20 Jahren Militärtribun in Britannien. Das war gleichsam die Frontbewährung für den zielsicher hinaufstrebenden Offizier, der im Jahr 62 die Tochter eines einflußreichen Senators heiratete. 77 oder 78 wurde er Statthalter in Britannien und blieb es bis zu seiner Abberufung 84 nach Christus. Nach sehr ehrenvoller Verabschiedung mit der sogenannten *orna triumphalis* und der Aufstellung seiner Statue lebte er zurückgezogen in Italien und starb am 23. August 93 eines (entgegen allen Gerüchten) natürlichen Todes. Er wurde also nicht, wie Tacitus andeutet, durch Domitian, den auf die großen militärischen Erfolge neidischen Tyrannen, vergiftet.

Agricola und die Schotten, das ist eine besondere Konstellation: Ein Statthalter, dessen Vater durch Caligula getötet wurde, erwirbt sich auf der fernen Insel einen Ruhm, der an die Siege Cäsars erinnert, wird aber abberufen, ehe er nach einer siegreichen Schlacht sein Werk vollenden kann. Tacitus verehrte seinen Schwiegervater nicht nur, er sah in ihm auch den Inbegriff der römischen, ja der altrömischen Tugenden *virtus* und *modestia* (Mannesmut und Bescheidenheit), wie sie in der frühen Kaiserzeit, vor allem aber seit Nero, zugrundegegangen waren und sich eigentlich nur noch auf den Schlachtfeldern schwierigster Gebiete, also etwa in Armenien oder eben Britannien, verwirklichen ließen. *Agricola* ist das erste Werk des Tacitus; die Biographie seines Schwiegervaters soll die Umstände aufdecken, unter denen dieser zweifellos bedeutende Mann seine Karriere vorzeitig beenden mußte, und Tacitus benützt bereits − wie noch deutlicher in der *Germania* − die Schilderung britischer Zustände, um eine verdeckte Kritik an Rom anzubringen. Die deutlichsten Formulierungen mit dieser Tendenz legt er dem Kaledonier Calgacus in den Mund in jener berühmten Rede, die der Anführer der

Kelto-Pikten zweifellos niemals gehalten hat, in der sich aber Tacitus seinen ganzen Groll gegen das kaiserliche Rom ungestraft von der Seele reden konnte. Es war also familiärer Harm, es war privates Rechtfertigungsstreben, das uns eine so ausführliche Darstellung des Schottlandzuges und der Flottenfahrt um Nordschottland herum beschert hat, wie sie nur ganz wenigen anderen militärischen Großtaten der Römer zuteil geworden sind. Aber es soll uns recht sein.

„In dem Sommer, der Agricolas sechstes Amtsjahr einleitete, richtete er sein Augenmerk auf die jenseits der Bodotria (d.h. nördlich des Forth) wohnenden Stämme, und weil man einen Aufstand sämtlicher dort wohnenden Stämme und die für ein Heer im Feindesland gefährlichen Märsche fürchtete, so erkundete Agricola die Häfen der Kaledonier mit der Flotte. Diese war damit zum erstenmal unter die Streitkräfte aufgenommen worden und bot als Geleit (d.h. im Verband) einen herrlichen Anblick, denn so wurde der Krieg gleichzeitig zu Wasser und zu Lande vorgetragen. Oft priesen in ein und demselben Lager Fußsoldat, Reiter und Matrose, bei reichlichen Vorräten in guter Stimmung vereint, einzeln ihre Heldentaten... Die Britannier versetzte, wie man von Gefangenen hörte, der Anblick der Flotte in starres Erstaunen, als ob nach Eröffnung der Geheimnisse ihres Meeres den Besiegten die letzte Zuflucht verschlossen sei."

Dieser erste Teil des Berichts klingt noch so, als seien die Römer auf ein primitives Volk gestoßen, das sich sicher fühlte, weil es seit vielen Generationen mit der in der Nordsee weiß Gott schwierigen Kunst der Seefahrt vertraut war – eine Kunst, die nun auf einmal auch die Fremden beherrschten, von denen man bis dahin nur gerüchtweise gehört hatte. Sehr bald aber wird klar, daß die Kelto-Pikten oder Kaledonier über eine ausgezeichnete Stammesorganisation verfügen mußten, denn sie entschließen sich schnell und führen auch schwierige Marsch- und Angriffsbewegungen aus:

„Die Bewohner Kaledoniens hatten sich auf Abwehr mit den Waffen besonnen und waren dazu übergegangen, nach starker Rüstung, die das Gerücht... noch vergrößerte, aus freiem Entschluß eine römische Festung anzugreifen. Diese Herausforderung hatte die (bei den Römern) ohnedies vorhandene Angst noch gesteigert. Feiglinge empfahlen unter dem Anschein der Klugheit, über die Bodotria zurückzugehen... Da erfuhr Agricola, die Feinde wollten in mehreren Heeressäulen vorrücken. Um nicht durch ihre Überzahl und Ortskenntnis in Nachteil zu geraten, teilte er sein Heer ebenfalls in drei Gruppen und rückte dann vor."

Und nun kommt die blitzschnelle Gegenaktion, die auf gute Späher und entschlußkräftige Führung auf Seiten der Kaledonier schließen läßt:

„Als die Feinde dies hörten, änderten sie plötzlich ihren Plan. Insgesamt griffen sie die Neunte Legion als die schwächste bei Nacht an, erschlugen die Wachen und brachen ins Lager ein, wo sich alles in Schlaf oder Unordnung befand. Schon kämpfte man dort, da erfuhr Agricola durch Späher von dem Zuge der Feinde und befahl den Reitern und den schnellsten Fußsoldaten, die im Lager der Neunten Legion kämpfenden Kaledonier im Rücken zu fassen. Danach erhob das ganze römische Heer ein mächtiges Geschrei und pflanzte bei Tagesanbruch die Feldzeichen auf. Das erschreckte die Kaledonier und machte der Neunten Legion Mut. Ohne Sorge um ihr Leben kämpfte sie nur noch um den Ruhm, machte einen Ausfall, und in der Enge der Lagertore entspannen sich fürchterliche Kämpfe, bis endlich die Feinde geschlagen waren... Hätten nicht Sümpfe und Wälder die fliehenden Kaledonier vor der Vernichtung bewahrt, der Krieg wäre mit diesem ersten Treffen entschieden gewesen."

Zwischen der Mündung des River Forth in den Firth und der Kette lang gestreckter Seen, die mit dem Loch Venachar beginnt, ist Schottlands Festland nur etwa 20 Kilometer breit, weswegen zu allen Zeiten hier hartnäckige und oft entscheidende Kämpfe stattfanden. Namen wie Stirling oder Bannockburn tauchen in der Geschichte des Landes mehrmals auf. Die Erwähnung von Sümpfen und Wäldern im Norden des Schlachtfeldes läßt in einem Land wie Schottland noch keine genaue Lokalisierung des Geschehens zu, aber auch der heutige Befund läßt die Schwierigkeiten erkennen, auf die Agricolas Soldaten nördlich der Clyde-Forth-Linie stoßen mußten: Das ganze Hügelland zwishen Lochearnhead im Westen und Campbell Castle im Osten ist praktisch nur von einem einzigen Straßenzug bezwungen, der heutigen A 9 von Stirling nach Perth, die in etwa der Trasse der Römerstraße folgte, wie sie Agricola später bis zum heutigen Inchtuthil bauen ließ.

Während die Römer, nach diesem Sieg von der zweifellos auch ein wenig abergläubischen Angst vor den Keltenkriegern befreit, in euphorische Stimmung gerieten, ließen die Kaledonier erkennen, „sie seien nicht durch Tapferkeit, sondern durch Zufall und Feldherrnkunst besiegt worden. Sie gaben ihre Anmaßung nicht im Geringsten auf, sondern bewaffneten ihre Jugend, brachten Frauen und Kinder in Sicherheit und gaben der Verschwörung ihrer Stämme durch Versammlungen und Opfer die Weihe".

Aus heutiger Sicht ist man den alten Historikern vor allem für jene Bemerkungen und Mitteilungen dankbar, die hinter dem militärischen Geschehen, das einen Tacitus oder Ammianus Marcellinus so faszinierte, etwas von der Lebenswirklichkeit der wenig bekannten Gegner sichtbar werden läßt. Es war im großen Aufstand der Baodicea kurz vor Beginn der Statthalterschaft des Agricola sehr bezeichnend, daß die revoltierenden Stämme sich nicht nur unter dem Kommando einer Frau zusammenfanden, sondern daß in ihren Reihen auch zahlreiche Frauen herzhaft mitkämpften. Das entspricht Löpelmanns Überzeugung, daß die Römer bei den Kelten der Inseln auf mutterrechtliche Strukturen stoßen mußten, das entspricht auch den vielen uralten irischen Sagen, in denen die großen Helden ihre Kunst mit der Waffe, ja die geheimsten Tricks des Zweikampfes, von kundigen Frauen erfahren. Diese führen allerdings nicht mehr die Stämme, sondern hausen schon wie Zauberinnen oder Sibyllen in Höhlen, was auf eine Ablösung des Mutterrechts durch eine patriarchalische Ordnung und eine festere Stammesorganisation schließen läßt. Wenn nun Tacitus von den Kaledoniern sagt, sie hätten Frauen und Kinder in Sicherheit gebracht und dafür die Jugend, also wohl die Knaben, bewaffnet, so deutet dies auf Stammesverfassungen, die sich von den Strukturen bei den England-Kelten erheblich unterscheiden. Vermutlich haben die Härte des schottischen Lebens und die Notwendigkeit der Seefahrt bei den Kaledoniern schon früh den Männern ein Übergewicht, eine Vorrangstellung gegeben, die sie im Süden, im milderen und reicheren England, erst während der Römerzeit nach und nach erringen konnten. Vielleicht hat sogar die furchtbare Niederlage der mutigen, aber hemmungslosen Baodicea auch im Süden eine solche Entwicklung begünstigt. Nach Tacitus haben sich also die Kaledonier, angesichts der nun voll zu ermessenden Gefahr, durch Bündnisschwüre zu gemeinsamem Kampf zusammengefunden und durch ihre Priester Opfer bringen lassen, damit die Götter das Vorhaben begünstigten.

Es gab also kein geschlossenes, ganz Schottland oder wenigstens seinen Süden umfassendes kaledonisches Reich, sondern Stämme, die sonst möglicherweise miteinander sogar verfeindet waren. Die verschiedenen Versammlungen und die Feierlichkeit, mit der man sich verbündete, lassen darauf schließen, daß gewisse Gegensätze erst bei dieser Gelegenheit überbrückt wurden. Die Rolle der Priester vor allem im Kampf gegen die Römer wird deutlich. So wie in den Kämpfen in Wales die Druiden von Anglesey den Widerstandswillen der Kelten bis zum letzten Augenblick aufrecht erhielten, heizten sie auch hier und gegen Agricola durch Opfer und Weihezeremonien den Kampfesmut der immerhin schon einmal geschlagenen Kaledonier an.

Die Kampfpause benützt Tacitus, um uns eine Art

Bounty-Story aus dem ersten nachchristlichen Jahrhundert zu erzählen: Männer einer in Germanien ausgehobenen Kohorte meuterten, brachten drei Schiffe an sich und umsegelten mit ihnen, aus dem Clyde in die Irische See und dann nordwärts vorstoßend, ganz Schottland. Sie gerieten bei den Landgängen zur Versorgung wiederholt in Scharmützel mit Kaledoniern, verloren dann östlich von Schottland wohl nach einem Sturm die Orientierung und überlebten dank der grausigen Auslosung einzelner Opfer, die auf See kannibalisch verspeist wurden. An den Küsten gerieten sie an Sueben und Friesen, die sie als Seeräuber ansahen und um ein Haar erschlagen hätten (daß sie der alten Strandräubertradition dieser Gestade entgingen, ist das größte Wunder dieser ganzen Geschichte), schließlich aber am Leben ließen, um sie als Sklaven zu verkaufen. „Manchen, die auf dem (Sklaven-)Handelswege verkauft wurden und durch Tausch der Besitzer bis auf das linke Rheinufer gelangten, verlieh noch die Erzählung eines solchen Schicksals Ruhm."

Die Geschichte kam schließlich also aus Gallien wieder zur römischen Armee und wird von Tacitus wohl erzählt, weil sie möglicherweise den Keim zu Agricolas berühmter Flotten- und Vermessungsfahrt bildet. Ehe es aber so weit kam, stellten sich die Kaledonier zu einer großen Schlacht, in der es, wie Tacitus es ausdrückt, für sie um Rache oder Unterwerfung ging. Agricola, verhärtet durch den Tod seines einjährigen Sohnes, hatte zuvor das ganze Land der Kaledonier, so weit es für seine Truppen erreichbar war, verheeren und leerplündern lassen, und wer die Landesnatur nördlich des Tyne kennt, weiß, daß dort eine Plünderung viele, viele Hungerwochen für die Betroffenen bedeutet. Die Maßnahme bezweckte zweifellos, die in ihrem weiten und schwierigen Land praktisch unangreifbaren Barbaren zu einer Schlacht zu veranlassen, und tatsächlich stellten sie sich am Mons Graupius den Römern, einem offenbar wegebeherrschenden Hügel nahe der Landenge, unter der Führung eines Mannes namens Calgacus.

Die Forschungen nach der genauen Lage jenes Berges oder Hügels sind ebenso unergiebig geblieben wie die nach näheren Daten jenes Calgacus, dem Tacitus, nach Art des Livius und anderer Geschichtsschreiber, eine lange und gewiß erfundene Rede in den Mund legt. Wäre es anders, so müßte man aus ihr schließen, daß dieser Anführer der vereinigten kaledonischen Kampfverbände einen guten Überblick über die politische und geographische Situation seines Landes hatte, von den Aufständen der unterworfenen Englandkelten wußte und weitreichende Kenntnisse über Rom – die Hauptstadt und das Weltreich – besaß. Was er gegen Rom vorbrachte, wird – und dies ist auffällig und ein Bruch mit der Tradition – in der Anfeuerungsrede, die dann auch Agricola seinen Truppen hält, nicht widerlegt, „weil ein guter Teil davon *seine* (d.h. des Tacitus) Meinung und die seiner gleichgesinnten Senatorengenossen über das Imperium und die Pax Caesarum widergespiegelt hatte." (Stefan Borzsak)

Konkreter zu werten sind die Mitteilungen über die Truppenstärke. Die etwa 30 000 Kaledonier sind vielleicht etwas (aber wohl um nicht sehr viel) zu hoch gegriffen, bedenkt man die Stärke der römischen Legionen. Zu diesen kamen 11 000 Mann an Hilfstruppen aus England, von denen 3000 beritten waren. Den Kern bildeten aber die 8000 Römer der Legionen. Die mit Recht angezweifelte Bilanz, daß der Gegner 10 000 Mann verloren habe, Agricola hingegen nur 360, erklärt sich durch eine Bemerkung des Tacitus, daß ein 'Sieg ohne römisches Blut' als höchster Ruhm zu werten sei. Getreu dem später noch sehr viel deutlicher werdenden Grundsatz, die Legionäre selbst nur im äußersten Notfall einzusetzen, hat Tacitus offensichtlich nur die 360 toten römischen Soldaten angeführt; die Hilfstruppen, die zuerst ins Gefecht kamen, mögen sehr viel höhere Verluste gehabt haben.

Das Schlachtfeld selbst hatte vermutlich einen tiefen Boden, in dem Agricola es vorzog, zu Fuß zu kämpfen, und in dem die Sichelwagen der Kaledonier wiederholt steckenblieben. Den entscheidenden Ausschlag zugunsten der Römer brachte dennoch die von Agricola zunächst zurückgehaltene Reiter-Reserve. Die Moral der Unterlegenen blieb weitgehend intakt, und wenn sich Agricolas Truppen auf der Verfolgung zu weit vorwagten, wurden sie sogleich wieder umzingelt und bekämpft. Verwundete auf dem Schlachtfeld wurden von den Kaledoniern unter den Augen der Römer abtransportiert und in Sicherheit gebracht. Andere zündeten ihre Häuser an, soweit sie nahe am Kampfplatz lagen, zahlreiche Frauen und Kinder wurden getötet, damit sie nicht dem Sieger in die Hände fielen, ein Factum, das Tacitus durch die Bemerkung, es sei 'zur Genüge bezeugt', noch unterstreicht.

Das läßt an Numantia denken und beweist eine außerordentliche Härte dieser Bevölkerung, die − wie immer sie sich nun aus Pikten und Keltiberern zusammensetzte − seit Jahrhunderten in äußerster Armut lebte und die dennoch ein Land verteidigte, das es ihnen allen gewiß nicht leicht gemacht hatte.

Und dann herrschte Stille, das Volk hatte sich nach Norden zurückgezogen, vor den Römern lagen brennende Dörfer und leere Landstriche, der organisierte Widerstand war zu Ende, wenn auch da und dort gelegentlich noch kleinere Widerstandsaktionen zu verzeichnen waren. Agricola befahl die Aufnahme, das heißt kartographische Verzeichnung jener Länder, die er mit der Schlacht 'irgendwo am Rande des Hochlands' (Trevelyan) für Rom erobert hatte. Daß es sich dabei um die Umfahrung der Nordspitze einer Insel handeln würde, wußte er offensichtlich, entweder, weil er von jener Meuteraktion und -rundfahrt glaubhafte Kunde erhalten hatte, oder aber, weil er seinen Plinius kannte, der ja Auszüge aus der sensationellen Nordseefahrt des Pytheas von Massilia in seinen Schriften anführt. Agricolas Schwiegersohn war da weniger gut unterrichtet, wenn er schreibt: „Als zum erstenmal eine römische Flotte um Britannien herumfuhr, ergab es sich, daß es eine Insel ist." Ja Plinius sagt, in seiner im Jahr 77, also drei

Jahre vor dem Beginn von Agricolas Statthalterschaft, vollendeten großen Naturgeschichte, sogar ganz deutlich, daß – von den Inseln Britannien und Irland abgesehen – keine der dort liegenden Inseln mehr als 125 000 Schritte Umfang habe. Das trifft zwar für die größten der Hebriden nicht zu, beweist aber, daß er bereits zwischen den Hauptinseln und dem Schwarm der ihnen nördlich und westlich vorgelagerten kleinen Inseln zu unterscheiden wußte. Freilich wissen wir nicht, ob diese Kenntnisse ausschließlich auf Pytheas zurückgehen, dessen Werk uns ja nur in Bruchstücken erhalten ist; es können auch andere Berichte, von der Nordseeküste oder von spanischen Seefahrern, zu dem stets wißbegierigen Plinius gedrungen sein. Der einzigartige Polyhistor schreibt über die kleineren Inseln weiter: „Es sind dies 40 Orkaden, die nur durch schmale Gewässer voneinander getrennt sind (!), die sieben Acmoden (als Anspielung auf die Shetlands zu verstehen) und die 30 Haebuden (Hebriden)."

Plinius kam bekanntlich im Jahr 79, also fünf Jahre vor Agricolas Flotten-Erkundung, beim Ausbruch des Vesuvs ums Leben, und noch früher, um 40 nach Christus, hatte Pomponius Mela geschrieben: „Die Zahl der Orkaden beträgt 30. Die Inseln sind voneinander durch schmale Gewässer getrennt; die Zahl der Haemoden (Hebriden), die Germanien gegenüberliegen (vielleicht auch: an der von Germanien abgewandten Seite liegen) beträgt sieben."

Tacitus hat sich also in seinem Interesse für den Schwiegervater von dessen gewiß verdienstlicher Initiative blenden lassen, aber er irrt, wenn er schreibt: „Zugleich fand und unterwarf Agricola Inseln, die bis dahin unbekannt gewesen waren und Orkaden genannt werden. Thule hat man nur erblickt, weil befohlen worden war, bis dorthin zu fahren, und weil der Winter nahe war." Immerhin hatten die Orkaden bereits ihren eigenen, einen übereinstimmend bei verschiedenen Schriftstellern auftauchenden Namen, der sich bis heute erhalten hat. Richtig stellt Tacitus fest: „Wer aber den unförmigen Raum des am äußersten

Gestade noch vorspringenden Landes ganz durchmessen hat, für den verjüngt es sich keilförmig."

Wie viele seiner Zeitgenossen und Vorgänger begegnet Tacitus allem, was man im Mittelmeer über den so völlig andersartigen Atlantik erfährt, mit tiefem Mißtrauen und fährt sehr reserviert fort:

„Die Beschaffenheit des Ozeans und seine Gezeiten zu untersuchen, ist nicht die Aufgabe dieser Schrift; auch haben schon viele (?) darüber berichtet. Nur eins will ich noch sagen: nirgends herrscht das Meer auf weiterem Raume vor, und viele seiner Strömungen bewegen sich nach verschiedenen Richtungen. Sie steigen nicht etwa nur bis zur Küste und werden dann aufgesogen (!), sondern strömen im Fall von Windungen (Firths) tief in das Innere hinein und drängen sich sogar in die Schluchten der Berge, als wäre das ihr eigener Bereich."

Tacitus hatte also Berichte von dem besonders starken Tidenhub in engen Trichtermündungen, ein Phänomen, das angesichts der kaum merklichen Gezeiten im Mittelmeer die Römer besonders beeindrucken, ja erschrecken mußte. Auch die schmalen Kanäle zwischen den Orkneys und die schnellen Strömungen zwischen Irischer See und Äußeren Hebriden sind von den Römern richtig beobachtet worden.

Wichtiger ist aber, daß wir nun auch Nachrichten über die Bevölkerung selbst erhalten, über die Gegner des Agricola, die mutigen Kämpfer mit den schlechten Waffen. Tacitus ahnt mehr als daß er es weiß, daß die Gefolgsleute des Calgacus keine Urbevölkerung sind; vielleicht hatte er auch Berichte über Gefangene verschiedenen Typs, Pikten und später eingewanderte Kelten. Zwar hatten die Römer, wie Tacitus zugibt, in der Schlacht selbst keine Gefangenen gemacht, sondern alles umgebracht, was ihnen vor die Schwerter kam, und zwar immer dann, wenn sich eine neue Gruppe von Gefangenen zeigte: Man hatte nicht das Personal, eine größere Zahl zu bewachen. Gegen Ende der Schlacht mögen aber doch einige zusammengekommen sein, piktische Rundköpfe, klein gewachsen und zäh, und Kelten mit rötlichem Haar und 'gewaltigen Gliedmaßen', die Tacitus darum für Germanen hält, ein entschuldbarer Irrtum, dem sehr viele der antiken Schriftsteller erliegen, was die Keltenforschung erheblich erschwert hat. Die Pikten nennt Tacitus Silurer, bescheinigt ihnen zudem dunkles Kraushaar und vermutet selbst afrikanischen Ursprung. „Wer jedoch die Frage in ihrer Gesamtheit betrachtet", schließt Tacitus erstaunlich zutreffend, „muß annehmen, daß die Gallier die nahe Insel besetzt haben: Man kann nicht nur deren heilige Gebräuche auch auf der Insel entdecken, selbst die Sprache ist von jener der Gallier nicht sehr verschieden... Nichts ist für uns im Kampf gegen diese starken Völker nützlicher als der Umstand, daß sie keine gemeinsamen Beschlüsse fassen. Nur selten kommen zwei oder auch drei Völkerschaften zur Abwehr gemeinsamer Gefahren überein; daher kämpft eine jede für sich, und die Gesamtheit unterliegt."

Damit ist der Befund der Bodenforschung im allgemeinen bestätigt, nimmt doch schon Schulten für die Keltiberer auf der Pyrenäenhalbinsel einen nordafrikanischen Ursprung an. Ihr Erscheinungsbild war vor zweitausend Jahren, als die Römer ihnen in Schottland begegneten, offensichtlich noch deutlicher und kennzeichnender als nach den Jahrhunderten gemeinsamen Lebens mit den keltischen Kaledoniern, das nach der Schlacht am Mons Graupius ja beinahe tausend Jahre lang von außen nicht mehr gestört wurde.

Für die Glaubhaftigkeit der Erkundungsfahrten sprechen, wie im Fall des Pytheas, die Beobachtungen, von denen Tacitus berichtet und die man nur in den nördlichsten Breiten der britischen Inseln machen konnte:

„Das Klima machen Regen und Nebel häufig düster; strenge Kälte fehlt. Die Länge der Tage geht über das in unserem Land bekannte Maß hinaus; die Nacht ist hell und in der nördlichsten Gegend Kaledoniens so kurz, daß man Ende und Anfang des Tages nur an einer kleinen Pause unterscheidet. Es heißt, daß man bei Wolkenlosigkeit auch in der Nacht die Sonne am Himmel stehen sieht... Das flache Ende der Erde (!) läßt nämlich mit seinem niedrigen Schatten keine Finsternis aufkommen, und die Nacht sinkt nur unterhalb des Himmels und der Gestirne hernieder."

Tacitus vermutete also immerhin, daß die kurze Polarnacht etwas mit der Gestalt der Erde und mit der Randlage Schottlands zu tun habe. Pytheas von Massilia hatte — nach dem eindeutigen Zeugnis des Plinius — den Zusammenhang zwischen dem Mond und den Gezeiten bereits erkannt, aber die meist 300 und mehr Jahre nach ihm schreibenden römischen Autoren begegneten ihm ja mit einer rätselhaften Skepsis, in die wir uns schwer hineindenken können. Was er aus Nordeuropa berichtete, muß den Bewohnern Italiens völlig absurd erschienen sein:

„Die nördlichste aller britannischen Inseln heißt Tyle (Thule). Sie liegt bereits im Bereich des geronnenen Meeres (Eismeer) und sechs Segeltage nördlich des äußersten Kaps von Albion. In Tyle liegt der ganze Wendekreis der Sonne über der Erde... Die Barbaren zeigten uns dort die Gegend, wo sich die Sonne schlafen legt (!): Sie sei gleichsam immer bei ihnen. Es stellte sich auch tatsächlich heraus, daß in dieser Gegend die Nacht ganz kurz wird, an einigen Stellen zwei, an anderen drei Stunden dauert, so daß die Sonne nach ihrem Untergang nach ganz kurzer Unterbrechung wieder aufgeht. Dort laufen im Sommer die Tage und umgekehrt im Winter die Nächte durch, und es muß Gebiete geben, in denen nur einmal im Jahr Tag und Nacht wechseln."

Der Nordpol, wo dies der Fall ist, wurde natürlich von Pytheas nicht erreicht, es gab ja keine Möglichkeit, das 'geronnene Meer' zu durchqueren. Aber der geniale Gelehrte aus Marseille hatte sich in seinem monate-, ja vermutlich jahrelangen Aufenthalt in den nördlichen Gegenden Europas so völlig in die Natur Nordschottlands und vielleicht auch Skandinaviens eingefühlt, daß er die Besonderheiten von Polarnacht und Gezeiten folgerichtig weiterdachte.

Nur vor der Annahme einer Kugelgestalt der Erde, die alles schlüssig erklärt hätte, scheute der sonst so vorurteilsfreie Naturbeobachter denn doch zurück. Wie im Fall des Herodotberichtes über die Umfahrung des Kaps der Guten Hoffnung unter dem Pharao Necho sind es die seinerzeit als völlig unbegreiflich empfundenen Mitteilungen, die heute die schlüssigsten Beweise für den Fahrtverlauf liefern. Herodot hatte kopfschüttelnd niedergelegt, daß die Afrika umrundenden Phöniker nach ihrer langen Südfahrt aus dem Roten Meer dann nach Westen, um das Vorgebirge herum gebogen seien und dabei die Sonne im Norden gehabt hätten, eine scheinbar absurde Behauptung. Und Pytheas teilte mit, daß östlich von Hibernia eine Gegend komme, wo die Gezeiten wieder aufhörten – nämlich der Eingang der Ostsee und dieses große Beinahe-Binnenmeer selbst –; das vermochten die Römer, die ihr Mittelmeer für einzigartig hielten und den Mittelpunkt der Welt, eben nicht zu glauben.

Da die große Flottenfahrt eine gewisse Sicherheit über die Abmessungen der Küsten und die Ausdehnung des Landes gebracht hatte, konnte Agricola nach dem Sieg und der Verwüstung der Grenzzonen an die Sicherung der eroberten Gebiete gehen und hatte dabei, wenn man seinem Schwiegersohn glauben will, eine außerordentlich glückliche Hand. Vor allem aber hatte er ja die genaue Kenntnis jener Mißstände, die zu dem großen und blutigen Aufstand der Baodicea in England geführt hatten: Maßlose Bereicherung der römischen Machthaber, Erpressung der Untergebenen durch Hortung von Getreide, Übergriffe auch in privatesten Bereichen, die der wilden Königin Gelegenheit gaben, ihre geschändeten Töchter auf dem Streitwagen mitzuführen, damit die Aufständischen begriffen, warum und wogegen gekämpft wurde.

Tacitus berichtet, daß Agricola weder Sklaven noch Freigelassene in Verwaltungsämter einrücken ließ. Das war keine absolute Garantie für Ehrlichkeit, Sauberkeit und Gehorsam, aber es verhinderte zumindest die Bildung von ganzen kriminellen Netzen, hinter denen ein Römer als Besitzer von geschäftüchtigen Sklaven verborgen bleiben konnte und notfalls nur seine Untergebenen opferte. Agricola erforschte das ganze südliche Schottland auch zu Land sehr genau, jeden Wald, jedes Tal, ermittelte so die Standorte für seine vielen kleinen Festungen und ermunterte die Römer, in ihrem Schutz zu siedeln und zu bauen, wie sie es gewohnt waren, mit Tempeln, einem Forum und festen Häusern.

Damit konnte nun alles vor sich gehen, wie man es 100 Jahre zuvor in Gallien gesehen hatte: Die unterworfenen Stämme stellten Geiseln, um nicht weiter verfolgt und ausgeplündert zu werden. Der eine oder andere begabte Jüngling gelangte auf diese Weise in den Genuß britischer Bildung, ja kleidete sich nach römischer Art. Dies hatte zwar zweifellos im englischen Süden mehr Erfolg als im eigentlichen Schottland, aber man hatte nun Dolmetscher und landeskundige Berater. „Allmählich", schreibt Tacitus in einer der wenigen kritischen Passagen seines *Agricola* „verirrte man sich auch zu den Lockmitteln des Lasters, Säulenhallen und Bädern und üppigen Mahlzeiten. Das hieß bei einfältigen Gemütern feine Erziehung, war aber ein Teil ihrer Knechtschaft."

Das Leben der Römer nach dem Sieg am Graupius kann man sich dennoch, und obwohl in den größeren Etappenstädten offensichtlich für Unterhaltung gesorgt war, nicht allzu angenehm vorstellen. Die Festungen waren zahlreich, aber klein. Eine zusammenhängende Frontlinie gab es nicht, so daß jeder dieser Stützpunkte auf sich gestellt war und mit seinen Vorräten unter Umständen auch längere Belagerungen bestehten mußte, oder aber Phasen, in denen die Versorgungslinien unsicher waren. Dennoch sei „keine der von Agricola angelegten Festungen gewaltsam vom Feinde erobert oder nach Kapitulation oder durch Flucht verlassen worden". Die gefährlichste Zeit war der Winter. Die nicht mit der Feldbestellung beschäftigten Kaledonier griffen dann über die zugefrorenen Sümpfe hinweg an und verließen sich darauf, daß die frierenden Römer ihnen nicht weit nachsetzen würden. Im Sommer hingegen hatten die Römer, die ja aus wärmeren Gegenden Deutschlands und des Elsaß kamen, die Oberhand und sorgten vor allem auf Plünderungszügen für die Verproviantierung der Festungen.

Als man das Land gut genug kannte, um die außerordentliche Enge zwischen den tief eingeschnittenen Buchten des Clyde und der Forthmündung entsprechend zu nutzen, entstanden wohl die ersten Pläne für den späteren Wall des Antoninus. Da diese Linie für den siegreichen Agricola aber Rückzug bedeutet hätte, schob er Straßen und Befestigungen zwar nicht in breiter Front, aber doch punktweise über sie hinaus nach Norden vor, Anlagen, von denen da und dort noch etwas zu sehen ist. Und je mehr von ihnen wieder zum Vorschein kamen oder genauer erforscht wurden, desto berechtigter erwies sich das Urteil des Tacitus über seinen Schwiegervater: Die Festungen lagen, wenn irgend möglich, nahe an Wasserwegen, berücksichtigten die strategischen Notwendigkeiten und die Versorgung mit Nachschub. Freilich ist für uns Heutige der Anblick solcher militärischer Zweckbauten keineswegs so faszinierend wie die Freilegung eines altrömischen Forums mit Säulenhallen, Tempeln und Prozessionsstraßen. Ja es fehlt diesen Grundmauern, Fundamenten und Einzel-Überbleibseln eigentlich auch jene Aura, die den vorgeschichtlichen Wohnstätten auf den Orkneys und den Shetlands eigen ist.

Am interessantesten ist wohl Inchtuthil, die nördlichste Legionärsfestung in Schottland; sie wurde in zwölf Jahren hingebungsvoll ausgegraben und ist so gut wie vollständig frei von Überbauungen und verunstaltenden Veränderungen. Dennoch wird Inchtuthil, auf der Höhe von Dunkeld unweit des River Tay gelegen, auch heute noch wenig beachtet, und die anderen der insgesamt etwa 60 ähnlichen Forts sind zum Teil gar nicht mehr als solche erkennbar, was auch für die meisten Teile der großen Wallbefestigungen gilt, die in der Zeit nach Agricola angelegt wurden.

Es spricht für die Bemerkung des Tacitus über den sicheren Blick des Agricola, daß die meisten seiner Forts auch unter späteren römischen Besatzungen weiter genutzt wurden. Und obwohl im Lauf der drei Jahrhunderte naturgemäß Veränderungen unvermeidlich waren, läßt sich doch der Grundtyp bei vielen dieser kleinen Forts noch erkennen: Das dem Feind zugewandte Haupt-Tor, die sich dahinter ins Innere öffnende Via Praetoria, die Wohnviertel und Vorratsräume innerhalb der Mauern und die Wall- und Grabensysteme rundherum. Meist gibt es auch eine breite Querstraße mit großer Kreuzung in der Kastell-Mitte, Via Principalis genannt. Im Grund waren all diese Befestigungen steinerne Wiederholungen des alten Feldlagers, das die Lederzelte der Legionäre mit seinen Befestigungsanlagen umschloß, nur daß hier in Schottland offenbar mehr Raum für Vorräte vorgesehen war und jedes dieser Forts, um auf sich gestellt existieren zu können, auch ein eigenes Hospital hatte. Die Fläche, die von solchen Anlagen insgesamt bedeckt wurde, schwankte zwischen 4000 und 8000 Quadratmetern, wovon bis zu zwei Dritteln auf die Gebäude entfielen.

Außer Inchtuthil — ein beinahe aztekischer Name — lagen nördlich des Clyde-Forth-Isthmus noch Ardoch und Fendoch. Auf der Strecke von Stirling nach Dunblane und weiter nach Norden in Richtung Crieff hat man alles beisammen: Eine von Greenloaning (A 9) nach Norden zweigende Römerstraße (führt streckenweise gerader durch die Landschaft als die A 822, eine sehr häufige Erscheinung); an dieser Straße die kleine alte Befestigung aus der Zeit des Agricola, und nur ein paar Kilometer weiter weg, bei Braco, das große befestigte Lager aus dem zweiten Jahrhundert, das 40 000 Mann Raum bot.

Ein nordwestlicher Vorort von Edinburgh, Cramond-Island gegenüberliegend, ist aus dem ehemaligen römischen Fort Caer Almond entstanden. Um zumindest am

Rand der Stadt eine malerische Erholungszone zu haben, wandten die Edinburgher eine nicht geringe Mühe auf, um Cramond wenn schon nicht wieder zu einem römischen, so doch zu einem sehr hübschen schottischen Küstendorf werden zu lassen; aber man hat auch Wohnhäuser aus der Zeit des Antoninus Pius freigelegt.

Gerade in Edinburgh aber gewinnt man den Eindruck, daß römische und kaledonische Befestigungen mitunter hart nebeneinander lagen, was an sich nicht unlogisch ist. Die Gegner der Römer besannen sich in ihrer Notlage auf die unterirdische Bauweise, die neben den strategischen in Schottland ja auch manche anderen Vorteile bot, und legten Stützpunkte bei Fairmilehead unweit der A 702 und bei Crichton südöstlich von Edinburgh an, mit unterirdischen Kasematten von bis zu elf Metern Länge. Die A 702 führt von Edinburgh nach Südsüdwest zum River Nith. Sie ist die längste der ehemaligen Römerstraßen auf schottischem Boden, und man kann die alte, schnurgerade Trassierung an verschiedenen Stellen, zum Beispiel bei West Linton, gut erkennen. Kurios ist, daß in den Lowther Hills die Römerstraße den Hügel couragiert geradenwegs angeht und bezwingt, statt ihn zu umgehen; hier liegt auch eine kleine Ruinenstätte aus einem Agricola-Fort.

Seit Kraftfahrzeug und Flugzeug die Bodenforschung nicht nur erleichtert haben, sondern auch einen Überblick über künftige Grabungsvorhaben gestatten, wissen wir, daß die Durchsetzung des südlichen Schottland mit römischen Garnisonen, Alarmeinheiten, Versorgungswegen und Vorratslagern dichter gewesen ist als vordem angenommen. Fasziniert von den imposanten römischen Fernstraßen hatte man ja auch in Deutschland zunächst diese Hauptlinien erforscht und erst in unserem Jahrhundert, in der Limesforschung, die erstaunliche Intensität der römischen Befestigungstechnik kennengelernt, die sich ja keineswegs auf die eigentliche Fortifikation selbst beschränkte, sondern umsichtig und unter einem ungeheuren Aufwand an Arbeitsstunden und Arbeitskräften alle notwendigen Strukturen dazu schuf.

Zum Unterschied vom Limes etwa im weiteren Main-Gebiet, wo die Germanen sich durch ihre Späher gut über die römischen Bauten informiert und in vielen Fällen Gegen-Stollen und Grabensysteme ausgehoben hatten, finden wir die Kaledonier nach der schweren Niederlage gegen Agricola erstaunlich passiv. Da sie niemand in die Nähe der Römer zwingen konnte, setzten sie sich einfach ab, und jene, die im Vorland der Römer oder im eroberten Gebiet blieben, zeigten jedenfalls keine Guerilla-Aktivitäten. Das kaledonische Landleben scheint zur Römerzeit nicht viel anders gewesen zu sein als vorher, in den letzten Jahrhunderten der Bronzezeit. Die häufig aufgefundenen Erdwohnungen waren wohl kaum Befestigungen um ihrer selbst willen, sondern eher Verstecke und Winterwohnungen. Im Sommer und auf den schwer zugänglichen Highlands blieb alles beim alten, nur daß vermutlich die kriegslüsternen Druiden an Einfluß verloren hatten.

Selbst im ersten nachchristlichen Jahrhundert hatten die Römer schon Erfahrung genug mit unterworfenen Völkern. Sie mußten sich sagen, daß schon der Nachfolger des Calgacus eine weniger friedliche Politik treiben konnte, ohne daß dann ein Feldherr vom Rang des Agricola ihm gegenüberstehen würde.

Die Erfolge des Agricola im fernen Britannien hatten in Rom umsomehr Aufsehen erregt, als die Fortschritte im germanischen Bereich eher bescheiden waren. Ja Tacitus beschuldigt Kaiser Domitian, für einen jener Triumphzüge, wie sie dem römischen Volk die Siege vor Augen führen sollten, mangels echter Gefangener auf den grenznahen Märkten Sklaven gekauft und diese als Kriegsgefangene ausstaffiert zu haben. Demgegenüber hatte Agricola am Rande der bekannten Welt schier Unglaubliches geleistet, und sollte er den Ruhm des Kaisers nicht verdunkeln, so mußte man ihn schleunigst abberufen. Das war nun über eine Distanz von 2000 Kilometern nicht so ganz einfach, auch hatte Domitian praktisch keine Machtmittel gegen einen auf einer Insel residierenden erfolgreichen Feldherrn, den seine Truppe vergötterte. Also wurde Agricola geködert, und zwar mit einer der einträglichsten Kolonien, nämlich mit Syrien. Dort wäre Agricola reich geworden, was so manchem Helden den Mund gestopft hat, und er hätte es schwer gehabt, gegen syrische, armenische und jüdische Kaufleute seinen Waffenruhm zu vermehren. Ob Domitian diese begehrte Provinz wirklich an Agricola gegeben hätte, wird man nie erfahren, denn jener Vertraute des Kaisers, kein Patrizier, sondern ein Freigelassener, der die Ernennung überbringen sollte, begegnete im Ärmelkanal dem Schiff des Statthalters: Agricola hatte also an Widerstand oder auch nur Zaudern nicht gedacht, sondern seine starke Position freiwillig geräumt. Daraufhin wurde die wertvolle Provinz Syrien natürlich gar nicht mehr erwähnt, Agricola mußte sich befehlsgemäß nächtlicherweile in Rom und im Kaiserpalast einfinden, damit niemand ihm zujubeln könne, empfing einen flüchtigen Kuß Domitians und durfte sich ins kaiserliche Gefolge einreihen...

Es scheint jedoch festzustehen, daß Domitian die ausgestandenen Sorgen, ja vielleicht sogar Ängste nicht vergaß. Die große Insel, auf der so viele römische Legionäre standen, blieb eine Bedrohung der kaiserlichen Macht, und während Agricola streng überwacht auf seinem Landgut lebte, ein großer Feldherr ohne Beschäftigung, wurde mindestens einer seiner Nachfolger von Domitian umgebracht. Als Agricola im August des Jahres 93, erst 53 Jahre alt, schwer erkrankte, sandte Domitian nicht nur seine Leibärzte ans Lager des Feldherrn, sondern ließ sich auch durch Stafetten über die Entwicklung der Krankheit und den am 23. August eingetretenen Tod berichten, wie Tacitus meint: weil ihm die Nachricht willkommen gewesen sei. Um unerwünschte Nachrichten bemühe man sich nicht mit solchem Aufwand.

Drei Jahre später war auch Domitian tot, der Kaiser mit

dem besonderen Interesse an Großbritannien, der Kaiser, der die von Agricola erreichte und befestigte Linie zwischen dem Firth of Clyde und dem Firth of Forth unbedingt halten wollte. In seinem Fall ist die Ermordung durch Verschwörer sicher, ja mehr noch, er verfiel der sogenannten *damnatio memoriae:* Der gegen ihn eingestellte Senat und Historiker wie Tacitus sorgten dafür, daß das Bild dieses tatkräftigen Kaisers bis in die letzten Jahrzehnte verzerrt blieb. Heute räumt man zwar Züge von Perversität in seinem Charakter ein, hebt aber seine große Leistung für das Reich hervor und die Tatsache, daß schließlich Traian die Außen- und Machtpolitik Domitians fortgesetzt habe. Mit Traian endete im gewissen Sinn ein entscheidender Abschnitt der römischen Expansion, und Hadrian (117-138) ließ jene berühmte Pause eintreten, in der das große Reich gefestigt, mit besseren Strukturen versehen und in vielem reorganisiert wurde.

Die bekannteste der vielen Initiativen dieses Kaisers ist bis heute der quer durch das nördliche England gezogene Wall, der seinen Namen trägt, eine historische, eine folgenreiche Grenzziehung zwischen dem von Rom jahrhundertelang beeinflußten, ja durchdrungenen England und jenem Schottland, das Hadrian nicht halten zu können meinte. Auf einer seiner berühmten großen Reisen gelangte er 122 nach Christus auf die britischen Inseln, hatte den neuen Statthalter bei sich und eine frische Legion, die Sechste, gleichsam im Gepäck: Erprobte Kämpfer aus Spanien, die zuletzt in Xanten gelegen waren.

Die Sechste Legion hatte einst Galba auf den Schild gehoben, den Mann, der schließlich Nero stürzte, und daß Hadrian diese ruhmreiche Truppe aus dem wichtigen Garnisonspunkt Xanten nach Britannien führte, zeigt einerseits, daß er für seine Person Revolten nicht fürchtete, und andererseits, daß er Britannien mit Kaledonien als eine Aufgabe für die Besten ansah. Außerdem war die Neunte Legion offenbar stark angeschlagen, sie scheint sich nach dem nächtlichen Überfall der Kaledonier auf ihr Lager nicht mehr erholt zu haben und erlitt auch unter Hadrian eine weitere schwere Niederlage auf der Insel, wonach sie aus der Geschichte verschwindet. P.J. Helm vergleicht dieses Verschwinden mit dem Rätsel der *Mary Celeste*, aber ganz so schlimm ist es wohl nicht: Es gibt eine Inschrift, die uns die Vermutung nahe legt, Hadrian habe Teile oder Reste der geschlagenen Legion mit sich genommen und in Dacien eingesetzt, also im heutigen Rumänien. Viel kann von ihr nicht übrig geblieben sein, sie hatte die Hauptlast der Kämpfe in den Aufständen von 105 und 117 zu tragen. Natürlich neigen die Briten zu der an sich bis heute unbewiesenen Hypothese, die Neunte Legion habe gegen die kriegerischen Inselbewohner im Jahr 117 eine schwere und unehrenhafte Niederlage erlitten und sei wegen des Verlusts ihrer Feldzeichen (was auf wilde, regellose Flucht schließen lassen würde) von Hadrian gleichsam kassiert worden. Immerhin darf man einen Zusammenhang vermuten zwischen den schweren Schicksalen jener zuvor erfolgreichen Neunten Legion und dem Bau einer durchgehenden Befestigungslinie, wie sie uns als Hadrians-Wall bis heute bekannt und auf weite Strecken auch sichtbar ist. Und gewiß gilt auch für den Hadrians-Wall, was Dr. Anne Robertson in ihrem Buch über den Wall des Antoninus Pius sagt: „Every ancient structure of any permanence belongs not only to his own age, but to every age which comes after." Oder verkürzt auf deutsch gesagt: Da diese Befestigungslinien die Römerzeit überdauerten, gehören sie in gewissem Sinn auch allen späteren Epochen der Inselgeschichte an.

Die Zeit der Drachenschiffe

Die Wälle, die zwei römische Kaiser quer durch Schottland zogen, sind bis heute die eindrucksvollsten Zeugnisse kontinentalen Denkens auf der britischen Insel geblieben. Die Römer verpflanzten ihre Illusion, Sicherheit aus Mauern und Kastellen zu gewinnen, auf eine Insel, die nach allen Seiten offen ist, ja die sich mit tiefen Meeres-Einschnitten beinahe bis in ihr Innerstes preisgibt. Aber die Herrscher eines riesigen Kontinentalreiches, die Oberbefehlshaber einer Armee, die ihre Siege mit Schanzen, Wällen und Gräben errungen hatte, die mußten einfach an Befestigungslinien glauben, und so enstanden nacheinander Hadrians-Wall und Vallum Antoninum, Leistungen der ordnenden Vernunft und Planung, die man durchaus den kühnen Vorstößen des Agricola an die Seite stellen kann. Das alte, wilde Europa präsentierte sich schließlich kaum irgendwo so abweisend, so furchteinflößend, wie in den Weiten der Highlands, den meerumtobten Küsten, den schier unüberwindlichen Meeres-Einschnitten Schottlands; es mußte den Römern scheinen, als hätten hier die Druiden ihre uneinnehmbare Hochburg, als stünden die Legionen hier an der Grenze zu einer anderen Welt.

Zwischen den heutigen Städten Newcastle on Tyne im Osten und Carlisle im Westen war der Hadrians-Wall stets von etwa 10 000 Soldaten besetzt, die sich allerdings zum größten Teil in 15 Festungen konzentrierten und nur in Alarmsituationen ausschwärmten. Die Anlage mit ihren Truppen bedingte einen Ausbau des Straßennetzes, wie ihn die britischen Inseln erst 16 Jahrhunderte später wieder erlebten. Nordendpunkte dieser aus dem Süden heranführenden Straßen waren Carlisle, Greatchester, Corbridge und Newcastle. Dazu kam eine parallel zum Wall und in seinem Schutz verlaufende Etappenstraße mit Stichstraßen nach Berwick upon Tweed und Glasgow.

In dieser Stadt, genauer gesagt ihrem Vorort Old Kilpatrick am Clyde-Fluß, verankerte Kaiser Antoninus Pius jenen nach ihm benannten nördlicheren Wall, den im Jahr 142 die Zweite, Sechste und Zehnte Legion gemeinsam mit einheimischen Arbeitskräften errichteten. Die Nordspitze der britischen Hauptinsel ist hier, wegen der tiefen Einschnitte im Westen und im Osten, nicht einmal 50 Kilometer breit. Der neue Wall brachte also nicht nur eine beträchtliche Verkürzung der Verteidigungslinie gegen die nur einmal besiegten und noch keineswegs unterworfenen Kaledonier, sondern auch einen erheblichen Landgewinn in Gestalt jener schottischen Landschaften, die heute Borders und Dumfries Galloway heißen und ungleich besser zu nutzen waren als die meisten übrigen Gebiete Schottlands. Den Kaledoniern waren damit die Gebiete abgenommen, in denen sich eine ertragreiche Landwirtschaft betreiben ließ, und wer nicht unter dem römischen Joch leben wollte, der hatte ein karges Dasein nördlich des Firth of Forth vor sich.

Obwohl deutlich kürzer als der Hadrianswall, trug jener des Antoninus 19 Hauptbefestigungen und war durch einen vorgelagerten Graben von zehn bis zwölf Metern Breite und vier Metern Tiefe zusätzlich geschützt, Erdbewegungen also, die in jenen Zeiten, da es ja noch nicht einmal den primitivsten Löffelbagger gab, eine ungeheure Arbeitsleistung bedingten. Auch hier verband eine Etappenstraße südlich des Walls die einzelnen Stützpunkte miteinander. Die wichtigsten von ihnen waren das schon erwähnte Cramond und Inveresk am Firth of Forth und Bishopton am Clyde. Weit draußen in der Clyde-Mündung, in der Nähe der heutigen Stadt Gourock, befand sich eine exponierte, aber gut befestigte Signalstation für die Zusammenarbeit der Legionen mit der Flotte. Diese konnte im Ernstfall nämlich ungleich schneller Einsatzreserven an gefährdete Stellen bringen, als dies zu Lande möglich war.

Die Clyde-Mündung ist bis heute die schwierigste Einfahrt geblieben, der sich die europäische Schiffahrt gegenübersieht. Vor allem bei schlechter Sicht, wie sie im westlichen Schottland sehr häufig ist, sieht sich der von Süden herankommende Schiffer vor einer schier unlösbaren Aufgabe, weil sich an Backbord das Holy Loch öffnet, gerade voraus das langgestreckte Loch Long und an Steuerbord der Trichter des Clyde, der nach Port Glasgow führt. Das heutige Leuchtfeuer steht auf dem Cloch Point, an einer Engstelle des äußeren Clyde gegenüber dem Städtchen Dunoon, war aber für die römische Schiffahrt zu weit seewärts. Die *fleet in being* der Statthalter lag gewiß geschützter, also weiter westlich in der Clyde-Mündung. Vielleicht hatten die Römer, die auf den britischen Inseln ja überall mit alten Heiligtümern zu tun hatten, absichtlich eine Stelle in der Nähe des Kempock-Point-Stone gewählt, jenes beinahe zwei Meter hohen Menhirs aus grauem Schiefer, der zweifellos schon lange vor Schottlands Römerzeit als Heiligtum verehrt wurde und einen Treffpunkt der Küstenfahrer bezeichnete. (Er blieb den Schiffern und Fischern am Clyde bis in die Neuzeit nicht nur ein Wahrzeichen, sondern ein Glückssymbol für sichere Heimkehr, weswegen 1662 ein junges Mädchen aus Gourock als Hexe verbrannt wurde: Man lastete ihr an, gemeinsam mit anderen Frauen den Versuch gemacht zu haben, den Kempock-Stone ins Meer zu werfen.)

Leuchtfeuer haben wie Straßen die unangenehme Eigenschaft, auch einem eindringenden Feind zu nützen. Wenn die Römer den guten Schutz jener komplizierten Fahrwasser-Situation durch einen flammenden Wegweiser zunichte machten, konnte dies nur bedeuten, daß es von See her noch keine Gefahr gab. Die Kaledonier, die doch die Irische See überquert hatten, machten also von der Möglichkeit, den Antoninischen Wall zur See zu umgehen, offensichtlich keinen Gebrauch, und die Skandinavier, deren Hochseeschiffahrt schon Pytheas beeindruckt hatte, schwärmten noch nicht aus.

Die Unsicherheit an der Piktengrenze, wie diese Linie später heißen wird, kam auch tatsächlich nur von Land her. Offensichtlich waren in den späteren Jahren nicht mehr so energische Führer zu verzeichnen, wie sie Agricola zu bekämpfen hatte; die Römer mußten sich nicht gegen eine geschlossene Erhebung aller nördlich des Walls lebenden Stämme verteidigen, sondern nur gegen lokale Aufstände, in denen sie verlustreiche Schlachten vermieden und den Wall abschnittweise aufgaben. Das war vor allem 155-158 der Fall, weil in diesen Jahren, als sich die Regierungszeit des Kaisers Antoninus Pius ihrem Ende zuneigte, Aufstände nicht nur nördlich, sondern auch südlich der Grenzbefestigung ausbrachen. Als ihre Ursache dürfen wir die nackte Not vermuten: Statt das Fernziel einer Befreiung Schottlands oder gar der ganzen Insel von den Römern anzustreben, trieb es die Kaledonier zu den einzigen Orten, an denen mit Sicherheit Lebensmittel zu finden waren, zu den römischen Speichern, zu den Vorräten der Kastelle und Wallburgen.

Aus jener Zeit, in der die Raubzüge der Kaledonier offensichtlich weit nach Süden vorstießen, stammen Informationen über diese Urschotten, die über den Bericht des Tacitus hinausgehen: „Die größten Völkerschaften unter den Britanniern", schreibt Cassius Dio (Lebenszeit etwa 150-231), „bilden die Kaledonier und die Mäaten, und auf sie sind auch die Namen der übrigen sozusagen übergegangen. Die Mäaten wohnen nächst der Mauer, welche die Insel in zwei Teile teilt, die Kaledonier aber nördlich von ihnen. Beide bewohnen wilde und wasserarme Gebirge und öde, sumpfige Niederungen. Sie haben weder Festungen noch Städte und treiben keinen Ackerbau, sondern leben von der Viehzucht und der Jagd und den Früchten gewisser Bäume: die Fische rühren sie nicht an (?), obgleich sie in größter Menge vorhanden sind. Sie wohnen in Zelten, ohne Bekleidung und Fußbedeckung, und haben ihre Weiber gemeinschaftlich. Und alle Kinder, welche zur Welt kommen, werden (gemeinsam) auferzogen. Sie stehen unter keinem Fürsten und treiben am liebsten Räuberei. In die Schlacht ziehen sie auf Wagen, da sie kleine und schnelle Pferde haben, sind aber auch rüstige Fußgänger, wobei sie sehr schnell sind. Im Kampf stehen sie wie Felsen." (76/12)

Cassius Dio, selbst hoher Beamter in verschiedenen römischen Provinzen, aber nicht in Britannien, berichtet offensichtlich vom Hörensagen, weswegen man die Mitteilung über die Ablehnung der Fischnahrung, die an den Küsten und in den schottischen Binnengewässern überreich zur Verfügung stand, nicht unbedingt glauben muß. Die Behauptung, daß die Kaledonier nackt gingen, gründet sich auf die Sitte, nackt zu kämpfen, die uns noch aus den neuzeitlichen Kämpfen zur Wiedereinsetzung der Stuarts, vor allem des älteren Prätendenten, berichtet wird. Die Promiskuität und gemeinsame Erziehung aller in der Sippe geborenen Kinder deutet auf jene mutterrechtlichen Verhältnisse, die uns viele der ältesten Sagen spiegeln.

„Ihre Waffen", fährt Cassius Dio fort, „sind ein Schild und ein kurzer Spieß mit einer eisernen Kugel unten am Schaft, um, wenn er geschwungen wird, die Feinde durch sein Geschwirr in Schrecken zu versetzen. Auch Dolche haben sie. Hunger, Kälte und Beschwerden jeder Art ertragen sie mit Gelassenheit. Sie verstecken sich auf der Flucht in Sümpfen und halten es dort viele Tage aus, wobei sie nur die Köpfe über Wasser halten. In den Wäldern nähren sie sich von Rinden und Wurzeln. Für den Notfall haben sie ein besonderes Nahrungsmittel bereit, von dem sie nur eine Menge in der Größe einer Bohne zu sich nehmen; danach empfinden sie, scheint es, weder Hunger noch Durst."

Dies ist wiederum die in der alten Geschichtsschreibung nicht seltene Mischung des Phantastischen mit der Wirklichkeit. Daß die Kaledonier in ihren Sümpfen und Wäldern so vollständig zu verschwinden verstanden, daß die Römer nach absurden Erklärungen suchten, verwundert uns nicht. Die hungerstillende Bohne scheint weniger eine eiserne Ration als ein magensaft-bindendes Konglomerat gewesen zu sein.

Cassius Dio berichtet auch mit bezeichnenden Einzelheiten über einen Vorstoß des Kaisers Septimius Severus (193-211), woran besonders bemerkenswert ist, daß dieser mächtige, aber keineswegs kräftige Mann den Feldzug in eine der unwirtlichsten Gegenden Europas in eigener Person mitmachte. Im dritten nachchristlichen Jahrhundert, als das Römerreich schon schwerste Probleme an der Germanengrenze hatte, bemühte sich also ein Kaiser in den äußersten Nordwesten des Riesenreiches, ein Beweis nicht nur für die ungedämpfte Einsatzbereitschaft der größten Herrscher, sondern auch für die Bedeutung, die Rom der britischen Insel beimaß:

„Severus, welcher die ganze Insel unterwerfen wollte, tat einen Einfall ins Kaledonische. Bei seinem Zug durch dieses Land hatte er mit unsäglichen Beschwerden zu kämpfen: er mußte Wälder niederhauen, Anhöhen abtragen, Sümpfe zuschütten und Brücken über Flüsse schlagen lassen. Zu einer förmlichen Schlacht kam es nicht, da ihm die Kaledonier nie in geschlossenen Kampfreihen entgegentraten. Aber sie lockten durch kleine Herden von Schafen und Rindern die römischen Soldaten immer wieder in Hinterhalte. Auch wenn sie ihre Truppe verließen oder zurückblieben, war ihr Verderben sicher. Sie litten außerordentlich unter Wassermangel, und blieb einer der Legionäre beim Marsch zurück, so bat er seine Kameraden, ihn zu töten, damit er nicht lebend in die Hände der Kaledonier falle. Bei all diesen Geschehnissen verlor Rom insgesamt 50 000 Soldaten."

Wie alle Zahlen alter Kriegsberichte, scheint auch diese zu hoch gegriffen, aber die Bemerkung, daß die Römer sich töten ließen, um nicht lebend in die Hände der Kaledonier zu fallen, läßt auf grausame Rituale, ja vielleicht, angesichts der auch aus diesen Zeilen erkennbaren Fleischknappheit, sogar auf Kannibalismus schließen. Sicher ist, daß immer wieder Truppennachschub nach England übergesetzt werden mußte; die dafür am meisten benützten Häfen waren Boulogne-sur-Mer, das damals Bononia hieß, und Rutupiae nördlich von Dover, das heutige Richborough, ein gut geschützter Hafen.

„Severus ruhte nicht eher, als bis er die äußerste Grenze der Insel erreicht hatte. Hier fiel ihm besonders das lange Verweilen der Sonne über den Horizont sowie die Länge der Sommertage und der Winternächte auf, was er hier zu beobachten Gelegenheit hatte. Nachdem er sich auf diese Weise durch das ganze Gebiet der Feinde hatte bringen lassen – in einer bedeckten Sänfte, deren er sich wegen körperlicher Schwäche bediente – kehrte er wieder in Freundesland zurück."

Severus, den Gicht oder Rheuma erheblich geplagt hatten, starb nach 17 Regierungsjahren in dem Augenblick, da er einen furchtbaren Rachefeldzug gegen die aufständischen Kaledonier befohlen hatte. Die Legionäre hatten den Auftrag, alles zu töten, was ihnen in die Hände fallen würde. Cassius Dio, der die Gelegenheit zu einem Nachruf nützt, deutet auch an, daß das ausschweifende Leben des Caracalla die letzten Monate des Severus verdüsterte und sein Ende beschleunigte. Aber wie so oft: Als Kaiser erwies sich Caracalla dann als grausamer, aber tatkräftiger Beherrscher des großen Reiches.

Der Ort, in dem Septimius Severus im Jahr 211 starb, war vermutlich die heutige Stadt York, was bedeutet, daß die Etappe gegen Schottland ziemlich tief gestaffelt war und Septimius Severus nicht den Antoninischen, sondern den Hadrianswall als Schutzlinie auffaßte. Er ließ sie auch acht Jahre nach der Errichtung wieder instand setzen. In einer Anekdote überliefert uns Cassius Dio ein Streitgespräch, das die Kaiserin Iulia nach dem Friedensschluß mit der Gemahlin eines vornehmen Kaledoniers namens Argentocoxus führte. Iulia, aus einer Stadt kommend, in der damals nicht weniger als dreitausend Ehebruchsprozesse anhängig waren, warf der Kaledonierin vor, daß die Frauen ihres Volkes nicht einem bestimmten Mann angehörten, sondern sich verschiedenen Männern hingäben. Die Schottin antwortete, nach Cassius Dio, „viel besser befriedigen wir die Triebe der Natur als ihr Römerinnen. Wir haben offenen Umgang mit den Besten, ihr aber lebt verstohlen mit den Schlechtesten im Ehebruch."

Ein deutlicheres Bekenntnis zum Mutterrecht ist kaum denkbar, und Cassius Dio kann es kaum erfunden haben, weil ihm jene Gegenwelt der Kelten ja unendlich fremd sein mußte, zu fremd, um deren Gesellschaftsordnung zu imaginieren. Der Ausspruch muß ihn sehr befriedigt haben, hatte doch er selbst als Konsul die vielen Ehebruchsprozesse am Hals: Seine Pflicht war jene in der heidnischen Welt so absonderlich wirkende strikte Verteidigung der Ehe, die schon mit Augustus begonnen hatte und die noch hundert Jahre später, nach dem Bericht des Ammianus Marcellinus, in Rom zu grausamsten Strafen gegen Ehebrecherinnen führen wird (28,1).

Ammianus ist unser Gewährsmann für das Auftreten jenes neuen Gegners, der sich durch die ausgedehnten Wallbefestigungen nicht beirren lassen wird: Die seefahrenden Räuber, die damals noch niemand Wikinger nennt, weswegen man allgemein den Überfall auf das 635 gegründete Kloster Lindisfarne als den Beginn der Sachsen-Einfälle nach England und Schottland ansieht. Die *Saxones* jedoch machen sich bei den Römern schon sehr viel früher unbeliebt, ein Stamm kühner Seefahrer, der in der Südhälfte der Halbinsel Jütland und bis hinein nach Holstein so mächtig und reich wurde, daß sich ihm mehr oder weniger freiwillig bald noch die Chauken und andere norddeutsche Stämme anschlossen.

Im letzten Drittel des vierten Jahrhunderts berichten verschiedene römische Autoren über die blitzschnellen Vorstöße hochseetüchtiger Schiffe gegen die Küsten Britanniens, vornehmlich aber Kaledoniens, und die Sachsen müssen wohl auch weitergehende Absichten gehabt haben, denn sie finden sich in den Schlachten dieser Zeit an der Seite der Kaledonier als Gegner der Römer, was simple

Räuber im allgemeinen nicht zu tun pflegen. „Um diese Zeit", schreibt Ammianus vom Jahr 364, „ertönten beinahe über das ganze Römerreich hin die Kriegstrompeten, und die wildesten Völkerstämme erhoben sich, um die ihnen zunächstliegenden Grenzgebiete (des Reiches) zu überrennen: Die Alemannen plünderten gleichzeitig Gallien und Rätien, die Sarmaten und Quaden Pannonien, während die Pikten, Sachsen, Schotten und Attaschotten dem unterworfenen Britannien immer wieder Schaden zufügten."

Da von römischen Gegenoperationen nicht mehr die Rede ist, darf man annehmen, daß zumindest keine Vorstöße nach Schottland mehr unternommen wurden und die Römer sich auf die Sicherung der englischen Gebiete beschränkten, die nicht nur besetzt, sondern inzwischen auch von Händlern und Handwerkern besiedelt waren und ein römisches Straßennetz erhalten hatten (so z.B. Gerhard Wirth in seinem Ammianus-Kommentar). Diesen Kernraum der Kolonie Britanniens freilich halten die Römer mit neuen Truppen und mit der Hilfe durchgreifender organisatorischer Maßnahmen:

„...es waren die Pikten, die − geteilt in die Stämme der Dikaledonier und der Verturionen − an der Seite des kriegerischen Volkes der Attaschotten (oder -skoten) verschiedene Landstriche durchzogen und dabei viele Räubereien verübten. Die gallischen Gebiete hingegen wurden von den sächsischen und fränkischen Grenznachbarn heimgesucht, wo immer man nur zu Wasser oder zu Lande einbrechen konnte, mit arger Plünderung und Mord an sämtlichen Gefangenen."

Ammianus schildert dann das Übersetzen der jungen Truppen unter einem Feldherrn namens Theodosius, erwähnt abermals das für die Römer so verwirrende Phänomen von Ebbe und Flut und den Vormarsch auf London, „eine alte, später Augusta genannte Stadt", was als Bemerkung des vierten Jahrhunderts immerhin die Vermutung bestätigt, Londinium sei schon der Mittelpunkt des keltischen Englands gewesen. Theodosius (Vater des großen Kaisers) „verteilte dort seine Streitkräfte auf zahlreiche Punkte und griff die umherziehenden, schwer mit Beute beladenen Raubscharen an. Rasch zersprengte er die Gegner, welche gefesselte Menschen (!) sowie Vieh mit sich führten und jagte ihnen so ihre Beute wieder ab, die gerade von den ärmsten Steuerpflichtigen herrührte. Bis auf einen geringen Anteil, der den erschöpften Soldaten zugebilligt wurde, ließ der Feldherr den Geschädigten alles zurückerstatten; dann zog er hocherfreut in die Stadt (wohl London) ein, die kurz vorher noch zutiefst in Schwierigkeiten gesteckt hatte, nun aber über Erwarten schnell gerettet worden war."

Wie beim Aufstand der Boadicea war der blühende Handelsplatz Londinium das Ziel der Beutezüge gewesen; der Ruhm der Stadt hatte sich also über die römischen Wallfestungen hinaus bis nach Schottland verbreitet. Die inzwischen stark gewachsene und aus den englischen Aufständen an Gefahren gewöhnte Stadt hatte sich aber bis zur Ankunft des Entsatzheeres halten können. Der kundige Bericht des Offiziers Ammianus läßt erkennen, daß es sich um eine blitzschnelle und brillante Operation gehandelt hat: Da ausgebildete Truppen aus dem unruhigen Germanien nicht abgezogen werden konnten, hatte man mit Rekruten die Überfahrt nach England gewagt und die beim Plündern achtlos und unbeweglich gewordenen armen Hochländer kalt erwischt. Die Kolonisten hatten schwere Wochen hinter sich, weil kleine Siedlungen und Landsitze gegen die Räuber aus dem Norden nicht hatten verteidigt werden können. Die Fortführung von Menschen läßt einen gewissen Sklavenhandel vermuten, der freilich erst für spätere Zeiten aus nordischen Volksliedern und Sagen bezeugt ist, als die Araber in Skandinavien blonde Mädchen einkauften.

„Der glückhafte Erfolg gab ihm (Theodosius d.Ä.) Mut, noch Größeres zu wagen, und so ging er dort wohlüberlegten Plänen nach, wenn auch mit einem gewissen Zögern:

Geständnisse von Gefangenen und Aussagen von Überläufern hatten ihn nämlich belehrt, daß die verstreute und überaus wilde Masse der verschiedenen Stämme allein durch heimliche Anschläge und plötzliche Überfälle niedergerungen werden könnte. Schließlich gab er ein Edikt heraus und rief in ihm − unter Zusicherung der Straffreiheit − alle Fahnenflüchtigen zu ihrer Truppe zurück und auch jene anderen, die sich unter Überschreitung ihres Urlaubs auf verschiedene Gebiete verteilt hatten. Sein Mahnwort und sein Angebot veranlaßten die meisten, zurückzukehren."

Dies sind sehr bezeichnende Mitteilungen über die Moral der Legionäre, die fern von Rom offensichtlich ein ganz angenehmes Leben geführt hatten. Ehe Theodosius der Ältere die Insel verließ, setzte er einen als scharf bekannten Juristen für Ordnungsmaßnahmen ein und ließ sich aus Rom auch noch einen erfahrenen General schicken. Die Aufgabe der beiden war zweifellos sehr schwierig. Es gab noch immer keine Fronten, und es gab für Stämme, die nichts zu verlieren hatten, keine lockenderen Ziele als das wohlkolonisierte England, das die verfallenden Wälle quer durch Schottland so gut wie gar nicht mehr schützten. Zudem traten als unbekannte Gegner die überall auftauchenden Sachsen auf, die mit ihren Waffen virtuos umzugehen verstanden, und ehe man sich's versah, mit ihrer Beute an Lebensmitteln, Vieh und Menschen wieder auf hoher See verschwanden. Die letzte Erwähnung der Sachseneinfälle im östlichen Schottland und England bei Ammianus Marcellinus findet sich in seiner Rückschau auf die Regierungszeit des Kaisers Valentinian im 30. Buch:

„Während Valentinian bei diesen Taten (der Ermordung des Alemannenfürsten Vithicabius durch Agenten) mit entsprechender Bedachtsamkeit vorging, unternahmen die Sachsen in fürchterlicher Raserei immer neue, unvermutete Einfälle. Sie bevorzugten dabei gewisse meernahe Landstriche, aus denen sie beutebeladen beinahe heimgekehrt wären, wenn sie nicht Valentinian durch eine zwar üble, aber erfolgreiche List vernichtet und ihnen die Beute wieder abgenommen hätte."

Worin diese List bestand, kann aufgrund späterer Chroniken vermutet werden: Die Flüsse oder tief ins Land einschneidenden Trichtermündungen boten berittenen Alarmtruppen die Möglichkeit, den beim Plündern zu lange verweilenden, ihre Verwundeten und die Gefangenen mitführenden Seeräubern den Weg ins offene Meer zu verlegen (auf diese Weise kam es später zum Beispiel in der Emsmündung zu den ersten Erfolgen gegen die Wikinger). Möglicherweise nutzte Valentinian vorgebliche Lösegeld-Verhandlungen, um die Räuber festzuhalten, doch war dieser eine Sieg zweifellos nur ein Teilerfolg und für die Findigkeit dieses mit allen Mitteln gegen die Katastrophe ankämpfenden Kaisers bezeichnender als für die Lage auf der britischen Insel:

„Damit gab er den friedlichen Bewohnern Britanniens, die den alles überflutenden Feindscharen nicht mehr gewachsen waren, Hoffnung auf bessere Tage."

Es blieb bei der Hoffnung, auch wenn der eine sächsische Flottenverband bei Valentinians schneller Aktion offenbar völlig aufgerieben werden konnte. Die 'alles überflutenden Feindscharen' kamen nicht mehr nur aus dem Norden, die sächsische Invasion hatte eingesetzt, auch wenn die Historiker von ihr noch kaum Notiz nehmen. Aus einer Vielzahl von räuberischen Einzelaktionen war eine Allgemein-Tendenz gewachsen, ganz einfach, weil zum Beispiel auf den Orkneys und den Shetlands an eine Gegenwehr gegen die Sachsen nicht zu denken war. Und immer dann, wenn Raubfahrten Erfolg haben, gesellen sich bis dahin unbeteiligte Stämme zu den ersten Mutigen: Die sächsische Kerntruppe von der Eider erhielt Verstärkungen vor allem aus dem Norden Jütlands und von den friesischen Inseln.

Der Mann, der all dem hätte steuern können, war im Jahr 293 ermordet worden, von einem seiner vertrautesten Helfer: Carausius hieß dieser britannische Cäsar, sein Brutus

Die schroffen Küsten der schottischen Inseln haben ein einzigartiges Stück Alteuropa bewahrt und gestatten einen Blick in Zeiten und Zustände, die auf dem europäischen Festland beinahe überall vollständig überdeckt worden sind.
(Stacks Duncensby)
Foto: Ed Paterson

Glasgow, Universität heute
Die alten Gebäude der Universität Glasgow, in denen einst Adam
Smith seine Vorlesungen hielt, existieren nicht mehr.
Foto: Ed Paterson

SCHOTTLAND

Shetlands

Skara Brae
Maes Howe
Orkney-Inseln

Atlantischer Ozean

Western Isles

Lewis

Sutherland

Nordsee

*Äußere
Hebriden*

Harris

Helmsdale
Dunrobin Castle
Dornoch

Highland

Moray Firth
Gordonstown
Fraserburgh
Macduff
Elgin
Banff

Skye

Cawdor Castle
Inverness
*Culloden
Moor*

Grampian

Loch Ness

Craigievar Castle
Aberdeen
Balmoral Castle
Braemar

South Uist

Coll

Glenfinnan

Blair Castle
Killiecrankie
Pitlochry

Glen Coe

Glamis Castle
Tayside
Dundee

Mull

Fingalshöhle
Iona

Scone Palace
Perth

Firth of Tay

St. Andrews

Inverary
Castle

Loch Lomond
Central

Fife

Firth of Lorn

Culross
Stirling
Bannockburn
Fallkirk

Dunfermline
Firth of Forth
Edinburgh

*Loch
Fyne*

Linlithgow
Lothian
Roslin

*Holy Island
(Lindisfarne)*

Jura

Glasgow

Strathclyde

Traquair House
Mellerstain

Islay

Arran

Lanark

Abbotsford
Selkirk
Melrose Abbey

Kintyre

Kilmarnock

Borders

Ayr
Alloway
Culzean
Castle

Drumlanrig Castle

Dumfries

IRLAND

Dumfries
Galloway

Gretna Green

Kirkcudbright

▸ *Burg, Schloß*

● *bed. prähistorische Stätte*

Durch die zentrale Lage fand sich Eilean Donan Castle aus dem 13. Jahrhundert oft im dramatischen Mittelpunkt der schottischen Geschichte.
Foto: Britische Zentrale für Fremdenverkehr

führte den Namen Allectus, und wenn er, was nicht auszuschließen ist, im Sold Diocletians gehandelt hat, so hatten die Römer doch auch einige Schwierigkeiten mit ihm, da er die lukrative Nachfolge des Carausius anzutreten versuchte. Eduard Gibbon sieht in Carausius den Begründer der britischen Rolle als meerbeherrschende Macht, und darum sei diesem Mann, von dem die Nachschlagewerke wenig berichten, ein kleiner Exkurs gewidmet.

Carausius war ein tüchtiger Seefahrer offenbar geringer Herkunft, eines jener Geschöpfe von der Kanalküste, die von Kind auf mit den Besonderheiten dieser Wasserstraße vertraut sind und von diesen Kenntnissen leben, ein Menschenschlag, der sich in zwei Jahrtausenden nicht sonderlich verändert hat. Bei ersten Begegnungen mit den Sachsenschiffen ebenso findig wie tapfer, hatte sich Carausius den meerunkundigen Römern empfohlen, schon früh Kommandobefugnis erlangt und war zum Schrecken der Sachsen geworden – nicht zuletzt, weil er sich mit ihren Gegnern und Rivalen, den Friesen, verbündete, den kühnen Männern der Inseln vor den Niederlanden und der Emsmündung, von denen später die berühmtesten Walharpuniere kommen sollten.

Der Seeraub war ein glänzendes Geschäft, denn der Landhandel war mangels Verkehrsmitteln vergleichsweise spärlich, und in den Kanalhäfen lagerten stets Versorgungsgüter für die britische Hauptinsel, aber auch Kolonialimport von dorther für Italien. Da im Ärmelkanal auch die aus damals noch kleinen Schiffen bestehenden Raubflotten nicht unbemerkt bleiben konnten, hätte Carausius die Seeräuber aus dem heutigen Dänemark meist schon auf der Westfahrt abfangen können. Das wäre seine Pflicht gewesen, hätte aber harte Kämpfe mit den beutelustigen Sachsen bedeutet und nichts eingebracht als Kriegsruhm.

Paßte man sie hingegen ab, wenn sie ihre Überfälle ausgeführt hatten und ostwärts segelten, dann hatten sie überladene Schiffe, waren vom Kampf geschwächt und ermüdet, und man konnte neben dem Ruhm auch noch ihre Beute ernten.

Diese einfache Rechnung war so verführerisch, daß sie den Carausius zum Usurpator werden ließ: Als ihm nämlich das kaiserliche Duo Diocletian und Maximian auf die Schliche kam, zog er einfach die Flotte aus dem Hafen Gesoriacum (später Bononia-Boulogne) ab und begab sich im Schutz der durch ihn reich gewordenen Seeleute nach England. Dort richtete der erstaunliche Mann ein die Insel bis zum antoninischen Wall umfassendes Reich auf, weil die stets gefährdeten Kolonisten jedem dankbar waren, der Ordnung schuf und den Legionen endlich Hilfe in ihrem aussichtslosen Kampf gegen die Einfälle von See her gewährte. Carausius ließ schön gestaltete Münzen prägen, in denen er sich als Augustus und als Bruder der Kaiser Diocletian und Maximian bezeichnet. Seine praktische Herrschaft über England datiert wohl schon von 284/85, allgemein spricht man aber, gestützt auf seine Münzprägung, von einer Regierungszeit von sieben Jahren, ehe ihn 293 der Tod ereilte. Kurz vorher hatten die Römer ihren ersten Erfolg gegen Carausius zu verzeichnen gehabt: Sie hatten, nach altbewährter Manier ihr Heil bei Zweckbauten suchend, den Hafen von Bononia durch einen staunenswerten Damm gesperrt. So konnte Carausius seinem Festlands-Brückenkopf nicht zu Hilfe eilen, als die Römer ihn berannten, und Carausius verlor dort einen Teil seiner Flotte. Sein Mörder Allectus, der kaum eine der Fähigkeiten des Ermordeten besessen zu haben scheint, unterlag mangels Unterstützung aus dem Land den Legionären der Strafexpedition vor den Mauern von London. Gibbon vermutet, „daß das Volk sich wirklich über eine Revolution freute, welche nach einer Trennung von zehn Jahren Britannien wieder mit dem großen römischen Reiche vereinigte... und so lange die Statthalter ihre Treue und die Truppen ihre Disziplin bewahrten, konnten die Einfälle der nackten Barbaren Schottlands und Irlands die Sicherheit der Provinz nie wesentlich gefährden".

Ammianus Marcellinus hat uns gezeigt, warum Gibbon so sorgfältig formulieren muß, und als die 'nackten Barbaren' das Beispiel der Raubschiffer vor Augen hatten, als ihnen die Verwundbarkeit dieser ganzen großen Insel klar wurde, da war es um die Römerherrschaft geschehen...

Noch befinden wir uns nicht in der Zeit der Klöster, in der die Angeln, Sachsen, Friesen und wie sie alle hießen immerhin ein wenig Kirchengerät, silberne oder gar goldene Reliquienschreine und die Münzen eines bescheidenen Klosterschatzes vorfinden werden. Die ersten Einfälle von Osten her stoßen vor allem nördlich der Römerwälle in menschenleeres und bitterarmes Land, und daraus erklärt sich auch ein vermutlich oft kampfloses Nebeneinander von Kelten und Germanen auf den Schottland vorgelagerten Inseln und in Schottland selbst, bis nach Süden, in jene englischen Gebiete, die bis heute Ostanglien heißen.
Auf nennenswerte Spuren der römischen Zivilisation stießen die Ankömmlinge zwischen den Cheviot Hills und dem antoninischen Wall, in einem Segment der Insel, das zuletzt Valentia geheißen hatte und von den im Süden stehenden Legionen nicht mehr ernsthaft verteidigt werden konnte. Im Jahr 410 mußte Kaiser Honorius, Herrscher nur noch der westlichen Reichshälfte, auf die Hilferufe aus Britannien antworten, er habe keine Möglichkeit mehr, den dort beinahe ein halbes Jahrtausend lang unter römischem Schutz lebenden Menschen diese zuletzt schon arg ramponierte Sicherheit weiter zu garantieren. Zu dieser Zeit müssen die Einfälle aus dem Osten bereits den Charakter einer Einwanderung gehabt haben, denn ganz im Süden der Insel schickten sich keltische Bauern an, über die See in die bretonische Halbinsel auszuwandern, was sie wohl kaum ohne massiven Druck getan hätten. Und während im Süden, im burgengeschmückten Cornwall, König Arthur und seine Recken aussichtslose Heldenkämpfe gegen die einfallenden Seeräuber ausfochten, kam im Osten und Nordosten ein Schiff um das andere über die offene See. Sie fan-

den eine zivilisierte Bevölkerung vor, die das Kämpfen verlernt hatte, und nördlich des antoninischen Walls Pikten- und Schottenstämme, die angesichts des neuen Feindes wieder einmal in die Highlands zurückwichen.

So lange hinter der Raublust der Nordmänner noch kein starker Auswanderungsdruck stand, bevorzugten sie naturgemäß jene Gebiete der britischen Inseln, in denen sie eine gewisse Zivilisation, Zentren und damit Besitz vorfanden. Für Schottland traf dies nur in seinem südlichen Teil zu. Die dort seit Jahrhunderten unter römischer Herrschaft lebende Landbevölkerung hatte ihre keltische Wehrhaftigkeit weitgehend verloren, und als die Römer sich aus diesem Nordrand ihrer Kolonie zurückzogen, mögen die gelandeten Wikinger als kampfkräftige Schutztruppe gegen die Pikten zeitweise willkommen gewesen sein. Die Situation ist uralt: der Bedrängte nimmt Hilfe an, wo immer er sie erhalten kann, und wenn alles vorbei ist, hat er den übermächtigen Retter im Land, den er nicht mehr loswerden kann.

Was den Vorgang von den reinen Raubfahrten unterschied, war die schlichte Notwendigkeit, in einem menschenarmen, ausgedehnten Land Arbeitskräfte zur Verfügung zu haben. Damit ist die Wahrscheinlichkeit sehr groß, daß tatsächlich einer der Inselherrscher die Sachsen zu Hilfe rief, wissen wir doch aus den nicht anzuzweifelnden römischen Berichten, daß die Pikten bis weit in den Süden vorzustoßen wagten. Ob dieser König nun Vortigern hieß oder anders, ist für die schottische Geschichte nicht sehr wichtig, und auch die halb sagenhaften Sachsenfürsten Hengest und Horsa mögen etwa gleichzeitige Gefährten gehabt haben. Jedenfalls kam es zu den unvermeidlichen Kämpfen zwischen den zunächst Verbündeten, zu weiterem Vordringen der Jüten (wie Beda sie nennt) nun nicht mehr gegen die Pikten im Norden, sondern gegen die Kelten von Cornwall und zu jütisch-sächsischen Kleinkönigreichen in Ostengland.

Auch bei dieser Staatengründung bevorzugten die Seeräuber also den wohnlichen Süden und die Mitte der Hauptinsel, während sich in Schottland der gleiche Vorgang außerhalb geschichtlicher Aufmerksamkeit mit ungleich geringeren Zahlen von Kriegern abspielte. Im südlichen Schottland wie in England wurde deutlich, daß die Ankömmlinge mit Städten, Straßen und Villen, also römischen Landhäusern, so gut wie nichts anzufangen wußten. Anders als auf dem Kontinent, wo die Germanen in langer Berührung, ja zeitweise sehr intensivem Austausch von Gütern und Menschen langsam in die römische Zivilisation hatten hineinwachsen können, fing für England und den römischen Streifen Schottlands nach einem Halbjahrtausend der Zivilisation nun wieder die Vorgeschichte an. Man kann allenfalls für die Vorläufersiedlungen von Glasgow und Edinburgh vermuten, daß sie als Hafen- und Handelsorte wegen ihrer unentbehrlichen Einrichtungen weiter bestanden. Und obwohl die Römer vor allem in den späteren Jahrhunderten ihrer Besatzungszeit auch die Straßen zum Meer hin gut ausgebaut hatten, weil vor allem in Schottland der Seetransport stets eine große Rolle gespielt hatte, wurden nicht die Straßen zu den Einfallswegen der Nordmänner, sondern die tief eingeschnittenen Meeresbuchten, die Flußmündungen und Flüsse.

Die ältesten Grabstätten altsächsischen Gepräges wurden so gut wie ausschließlich an Ufern gefunden, was beweist, daß die ausgedehnten römischen Wallbefestigungen gegen diese Angreifer und bald Einwanderer völlig nutzlos waren. Die Römerwelt auf der britischen Hauptinsel, die nach dem Abzug der Garnisonen zurückgebliebenen romanisierten Einwohner und die freiwillig im Land verbliebenen Beamten und Veteranen, sie wurden nun alle ein Opfer jener großartigen, zweckmäßig erscheinenden Ordnung, die den Feind jahrhundertelang nur im Norden gesehen und sich nur nach Norden verteidigt hatte.

Nicht einmal im unwirtlichen Schottland ist auch nur *ein* Fall bekanntgeworden, daß die gelandeten Angelsachsen die vorhandenen Behausungen dauernd angenommen hätten, während sie sich, einmal im Land, schließlich doch der Straßen bedienten, weil auf ihnen auch schwere Beutestücke leicht zu transportieren waren. Und an den Knotenpunkten dieser Straßen entstanden denn auch bald wieder Siedlungen mit gemischter Bevölkerung.

Ohne die in lokalen Chroniken unterschiedlichen Datierungen zu diskutieren, kann gesagt werden, daß sich all dies im fünften Jahrhundert vollzog, wobei man 410 als das Jahr der stärksten Piktenangriffe annehmen darf, die Jahre zwischen 428 und 443 als die der schwersten Kämpfe der Sachsen gegen die Pikten, und die Jahrhundertmitte als den Beginn der Gegensätze zwischen Hengest und Horsa auf der einen, Vortigern auf der anderen Seite. In der Schlacht von Aegaels Threp, um 455, sollen die Sachsen zwar gesiegt haben, aber Vortigerns Männer töteten Horsa. Hengest lebte bis 488, kann also die erste Welle der Einwanderer kaum angeführt haben, sein Sohn Aesc regierte noch bis 512, Zahlen, die uns spätere Chronisten aufgrund verlorengegangener alter Königslisten überliefern. Die Hauptquelle ist freilich Bedas *Kirchengeschichte der Angelsachsen*, die erst 300 Jahre nach diesen Ereignissen niedergeschrieben wurde. In ihr findet sich auch eine Einteilung der gelandeten Scharen: „Sie waren von drei ganz besonders tapferen deutschen Völkerstämmen gekommen, aus dem Volk der Sachsen, der Angeln und der Jüten." Nördlich des Flusses Humber hätten vorwiegend die Angeln gesiedelt, nachdem sie mit den zuvor bekämpften Pikten einen Frieden geschlossen hatten.

Man darf Beda glauben: Sobald sich die Ankömmlinge hinreichend orientiert hatten, mußte ihnen klar geworden sein, daß bei den Pikten kaum anderes zu holen war als blutige Köpfe. Plündern konnte man nur dort, wo zuvor die Römer geherrscht hatten. Das seit dem dritten Jahrhundert nach und nach christlich gewordene, im sechsten Jahrhundert mit ersten Klöstern durchsetzte Inselland wurde nun insgesamt zu einer wehrlosen Beute, weil die einheimische Bevölkerung festere Staatswesen nicht begründen konnte und weil die Eroberer an einem Ende des rechtlosen Zustands offensichtlich kein Interesse hatten:

„Der wild umherstreifende Sieger, ausgesandt vom Zorn des gerechten Richters, verheerte alle Städte und Äcker, verzehrte alles, ohne irgendwo auf Widerstand zu stoßen, und bedeckte fast die ganze unglückliche Insel mit Schutt und Asche. Es stürzten die öffentlichen wie die privaten Gebäude ein, überall wurden vor den Altären die Priester gemordet, die Bischöfe samt den Gläubigen, ohne irgendwelche Rücksicht auf Ehre und Würde. Sie wurden bald mit Feuer, bald mit dem Schwert getötet, und es war nicht einmal jemand da, die auf so grausame Weise Gefallenen zu begraben. Einige, die sich aus dem allgemeinen Elend in die Berge gerettet hatten, wurden gefangen und reihenweise erwürgt. Andere kamen, vom Hunger getrieben, aus den Wäldern hervor und begaben sich in dauernde Knechtschaft, wenn sie nicht sogleich getötet wurden. Im Süden flüchteten viele aus ihrer Heimat an die jenseitige gallische Küste (wie erwähnt: in die Bretagne), im Norden unserer Insel fristeten jene, die im Lande blieben, ein elendes und angsterfülltes Leben in den Hochlanden, den Wäldern und Felsklüften."

Näher an den Ereignissen, ja ein Augenzeuge war der Mönch Gildas, er schildert uns eine preisgegebene Insel in grellen Farben: „Allenthalben sah man Schwerter blitzen, und rings züngelten die Flammen empor. Schrecklich war es zu sehen, wie in den Straßen alles durcheinander lag: Turmgiebel, die man aus ihrem Gebälk gerissen hatte, Quader der hohen Mauern, heilige Altäre, verstümmelte Menschenleiber, mit gräßlichen Klumpen geronnen Blutes bedeckt, als wären sie in einer grausigen Weinpresse zermalmt worden. Wer das nackte Leben retten konnte, floh in die Berge." (um 540 aufgezeichnet)

Diese Schilderungen erweisen einen tiefen Unterschied gegenüber dem, was sich in Kontinentaleuropa abspielte. An der ganzen Donaugrenze zwischen Wien und Passau zum Beispiel, für die wir das Zeugnis der *Vita Severini* besitzen, erzählt uns der Augenzeuge Eugippius zwar auch von Eroberungen, von Morden und Sklaverei, aber einzelne christliche Autoritäten, an der Donau Severin, in Nordfrankreich die Bischöfe von Metz und Reims, wurden doch auch von den heidnischen Germanen anerkannt und hatten damit die Möglichkeit, den Machtübergang in seinen Formen zu mildern. Von der anderen, der heidnischen Seite, besitzen wir das freilich nicht immer klar zu deutende Zeugnis aus der dänischen Geschichte des Saxo Grammaticus. Sein langer Bericht über den vorgeschichtlichen dänischen Heldenkönig Frotho enthält Elemente, die sich aus Bodenfunden in Schottland und Dänemark bestätigen ließen und eine Datierung gestatten.

Zu lang für ein Zitat, erklärt die Frotho-Sage diesen tüchtigen Kämpfer zum Sieger über Hunnen und Wenden, erwähnt seinen Sieg über den Friesenhäuptling Vittho und berichtet, daß Frotho seine schöne Schwester Ubilda oder Ulwilda gezwungen habe, „seinen Freund Skottus zu heiraten, denselben, der auch der Begründer des schottischen Namens war". (Zweites Buch) Daß dies nicht stimmt, konnten wir schon den römischen Texten entnehmen, in denen *Scotti* in verschiedenen Zusammensetzungen erwähnt sind. Saxo Grammaticus hat zu einem bekannten Namen eine der in der frühen Geschichtsschreibung beliebten mythischen Erklärungen nachgeschoben.

Während Frotho überall glänzende Siege erringt, gerät er im Kampf gegen Melbrikus von Schottland in eine schwierige Lage, weil sich von Süden her, über den Saltus Caledonius (die Cheviot Hills) ein Heer aus Northumbria nähere. Solchermaßen zwischen zwei Fronten geraten, befiehlt Frotho seinen Kriegern, die Beute, vor allem das schwere Gold, wegzuwerfen, man könne es nach der Schlacht ja dann wieder aufsammeln, und nun kommt es zu einer jener Redeschlachten, die seit Livius allen Historikern Gelegenheit geben, ihre eigene Eloquenz zu beweisen. Gegen Frotho tritt der Sippenfürst Thorkillus auf, „der sich vor den übrigen durch Geiz auszeichnete, sie aber alle an Beredsamkeit übertraf". Er hält eine einzigartige Gold-Rede, ein Bekenntnis zur Beute: „Noch haben wir die Schotten nicht gesehen, und wir sollen das Gefilde mit Gold bestreuen?... Tapfer haben wir unsere Beute erworben, feige sollen wir sie von uns werfen?" Dank Skottus, den „der Wunsch, den Dänen zu helfen, aus den entlegensten Gebieten Schottlands herbeigeführt hat", ziehen sich die Pikten zurück, die Northumbrier aber werden beim Aufsammeln des Goldes besiegt, und alles wendet sich für die Dänen zum Besten. Die ausführlich wiedergegebene Sage, in der auch noch ein Ritter aus dem Süden das Wort ergreift, während seine Soldaten sich dazu verleiten lassen, im Gold zu wühlen (!), ist als eine Erklärung jener reichen Goldfunde zu werten, die man in Jütland gemacht hat. Es müssen im fünften und sechsten Jahrhundert erhebliche Mengen zweifellos geraubten Goldes auf die an Mineralien sehr arme Halbinsel gelangt sein, zu einer Zeit also, da Irland eines der reichsten Goldländer Europas war. Irisches Gold, in Schottland erkämpft, weist den Weg zu wesentlichen Inhalten der komplizierten Frotho-Sage, die durch die listenreiche Einnahme der stark bewehrten Stadt Lundonia (London) gekrönt wird. Der bedeutende alte Umschlagplatz an der Themse scheint also auch noch während der ersten wilden dänischen Raubzüge dank seiner Abwehrkraft eine Zufluchtstätte der Bevölkerung geblieben zu sein. Selbst der große Frotho muß die Kunde von seinem Tod verbreiten lassen, um dann mit den herausströmenden Londonern in die sonst uneinnehmbare Stadt zu dringen.

Die zweite Erwähnung Schottlands im Buch des Saxo Grammaticus ist womöglich noch sagenhafter getönt, aber interessant durch die Tatsache, daß von einer Fürstin gesprochen wird. Die historische Boadicea in England und ihre herausragende Rolle beweisen ja, daß die Kelten in ihren Königslisten auch Frauen hatten und dies offensichtlich als durchaus natürlich ansahen. Im Vierten Buch des Saxo lesen wir nun: „Da vor kurzem die Gemahlin des Regnerus einer Krankheit erlegen war, bat er (seinen Ritter) Amlethus, eine Botschaft zur Anbahnung einer neuen Ehe zu übernehmen..." Er fügte hinzu, in Schottland herrsche eine Frau, welche er innig zur Gemahlin begehre. Er wußte nämlich, daß diese nicht nur aus Keuschheit ehelos war, sondern daß sie in trotziger Anmaßung ihre Freier geradezu hasse und für ihre Liebhaber die härtesten Strafen ersinne, so daß es unter Vielen nicht einen einzigen gab, der mit dem Leben davongekommen sei. Königin Hermuthruda (ihr Name wird erst später mitgeteilt) entpuppt sich also als eine schottische Turandot oder gar Messalina, und da sie die Aussicht, den alten König zu heiraten, nicht sonderlich verlockend empfand, machte sie dem jungen Amlethus schöne Augen. Der Werber wurde der Gemahl, obwohl er schon Schwiegersohn des Königs von Britannien war; es kam zum Krieg, bei dem Schotten und Dänen gegen die Briten kämpften, die britische Prinzessin aber treu an der Seite des Amlethus ausharrte, der ihr eine Nebenbuhlerin gegeben hatte. Schließlich siegte Amlethus ebenfalls mit List, nur war sie ungleich grausiger als die des Frotho gegen London: Er ließ die gefallenen Krieger abermals in den Sattel setzen, durch Pfähle in ihrem Rücken aufrecht gehalten, und jagte mit dieser Armee, die einen ganzen Flügel seiner Streitmacht bildete, den Briten solches Entsetzen ein, daß sie ihm in wilder Flucht das Schlachtfeld überließen.

Im Neunten Buch des Saxo schließlich, als sich ein König namens Regnerus schon gegen Revolten im eigenen Land zu wehren hat, erscheinen die Jüten, gestützt auf die Flotten der Inseldänen, abermals als gewaltige Macht: Sie besiegen England, wobei ein König namens Hama, Vater des Prinzen Hella, im Kampf fällt, „dann tötete Regnerus die Fürsten von Schottland und Petland (ein nördlicher Teil Schottlands) und die Grafen der Südlichen- oder Mittagsinseln (Sudreiar = die Hebriden). Diese Gebiete übergab König Regnerus seinen Söhnen Sywardus und Rathbartus zur Verwaltung". Auf den Orchaden, also den Orkneys, wurde ein Statthalter namens Fridlewus eingesetzt.

Das ist nun nicht mehr jene wohlgepflegte Geschichtsschreibung, wie wir sie aus dem *Gallischen Krieg* oder auch
aus dem Agricola-Buch des Tacitus kennen. Saxo selbst be-
zieht sich auf die Lieder, in denen all diese Taten besungen
wurden, und tatsächlich erinnert uns so manches Motiv an
die altnordischen Sagas, ja sogar an unser Nibelungenlied.
Die Geschichte der Nordmänner wird schließlich nicht von
ihnen selbst geschrieben — sie singen sie nur —, sondern
von den Opfern, den betroffenen Mönchen in den meernahen Klöstern, den todesmutigen Missionaren aus Irland
und England, die sich an die Ost- und Nordufer der Irischen
See vorwagen, um Landstrichen von unvorstellbarer Ödnis
und Armut die Botschaft des Christentums zu bringen.

Aus diesen Jahrhunderten, die in der britischen Historio-
graphie *the dark ages* genannt werden, ragen vereinzelte
große Gestalten heraus, vereinzelte Großtaten, ausgedehnte Schlachtberichte, die in den Liedern wiederkehren,
aber auch private Katastrophen, Mord innerhalb großer
Familien, Blutschande und Verrat. Das geschlossene Bild
dieser Ereignisse in dem ordentlichen Fortgang zu gewinnen, den wir aus der Antike gewöhnt sind, ist bislang nicht
gelungen, denn Schottland bleibt durch Jahrhunderte ein
stummes, ein preisgegebenes Territorum, das in die britische, die dänische, die norwegische Geschichte einbezogen wird oder aus ihr herausfällt, wie es den Stärkeren gefällt, wie es sich in den Kriegszügen zu Land und zu Wasser
ergibt.

Merkwürdig und denkwürdig ist, wodurch Schottland in
jenen Jahrhunderten Schottland bleibt: durch die Mission.
1040 werden die Dänen das schottische Festland verlassen, 1266 die Hebriden, 1468/69 endlich auch die Orkneys
und die Shetlands. An die tausend Jahre also hat Schottland es mit den räuberischen Seefahrern und Landneh-
mern zu tun, und dennoch brennt unverdrossen und oft
heimlich das Flämmchen eines neuen Glaubens im alten
Druidenland. „Scotish history has been said to begin with
the mission of St. Columba in 563", sagt Sir Robert Sangster

Rait von der Universität Glasgow; der Übergang von der Vorgeschichte zur Geschichte ist jedenfalls durch kein besseres Datum zu bezeichnen.

Von Columba bis Kenneth MacAlpine

Während wir heute dazu neigen, das im Schatten Englands hinter europäischen Entwicklungen zurückbleibende Irland als einen Dauernachzügler des Abendlandes anzusehen, gab es eine Epoche, in der sehr wesentliche Einflüsse und Anregungen von dieser Insel nach Osten und Nordosten strömten. Und da Irland niemals von den Römern besetzt war, ist der erstaunliche Export von Frömmigkeit und Missionsinitiativen im fünften, sechsten und siebenten Jahrhundert der schlüssigste Beweis für die geistige Eigenständigkeit und die schöpferische Kraft des Keltentums geblieben.

In einer Zeit, in der die Seefahrt dem Landverkehr noch weit überlegen war, wurden die irischen Küsten beinahe selbstverständlich in den vorgeschichtlichen Hochseehandel einbezogen, wie er seit phönikischen Zeiten zwischen Nordafrika, Spanien, Westfrankreich, den britischen Inseln und Skandinavien blühte. Vor der Wikingerzeit durch Seeraub nicht gefährdet, mit den Besonderheiten der ostatlantischen Seefahrt seit Jahrhunderten vertraut, hatten Schiffseigner und Kaufleute dieser noch immer vorgeschichtlichen Welt Verkehrslinien eingerichtet, die durchaus einen Vergleich mit den von Syrern, Armeniern und Juden beherrschten Handelsbewegungen quer durch das Mittelmeer aushielten, auch wenn die hier verschifften Warenmengen erheblich geringer waren.

Da die Römer ein halbes Jahrtausend lang die Schiffahrt durch den Ärmelkanal beherrschten und dieser obendrein zwischen der Ile de Sein und den Sandbänken vor den Niederlanden sehr schwer zu passieren war, verlagerte sich ein Gutteil des Verkehrs ins südwestliche England, was den Scilly-Inseln zugute kam, aber auch nach Irland und in die Irische See. Es mag zwar vielleicht übertrieben sein, von Irland als einer Drehscheibe der vorgeschichtlichen Seefahrt zu sprechen, aber daß irische Seeräuber Menschen aus England entführten, daß irische Mönche Island erreichten und dort viele Jahre lang auf einer kleinen Insel vor der Südküste lebten, ist heute ebenso unbestritten wie Sankt Brandans Meerfahrt als eine bekannte von sehr viel unbekannten Kundfahrten in die Weiten des Ozeans. Neben diesen zum Teil aus den Heiligenviten zu erschließenden Einzelleistungen christlich-irischer Seefahrt aber muß es gewaltige Wanderbewegungen von Nordirland nach Westschottland gegeben haben, von denen indes schon die Rede war.

Die Begründung des Christentums erfolgte in Irland ebenso wie in England durch den Verkehr mit dem Römischen Reich, in dem sich bereits im zweiten Jahrhundert das Christentum nach Gallien hinein ausgebreitet und auch die Atlantikküsten erreicht hatte. Jener Knabe, den irische Seeräuber aus England entführt hatten, ein Knabe namens Patrick, der aus der Sklaverei entfloh, in Gallien gebildet wurde und 432 mit einigen Gefährten wieder in Irland landete, hat also nicht das Christentum nach Irland gebracht, aber es war Sankt Patrick, der es binnen 30 Jahren in all den irischen Kleinreichen bekannt machte, die Kirchen baute, die Organisation schuf. „Danach war die Kirche fest begründet, und obgleich der heidnische Kult noch viele Anhänger hatte, ging er doch seinem Ende entgegen. Und all das scheint auf friedlichem Wege erreicht worden zu sein, denn das frühchristliche Irland weist keine urkundlich belegbaren Märtyrer auf." (James Camlin Beckett)

Während in Europa die Stürme der Völkerwanderung die Anfänge der kirchlichen Organisation zertrümmerten, gedieh sie im fernab liegenden Irland und begann, als Europa sich beruhigt hatte, aus dieser Sicherheit heraus auf den Kontinent zurückzuwirken. Eine Richtung dieser Ausstrahlung wies allerdings auch nach Nordosten, und mit ihr beginnt — nach schüchternen Anfängen in der Römerzeit — die Christianisierung Schottlands von einer Hebrideninsel aus.

Sankt Columba ist dem kontinental-europäischen Bewußtsein ein wenig entschwunden, weil der zum Unterschied von ihm zweckmäßigerweise Columbanus genannte Missionar am Merowingerhof ungleich mehr von sich reden machte und für Frankreich wie Deutschland besondere Bedeutung gewann. Man muß also schon das Inselchen Iona aufsuchen, um auf starke Traditionen um jenen Missionar zu stoßen, der nach der Überlieferung im Jahr 563 im Port of the Coracle im Südteil der Insel mit einigen Gefährten an Land ging. Columba hatte ursprünglich, das heißt in Irland, den Namen Columcille geführt, entstammte dem Clan der O'Neill, der eines der vielen Kleinreiche beherrschte und sich somit unter irischen Sonderverhältnissen als königlich empfinden durfte, und hatte einen gewissen Ruf als Barde. Ehe er nach Iona ging, hatte er in Irland selbst Klöster gegründet, hatte aber den Fehler begangen, einen Kleinkönig namens Dermot wegen seiner Lebensweise zur Rede zu stellen. Die Fahrt nach Iona kann man also auch als eine Flucht auffassen, nach einem Konflikt, wie er in Gallien, Thüringen, Bayern und anderswo die heiligen Männer in der Regel das Leben kostete.

Columba war zu diesem Zeitpunkt vermutlich 42 Jahre alt; als sein Geburtsort gilt Cartan in der Grafschaft Tyrconnel, westlich des eigentlichen Gebietes der O'Neill gelegen. Beda weiß nicht allzuviel über Columba, und das wenige, was er sagt, wird zudem oft falsch interpretiert: Daß er zuerst ins schottische Hochland zog, dort die Pikten bekehrte und von ihnen dann Iona zugewiesen erhielt, ist ein Mißverständnis (in Stadler/Heim). Ausgangspunkt von Columbas Arbeit, sinnvoller und glücklicher Mittelpunkt seiner Missions- und Lehrtätigkeit war und blieb die Insel Iona, die damals auch Hy genannt wurde. Das dort begründete Kloster hatte zwar niemals soviele Mönche wie die irischen Klöster, aber es wurde gerade durch die Besonderheit seiner Lage berühmt. Columba selbst reiste von dort wiederholt zurück nach Irland, zu seinen dortigen Gründungen. Nach seinem Tod vor dem Altar — vermutlich am 9. Juni des Jahres 597 — war diese heilige Insel schon so tief im Bewußtsein der Iren und Schotten verankert, daß sie zum bevorzugten Begräbnisplatz vieler für uns halb oder ganz sagenhaften Könige wurde: Auf dem Friedhof von Reilig Odhrain, südlich des Abtei- und Kathedral-Bezirks von Iona, haben vermutlich an die 60 jener Herren ihre letzte Ruhe gefunden, die man damals Könige nannte, zum größten Teil Schotten, aber auch Iren und sogar einige Norweger. Mit Sicherheit ist der große Kenneth MacAlpine hier beigesetzt, der erste Einiger Schottlands, mit großer Wahrscheinlichkeit aber auch Macbeth of Moray und der von ihm 1040 ermordete König Duncan I.

Dieser Begräbnisstätte, auf der allerdings die Gräber vor dem zwölften Jahrhundert nicht mehr zu erkennen sind, verdankt Columba wohl die Geschichtlichkeit des Wirkens auf Iona, denn Saint Ninian zum Beispiel, mit dem er sich in den Ruhm eines Schottland-Apostels teilen muß, ist in allem, was von ihm berichtet wird, sagenhaft geblieben, kein einziges Datum hat der Überprüfung standgehalten.

Wie in einer Nußschale findet man auf Iona die Schicksale gesammelt, die in der Zeit der Wikingereinfälle allen britischen Inseln beschieden waren, und während anderswo die späteren Zeiten und die moderne Verbauung die Spuren jener Leidenszeiten verwischt haben, erscheint uns die ganze Insel Iona, obwohl landschaftlich nicht sonderlich reizvoll, doch als ein einziges Freilichtmuseum, in dem uns vergangene Zeiten und Ereignisse so nahe sind wie nirgendwo sonst in Schottland:

Nach dem Tod des Heiligen wurden seine Gebeine in einen silbernen Schrein zusammengelegt, der nicht nur zahlreiche Pilger nach Iona zog (das bis vor wenigen Jahrzehnten keineswegs leicht zu erreichen war), sondern eben auch die Begehrlichkeit der Wikinger erregte. Pilger bringen Weihegaben und Geld an die Orte, die sie aufsuchen, und so fanden sich denn die Wikinger wiederholt, in den Abständen weniger Jahre, auf Iona ein. Sie plünderten und mordeten und folterten einen Abt, er hieß Blaithmac, zu Tode, weil er nicht verraten wollte, wo der Silberschrein aufbewahrt werde. Solche Taten und Untaten prägen sich naturgemäß ein, man kennt die Jahreszahl dieses Martyriums (825), und man weiß auch, daß zwanzig Jahre zuvor an einer Bucht, die darum noch heute Martyrs Bay heißt, nicht weniger als 68 Mönche abgeschlachtet wurden. Der letzte blutige Überfall wird im Jahr 986 verzeichnet; ihm fielen der Abt und fünfzehn Mönche an einem Landungsplatz zum Opfer, der White Strand of the Monks heißt.

Diese rauhen Zeiten liegen also ziemlich genau 1000 Jahre zurück, und man muß zu Ehren der Norweger sagen, daß diese Mörder, Urheber der späteren Überfälle, tatsächlich Piraten waren und nicht mehr die unter ihren Königen die Äxte schwingenden Nordmänner, mit der Absicht, sich niederzulassen. Um diese Zeit bestanden bereits intensive Verbindungen zwischen verschiedenen schottischen Teilbereichen — den Orkneys und den Shetlands auf der einen, Dänemark, Norwegen und Island auf der anderen Seite. Nordische Händler hatten sich auf den nördlich vor Schottland liegenden Inseln niedergelassen und hatten selbst unter Pirateneinfällen zu leiden, nur wurden davon die Mönche von Iona nicht wieder lebendig.

Diese Vielzahl von Märtyrerschicksalen auf dem kleinen Raum einer exponierten Insel, dazu die archaische christliche Tradition und die Reste von Friedhof, Abtei und Kirche haben Iona zu einem heiligen Ort gemacht, nicht für wenige Generationen, sondern für das gesamte christlich orientierte und hinreichend gebildete Publikum auch in England. Es war Iona, das neben den dräuenden Mauern von Edinburgh die Engländer am stärksten zu Schottlandreisen beflügelte, denn in den Highlands zu jagen, das waren ja Gedanken, auf die vor der Eisenbahnverbindung noch kaum jemand kommen konnte, der weit im Süden lebte.

Im wesentlichen wie mittelalterliche Pilger reisten Doktor Johnson und Boswell 1773 nach Iona, das im Bericht über diese Reise mit seinem gälischen Namen Icolmkill erscheint:

„Sir Allan, der uns nach Icolmkill begleiten wollte, verfügte über ein gutes, schweres Boot mit vier stämmigen Ruderknechten. Wir fuhren dem Ufer von Mull entlang... Im Laufe des Nachmittags gingen wir an Land und aßen kalte Küche. Wir hatten gehofft, in einem nahegelegenen Wirtshaus etwas Rum oder Korn für die Bootsleute und Diener zu erhalten; leider waren aber bei einer Leichenfeier ein paar Tage zuvor alle Vorräte aufgebraucht worden... Nach der nicht enden wollenden Fahrt längs des gewundenen Ufers (von Mull) waren wir heilfroh, als wir in dem Dorf auf Icolmkill, in welchem fast alle Bewohner der Insel hausen, ein Licht gewahrten. Beim Näherkommen hob sich der Turm der einstigen Kirche gerade noch wahrnehmbar vom Himmel ab, was sehr malerisch wirkte.

Als Dr. Johnson und ich auf dem geheiligten Boden standen, dessen ich stets nur mit der größten Ehrfurcht gedacht, umarmten wir einander herzlich. Seit langem hatten wir davon gesprochen, Icolmkill zu besuchen, doch hatte es bei der vorgerückten Jahreszeit zuweilen den Anschein gehabt, als sei unser Vorhaben in Frage gestellt."

Es war Ende Oktober, und die beiden hatten tatsächlich auf der Südfahrt von der Insel Coll in einem kleinen Boot so schweren Sturm überstehen müssen, daß der leichtlebige Boswell alle Eide geleistet hatte, sich künftig zu bessern.

„Wir wurden in einer großen Scheune untergebracht, was wohl auf der Insel das beste war. Mit gutem Heu bereitete man uns in einer Ecke ein Lager, auf das wir uns in den Kleidern legten... als Kissen benutzte jeder seinen Mantelsack. Als ich mir am Morgen die Augen rieb, mußte ich unwillkürlich schmunzeln, das (altadelige) Oberhaupt der Macleans, dazu den großen englischen Moralisten und mich selber in einer solchen Lage vereint zu finden."

Am andern Morgen also, nach klammer Nacht, besichtigten sie, was von den Gebäuden, was von Kirche und Kloster nach (damals) 500 Jahren noch übrig war, und es scheint nicht viel gewesen zu sein:

„Mittwoch, den 20. Oktober. – In der Frühe besichtigten wir die Ruinen. Ich muß gestehen, daß Icolmkill meinen Erwartungen nicht entsprach, vermutlich, weil sie zu hochgespannt gewesen waren. Während Johnson und Sir Allen in der Scheune das Frühstück einnahmen, kehrte ich unauffällig noch einmal zur Kirche zurück, um mich dort in aller Stille andächtigen Betrachtungen zu überlassen."

Das Geständnis ist bemerkenswert, wußte doch Boswell, wohin er reiste, und hatte schon vorher so manche andere Hebrideninsel in ihrer unsäglichen Armut und Rauheit besucht. Heute sind nach Arbeiten, die zu Beginn des Jahrhunderts in Angriff genommen wurden, die Kathedrale und die Klostergebäude restauriert, und die etwa 100 Menschen, die von den 500 Village-Bewohnern aus Boswells Zeiten übrig geblieben sind, widmen sich vollständig einem Besucherstrom, der auf stämmige Ruderer und Scheunen nicht mehr angewiesen ist. Die Straße quer durch den Südteil von Mull bis zum Fährhafen Fionphort ist zwar in ihrem schönsten Teil, am Loch Scridain, am schlechtesten unterhalten, aber die Überfahrt nach Iona ist nur kurz, und die heilige Insel mit ihren vielen Gedenkstätten präsentiert sich uns als das, was die Franzosen *Haut-Lieu* nennen würden, einer jener Orte, die aus unserem Wissen um ihre Schicksale und ihre Bedeutung besondere Weihen empfangen.

Iona ist auch einer der Orte, die in der schwierigen Versöhnung der keltischen mit der römischen Kirche eine Rolle gespielt haben, denn das irische Christentum hatte sich in seiner Jahrhunderte währenden Vormachtstellung naturgemäß von der Auffassung der Päpste in Rom entfernt. Die Differenzen, die wir noch aus dem Briefwechsel des Bonifatius mit Rom erkennen können, wurden auf Iona durch Queen Margaret beigelegt, die mit ihrem Mann König Malcolm Canmore im elften Jahrhundert die Insel besuchte.

Die von ihr 1072 wieder aufgebaute Saint-Orans-Kapelle steht noch, vermutlich auf Fundamenten aus dem achten Jahrhundert.

1203 errichtete Reginald MacDonald of Islay in seiner Eigenschaft als Lord of the Isles die Abteigebäude neu, nach der milderen Benediktinerregel, und ein Jahr darauf verließen die letzten Mönche, die nach der strengeren keltischen Observation gelebt hatten, die Insel Iona. Obwohl man annimmt, daß Columba niemals eine wirkliche Oberhoheit über andere Diözesen oder gar über ganz Irland ausgeübt habe (Lanigan, Dublin 1829), wirkten Person und Legende des Heiligen aus Iona in erstaunlicher Weise weiter, stärker vermutlich, als wenn er in irgendeinem Festlandskloster gelebt hätte. Im weltuntergangsgläubigen Mittelalter verbreitete sich die Überzeugung, daß in der zweiten großen Flut — einer naheliegenden Vision für Bewohner der Atlantikküste — einzig die heilige Insel Iona aus den Wassermassen ragen und die auf ihr versammelten Gerechten retten werde. Freilich vollzog sich wenige Jahre vor dem Ende des ersten Jahrtausends, dem von vielen erwarteten Welt-Ende, das genaue Gegenteil: Wikinger-Langschiffe überquerten von einem Stützpunkt im nahen Nordirland aus blitzschnell die Irische See just am Weihnachtstag 986, als auf Iona Mönche und Pilger in großer Zahl versammelt waren, und schleppten neben der Beute an Kirchengerät und Votivgaben viele Menschen als Sklaven weg.

Selbst solche Ereignisse aber konnten den Glauben an Columba und seine schöne Prophezeiung nicht erschüttern, die man sich im Wortlaut vorsagen muß: In Iona of my heart, Iona of my love, instead of monks' voices shall be lowing of cattle, but ere the world come to an end, Iona shall be as it was.

1561, als die kirchlichen Gebäude auf Iona abgerissen wurden, weil sie im rauhen Hebridenwetter baufällig geworden waren, ging die Prophezeiung soweit in Erfüllung, daß statt der Mönchsstimmen tatsächlich nur noch die

Herdenglocken erklangen; aber 1910 wurde Saint Mary's Cathedral restauriert, und Angehörige aller christlichen Gemeinschaften kamen nach Iona, um hier zu beten, weil der achte Herzog von Argyll dies zur Bedingung für seine Übereignung der Gebäude an den Iona Cathedral Trust gemacht hatte. So kam denn auch Hilfe für den Wiederaufbau aus der ganzen Welt von Neuseeland bis Norwegen.

Aber den Schotten, die bis heute als ein Stamm mit der Gabe des Zweiten Gesichts gelten, genügte dieses manifeste Überleben offensichtlich nicht. In der *atmosphere of miracle*, von der der Herzog gesprochen hatte, in der Erinnerung an die erschlagenen Mönche und ihre verwehten Stimmen, wurde das heilige Iona auch zu einem Ort der unerklärten Erscheinungen, und wenn man auch ganz richtig von einer Youth-Hostel-Atmosphere auf Iona spricht, wenn es sehr viele junge Menschen sind, die diese weite Reise auf sich nehmen, so haben sich die alten Mysterien doch ganz offensichtlich auch sehr junger Menschen bemächtigt. Sie sitzen im Frühjahr in den unter Blumen begrabenen Ruinen jenes Nonnenklosters, das die Augustiner im 13. Jahrhundert erbaut haben, und studieren das auf eine Tafel eingegrabene, an einer Mauer gut lesbare Wort von Doktor Johnson, in dem er jeden bedauert, der beim Besuch des Schlachtfelds von Marathon keine neue Kraft gewinnt oder auf Iona und inmitten seiner Ruinen nicht von weihevollen Gefühlen übermannt wird.

Auch der Beach of the Seat, eine Strandstelle, wo Columba zu meditieren pflegte, wird oft von jungen und alten Andächtigen aufgesucht. Hier hatten sich jene Visionen von herankommenden Drachenschiffen ereignet, die wiederholt kampierende Jugendliche in Angst und Schrecken versetzten. Zu diesen und anderen Vorkommnissen sagen die älteren Bewohner von Iona nicht viel, aber es steht inzwischen fest, daß auch heutige Besucher der heiligen Insel auf ihr in besondere Seelenlagen geraten und in eine schottische Geschichte eintauchen, die mitunter überraschend präsent wirkt, die nirgends mehr so gegenwärtig ist wie eben hier.

Das Weiterleben der Insel-Mönche und des Inselzaubers in der Literatur beginnt schon mit der Biographie, die Abt Adamnan dem Heiligen widmete und in der — zum Unterschied von fast allen anderen Viten — auch die Landschaft der Insel, die Himmelsfarben, das Meer eine große Rolle spielen, wie auch in den Meditationen Columbas selbst. Walter Scott schrieb um das Grab von Lord Ronald in Oran's Chapel sein großes Gedicht *The Lord of the Isles*, in dem Geschehnisse aus dem Jahr 1307 dargestellt werden. Florence Gay stellte in ihrem Roman von 1908 den Kampf des Heiligen gegen die keltisch-schottische Druidenreligion dar *(The Druides)*, und unsere Paula von Preradovic widmete Sankt Columba ihre schöne Erzählung *Die Versuchung des Columba* (1951). Mit einem Rätsel in der neueren Geschichte der Insel beschäftigt sich das Stück *Mary Rose* von Sir James Matthew Barrie (1860-1937), der als neuntes Kind eines armen schottischen Webers zur Welt gekommen war, berühmt wurde und auch bei uns noch viel gespielt wird, zum Teil mit Stücken, die er für Elisabeth Bergner verfaßte. Ihn rührte das Schicksal jenes Mädchens an, das auf Iona verschwand, Jahre später jedoch zu den Eltern zurückkehrte, aber nicht sagen konnte, wo es gewesen war. Das Stück hatte 1920 am Haymarket-Theater seine Premiere.

Ungeklärt bis heute blieb das Ende einer jungen italienischen Dichterin namens Maria Emilia Fornario. Sie kam, angezogen von den Mysterien und dem Zauber der Insel, nach Iona, wollte hier Gedichte schreiben und das Leben der Einwohner mit ihren Bräuchen studieren, entschloß sich dann aber ziemlich plötzlich zur Abreise. Da die Fähre nach Mull sonntags nicht verkehrt, konnte sie Iona jedoch nicht verlassen, faßte den Entschluß, für immer auf der Insel zu bleiben (!), und wurde zwei Tage später nackt und tot, ein Messer in der Hand, auf einem Spazierweg gefunden, den sie besonders geliebt hatte. An die offizielle Feststellung: Tod durch Erfrieren glaubt auf der Insel niemand, und das *Occult Review* hat sich noch lange damit beschäftigt, die Ereignisse jener Nächte zu ergründen und Zeugenaussagen zu sammeln. Aber ganz offensichtlich ist man dadurch der Lösung des Rätsels nicht nähergekommen.

Da die Kirche mit der größten Bestimmtheit an Saint Ninian festhält, dessen Werk, wie man in Herders renommiertem Kirchenlexikon lesen kann, auch von protestantischen Engländern bewundert werde, soll Columba mit Iona hier nicht allein stehen: Nach der Legende, wie sie sich im siebenten Jahrhundert in Schottland gebildet hat – die *Miraculae Niniae* wurden um diese Zeit im Kloster Whithorn niedergeschrieben – entstammte auch Ninian einer Königsfamilie. Er wurde um 350 (!) in der Grenzlandschaft zwischen England und Schottland geboren, vernahm von den Wundern des damals eben christlich gewordenen Rom und pilgerte in die Ewige Stadt. Auf der Rückreise machte er in Tours die Bekanntschaft des heiligen Martin. Er soll 24 Jahre, von 370 bis 394, am Tiber geweilt haben, aber weder unter Damasus I. noch unter dem heiligen Papst Siricius wird er erwähnt, so daß auch seine Betrauung mit der Schottlandmission durchaus sagenhaft ist. Hingegen ist es denkbar, daß er tatsächlich aus dem christlichen Gallien baukundige Mönche mit nach Schottland nahm, denn die von ihm errichtete kleine Kirche auf der Insel Witerna scheint das älteste steinerne Gotteshaus in ganz Schottland zu sein und eine der ältesten christlichen Kirchen auf der britischen Hauptinsel.

Witerna, heute Whithorn, war damals ein kleines Inselchen an jenem in den äußeren Solway Firth ragenden Kap, das heute Burrow Head heißt. Daß wir uns hier in einer Zone ältesten schottischen Christentums befinden, ist außer allem Zweifel, vor allem, seit Dr. Ralegh Radford im Jahr 1949 ein Bethaus aus dem achten Jahrhundert ausgraben konnte. Vielleicht handelt es sich dabei um jene Casa Candida (Weißes Haus), das die Legende in die Zeiten des

heiligen Martin zurückverlegt, weil jener Heilige im früh-
mittelalterlichen Europa in einer heute kaum mehr vor-
stellbaren Weise verehrt wurde. In der Casa Candida, einer
Bildungs- und Weihestätte, die aus ganz Schottland besucht wurde, sei St. Ninian am 16. September 432 gestorben.

Um Burrow Head herum liegen, von West nach Ost,
St. Ninians Cave, dann, nahe dem Kap, aber auf der Ostseite, die ehemalige Insel und St. Ninians Chapel, schließlich, weiter nördlich und landeinwärts, Whithorn Priory mit
dem Museum. Da die ausgegrabene Kirche mit einer Gips-
schicht beworfen gewesen war, dürfte es wohl wenig Zweifel geben, daß hier, an diesem Kap des Solway Firth, tatsächlich – wenn auch nicht schon im fünften Jahrhundert – ein weithin weiß leuchtendes Glaubenszentrum bestand.

Die Könige der verschiedenen schottischen Teilreiche
und später des ganzen Schottland scheinen St. Ninians
Chapel bereitwilliger angenommen zu haben als die doch
vorwiegend irisch beeinflußte Abteigründung auf Iona.
Jedenfalls kam es bis zum Jahr 1581 immer wieder zu
spektakulären Pilgerfahrten, deren Ziel die im zwölften
Jahrhundert gegründete Abtei war: Robert Bruce gab
der Kirchensiedlung 1325 eine eigene Verfassung und
kam 1329, wenige Monate vor seinem Tod, selbst hierher. König Jakob IV. pilgerte von Edinburgh hierher,
und als seine Frau einmal sehr krank war, trat er die weite
Reise durch die Berge nach Südwesten sogar zu Fuß an.
Die Königin genas, und die Beiden pilgerten zum Dank
abermals nach St. Ninians, diesmal aber nicht mehr zu
Fuß...

Maria Stuart weilte in der Abtei von Whithorn im Jahr
1563: Es war die letzte Pilgerfahrt eines Herrschers zu den
Gedenkstätten des heiligen Ninian, denn 1581 wurde
durch Parlamentsakt (!) diese Wallfahrt als ungesetzlich erklärt – erstaunlich, wenn man bedenkt, daß damals der in
den verschiedensten Formen des Aberglaubens befan-

gene, freilich noch sehr junge Jakob VI. über Schottland herrschte.

Die Rivalität zwischen Iona und Whithorn muß schon sehr früh begonnen haben, denn wir lesen im Anglo Saxon Chronicle: „Die südlichen Pikten sind durch Bischof Ninian getauft worden, der in Rom gebildet worden ist. Seine Kirche ist Whithorn, dem heiligen Martin geweiht. Dort lebt er mit vielen heiligen Männern. Nun muß in Iona stets ein Abt sein, nicht ein Bischof, und alle Bischöfe der Schotten müssen ihm (Ninian) untertan sein, *because Columba was an abbot, not a bishop.*"

Das Bistum mit dem Sitz in Whithorn hat sich offensichtlich längere Zeit gehalten, denn die erwähnte Chronik nennt zum Jahr 777 die Wahl eines Aethelberht zum Bischof in Whithorn, eine Wahl, die in York, also nicht in Schottland erfolgte. In der Version des Laud-Chronicle findet sich sogar das Datum: 15.6. Vierzehn Jahre später ist die Weihe Baldwulfs als Bischof von Whithorn durch einen anderen Bischof und Erzbischof Eanbald verzeichnet, als letzte Erwähnung Whithorns im Anglo Saxon Chronicle. Wenig später, um 880, wurde das berühmte Lindisfarne Gospel unweit der Kapelle am Strand gefunden, die vier Evangelien nach dem Text der Vulgata in northumbrischer Schrift. Da Lindisfarne an der Nordostküste Englands liegt, kann man schwerlich annehmen, das kostbare Beutestück habe eine Seereise rund um die britische Hauptinsel angetreten. Eher muß man an die uralten Verbindungen zwischen Iona und Lindisfarne denken, wo der erste Abt, der aus Iona kam, die Sprache Northumbriens gar nicht verstand, weswegen ihn der König (!) begleitete, um zu dolmetschen. Verfasser der Niederschrift war Eathfrid, Bischof von Lindisfarne 698-721. Das restaurierte Denkmal aus jenen gefährdeten Zeiten ist heute ein Prunkstück der Cottonian Bibliothek im Britischen Museum.

Zu Ninians Frankreich-Reise gibt es ein Gegenstück, das sie in gewissem Sinn wahrscheinlicher macht: An der Kathedrale von Aberdeen gab es im 14. Jahrhundert einen

Kaplan John, vielleicht in Fordoun geboren und darum heute John of Fordun genannt. Dieser glühende Patriot bereiste seine Heimat, aber auch England, um Material für eine schottische Geschichte zu sammeln, die er schließlich auch in nicht weniger als fünf Bänden lateinisch niederschrieb. Obwohl die ersten drei Bände dieses Werkes als *almost entirely fabulous* gelten, muß man sich doch fragen, warum John, wenn er ohnedies nur zu fabulieren vorhatte, sich die Mühen und Kosten weiter Reisen auferlegte. Es mag also nicht ganz erfunden sein, wenn John of Fordun behauptet, die ersten Christen seien schon um 200 nach Schottland gekommen, zu den Zeiten des Papstes Victor I. (189-198), als zumindest das südliche Schottland noch römische Garnisonen und christliche Legionäre sah. Besonders viel aber liegt John an den Verbindungen zwischen seiner schottischen, von England maltraitierten Heimat, und Frankreich, einer Verbindung, die schließlich unter den Stuarts größten Einfluß auf die Schotten und ihr Herrscherhaus gewinnen wird. John weiß von einem frühzeitigen Bündnis zwischen Karl dem Großen und dem Schottenkönig Achaius, womit er natürlich die Schotten aufwerten will: In Einhards Leben Karls des Großen steht nämlich zu lesen: „Auch die Könige der Schotten hatte er durch Geschenke so sehr unter seinen Willen gebeugt, daß sie ihn nie anders als ihren Herren und sich selbst seine Untertanen und Knechte nannten. Es liegen noch Briefe von ihnen vor, in denen sich diese ihre Gesinnung gegen ihn kundgibt." (Vita Karoli magni 16) Es ist eine Stelle, die man auf Schottland beziehen möchte, obwohl in den Reichsannalen einmal von der „schottischen Insel Irland" die Rede ist. Daß die Bevölkerung dieser keltischen Territorien vom Kontinent aus nicht zuverlässig unterschieden werden konnte, entwertet den eindeutigen Bericht Einhards für unmittelbare Kontakte mit schottischen (Klein-)königen nicht.

John of Fordun weiß auch von zwei schottischen Klerikern zu berichten, die John beziehungsweise Clement hießen und sich nach Frankreich begaben, wo sie Karl der

Große (oder Alcuin, sein Bildungsminister) als Lehrer einsetzte. Da Alcuin selbst von der Insel stammte, ist auch das durchaus möglich, wenngleich es wohl nicht mehr gelingen wird, alle diese teils aus altfranzösischen Dichtungen wie dem *Chanson de Geste* wahrscheinlich gemachten Beziehungen zu Schottlands Wunschverbündetem eindeutig zu belegen.

Sicherer als Sagen und Geschichten erscheinen die Traditionen in den beiden alten Klöstern, von denen wir wissen, und von denen aus das Christentum in seiner nachrömischen Form sich über Schottland verbreitete, ein aus heutiger Sicht etwas eigenartiges keltisches Christentum, in dem die Klostergemeinschaft, *Muintir* genannt, beinahe wie eine Schiffsbesatzung aufgefaßt und geführt wurde: „Die Klostergemeinde bestand aus Priestern, Brüdern und Proselyten; lebte im Kloster ein Bischof, so unterlag auch er der Jurisdiktion des Abtes." (A. Bellesheim)

Die besondere Position des Abtes kam auch darin zum Ausdruck, daß es Haupt- und Unterklöster gab. Die Gründungen blieben mit dem ersten, ehrwürdigen Hauptkloster stets verbunden und ihm in gewissem Sinn untertan. In der kargen Natur Schottlands und erst recht auf den Inseln, die ja nur bei gutem Wetter Landverbindung hatten, kam der Gastfreundschaft der Klöster größte Bedeutung zu: man reiste praktisch von einem dieser gnädig gewährten Quartiere zum anderen, weil es andere Unterkunftsmöglichkeiten nicht gab. Ebenso wichtig war die Armenfürsorge, das sogenannte soziale Netz existierte ja noch nicht. Da die strikte Einhaltung des Stundengebetes ebenso Pflicht war wie das Meßopfer, hatten die Mönche genug zu tun. Ihre Gemeinschaft übte große Anziehungskraft dadurch aus, daß ein strikter Bußkatalog entwickelt worden war, der den weltlichen Herren und Damen, die ja ein recht rauhes Leben führten, verläßliche Entsühnung anbot. Es gab daher immer wieder hochgestellte Gäste, die allen Grund hatten, sich den Bußübungen zu unterziehen. Besonders schwierige Fürbitten, die ein einzelnes Kloster nicht auf sich zu nehmen wagte, führten zu dem interessanten Ausweg der Gebetsverbrüderung, einem Zusammenschluß mehrerer Klöster, die keineswegs alle in Schottland lagen: Es gab Gebetsverbrüderungen, die bis Salzburg reichten; die gemeinsame lateinische Sprache machte alles möglich.

Und natürlich wurde viel geschrieben und abgeschrieben, waren doch die heiligen Schriften, aber auch die Gebete und andere Formeln lange Zeit nur an den Küsten Schottlands und bei den südlichen Piktenstämmen bekannt. Auch *Cathach*, der berühmte Psalter Columbas, wurde vielfach abgeschrieben, wozu sich später noch die (von der Kirche freilich nicht alle anerkannten) Segens- und Zaubersprüche gesellten, die unter dem Namen des großen Missionars bis heute umlaufen (gegen Unwetter, gegen Feuersgefahr, gegen Ratten und Mäuse usw).

Columba führte nicht nur einige Könige des schottischen Festlandes zum Christentum hin wie Aidan von Dalriada und den Pikten Brude, er bewirkte oder institutionalisierte damit auch die Trennung Schottlands von Irland, eine freilich nicht dauerhafte Wendung, weil die eigentliche Macht schließlich weder bei Iren noch Schotten oder Pikten lag, sondern bei den aus Dänemark und Norwegen einfallenden Kriegern. Mit einiger Sicherheit jedoch kann man das Jahr 593 als den Zeitpunkt einer direkten Verbindung zwischen Columba und dem Papst annehmen: Gregor I., der Große, sandte Columba Geschenke, und der Abt, der ja Barde war und viel für die Barden tat, revanchierte sich mit dem großen Gedicht *Altus prosator*.

Wir besitzen bis heute kein geschlossenes Bild von der Christianisierung Schottlands, ganz einfach, weil wir auch die politische und Bevölkerungsgeschichte der Zeit zwischen 400 und 800 nur punktweise kennen. Es gab zweifellos keine politischen Konstanten; jede Einzelpersönlichkeit, mochte sie nun in Irland, Dänemark, Norwegen oder Schottland selbst auftauchen, konnte das Geflecht der Beziehungen, die Machtverhältnisse und damit auch die Voraussetzungen für die Arbeit der Missionare völlig verändern. Es gab Wikingerhäuptlinge, die sich nur für die Schätze der Klöster interessierten, die Mönche jedoch unbehelligt ließen und ihre Arbeit nicht weiter behinderten. Und es gab wütende Gegner des Christentums, die alles über die Klinge springen ließen, was ein Kreuz trug oder an geweihten Stätten angetroffen wurde. So bleibt als sicherster Leitfaden noch immer der Ruhm der Ur-Klöster Iona und Withorn, wo selbst nach den blutigen Überfällen doch immer wieder das klösterliche Leben aufgenommen wird und damit auch eine gewisse Fortsetzung zumindest der Aufzeichnungen über die Klostergeschehnisse selbst.

Wir kennen einige Nachfolger des Columba mit Namen und Daten: Kaisren (gestorben 605), Segine (gestorben 652) und den später heiliggesprochenen Iona-Mönch Aidan, 635 bis 651 Bischof von Lindisfarne. Für die Beziehungen zwischen Iona und Lindisfarne, also auch zwischen Westschottland und Northumbrien, wurde es wichtig, daß Prinz Oswald von Northumbrien sich in Iona auf den Übertritt zum christlichen Glauben vorbereitete. Er hatte allen Grund, dem Heidentum zu entsagen: König Edwin von Deira hatte in einem der zahllosen Kleinkriege zwischen den schottischen Landschaften Oswalds Vater erschlagen. Als Oswald 633 den Thron jenes Northumbrien bestieg, das jahrhundertelang ebensowohl zu Schottland wie zu England gerechnet werden konnte, erbat er sich aus Iona einen Missionar und Kirchenlehrer, und es war Aidan, der zur Bewältigung dieser Aufgaben an die Ostküste, nach Lindisfarne ging. Er gründete unter anderen Klöstern Melrose und Coldingham, nach den keltischen Regeln, aber ohne damit einen Gegensatz zu Rom schaffen oder gar betonen zu wollen. Auch sein Nachfolger Finan kam aus Iona. Sein Kampf galt dem bei Pikten wie Sachsen regierenden barbarischen Blutrache-Recht. König Oswy von Northumbrien hatte, um Oswalds erschlagenen Vater zu rächen, im Jahr 651 den König von Deira erschlagen (!), und das Morden wäre weitergegangen, hätte nicht Finan den königlichen

Mörder zur Einsicht und zur Sühne bewegen können. Sie bestand – wie sollte es anders sein – in reichen Schenkungen an das Nonnenkloster von Streaneshalch...

Deira war trotz seines schönen keltischen Märchennamens im Wesen schon ein angelsächsisches Königtum und erstreckte sich vom Humber bis zum Tyne-Fluß. An dieses südliche Teilkönigtum schloß sich in Northumbrias besten Zeiten ein zweites, das bis zum Firth of Forth reichte, also auf schottischem Boden lag. Sein alter Name war Bernicia, und die Trennungslinie gegen Deira bildete im allgemeinen der Fluß Tees. Die Verbindung zwischen Iona und Northumbrien endete aus Gründen der Liturgie: 634 hatte es schon Streit um die Osterfeier gegeben, die nach dem keltisch-irischen Ritual von der in Rom verlangten Feierordnung abwich, und 664 kam es zu einer vollständigen Annahme des römischen Brauchs in Northumbrien, wobei jedoch – wie man heute sagen würde – die Formen gewahrt wurden. Papst Johannes IV. dankte Segine, Abt von Iona, in einem Sendschreiben für die bedeutenden Leistungen, die Iona und seine Mönche und Äbte für den Christenglauben erbracht hatten. Die Iona-Mönche jedoch wanderten aus Northumbria und den dort gegründeten Klöstern ab. Das südöstliche Schottland schloß sich den römischen Bräuchen an, wie sie zwischen Themse und Humber bereits akzeptiert waren.

Die Äbte von Iona erweisen sich in diesen Auseinandersetzungen als durchaus versöhnlich, sie sind keine Eiferer, sie haben nur ihre irischen Freunde, Verwandten und Kirchenoberen zu berücksichtigen. Nicht einmal Abt Adamnan (679-704), der aus der gleichen Adelsfamilie stammte wie Columba selbst, hatte mit seinen Versuchen Glück, die römische Osterfeier in Irland durchzusetzen. Er tröstete sich durch die Abfassung der berühmten Lebensbeschreibung seines großes Vorgängers, die auch geschichtlich und topographisch sehr aufschlußreich ist. Er sah auch den gallischen Bischof Arculf bei sich in Iona und behielt ihn so lange in dem Inselkloster, bis Arculf ihm seine Pilgerfahrt ins Heilige Land haarklein erzählt hatte, eine durchaus abenteuerliche Reise, auf der Arculf, statt heim nach Gallien zu gelangen, vom Sturm in die Irische See verschlagen wurde (!), wo sich dann die Mönche von Iona der Verirrten annahmen. Interessant ist, daß Arculfs Bericht, wohl um dem Redefluß besser folgen zu können, zunächst auf Wachstafeln fixiert und danach erst in größerer Ordnung auf Pergament als Reisewerk kalligraphiert wurde. Einen Auszug aus diesem Bericht gibt Beda im § 395 seiner Kirchengeschichte, weil er auf diese Weise seinen Lesern eine Anschauung von den heiligen Stätten „der Geburt, des Leidens und der Auferstehung des Herrn" vermitteln konnte. Für uns nicht minder interessant ist die Tatsache, daß Abt Adamnan die Befreiung der Frauen vom Kriegsdienst erwirkte: Die Lex Adamnani, beschlossen auf der Synode von Tara in Irland, beendet die mutterrechtliche Situation, daß im Fall von Gefahr Frauen und Mädchen wie die Männer in den Kampf ziehen.

Die für uns heute nicht mehr sehr wichtige Einigung über das Osterritual erfolgte 716 durch den Priester Egbert und rettete in gewissem Sinn den Fortbestand von Iona mit seinen irisch-keltischen Mönchen; die Mönche anderer, von Columba gegründeter Klöster schlossen sich nämlich diesem Kompromiß nicht an, blieben bei ihrem alten Verfahren und wurden darum von einem König namens Naiton aus Südschottland vertrieben. (Differenzen über Ermittlung des Osterdatums und über den Ablauf des Festes gab es damals auch zwischen der West- und der Ostkirche und später zwischen Katholiken und Protestanten.)

Im Jahr 582 hatte es eine Zusammenkunft zwischen Columba und dem späteren Apostel von Glasgow, einem in Irland gebildeten Kleriker namens Kentigern gegeben. Kentigern hatte das Glück eines langen Lebens (514-603) und nutzte es, um das durch die Seeräubereinfälle und das sächsische Vordringen ins Binnenland aufs schwerste gefährdete Christentum im schottischen Teilbereich Strathclyde wieder herzustellen. Er predigte vor allem in Glasgow, das damals freilich über die Mauern der einstigen Römersiedlung noch nicht hinausgewachsen war, und argumentierte mitunter zu kompliziert: Er wollte seinen Zuhörern die innere Haltlosigkeit des Heidentums beweisen, was angesichts der kriegerischen Triumphe der Angeln und Sachsen die Gemeinde des Kentigern nur wenig zu trösten vermochte. Aber man läutete die ihm geweihte Glocke allabendlich bis zur Reformation, und Glasgows Patron ist Kentigern bis heute geblieben. Man nennt ihn zärtlich auch Mungo, was im Gälischen soviel bedeutet wie 'lieber Freund', und das, obwohl er nicht in Glasgow zur Welt kam, sondern an der Ostseite Schottlands, in Culross am Firth of Forth. Damit hat sich die Legende eine der hübschesten und altertümlichsten Miniaturstädte Schottlands ausgesucht.

In Kentigerns Lebenszeit fällt eine der nicht ganz seltenen Schlachten zwischen einem christlichen und einem heidnischen Schottenkönig. Der Heide hieß Morken, der christliche König, der ihn oder seine Erben schlug, Rhydderch. Obwohl sich die Forschung mit Kentigern sehr eingehend beschäftigt hat, konnte nicht ermittelt werden, aus welcher (vermutlich adeligen) Familie er stammte und ob die Gründung von St. Asaphs in Llanelwy tatsächlich durch ihn erfolgte. Mit Culross Abbey hat er, obwohl es sich um seinen Geburtsort handelt, nichts zu tun: die Abtei wurde erst im dreizehnten Jahrhundert gegründet und ist heute eine Ruinenstätte und weniger sehenswert als Culross selbst mit seinen alten Häusern.

Der dritte große Heilige des alten Schottland, oft neben Columba und Ninian gestellt, ist Sankt Cuthbert von Lindisfarne, auf der zweiten heiligen Insel Schottlands (nördlich der Tyne-Mündung und etwa 15 Kilometer südöstlich von Berwick-on-Tweed). Cuthbert ist über die Grenzen Schottlands hinaus in ganz Großbritannien sehr beliebt, vielleicht, weil er aus keiner der großen Familien stammte, sondern ein einfacher Hirtenbub war, der die Herden von

Kloster Melrose hütete und dabei natürlich das Verlangen entwickelte, so zu leben wie die Mönche. Als er mit dem Christenglauben näher bekannt wurde, verfiel Cuthbert oft in fromme Meditation, und als 664 Abt Eata von Melrose nach Lindisfarne berufen wurde, fand Cuthbert auf dieser Insel sein eigentliches Wirkungsfeld.

Zwölf Jahre später, er mochte nun etwa 40 Jahre alt sein, erbat er sich die Erlaubnis, zur Vertiefung seines Glaubens auf einer der öden und einsamen Farne-Inseln zu siedeln, eine Gruppe kleiner Eilande, die heute mit einem Leuchtturm versehen und als Vogelparadies bekannt sind. Hier, in vollkommener Einsamkeit und der Nordsee preisgegeben, errichtete sich Cuthbert eine Kapelle und eine Wohnzelle im Felsen und ging auch oft auf Felsenriffen in die See hinaus, wo er stehend die Flut erwartete. Mit Pilgern, die nach Farne Islands hinausruderten, um den Heiligen zu sehen, sprach er meist nur durch das Fenster seiner Felsenzelle. Die Berufung zum Bischof von Hexham nahm der scheue Heilige nicht an, jedoch ging er 685 nach Lindisfarne, wo ihn der Erzbischof Theodor von Canterbury und andere Kirchenfürsten in das Bischofsamt einführten. Als er 687 sein Ende nahe fühlte, ging Cuthbert jedoch wieder auf die Farne-Islands, wo er auch nach kurzer Krankheit starb. Sein Leichnam, der 698 erhoben und unversehrt gefunden wurde, machte Lindisfarne, wo er lange Zeit ruhte, zur meistbesuchten Gnadenstätte der Ostküste. Wegen der häufigen Wikingereinfälle und der exponierten Lage von Lindisfarne gegenüber Angriffen von See her wurde der Leichnam des Heiligen im September 999 in Durham beigesetzt, wo er ruhte, bis Heinrich VIII. das gesamte Kirchengut auch in Durham seinem Kronschatz einverleibte. Immerhin wurde die noch immer unversehrt gefundene sterbliche Hülle Cuthberts nicht, wie andere Reliquien, zerstreut oder vernichtet, sondern unter einem blauen Stein belassen. Da bei einer Erhebung im Jahr 1827 nur noch vermoderte Knochen gefunden wurden, glaubt die Gemeinde des Heiligen, man habe den Leib Cuthberts vor dem Zugriff des gewalttätigen Königs gerettet und an einer bis heute unbekannten Stelle jener herrlichen Kathedrale verborgen, die nach Plänen des Bischofs Guillaume de Calais 1133 vollendet wurde. Man sagt von ihr, daß man sich in diesem Bau gar nicht lange genug aufhalten könne, er sei *undoubtedly the finest Norman building in Europe.* (Ellen Wilson)

Zwar ist gegen solch tröstliche Traditionen nichts einzuwenden, sie schaden niemandem und sind jenen, die noch an St. Cuthbert denken, teuer. Indes steht fest, daß die Kommissare des Königs sehr wertvolle Grabbeigaben an sich gebracht haben, was wohl nur möglich war, wenn sie tatsächlich mit dem Leichnam des Heiligen zu tun hatten, es sei denn, man habe eine unbekannte Leiche durch eben diese Dinge als Reliquie ausstaffieren wollen (das bischöfliche Gewand mit einem goldenen Überwurf für die Messe, ein großes goldenes Pektorale, ein goldener Ring mit einem großen Saphir und ein Kelch aus Gold, der mit Onyxen und anderen edlen Steinen verziert war). Einzig der Ring ist wieder aufgetaucht und wird heute in St. Cuthberts College in Usham bei Durham verwahrt.

Merkwürdig, aber unleugbar ist die Tatsache, daß von den drei großen Leitfiguren des frühen Christentums in Schottland doch der Ire Columba am stärksten weiterwirkte, vielleicht wegen des besonderen Charismas der kleinen Insel Iona. Obwohl auch Lindisfarne grausam heimgesucht wurde, verbreitete sich doch die Kunde der Martyrien auf Iona schnell und lange nachwirkend in dem ganzen großen England, und da Iona schließlich auf dem alten Weg aller Einflüsse, zwischen Irland und Schottland, lag, blieb sein Ruhm bis ins hohe Mittelalter ungeschmälert.

Es war nur natürlich, daß der unter dem starken äußeren Druck wachsende Widerstandswillen der binnenschottischen Reiche einen Mann auf den Schild erhob, der sich eines ausgezeichneten Verhältnisses zu Iona, seinen Traditionen und seinen Mönchen rühmen durfte: Kenneth Mac

Alpin (gelegentlich auch englisch Alpine geschrieben). Er ist, soweit man überhaupt bestimmte Aussagen zu seiner Position zu machen wagt, der letzte König des halb sagenhaften Dalriada und der erste König von Schottland, und für uns Deutsche ist das Merkwürdigste an seiner Zeit, daß sie noch immer von Nebeln durchwallt ist, während unsere kontinentale Geschichte inzwischen Karl den Großen zu verzeichnen hatte und über eine Unzahl gesicherter Daten und Fakten verfügt.

Das alte Dalriada, mit dem man füglich beginnen muß, war schon dadurch bemerkenswert, daß es zu beiden Seiten des sogenannten North Channel lag, mit dem die Irische See nach Norden ausläuft und in den Atlantik mündet. Es war also ein Reich der Küsten und Inseln, bestehend aus einem nordöstlichen Stück Irland, einem südwestlichen Stück Schottland (Galloway und Argyll) und den südlicher gelegenen Hebrideninseln mit Iona. Das ist wichtig, denn Columba war ein Vetter des irischen Hochkönigs, der über das im fünften Jahrhundert entstandene seltsame Reich herrschte. Und es war die Beratung, Unterstützung und moralische Hilfe, die der Heilige dem König Aidan angedeihen ließ, die das schottische Dalriada mächtig machten, während der irische Teil in Nachbarreichen und sächsischen Brückenköpfen aufging. Aidan Mac Gabrain of Dunadd – ein Name wie ein keltisches Heldenlied – starb um 608. Seine Nachfolger hatten nun, frei von irischen Einmischungen, die Aufgabe, Dalriada auf Kosten der Piktenstämme zu vergrößern und zu stabilisieren. Sie konnten dies immer dann mit einigem Erfolg tun, wenn an den schottischen Ostküsten wieder einmal Angeln oder Sachsen gelandet waren und die Kräfte der an sich kriegerischen und mutigen Pikten banden. Und dies war sehr oft und vor allem zu durchaus unberechenbaren Zeiten der Fall.

Vom fünften Jahrhundert bis über das neunte hinaus war es stets die Königsfamilie der Gabhrain oder Gabrain, die für Dalriada die Herrscher stellte, ein Mannesstamm von außerordentlicher Kraft und Tüchtigkeit, den man freilich nicht mit den Genealogien vaterrechtlicher Gesellschaften vergleichen darf. Denken wir an das von Cassius Dio überlieferte Wort jener schottischen Königin, die stolz zugibt, die besten Männer an ihre Seite zu holen, dann verstehen wir auch, warum diese königliche Familie praktisch das schottische Frühmittelalter beherrscht.

Schon der Vater von Kenneth MacAlpine I. nannte sich König der Schotten. Er wurde 832 erschlagen, vielleicht auch erst 834, in einem der vielen Kämpfe um den Thron des Piktenreiches. Sohn Kenneth übernahm das Erbe dieser Feindschaft, die so mancher Chronist bedauert hat: Vereint wären Pikten und Schotten nämlich, wie ihre ersten Geschichtsschreiber glauben, durchaus imstande gewesen, die ganze Insel bis nach Cornwall zu erobern.

Kenneth scheint ein entschlossener und schneller Krieger gewesen zu sein, einer jener Könige, denen sich die Männer gern anvertrauten, weil er die Beute nicht außer acht ließ. Er hatte eine Piratenflotte zu seiner Verfügung, die leider nicht immer ausreichte, Iona zu schützen, und nützte den Dänenangriff von 841, um von Westen her ins piktische Herrschaftsgebiet einzufallen. Er ließ auch nicht locker, wie seine Vorgänger, die sich nach den ersten Raubzügen wieder aus dem Staub machten, sondern kämpfte insgesamt fünf Jahre auf fremdem Boden, bis die Pikten aufgaben und Kenneth sich mit Recht als König eines Schottland bezeichnen konnte, in dem die iro-keltischen Männer von Dalriada mit den alten Pikten vereint waren. Gemeinsam – denn Erfolg eint immer – fielen die Untertanen von Kenneth MacAlpine I. nun in Northumbria ein, und zwar nicht weniger als sechsmal. Das aber waren nun Invasionen, bei denen Rauben und Plündern im Vordergrund standen. Dunbar brannte nieder, Melrose wurde heimgesucht und endlich, nach Jahren harter Kämpfe, der Fluß Tweed als Grenze Schottlands erreicht und fixiert.

Kenneth starb 860 (nicht, wie früher angenommen wurde, 858) in dem kleinen, alten Städtchen Forteviot südwestlich von Perth, also auf Piktenboden, ja in der einstigen Hauptstadt des Piktenkönigreiches Fortrenn. Bestattet wurde der König jedoch auf Iona, wo er oft zu Gesprächen geweilt hatte. Er hatte auch die Mönche von Iona, ungeachtet allen Streites über keltische oder römische Kirchenbräuche, gern in seiner Nähe, ohne daß man darum bei diesem rastlosen Kämpfer von einer Hofhaltung im eigentlichen kontinentaleuropäischen Sinn sprechen konnte.

Forteviot, so klein es ist und so vollständig es heute selbst in eingehenden Führern übergangen wird, liegt hart an einem ehemaligen Römerlager (südwestlich des Ortes) und blieb bis ins 13. Jahrhundert eine der Residenzen der ja stets viel reisenden schottischen Herrscher. Die Burg oder Pfalz stand auf dem Halyhill nordwestlich von Forteviot, doch sind die Ruinen, von denen Schriftsteller des 18. und 19. Jahrhunderts noch berichten, heute nicht mehr zu sehen. Hingegen haben sich wertvolle Altertümer aus Forteviots großer Vergangenheit erhalten, ein Stein, dessen Relief drei Gewappnete zeigt und der aus einem Bachbett geborgen werden konnte, und zwei prächtig skulptierte keltische Kreuze. Eine bronzene Tischglocke aus dem zehnten Jahrhundert und einzelne Sakralfunde deuten darauf hin, daß Forteviot nicht nur ein Zentrum weltlicher Macht, sondern auch der keltischen Kirche war. Demnach hätten sich die Missionare aus Iona schon hundert Jahre nach dem Tod ihres Heiligen quer durch Schottland bis an den Firth of Tay durchgeschlagen und auch bei den Pikten entscheidende Erfolge errungen.

Andrew Wyntoun (etwa 1350 bis 1420), Kanonikus von Saint Andrews und Verfasser einer Geschichte Schottlands in Versen, situiert wichtige Episoden seiner Königsgeschichten in Forteviot. (Wyntoun ist der Autor, dem Shakespeare die Szene zwischen Macbeth und den Hexen verdankt...)

Sechs Jahre, nachdem Kenneth MacAlpine die Augen geschlossen hatte, begann man im östlichen England von einem Prinzen und Königsbruder zu sprechen, der in Rom gebildet worden war und außerordentliche Gaben zeigte. Im Jahr 871 bestieg er als Alfred I. den Thron von Wessex, den er mindestens bis 899, vielleicht sogar bis 901 innehatte. Obwohl Schottland niemals das Glück hatte, von einem Mann dieser persönlichen und geschichtlichen Größe regiert zu werden, bezeichnen Kenneth MacAlpine I. und Alfred in ihrem Jahrhundert gemeinsam das Erwachen herzhaften und erfolgreichen Widerstands gegen jene beinahe regel- und rechtlosen Zustände, von denen nur die Angreifer aus dem Osten profitierten. Mit diesen Königen beginnt nach beinahe archaischen Verhältnissen das britische Mittelalter in etwa dem Sinn, wie wir den Begriff auf dem Festland gebrauchen.

Schottlands dunkle Zeit zwischen jenem Jahr 407, da die Legionen sich anschickten, die Insel zu verlassen, und der Regierungszeit Davids I. im zwölften Jahrhundert, ist schlecht erforscht und schwer zu erforschen. Die Mittelalter-Archäologie, die in Frankreich seit zwei Jahrzehnten große Erfolge erzielt und in der Bundesrepublik wenigstens auf ortsgeschichtlicher Basis vorangetrieben wird, stößt in Schottland auf wesentliche Schwierigkeiten. Die ansässigen Pikten und die bäurischen irischen Einwanderer lebten äußerst notdürftig in Schottlands karger Natur, und wenn Menschen kaum zu leben haben, so kann man ihnen nicht spektakuläre Baudenkmäler oder andere die Zeiten überdauernde Kulturleistungen abverlangen. Die Angreifer, die über das Meer kamen, waren im Süden der Insel zu einem guten Teil fränkische Küstenstämme, die eine gewisse Berührung mit Rom gehabt hatten und deren Kultur mit den romanisierten Briten des südlichen England eine bruchlose Symbiose eingingen. In Nordostengland und Schottland hingegen landeten überwiegend Raubkrieger der primitiven Germanenstämme (so drückt es z.B. A.L. Morton in seiner *Volksgeschichte Englands* aus), deren Kulturniveau noch niedriger war als das der in Schottland ansässigen Stämme, die immerhin bereits mit dem

Christentum Bekanntschaft gemacht hatten und durch die monastische Zivilisation zumindest punktweise erzogen und gebildet worden waren.

Nach dem zu graben, was von einer so armseligen, nur im Handgemenge tüchtigen Bevölkerung übrig geblieben ist, setzt viel Genügsamkeit, Selbstlosigkeit und Fleiß voraus, das heißt, es blieb im wesentlichen der Heimat- und Lokalforschung überlassen, und eine Zusammenschau, eine Einordnung in die große schottische Geschichte ist noch nicht vollzogen. Noch immer ist es Beda mit seiner Kirchengeschichte, ist es die eine oder andere Kloster-Chronik, sind es die Bischofslisten und ein paar meist ziemlich ahnungslose päpstliche Sendschreiben, auf die sich die Geschichtsschreibung für die Jahre stützt, die bei uns der karolingischen Epoche und der sächsischen Kaiserzeit entsprechen. Nur die allgemeinsten Schlüsse lassen sich ziehen: Daß keltische Orts- und Gewässernamen im Westen häufiger erhalten geblieben sind als im Osten. Daß keltische und piktische Bevölkerungsreste im Landesinneren, in Westschottland und auf den Hebriden in höherem Maß überlebten als in Ostschottland, auf den Orkneys und auf den Shetlands. Daß die angelsächsischen und nordischen Einwanderer auch zahlenmäßig ins Gewicht gefallen sind: Denn das dünn bevölkerte Schottland hatte ihnen nur kleine eigene Bevölkerungszahlen entgegenzusetzen.

Der Vergleich mit den Schicksalen Englands ergibt einen wichtigen und noch nicht zutreffend erklärten Unterschied: England hatte eine ungleich dichtere Bevölkerung als Schottland, die weitgehend romanisiert war, die aber sprachlich so gut wie vollständig von den Einwanderern aus der Deutschen Bucht überlagert wurde (die heute so häufigen romanischen Worte im modernen Englisch stammen aus der Zeit nach 1066). In Schottland hingegen hat sich, trotz weit geringerer Bevölkerung, das Gälische, also eine keltische Sprache, in einer erstaunlichen Position behauptet. Um 1900 sprachen in ganz Schottland noch etwa 250 000 Menschen Gälisch, das waren damals etwa 5 Prozent der Gesamtbevölkerung. Heute sind es 80 000 und somit von der heutigen Bevölkerung 1,6 Prozent. Das ist im Verhältnis zu anderen europäischen Altsprachen beachtlich und wird noch bemerkenswerter, wenn man die räumliche Verteilung beachtet: In den Highlands, die auf etwa 40 000 Quadratkilometern nur 260 000 Einwohner haben, wird das Gälische noch von der Mehrzahl der Bevölkerung beherrscht und neben dem Englischen im Alltag gesprochen. Um 1900 gab es immerhin etwa 50 000 Menschen in Schottland, die ausschließlich Gälisch sprachen und das Englische nicht zu sprechen oder zu schreiben verstanden.

Diese Ziffern und eine große Anzahl ergänzender topographischer Details lassen erkennen, daß es der besondere Landschafts-Charakter Schottlands war, der neben der das Gälisch weiterpflegenden Kirche am wirksamsten für das Überleben eines keltischen Sprachzweiges sorgte. Die seefahrenden Einwanderer, aber auch die friedlichere nordische Bauernbevölkerung, die in die Hebriden eingeströmt war, drangen zum Kerngebiet des keltisch-piktischen Bauern- und Hirtendaseins auf den Highlands nicht vor. Und im weiteren Einzugsbereich von Iona, im Großraum Glasgow, hielt sich zudem eine gälische Sprachinsel mit besonderen Traditionen selbst in der modernen Industrie- und Straßenzone des Südwestens. Aus der Verteilung der Gälisch-Sprechenden im Land läßt sich mit einer gewissen Wahrscheinlichkeit ermitteln, wohin die germanischen Einwanderer nicht oder nur vorübergehend vordrangen: nach Sutherland, Roß mit Cromarty, Inverness und seine Grafschaft, Argyll, den Highlands mit Perth und den Hebriden. Auf diesen Inseln, wo die aus Norwegen eingewanderten Bauern unter den kulturellen Einfluß ansässiger Kelten gerieten, sprechen noch heute (!) drei Viertel der Bevölkerung gälisch, lediglich auf der landnahen und vielbesuchten Insel Skye sind es nur 58 Prozent.

Bedenkt man, wie oft der Süden versuchte, Schottland zu unterwerfen, und wie unmenschlich hart die Maßnahmen waren, mit denen England nach den zwei Stuart-Erhebungen des 18. Jahrhunderts alles Schottische zu domestizieren versuchten, so ist das Überleben von soviel schottischem Mittelalter beinahe ein Wunder — ein Wunder, an dem das weite und wenig einladende Land, dessen Schönheit man erst seit 200 Jahren zu würdigen weiß, das Hauptverdienst hat. Schottlands Landesnatur, seine Highlands, seine Moore, seine rauhen Hügellandschaften im Nebel und die unpassierbaren Meeresarme haben das Land erfolgreicher vor Feinden und Einwanderungen bewahrt, als dies die verhältnismäßig geringe Zahl der Einwohner trotz aller Tapferkeit tun konnte. Die Bevölkerungsdichte Schottlands liegt noch heute unter siebzig auf den Quadratkilometer, was nur von den zwei Staaten auf der skandinavischen Halbinsel unterschritten wird.

Von Beda zu Beowulf

Im 441. und letzten Kapitel seiner Kirchengeschichte zählt Beda vier Diözesen für Northumberland auf, das sich in jenem achten Jahrhundert ja weit nach Norden und damit auf schottisches Gebiet erstreckte, und schreibt dann: „Auch die Nation der Pikten lebt jetzt in Frieden mit den Angeln und freut sich in Gemeinschaft mit der ganzen Kirche des Besitzes der Wahrheit. Die Schotten, welche (d.h. soweit sie) Britannien bewohnen, begnügen sich mit ihrem Gebiete und haben nicht List noch Trug im Schilde gegen das Volk der Angeln."

Den 'Brittonen', also den romanisierten Bewohnern der Insel, wirft Beda nicht nur vor, daß sie die Angeln anfeinden, sondern daß sie gottlose Sitten haben und ein falsches Osterfest: er behauptet auch, daß sie in einem Gegensatz zu weltlichen und göttlichen Mächten lebten, auch sei ein Teil dieser Bevölkerung unfrei unter der Oberhoheit der Angeln. „Das ist gegenwärtig die Lage ganz Brittaniens, etwa 285 Jahre nach der Ankunft der Angeln und 731 Jahre nach der Geburt des Herrn." Danach folgt nur noch, in durchaus moderner Darstellungsweise, eine Zeittafel, die kurz zusammenfaßt, was in den 441 Abschnitten geschildert worden war, und ein Abriß von Bedas eigenem Leben, das sich nach seinen Worten ausschließlich im Kloster und über den Büchern abspielte, weswegen er anstelle einer Biographie eine Bibliographie gelesener, genutzter und verfaßter Werke gibt, ein für das achte Jahrhundert erstaunlich geordnetes und konsequentes Vorgehen, das man sich bei allen Autoren des Mittelalters wünschte.

Trotz der siegreichen Einzelpersönlichkeiten wie etwa Kenneth MacAlpine kann man für Schottland vier Reiche annehmen, die als politische Einheiten mit einer gewissen Stabilität anzusehen sind: Dalriada im Nordwesten, das Reich der aus Irland eingewanderten keltischen Skoten, im Süden begrenzt durch den Firth of Clyde. Östlich davon lag, sehr ausgedehnt, aber dünn bevölkert und weniger organisiert, das Reich der Pikten mit der Hauptstadt Scone und der Südgrenze am Firth of Forth. Südwestschottland wurde eingenommen vom Königreich Strathclyde mit einer zu einem guten Teil britischen und romanisierten Bevölkerung, vor allem, da sich der Herrschaftsbereich dieses Königs zeitweise weit nach England hinein erstreckte und Cumberland wie Westmoreland mit einschloß. Im Südosten schließlich hatten die Angeln ein Reich gebildet, dessen Name Bernicia freilich keltisch klingt. Es war zeitweise mit Northumbria locker vereint und weist verhältnismäßig früh einen namentlich bekannten König auf, nämlich Ida, der schon 547 den Thron bestiegen haben soll. Residenzen lagen in Bamburgh und Yeavering, einem Hügel unweit Kirknewton, wo Ausgrabungen eindrucksvolle Gebäudekomplexe zum Vorschein brachten und, zur Überraschung selbst der Fachleute, ein großes hölzernes Stadion.

Beda unterscheidet bereits deutlich und sauber zwischen den keltischen Einwanderern aus dem Westen, also aus Irland, den romanisierten Kelten aus dem heute englischen Teil der Insel, den Pikten und den Angeln. Das ist bemerkenswert, da selbst die neuere Forschung lange Zeit keltische Ursprünge der Pikten vermutete, ehe ihre nichtindogermanische Herkunft erwiesen war.

In diesen vier Reichen gab es, wie sollte es anders sein, beinahe unablässige Eroberungs- und damit Einigungskämpfe, und, weitgehend unabhängig davon, eine kirchliche Entwicklung auf Rom zu und weg von den irisch-christlichen Kirchenfesten und Festbräuchen. Für die Pikten vollzog diesen entscheidenden Übergang schon König Nectan im frühen achten Jahrhundert.

Zu einer Einigung, die vermutlich sogar über das Reich des Kenneth MacAlpine hinausging, kam es durch einen der größten Könige des europäischen Mittelalters, durch den Dänenkönig Knut den Großen.

Knut, den die Engländer Canute I. nennen und in ihre Königsreihe einbeziehen, war 1013, bei seiner ersten Landung auf der britischen Hauptinsel, noch ein sehr junger Prinz und ist wohl kaum vor 995 geboren. Da er im November 1035 in Dorset starb, hatte er ein sehr kurzes Leben, aber ein Leben außerordentlicher Erfolge und ein Reich ganz besonderer Art, das sich auf England, Schottland, Dänemark und schließlich Norwegen erstreckte und dank Knuts Regierungskunst, Toleranz und Persönlichkeit auch beste Beziehungen zum Heiligen Römischen Reich unterhielt.

Während die Mordtaten, Intrigen, Heiraten und Adoptionen in der Geschichte der englischen und schottischen Kleinreiche heute nur noch die Spezialforschung interessieren, besticht uns die Tatsache, daß der junge Dänenkönig Knut Jahrzehnte des Friedens auf der britischen Insel einkehren ließ. Gewiß, es war jener Friede, der sich nur einstellte, wo man den Bock zum Gärtner machte. In der französischen Normannenzone, dem verlorenen und dann abgetretenen meernahen Land, hatte sich schon gezeigt, daß es gegen die Seefahrer aus dem Norden keine andere Gegenwehr gab, als daß man sie gleichsam als Wehrbauern und Feldhüter einsetzte. Ganz ähnlich waren die Verhältnisse im östlichen und nordöstlichen Küstensaum der britischen Hauptinsel, wo sich im zehnten Jahrhundert die Überfälle der Dänen so gesteigert hatten, daß nun alle zwei oder drei Jahre geraubt und geplündert wurde – falls nicht ohnedies schon Dänenhäuptlinge an der Küste herrschten.

Alfred der Große hatte im englischen Bereich die Tatsache ausgenützt, daß seßhafte Dänen nicht mehr so gut kämpfen wie soeben gelandete Raubkrieger, und er hatte Frieden für seine Lebenszeit erlangt, nach Krisen und in harten Kämpfen. An ihn, der hundert Jahre vor Knut gelebt hatte, knüpfte der junge Großkönig an, nahm die Gesetze Alfreds auf und stützte sich wie er auf die Kirche, ohne deren Männer eine taugliche Verwaltung ja kaum durchzuführen war. (Dennoch ist Knut der Große nie heilig gesprochen worden, die dänischen Heiligen gleichen Namens sind zwar auch königlichen Geblüts, haben aber später gelebt.) Die absolute und tiefe Frömmigkeit so kriegerischer Naturen wie Alfred, Kenneth MacAlpine oder Knut unterscheidet das englische Mittelalter von der christlichen Frühphase in Frankreich unter den Merowingern, denn wenn auch Bonifatius zeitweise Mahnbriefe nach England schreiben und dem einen oder anderen Kleinkönig die Leviten lesen mußte, so ist an dem unbedingten Christenglauben der in England und Schottland herrschenden Männer dennoch nicht zu zweifeln. Knut verließ sogar sein Riesenreich, das an allen Ecken und Enden gefährdet war, um nach Rom zu pilgern (1026/27). Er traf dort mit Konrad II. zusammen, der zu Beginn des Jahres 1027 zum Kaiser gekrönt wurde, und beide Könige hätten einen besseren Papst verdient als jenen Johannes XIX., der buchstäblich an einem einzigen Tag zum Priester gemacht und dank ungeheurer Bestechungsgelder zum Papst gewählt worden war.

Auf dem Weg nach Rom oder auf dem Rückweg von Rom nach Norden rastete der große König in Saint-Omer, der alten Klosterstadt im Departement Pas de Calais. Sie war damals noch ein Bischofssitz, und es könnte sein, daß Knut der Große hier auf gutes Wetter für die Meerfahrt gewartet oder sich für eine glückliche Überfahrt nach Frankreich beim Himmel bedankt hat, denn es gibt das Zeugnis eines Mönches, *Encomium Emmae reginae*, auf Ersuchen der Königin-Witwe niedergeschrieben, in dem die Gebete Knuts in Saint-Omer geschildert und über seine fromme Persönlichkeit berichtet wird.

Knut hatte also schon eine gewisse Lebensstrecke hinter sich, Erfahrung in verschiedenen Ländern gesammelt und Erfolge als Friedensstifter erzielt, als er sich 1031 mit den Schotten beschäftigen mußte, die wegen der Wirren im Doppelkönigtum von Northumbria die ganze Insel in Unruhe versetzten. Knut setzte sich in eigener Person an die Spitze einer Armee und führte sie nach Norden, und sein Ruf war bereits so gewaltig, daß sich die Schotten ihm so gut wie kampflos unterwarfen und Northumbria, von der Gefahr aus dem Westen befreit, dankbar ebenfalls die Oberhoheit des Dänenkönigs akzeptierte.

Knuts Kontakte mit England hatten aber auch privaten Charakter: Er fand dort eine Prinzessin von offensichtlich guten Geistesgaben und großer Schönheit, die an der Seite des tatkräftigen Monarchen bald eine Helferin besonderer Art wurde: Aelgifu von Northhampton herrschte für Knut in dem endlich doch eroberten Norwegen, und der Sohn Sven, den sie von Knut empfangen hatte, stand ihr dabei zur Seite.

Als Knut am 12. November 1035 erst 40jährig starb, ging Norwegen sogleich verloren, und Sven mußte nach Dänemark fliehen. In England freilich konnte Harold, ein anderer Sohn Knuts mit Aegilfu, als König weiterherrschen und in Dänemark Hardicanute, für uns Knut II., Sohn Knuts des Großen mit seiner legitimen Gemahlin Emma. Aegilfu, von der nicht ganz klar ist, ob sie Knut angetraut wurde, war die Tochter eines englischen Ealdormans, worunter man einen Hausmeier im karolingischen Sinn verstehen kann, den höchsten Mann unmittelbar unter dem König. Emma hingegen war die Tochter Richards I., Herzogs von der Normandie, also des Urgroßvaters von Wilhelm dem Eroberer. Den Söhnen aus beiden Verbindungen Knuts war kein langes Leben beschieden: Sven, König von Norwegen, starb 1036, also ein Jahr nach dem großen Vater; Harold, König von England, fand 1040 den Tod, so daß Knut II. immerhin zwei Jahre lang über England, Schottland und Dänemark herrschen konnte, ehe ihn 1042 der Tod ereilte. Knuts des Großen Tochter Kunigunde aus der Ehe mit Emma von der Normandie heiratete 1036 den deutschen König Heinrich III., ist aber nicht die Mutter unseres großen Königs Heinrich IV., der aus der zweiten Ehe seines Vaters stammt.

Knut der Große und die Wende des Jahrtausends bringen für die britische Hauptinsel also viel Neues. Die Briten werden für Festlandeuropa wieder sichtbar. Alfred der Große mußte noch die Schiffer in den Häfen befragen, wie weit sich denn die Ostsee nach Osten und Norden erstrecke, er sah die Welt noch von seinem kleinen Königtum zwischen den ostenglischen Sümpfen und Schlachtfeldern aus, so groß sein Geist auch war, so erhaben und fruchtbar sein Ehrgeiz. Nun aber haben sich familiäre Verbindungen angesponnen, in die Normandie und zum Kaiserhaus. In der Ewigen Stadt tritt der Herr des Nordens neben die anderen Häupter der großen Staaten und neben Gottes Stellvertreter auf Erden. Am Vorabend der Invasion, in der die so begründeten Verwandtschaften eine Rolle spielen werden, erscheint uns das wichtigste Land an Europas Westrand zum erstenmal einigermaßen geeint, aber es hat keine Zeit mehr, aus dieser flüchtigen Einigkeit unter Knuts Söhnen etwas zu machen, denn ein Menschenalter nach dem Tod Knuts des Großen wird sein Großneffe Wilhelm, Herzog der Normandie, über den Ärmelkanal setzen und von Süden her jene Insel erobern, die Knut von Osten her unterworfen hatte.

Ehe dieses neue Element, ein neues Volk und eine neue Sprache, nach England gelangen und sich langsam nach Norden vorankämpfen, ist das Gemisch der Völker und Stämme auf der Insel schon bunt genug. Die Faustregel, daß Angeln, Jüten, Sachsen und Norweger im Osten säßen und die Iroschotten im Westen, stimmt nur sehr ungefähr, aber immerhin so weit, daß sie einer ersten Klärung dient. Es hat Kelteninseln im Osten gegeben und Dänensiedlungen im Westen, und auch die Sprache ist nicht immer hilfreich: Heute sprechen die Iren, die zweifellos Kelten und so gut wie unvermischt sind, alle englisch, und in Schottland sprechen das Gälische sehr viele Familien, die gewiß seit dem achten Jahrhundert so manchen skandinavischen Blutzustrom erhielten. Da in den Booten, die über die Nord-

see kamen, ganz zweifellos die Männer bei weitem über-
wogen, ergaben sich buchstäblich vom ersten Augenblick
der Eroberung an germanisch-keltische Mischungen. Trevelyan sagt mit Recht, daß es damals so manche keltische
Andromache gegeben haben müsse, das heißt, daß Kelten-
frauen, als man ihre Gatten und Söhne erschlagen hatte,
mit den Siegern neue Familien gründeten, ja da und dort
wohl auch adelige Geschlechter oder Dynastien, kehrten
doch viele Anführer aus den skandinavischen Ländern gar
nicht mehr in die Heimat zurück.

Obwohl das Christentum in ganz Schottland schon sehr
viel besser organisiert war und fester im Sattel saß als in
den Ländern, aus denen die Eroberer kamen, setzte sich
die gälische Sprache nicht gegen das Altsächsische und
das werdende Englisch durch. In Schottland begann schon
um das Jahr 1000 die Sprache der Einwanderer zu überwiegen, vielleicht, weil die Kirche noch kein Schulwesen,
noch keinen Unterricht im Gälischen hatte entwickeln können. Wir erkennen einen gewissen mönchischen Solipsis-
mus als Verhängnis: Die Kleriker schreiben sich in ihren
Zellen die Finger wund in gelehrten Erörterungen über
den Oster-Termin und die Unterschiede zwischen dem irischen und dem römischen Christentum, und sie lassen mindestens 250 Jahre ungenutzt verstreichen, in denen sie bei
breitem Laienunterricht jene Bildung hätten fest verankern
können, die dann auch die Sprache bewahrt und die Be-
zeichnungen. Im Altsächsischen finden sich nämlich nur
ganz wenige gälische Worte, nicht einmal ein Dutzend, das
heißt: Sprachlich gab es in Schottland einen gewissen Fortbestand der keltischen Sprache und Gebräuche, aber die
Zukunft gehörte eindeutig den Sprachen der Eroberer, so
barbarisch sie den Mönchen von Iona und Lindisfarne auch
erschienen sein mögen.

Umso bemerkenswerter ist, daß das Christentum selbst
sich auf der ganzen Insel und auch in ihrem höchsten Norden gehalten hat, daß es in Großbritannien nicht jene wilden Heidenaufstände gab, die an der Weichsel, an der

Oder und bis hin zur Elbe christianisiertes Land in Götter-religionen und Naturkulte zurückfallen ließen. Neben den Straßen beinahe das einzige Römer-Erbe, hat das zunächst so schwache Flämmchen der ostmittelmeerischen Religion auch die Stürme aus der Nordsee überstanden und auf den Highlands ebenso überlebt wie in den schottischen Tälern und an den Meeresbuchten.

Das ist soviel, daß man darin beinahe ein Wunder sehen könnte, zumindest für den heute schottischen Bereich. Die verworrene politische Geschichte der vier Königreiche ist so reich an Blut, Intrigen und Königsmord wie nirgends sonst auf der Welt in diesen Jahrhunderten; aber hinter den Mauern der Klöster reift langsam und beinahe im Geheimen die einzige Kraft heran, die nach einem Jahrtausend entsagungsvoller, an Irrtümern und Auswüchsen reicher Arbeit dieses Land zivilisiert haben wird. Man hat in Schottland 1200 Burgen gezählt, von den ersten vorrömischen Befestigungen aus Erdwerken und Palisaden bis zu den Steinburgen der Zeit nach 1100 und den wohlbewehrten Schlössern der Feudaljahrhunderte. Sie kennen wir, sie haben Namen, Geschlechter, Geschichte. Rund um sie herum teilte sich das Volk in Besitzende und Arbeitende, und abseits von dieser kriegerischen und gewalttätigen Struktur blieb der Klerus eine Kraft für sich, weniger einflußreich als auf dem Kontinent und dennoch in einem höheren Maß notwendig, ein kaum sichtbares Netz zaghafter Gesittung in dem unsäglich rauhen Ganzen der schottischen Geschichte.

Deutsche Historiker, die sich mit der abgeschlossenen Welt des britischen Königtums beschäftigt haben, nahmen die Chance wahr, diese besondere Entwicklung im Zusammenhang mit der binneneuropäischen Völkerwanderung zu studieren. Sie ist ja, angesichts der fortwirkenden Übermacht intakt gebliebener römischer Reichsteile, nur vorübergehend zu Staatsgründungen gelangt, sie konnte zu einem schöpferischen Ziel und Fortbestand nicht gelangen, weil Ostrom mit der Hilfe germanischer Generale und hunnischer Söldner die Reiche der Goten und Vandalen vernichtete und die Galloromanen dem Frankenreich einen spätrömisch-christlichen Verwaltungskörper gaben. Nur in England und Schottland hatte das germanische Heerkönigtum die Chance, bis in die Phase der Staatsbildung vorzustoßen. Hauptwesenszug des Heerkönigstums ist die aus der Wanderung verbliebene Fähigkeit, verschiedene Stämme, ja auch verschiedene Volksteile unter einem Befehl zur Landnahme zu führen und zur gemeinsamen Ansiedlung zu bewegen. Die Herrschaftsbildung erfolgt also auf einer Basis von ethnisch unterschiedlichen Elementen, und genau das war es, was den Königen auf der britischen Hauptinsel von Cornwall bis Inverness immer wieder abverlangt wurde. Es gab in Ostschottland angelsächsische Einwanderungszonen mit nur geringen Einsprengseln aus iroschottischen, piktischen und romanisierten britischen Stammesteilen; aber rein angelsächsische Gebiete hat es nie gegeben, und sie wurden wohl auch nie angestrebt, weil die Unterworfenen ja als Arbeitskräfte durchaus willkommen waren, weil aber auch die Gelandeten keine oder zu wenig Frauen mit sich geführt hatten. Weder die alten Königs-Genealogien, die uns bruchstückweise überliefert sind, noch die alten Stammesnamen geben uns ein Bild der Entwicklung und Verschmelzung, und die beteiligten Gruppen sind auch zahlenmäßig sehr schwer abzuschätzen. Nur die großen Schlachten, beinahe die einzigen Ereignisse, denen die alten Chronisten hinreichende Aufmerksamkeit schenken, lassen gewisse Rückschlüsse auf die Stärke der gelandeten und angesiedelten angelsächsischen Stammesteile zu:

Am Fluß Aire bei Leeds unterlag im Jahr 926 Olaf der Rote gegen Northumberland. Er war ein Nachkomme des großen Wikingers Ragnar Lodbrok, aber nicht im Mannesstamm: Sein Vater war Schotte. Hier standen also Kämpfer der zweiten und dritten Generation nach der Landnahme gegeneinander, und entsprechend gering waren die eingesetzten Kräfte: Olaf scheint nicht mehr als höchstens 6000 waffenfähige Männer an den Fluß herangeführt zu haben.

Elf Jahre später segelte Olaf Quaran (Kleinschuh) mit 625 Schiffen in die Humber-Mündung; sie hatten vorwiegend schottische Besatzungen, aber auch skandinavische Fürsten nahmen an dem Angriff auf York teil, den also mindestens 30 000 Männer durchführten.

So große Mengen von Kriegern konnten nur aufgestellt werden, wenn es zu Bündnissen kam, wie König Aethelstan von Mercia (gestorben 939) eines gegen den erwähnten Olaf zusammenbrachte. Die große Schlacht gegen Olaf Kleinschuh fand an einem nicht sicher bekannten Ort in Südschottland statt, vielleicht bei Birrenswark-Hill, einem Hügel mit einem Römerkastell unweit des Städtchens Lockerbie in Südwestschottland. Man bewegte sich also noch immer auf Römerstraßen, und die von den Römern für ihre Festungen ausgewählten Punkte hatten nach wie vor ihre strategische Bedeutung. Bei dieser Schlacht sollen nicht weniger als fünf (Klein-)Könige gefallen sein, dazu sieben Ealdormen und 'mehrere Tausend' von Olafs Kriegern (Rolf Nordenstreng); auch Aethelstan hatte in seiner Armee schwerste Verluste zu beklagen. Es war die blutigste Schlacht der Wikingerzeit, und sie brachte Northumberland, den ewigen Zankapfel zwischen Schottland und England, wieder an den Süden. Der König, den Aethelstan auf Northumberlands Thron setzte, als ein Vasall gleichsam, trug den bezeichnenden Namen Erich Blutaxt: Man hatte ihn wegen seiner Grausamkeit aus Norwegen vertrieben, er war kurz nach der Schlacht von Birrenswark-Hill nach England gekommen, zu einem Zeitpunkt also, in dem Aethelstan nur noch die Reste seiner Armee zur Verfügung hatte und das Bündnis sich auflöste. Die frischen Norweger des energischen Königs waren als Besatzungstruppe für das unruhige Northumbria wohl willkommen. Nach Aethelstans Tod 939 oder 940 trat sein Bruder Edmund die Regierung von Mercia und für die unterworfenen Nachbargebiete an, und da Erich Blutaxt wußte, daß Edmund keine Nordmänner mochte, setzte er sich klug und rechtzeitig auf die Orkneys ab, wo ihm – soweit man darüber Bescheid weiß – niemand die Herrschaft streitig machte.

Es gab also vor allem im englisch-schottischen Grenzgebiet blutige Begegnungen zwischen Armeen, in denen auf beiden Seiten Schotten und Angelsachsen und erst kürzlich gelandete Wikinger standen, ein Erscheinungsbild, das verblüffend genau den Schlachten der Völkerwanderungszeit gleicht, in deren größter ja bekanntlich Ost- und Westgoten gegeneinander kämpften und Gepiden gegen Franken, also Germanen auf beiden Seiten – auf den Katalaunischen Feldern. Selbst die Zahl der beteiligten Kämpfer ist für die britische Insel erstaunlich hoch, wenn man die Anfahrt zur See bedenkt: In der mörderischen Schlacht am Levin, in der König Constantin mit einem Aufgebot von mehr als 20 000 Schotten gegen die Wikinger kämpfte und sein Leben ließ, müssen, da sie tagelang hin und her wogte, mindestens ebenso viele Dänen gekämpft haben, das heißt, daß insgesamt an die 50 000 Mann gegeneinander standen. „Des Königs Bruder Ethus rettete mit Mühe die Überbleibsel des völlig geschlagenen schottischen Heeres. Dieses geschah im Jahre 874." (Buchananus, *Rerum scoticarum hist*) Zum Vergleich aus der kontinentalen Wikingerabwehr: Im nordwestlichen Deutschland, bei Glinstermoor an der Weser (vielleicht auch: Glindesmoor zwischen Itzehoe und Elmshorn) wurden die Wikinger in einer großen Schlacht gestellt und verloren an die 20 000 Mann. Da zu dieser Zeit schon das Danegeld bezahlt wurde, die hohen Brandschatzungen und Tribute, die auch Knut der Große in England einhob, hatten die Wikinger ihre Angriffsenergien gegen den deutschen Rand der Nordsee gerichtet, was ja sehr schnell geschehen konnte, wenn Flotten von Hunderten von Schiffen zur Verfügung stehen.

Angesichts dieser bedeutenden Mengen gleichsam fluktuierender, immer einsatzbereiter Krieger mußte jeder schottische König, der seine Macht zu stabilisieren suchte, sein Hauptaugenmerk auf eine ebenso bewegliche, schnell kampfbereite Truppe richten, und die auf schottischem Boden bestehenden kleinen Reiche waren im Grunde befestigte Landstriche in einer beinahe ununterbrochenen Alarmbereitschaft. Dies erklärt unter anderem auch die Tatsache, daß eine kulturelle Durchdringung des Landes immer nur ansatzweise und in Zeiten relativen Friedens möglich war. Alfred der Große hatte schon gewußt, warum er erst den Frieden sicherte: Anders hätte auch er sein großes Kulturprogramm nicht verwirklichen können.

Die friedlichen Berührungen zwischen den verschiedenen Völkerschaften der britischen Hauptinsel im Ganzen und Schottlands im Besonderen sind schwerer zu erfassen als die immerhin teilweise aufgezeichneten, erwähnten oder gar beschriebenen kriegerischen Begegnungen. Es hat aber zweifellos einen da und dort intensiven und kaum je wirklich erliegenden Handelsverkehr zwischen Hafenorten und Binnenzonen gegeben, gleichgültig, in wessen Händen die Partnerbereiche gerade waren. Und es gab das Neben- und Ineinander der Religionen...

Noch in späteren Zeiten, als die Hanse Nord- und Ostsee beherrschte, waren die verschifften und über Land transportierten Warenmengen außerordentlich gering. Die erhaltenen Warenverzeichnisse geben darüber klar Aufschluß, der Fernhandel spielte gegenüber dem nachbarlichen Güteraustausch auch im 13. und 14. Jahrhundert noch eine sehr geringe Rolle. Andererseits war in den permanent unsicheren Zeiten zwischen Kenneth MacAlpine und Wilhelm dem Eroberer die Landwirtschaft stärker betroffen als der Handel. Felder ließen sich allenfalls noch bestellen, aber zur Erntezeit fanden sich nicht selten die eigenen und fremden Armeen ein, die diese Zeitpunkte ja auch kannten. Andererseits war nichts einfacher zu transportieren als eine Viehherde: man trieb sie fort. In diesen 200 Jahren lebte Schottland in höherem Maß von Fischfang und Jagd als die Länder Kontinentaleuropas, und die Inseln mußten sich überhaupt weitgehend selbst versorgen, weil auf ihnen norwegische Eroberer herrschten, die zum eigentlichen Schottland nur sehr flüchtige Beziehungen unterhielten.

Die schnell wechselnden und unsicheren Verhältnisse sind wohl auch schuld am Fehlen von Steuer- und Abgabenlisten, wie sie für das Mittelalter anderswo als Regesten des Wirtschaftslebens wichtig geworden sind. Nur über den Einhebungsmodus gibt es vereinzelte Dokumente, meist aus den wohlgeordneten Verhältnissen Knuts des Großen. Hier begegnet uns der lang umstrittene und wohl für das britische Mittelalter nicht einheitlich zu definierende Begriff *Skigerefa* oder *Gerefa*, Worte, die einerseits auf den späteren Sheriff, andererseits auf den Grafen vorbereiten. Tatsächlich scheint dieser hohe Beamte zwar unter dem Ealdorman oder Herzog gestanden zu sein, er hatte aber als Schatzkanzler der Kleinreiche und oberster Steuereinnehmer Befugnisse, die keine Ausnahme duldeten: Knut weist in einem Erlaß darauf hin, daß ein bestimmter Bischof unter dem neuen Sheriff nicht höher besteuert werden dürfe als unter dessen Vorgänger, woraus hervorgeht, daß Skigerefa oder Sheriff zumindest in finanziellen Dingen auch über der Kirche stand.

Der Skigerefa überwachte den Vieh- und Pferdehandel, ja dieser scheint bei größeren Transaktionen an die Genehmigung des Sheriffs gebunden gewesen zu sein. Andererseits kennen wir einen Erlaß des großen Königs, in dem es heißt:

„Dies ist die Erleichterung, welche ich allem Volk zusichern will, soferne es bisher zusehr bedrückt wurde. Erstens befehle ich allen meinen Grafen, daß sie in gehöriger Weise für mich und mein Eigentum Sorge tragen und mich darin erhalten sollen; zweitens befehle ich, daß niemand gezwungen werden soll, über die Gutsabgabe hinaus noch etwas zu entrichten, außer, wenn er selbst es will (!). Und wenn jemand hiernach eine Buße fordert, so soll der Graf mit seinem Wergeld dem König verantwortlich sein."

Eine vielsagende Verordnung, die einmal auf die bekannten Nachteile des Einnehmersystems hinweist (wie es ja auch in der Robin-Hood-Geschichte seine Rolle spielt), andererseits aber erkennen läßt, daß Knut an Steuergerechtigkeit gelegen war und am Schutz der Bauern gegen die Beamtenwillkür. Die Grafen waren in früheren Zeiten gewiß gewählt worden, seit der Festigung der Monarchien jedoch wurden sie von den Königen ernannt, wobei die Wahl oft auf Großgrundbesitzer fiel, da bei diesen Bereicherungsabsichten nicht vermutet wurden. John Mitchell Kemble, dessen Überlegungen wir hier folgen, nimmt sogar an, daß mit der Betrauung eines Grafen auch seine Ausstattung mit zusätzlichem Grundbesitz verbunden war (der ja damals den einzigen Reichtum darstellte).

Deutlich unter diesen Grafen, für deren Amt sich auch die Bezeichnung Hochgraf oder Königsgraf findet, standen Burggrafen und Portgrafen. Diese leichter zu deutenden Ämter begründeten gleichwohl einen Adel, wenn auch aus dem Kreis der Burggrafen oder gar der Portgrafen praktisch niemals ein Aufstieg in die höchsten Herrschaftszonen der Ealdormen stattfand. Wie der Name sagt, herrschte der Burggraf über eine Siedlung, also einen damals meist sehr kleinen Amtsbezirk. Der Burhgerefa (so die Schreibweise in angelsächsischen Urkunden) war dem König nicht nur für die Verwaltung, sondern auch für die Verteidigungsbereitschaft seines Ortes verantwortlich. Er präsidierte mindestens dreimal im Jahr den Volksversammlungen und scheint auch die Unfreien oder Rechtsunkundigen gegenüber höheren Gerichten vertreten zu haben.

Der Portgerefa war zweifellos mehr als heute ein Hafenmeister, aber seine Tätigkeiten lagen doch eher im Gesamtbereich des Handels, des Verkehrs und der wirtschaftlichen Aktivitäten der freien Bürgerschaft. Wie wichtig solch ein Portgraf war, hing naturgemäß von der Bedeutung des Handelsplatzes ab, dem er vorstand. Dieser Ort mußte nicht unbedingt an der Küste liegen, war doch der Seehandel auch für Orte im Hinterland stets von Bedeutung, vor allem in Schottland, wo es ja kaum eine wichtigere Siedlung ohne Verbindung zu einem Fluß, einer Bucht, einem Firth gibt. Der Portgraf erschien oft als Zeuge bei Verträgen und bezog seinen Unterhalt gewiß aus einem Anteil an den Zöllen.

Schließlich finden wir noch den Wicgerefa (Wiek: Dorf oder aus Dörfern zusammengewachsener Marktort), den Tungerefa für jeweils ein einzelnes Landgut (tun = Zaun) und den Swangerefa für Forst- und Weideland.

Die spätere Angelsachsenzeit, die Ära der energischen Wikingerkönige und der aus Bündnissen aufgestiegenen angelsächsischen Herrscher, zeigt uns also eine durchaus sinnvolle und im Ganzen wohl auch funktionierende Organisation der verschiedenen kleinen und größeren Staatsgebilde. Sie stellt eine zweckdienliche Kombination der auf der Insel entwickelten und dem Volk vertrauten Organisationsformen mit den Wünschen der Eroberer dar, da schließlich selbst von Knut dem Großen gesagt werden muß, daß ihm am Ertrag der eroberten Länder ungleich mehr gelegen war als an ihrer Durchdringung mit dänischen Traditionen. Einzig das dänische Recht trat in gewissen Bereichen an die Stelle der alten angelsächsischen Rechte, wobei die Danelaw-Zone zwischen Essex und York nicht voll identisch ist mit dem Gebiet intensivster dänischer Landnahme rund um York.

Sehr auffällig ist das Fehlen eigentlicher Religionskämpfe zwischen britischen und keltischen Christen auf der einen, Angelsachsen und Wikingern auf der anderen Seite. Klammert man die Wikinger zunächst aus, weil sie im Hohen Mittelalter überwiegend andere als geistige Interessen hatten und keinesfalls als Sendboten altgermanischen Glaubens agierten, so bleibt doch immer noch erstaunlich, in welcher friedvollen Stille die erste Welle der angelsächsischen Einwanderer nach und nach zu Christen wurde. Die Quellen stimmen darin überein, daß es eine intensive britisch-keltische Mission bei den Angelsachsen nicht gegeben habe. Das ist angesichts der historischen und oft entscheidenden Aktivitäten der irischen und britischen Missionare auf dem Kontinent erstaunlich und wäre kaum glaublich, wüßten wir nicht von der Passivität der romanisierten Briten auch in militärischen Dingen. Aber selbst die Zusammenstöße der Schotten, Pikten und Angelsachsen in den endlosen schottischen Kriegen hatten so gut wie nie den Charakter jener schwertschwingenden Mission, wie sie das Mittelalter vornehmlich im deutschen Osten mit Waffenlärm erfüllte. Das ist zweifellos darauf zurückzuführen, daß wir es ja noch nicht mit der römisch-katholischen Kirche zu tun haben, die auf Erweiterung ihrer Herrschaftsbereiche ausging und darum Machtpositionen anvisierte. Die iro-schottische Mission zielte auf die Ausbreitung eines strengen Christentums, auf Glauben und Observanz und richtete sich von vorneherein auf das Volk selbst, unter Vernachlässigung der eigentlichen Kirchenorganisation.

Daraus ergibt sich die merkwürdige Lage, daß in westschottischen Residenzen heidnische, also dem germanischen Götterglauben anhängende Oberpriester ihres Amtes walten, allerdings nicht in großer Zahl belegt sind und nur in Northumbria einige Bedeutung erlangt zu haben scheinen. Zu Auseinandersetzungen mit ihnen kommt es erst im späten siebenten Jahrhundert, als die iro-schottische und die römische Kirche sich (wenn auch unter Vorbehalten) vereinigen und das Heidentum sich einer geschlossenen Kirchenorganisation gegenübersieht.

Das Heidentum hat also auf englischem und schottischem Boden bis in Wikingerzeiten herauf existiert, nur ist es archäologisch erstaunlich dürftig belegt. Denkt man an die Ausgrabungen in Skandinavien selbst, so gewinnt man den Eindruck, daß die Krieger und Auswanderer bei den Fahrten nach Westen ihr religiöses Gepäck zu Hause ließen und auch in der neuen Heimat anderes zu tun hatten, als Heiligtümer oder Götterbilder zu schaffen. Existiert müssen sie haben, denn wir besitzen Bedas unschätzbaren Bericht über die Hinwendung zum Christentum in Northumbria, wie sie sich unter König Eadwini im Jahr 627 vollzog. Hier war es, nachdem des Königs Entschluß bekannt geworden war, der Oberpriester Coefi selbst, der – da traditionell waffenlos – sich vom König Waffen erbittet und anstelle seiner Stute einen Hengst, um gegen die Götzenbilder zu reiten. „Als das Volk dieses sah, glaubte es, er sei nicht bei Sinnen. Als er dem Götzentempel nahe kam, entweihte er ihn alsbald, indem er seine Lanze hinwarf, und in seiner großen Freude über die Erkenntnis der wahren Gottesverehrung befahl er seinen Genossen, den Götzentempel zu zerstören und mit seiner ganzen Umzäunung in Brand zu stecken."

Man zeigt jene einstige Götzenstätte in der Nähe von Eburacum (York) jenseits des Flusses Dorventio, und sie heißt heutzutage „Godmundingaham" (heute Goodmanham), d.h. Thing- und Weihestätte, wo der Götter Mund weissagt. Im heutigen Dorf, es liegt nordöstlich von Market Weighton, beweist uns eine zum Teil vornormannische, in ihrer Schlichtheit sehenswerte Kirche, daß Beda sich hinsichtlich des Ortes und wohl auch der Vorgänge nicht geirrt hat.

Aus der gleichen Zeit stammen die nördlich der Cheviot-Hills, bei Kirknewton freigelegten Reste einer großen Residenz, in der die christliche Königin Ethelburga ihren Gemahl Aeduin oder Edwin dazu brachte, zum Christentum überzutreten, ein Vorgang, den wir ähnlich im frühen Warägerreich, bei den Thüringern und bei den Franken kennen: Die Frauen entsagten zuerst der heldisch-heidnischen Werteskala der alten Religionen und wandten sich der Religion zu, die sich zumindest im Mund der Missionare als eine Religion der Liebe präsentierte.

Seit man die großen Ausgrabungserfolge von Yeavering bei Kirknewton näher kennt, ist auch ein anderes Rätsel der angelsächsischen Vergangenheit gelöst: Die Lokalisierung der Beowulf-Sage und -dichtung, die zwar inhaltlich aus skandinavischer Wurzel stammt, aber in Ausformung und Niederschrift auf das siebente Jahrhundert und einen angelsächsischen Hof hinweist. R.J. Cramp vertritt in seinem Aufsatz 'Beowulf und Archaeology' von 1957 die Meinung, hier sei die Halle Heorot entdeckt worden, die das Ungeheuer Grendel zerstört (was wiederum Beowulf auf den Plan ruft).

Die Lokalisierung einer Sage oder Sagenkombination am Ort eines berühmten Bauwerks ist nicht selten; eine Königshalle wie jene von Yeavering muß die Zeitgenossen beschäftigt haben, und der Gedanke, daß nur ein Ungeheuer den gewaltigen und eindrucksvollen, durch die Königsmacht auch gleichsam geweihten Bau zerstören könne, lag nahe. Jeder Sänger hatte genug ältere Stoffe zur Hand, die in solch eine Hallen-Sage verwoben werden konnten. „Die Welt des Beowulf ist eine fast reine Männerwelt; nur Königinnen sind in dieser Welt relevant durch ihre Rolle im Verbinden und Trennen der Dynastien." (Th. Finkenstaedt)

Da die Cheviot-Hills, nördlich derer die Yeavering-Residenz lag, schon seit römischer Zeit eine schwer bezwingbare Grenze zwischen dem nördlichen England und dem südlichen Schottland bildeten, dürfen wir in dieser berühmten, sogar mit einem Namen versehenen Halle, der Halle Heorot, die bedeutendste angelsächsische Königsburg auf schottischem Boden erblicken. Edwin und seine Nachfolger haben hier bis herauf ins neunte Jahrhundert mit nicht geringen Ansprüchen Hof gehalten. Dadurch erklären sich auch die mengenmäßig bescheidenen, nach Art und Zusammensetzung jedoch auffälligen Importe von Luxusgütern: das Glas aus dem Rheinland, Gold- und Silbergeschirr aus dem östlichen Mittelmeer, Granatschmuck aus Indien, Wein aus Frankreich und Deutschland und — Seidenstoffe! Muß man auch annehmen, daß so manches aus dieser Liste aus Piratenbeute stammte, so ergibt sich doch deutlich der sachliche Hinweis auf prächtiges Hofleben mit gepflegter Gastlichkeit, gut gekleideten Männern und Frauen und Hofpoeten, denen man gerne zuhörte – ein Bild, das sicherlich nur für den südlichsten Streifen Schottlands zutrifft, für die northumbrischen Residenzen und die seit Römerzeiten nie verlassene, stets aktive Handelsstadt Carlisle. Es war bereits eine christliche Zivilisation, denn der *Beowulf* enthält, wie wir ihn kennen, so viele christliche Elemente in Darstellung und Gedankengut, daß sie nicht erst bei einer späteren Niederschrift eingearbeitet worden sein können.

Das Jahr 793 mit dem Wikingerüberfall auf das zu dieser Zeit schon berühmte schottische Kloster Lindisfarne gilt als Terminus ante quem, weil sich nach diesem Jahr im Lese-Publikum der Höfe oder doch unter der Zuhörerschaft verständliche Aversionen gegen dänische Stoffe zeigten. Doch ist das kompliziert gebaute, auch in seinen Abschweifungen hochinteressante und wichtige Epos ganz offensichtlich schon schriftlich komponiert worden, das heißt, wir haben es bereits mit einem Schreibtisch-Dichter zu tun und dürfen aus der Kultur und den Ansprüchen der großen Dichtung auf das geistige Niveau der northumbrischen Hofhaltung schließen, ja wohl auch auf das literarische Klima im 'Zeitalter des Beda', wie D.K. Fry und W. Steppe sich (im Lexikon des Mittelalters) ausdrücken.

Man kann leider nicht sagen, daß für das ganze Schottland gilt, was sich aus dem Beowulf für den südlichsten Streifen erschließen läßt. Aber es wird doch deutlich, daß die Wikinger, als sie schließlich kamen, als die zweite Welle der nordischen Invasionen einsetzte, mehr zerstörten als sie dem Land zubrachten. In Klöstern und an Königshöfen hatte sich ein angelsächsisches Leben entwickelt, in dem das Christentum als fernes Römererbe zu einer neuen Blüte aufgegangen war, aber auch das keltische Genie weiter wirkte für geistige Schöpfung, klösterliche Versenkung und wesenhafte Frömmigkeit.

Wilhelm und der Stamm Bruce

Die Eroberung Englands von der Normandie aus, wie sie Herzog Wilhelm im Herbst des Jahres 1066 begann, erscheint im Licht der seither vergangenen neun Jahrhunderte als ein Jahrtausend-Wagnis, weil man es immer nur zu den Römerlandungen in Beziehung setzt und zu den erfolglosen Vorbereitungen Philipps II., Ludwig XIV. und endlich Hitlers im Zweiten Weltkrieg. In jenem elften Jahrhundert jedoch waren Landungen in England und Schottland, auch in Irland und auf den britischen Inselschwärmen die häufigsten militärischen Operationen überhaupt, und nur höchst selten wurden landende Truppen zurückgewiesen. Was allenfalls gelang, war, ihnen nach Beutezügen im Insel-Inneren den Rückweg an die Küste zu verlegen.

Godwin (gest. 1053), Graf von Wessex, Vater des späteren Königs Harold und Schwiegervater von Eduard dem Bekenner (gest. 1066) hatte ein Dutzend Jahre vor Wilhelms Invasion mit einer Flotte das ganze südliche England abgefahren, weil ihn sein Schwiegersohn vom Hof verwiesen hatte. In dieser Erhebung gegen den normannenfreundlichen Eduard hatte Godwin schon die Hafenorte in Besitz genommen, war die Themse bis London hinaufgesegelt und hatte es schließlich auch erreicht, daß die am Hof des Bekenners so einflußreichen Normannen entmachtet wurden und Harold dreizehn Jahre nach Godwins Tod schließlich König von England wurde.

Am 5. Januar 1066 war Eduard gestorben, bei seinem Begräbnis schon wurde Harold zum König proklamiert, und wenige Tage später erfuhr Herzog Wilhelm von der Normandie in seinem Schloß zu Rouen, daß die Zusagen, die Eduard ihm gemacht hatte, gebrochen worden seien, daß er um England werde kämpfen müssen, sofern er es überhaupt haben wolle. Es soll Tosti, der Bruder King Harolds selbst gewesen sein, der den zaudernden Wilhelm zu dem Abenteuer der Invasion überredete. Tosti hatte Northumbria beherrscht, war von dort vertrieben worden und hatte diesen Thron auch nicht zurückerhalten, als Harold König wurde: Sein Bruder hatte offensichtlich das Bestreben, an seiner Nordgrenze Frieden zu halten, und wollte den unbeliebten Tosti den Northumbriern nicht noch einmal zumuten. (Augustin Thierry I., 215) Für Wilhelm jedoch war ein rebellierender Königsbruder, der zudem die Insel genau kannte, ein unschätzbarer Verbündeter; man weiß ja, wieviele Invasionen auf Betreiben der Vertriebenen und Renegaten zustandekamen und dank ihrer Kenntnisse auch zu Erfolgen wurden.

Die Vorbereitungen an der Kanalküste, das Übersetzen, die Schlacht von Hastings, dies alles ist häufig genug geschildert worden, und wir wissen auch, daß Tosti dabei keine Rolle mehr spielte: Er hatte sich über das Baltikum und Skandinavien schließlich dorthin gewandt, wo die Schwerter der Nordgermanen noch sehr beliebt waren — an den Hof der byzantinischen Kaiser, die ja seit alters her auf Soldtruppen angewiesen waren.

Erst vier Jahre nach Hastings marschierte Wilhelm, nun der Eroberer genannt, gegen den Norden der Insel, in Gewaltmärschen und mit seinen besten Truppen. Die dänischen Raubscharen, die angesichts der Kämpfe im Süden in Yorkshire und Northumbria gelandet waren, gingen wieder auf die Schiffe, York sah sich allein dem Eroberer gegenüber, und die Verteidiger der Stadt sollen zu Tausenden gefallen sein. Die Überlebenden flüchteten, soweit sie die Rache Wilhelms fürchten mußten, nach Norden, ins schottische Hochland: Da Wilhelm York schon einmal, in einem frühen Handstreich, genommen hatte, die Stadt aber wieder von ihm abgefallen war, hatte er das Recht, ihre Bewohner als Verräter über die Klinge springen zu lassen; auch hatten die Dänen, als sie sich 1069 Yorks bemächtigt hatten, nicht einen Normannen am Leben gelassen.

Mit dem gleichen Rache-Furor brach Wilhelm in Northumbria ein. Dörfer und Felder wurden systematisch verwüstet, die Herden abgeschlachtet, die Menschen erschlagen. Wer immer konnte, floh ins Hochland, verbarg sich in sumpfigen Landstrichen oder wandte sich an die Nordostküste, wo die tief ins Land einschneidenden Firth-Buchten eine Verfolgung unmöglich machten. Unter diesen Flüchtlingen war Eghelwin, Bischof von Durham, der die Reliquien des heiligen Cuthbert mit sich führte und auf der Insel Lindisfarne verbarg, die ja nur bei tiefer Ebbe trockenen Fußes erreicht werden kann. Die Verwundeten und Kranken blieben in der Kathedrale von Durham zurück, Hunderte hilfloser Menschen, die sich dem Schutz des berühmten Gotteshauses anvertrauten.

Wilhelm soll an die 100 000 Mann zur Verfügung gehabt haben, um den Norden zu züchtigen, und die Historiker berichten übereinstimmend, daß zwischen den Flüssen Humber und Tyne kein Dorf bewohnt blieb, kein Acker unversehrt. Unter den zerstörten Klöstern war auch Sankt Peter am Wear, das im Leben Bedas eine Rolle gespielt hatte, und das Nonnenkloster Whitby, obwohl die Normannen offensichtlich einige Bedenken hatten, diese heiligen Stätten anzuzünden und die in den Kirchen versammelten Menschen auszuplündern und zu erschlagen. Es kam zu merkwürdigen Ereignissen, die jene abergläubischen Ängste der normannischen Ritter noch verstärkten: Angelockt vom sichtlichen Reichtum der angelsächsischen Höflinge und der großen Familien des südlichen Schottland, drangen die Ritter überall auch über den Hadrianswall vor. Aber auf dem Römerpflaster der Straßen, auf den blanken Fliesen der asylgewährenden Kirchen gab es Unfälle der Ritter, und lag erst einmal einer der Herren auf dem Boden, dann flohen die Dienstleute angsterfüllt vor den abwehrend erhobenen Monstranzen oder Reliquienschreinen und betraten die geweihten Stätten nicht mehr.

Wilhelm selbst nahm am Schottlandfeldzug nicht mehr teil. Er ließ die Insignien der Königswürde nach York bringen und feierte zu Weihnachten 1070 sein Krönungsfest nach der schrecklichen Unterwerfung nun auch des Nordens.

Da man mühelos einen dicken Band schottischer Geschichten schreiben könnte, in dem ausschließlich von schottischen Übergriffen und englischen Strafexpeditionen die Rede wäre, sei hier nur noch gesagt, daß bei einem späteren schottischen Aufstand Wilhelm nicht mehr selbst kam, sondern zwei seiner Söhne die Unternehmung leiten ließ. Die Jünglinge, die sonst nicht sonderlich gut getan hatten, hausten nördlich des Tyne noch schlimmer als die väterlichen Truppen und befolgten jenes unmenschliche Prinzip, das bis ins 18. Jahrhundert erhalten blieb: Ein armes Land trifft man am schwersten, wenn man die Ernährungsgrundlage zerstört, und so folgte denn auf jede Revolte nach einigen Wochen wilder Anfangserfolge ein ganzes Jahr fürchterlichen Hungers...

Leben zwei Völker in einem Dauergegensatz, so ist es immer falsch, eines von ihnen zu verteufeln und ihm alle Schuld für die Feindseligkeiten zuzuschieben; das galt für das elsässische Land zwischen Frankreich und Deutschland, das gilt auch für die Schotten und die Engländer. Da sich aber die Engländer auf mehr Volk und ein reicheres Land stützen konnten, brachten es ihre militärischen Erfolge mit sich, daß sie es waren, die schottische Fluren verwüsteten, Vieh wegtrieben, Dörfer niederbrannten, und nicht umgekehrt. Die Schotten hätten es zweifellos genau so gemacht, hatten aber eben keine Gelegenheit dazu.

Im elften Jahrhundert, der Zeit Wilhelms des Eroberers, war Schottland nicht nur gegenüber dem Kontinent, sondern auch im Vergleich zum eigentlichen England ein in seiner Entwicklung zurückgebliebenes Land, und die südost- und südwestschottischen Zonen mit ihrer höfischen Kultur wurden von der piktisch-angelsächsischen Volksmischung, die seit Kenneth MacAlpine als Schotten bezeichnet wird, aus tiefstem Herzensgrund verachtet. Die Tieflandbewohner, als Brotfresser bezeichnet, galten den Hochländern als verweichlicht, bastardisiert und den alten schottischen Tugenden entfremdet. Und wenn dann in diesen Grenzprovinzen gar ein sanfter Bischof den Statthalter Wilhelms spielen sollte, dann hielt nichts mehr die halbwilden Hochländer; sie brachen aus ihrem Berg- und Seenland nach Süden vor und unternahmen jene Feldzüge, die eigentlich nur Raids, nur Raubzüge waren, weil sie eine Chance, englisches Land zu erobern und zu behalten, ja gar nicht eröffneten.

Dieses den Normannen noch kaum bekannte und für sie unzugängliche Schottland hatte seit Kenneth MacAlpine Könige, die sich der Herrschaft über die alten Teilreiche und der Verschmelzung ihrer Traditionen rühmen durften. Und wenn auch wenig von ihnen zu berichten ist, so sollen sie doch einmal in alttestamentlicher Kargheit aneinandergereiht werden: Auf Kenneth (gest. 858) folgte ein Konstantin, danach ein Donald mit der utopischen Ziffer VI., was auf fünf Vorgänger schließen läßt und die Behauptung bekräftigt, daß schottische Könige, ob ihr Reich nun klein oder groß war, ein sehr kurzes Leben hatten. Malcolm I. (943-954) hatte zu England ein weitgehend gutes Verhältnis und erhielt im Zuge eines Bündnisvertrages die Herrschaft auch über das südwestlichste Schottland (Strathclyde). Ihm folgte Kenneth II., ein kriegerischer Herrscher, der seine Regierungszeit mit Einfällen in England begann und praktisch an allen Grenzen Schottlands, sogar auf den Orkneys kämpfte, ohne mehr als den Kernraum seines Königreiches konsolidieren zu können. Seine Ermordung im Jahr 995 hätte Shakespeare interessieren können, denn es waren seine eigenen Untertanen, die Kenneth II. mit Hilfe einer schönen Pächterstochter namens Fenella die tödliche Falle stellten. Kenneth II. wurde auf Iona beigesetzt. Sein Nachfolger Malcolm II. setzte die Feldzüge gegen den Süden fort und sicherte Lothian endgültig für Schottland in einer erstaunlich langen Regierungszeit (1005-34).

KENNETH I.
† 858, 1. König von Schottland 836 bzw. 844

KONSTANTIN II.

DONALD VI.

MALCOLM I.

KENNETH II.
ermordet 994

MALCOLM II.
* um 954   † 25.11.1034,
König 1005

DUNCAN I.
* um 1001,   ermordet 14.8.1040,
König 1034
∞ um 1031 N.N., Base des Earl Siward
von Northumberland

MALCOLM III.
* um 1031,   ermordet 13.11.1093,
folgt 1057
∞ 1) um 1059 Ingeborg,
Tochter des Earl Finn Arnason
∞ 2) 1068/9 Margarete, Tochter
des Prinzen Eduard von England,
† 1093 nach 13.11.

DONALD VII.
* um 1033   † 1097,
folgt 1093-94, 1094-97

1.
DUNCAN II.
* um 1060,   ermordet 12.11.1094,
folgt 1093
∞ um 1090 Aethelred, Tochter des
Earl Gospatric von Northumberland

2.
EDGAR
* um 1074   † 8.1.1106/7,   folgt 1097

= Zweite Generation

Die Könige von Schottland
aus dem Hause Kenneth
(836-1286)

MACBETH
* um 1005,   ermordet 15.8.1057,
folgt 1040
∞ um 1032 Gruoch, Tochter des Bodhe

2.
ALEXANDER I.
* um 1077   † 23.4.1124,   folgt 1106/7
∞ Sibylle, natürl. Tochter des Königs
Heinrich I. von England † 12.7.1122

2.
DAVID I.
* um 1080   † 24.5.1153,   folgt 1124
∞ 1113 Matilde, Tochter des Earl
Walter von Huntingdon, † 1130/31

MALCOLM IV.
* 20.3.1142   † 9.12.1165
folgt 1153

WILHELM I.
* 1143   † 4.12.1214,   folgt 1165
∞ 5.9.1186 Irmgard, Tochter des vic.
Richard I. von Beaumont, † 11.2.1233

ALEXANDER II.
* 24.8.1198   † 8.7.1249,   folgt 1214,
∞1) 19.6.1221 Johanna, Tochter des
Königs Johann von England, † 4.3.1238
∞2) 15.5.1239 Marie, Tochter des
Enguerrand III. von Coucy

2.
ALEXANDER III.
* 4.9.1241   † 19.3.1286,   folgt 1249
∞1) 26.12.1251 Margarete, Tochter
des Königs Heinrich III. von England,
* 1241   † 26.2.1274
∞2) 14.10.1285 Jolante, Tochter des
G. Robert IV. von Dreux, † 1322

Mit Malcolm II. sind wir bei Knut dem Großen, der den Schotten ja ein milder Schutzherr war, und mit Malcolms Enkeln treffen wir auf Shakespeare, denn Malcolm hatte an ihn überlebenden legitimen Kindern nur Töchter: Die jüngste heiratete Sigurd, den norwegischen Earl der Orkney-Inseln, die mittlere heiratete in den mächtigen Clan Angus ein, aus dem der Mörder Kenneth II. gekommen war, und die älteste gebar um 1001 Malcolms Nachfolger, den späteren König Duncan, der nach sechsjähriger Regierungszeit am 14. August 1040 ermordet wurde — bei Shakespeare durch Macbeth, Sohn des Finnley von Angus, nach der Holinshed-Chronik durch eine Verschwörergruppe, deren Haupt nicht Macbeth war, sondern Banquo. Banquo aber ist der Ahnherr der Stuarts und damit jenes Jakob I. von England, der Shakespeare entscheidend förderte.

Da jeder Shakespeares Tragödien kennt und niemand Schottlands Geschichte, sei hier kurz richtiggestellt, daß Duncan ein schwacher Herrscher war, von dem Schottland nichts zu erwarten hatte, und daß Macbeth nicht — wie bei Shakespeare — nach wenigen Wochen ein blutiges Ende fand, sondern 17 Jahre lang erfolgreich über Schottland herrschte — sehr viel für jene Zeiten. 1057 wurde Macbeth in offener Feldschlacht besiegt und danach erschlagen; seine Gegner waren Duncans Sohn Malcolm, der auf diese Weise den Vater rächte, und ein Wikingerhäuptling. Der siegreiche Malcolm, dritter seines Namens, war jener König, der Schottland beherrschte, als Wilhelm bei Hastings siegte. Ehe auch er erschlagen wurde, hatte er aus zwei Ehen so viele Kinder, daß nicht weniger als vier schottische Könige diesen Malcolm als ihren Vater bezeichnen dürfen, das sicherste Mittel gegen die Selbstverständlichkeit, mit der schottische Thronkämpfe und Intrigen im Königsmord endeten. Die Kinder Malcolms III. begründeten die vielfältigen und fruchtbaren Verbindungen des schottischen Königshauses mit England, aber auch mit Adelsfamilien des europäischen Kontinents, was — spät aber doch — Schottland gegenüber England deutlich aufwertete.

Für einige Jahrzehnte sieht es so aus, als werde Schottland nun in die große und glanzvolle Familie der Feudalstaaten aufgenommen. Die älteren Söhne des Eroberers haben die Schotten – und nicht mit Unrecht – kurzweg als Wilde bezeichnet. Wilhelms vierter Sohn Henry I. Beauclerc jedoch heiratet eine Prinzessin aus diesem wilden Land, Mathilda, eine Tochter Malcolms III. aus seiner Ehe mit Margarete (gest. 1093), der nach ihrer Ermordung im Jahr 1257 heiliggesprochenen englischen Prinzessin. Die Verbindung zum Kontinent ist damit geschlagen, denn Henry I. Beauclerc, König von England und Graf des Cotentin, ist zeit seines Lebens mehr in Frankreich gewesen als auf der Insel, die ihm nach der Ermordung seines älteren Bruders Wilhelms II. im Jahr 1100 zufiel.

Es wurde also auch in England noch häufig gemordet, und man kann verstehen, daß Henry, der eine ausgezeichnete Ausbildung erhielt, Latein sprach und die Wissenschaften kannte, aus dem väterlichen Erbe von 5000 Pfund Silber zunächst eine kleine Herrschaft auf der normannischen Halbinsel Cotentin erwarb; wann kommt ein vierter Sohn schon zur Herrschaft? Meist allerdings lebte er nicht auf jener Halbinsel, sondern im stillen Vexin, dem meerfernen, weniger bekannten Teil der Normandie zwischen dem Grenzflüßchen Epte (ostwärts dessen damals Frankreich begann) und der alten Festung Gisors, wo er schließlich auch im Dezember 1135 starb. Da sein Sohn Wilhelm schon 1120 den Schlachtentod gestorben war, seine Tochter aber Heinrich V., den römischen Kaiser, geheiratet hatte, kam es zu Beginn des zwölften Jahrhunderts zu der Möglichkeit, England dem Heiligen Römischen Reich einzuverleiben. Aber ein Neffe Henrys I. stand dagegen auf, nämlich Stephan Graf von Blois, und war mit diesem unbritischen Namen tatsächlich 1135 bis 1154 König von England.

Daß er der Base das Erbe streitig machte, verwundert nicht in jenen beinahe pausenlos von Kriegsgeschrei erfüllten Jahrhunderten und wäre nicht weiter erwähnenswert.

Aber es gab in diesen Kriegen einen unehelichen Sohn Henrys I., einen von nicht ganz wenigen unehelichen Nachkommen, der die Lage zu meistern suchte, die durch das Fehlen eines legitimen männlichen Erben entstanden war: Es war Robert, Earl of Gloucester, geboren vor 1100, gestorben 1147, einer der ersten in der langen Reihe tüchtiger und mutiger britischer Bastarde. Sein Leben war ein Roman, mit allem, was seit Walter Scott dazugehört, gewonnenen und verlorenen Schlachten, Verrat, Gefangenschaft, Austausch, neuem Kampf und Schwertschwingen bis zum Tod.

Für Schottland wurde gerade dieser mutige illegitime Sohn zum wichtigsten Verbündeten, denn er schwächte die Position Stephans in entscheidenden Jahren und gab damit König David I. von Schottland (1124-53), ebenfalls einem Sohn Malcolms III., Gelegenheit zum Ausbau der schottischen Bastionen gegen England in einer Zeit, da die Grenze zwischen diesen Reichen praktisch alle zehn Jahre neu gezogen werden mußte.

David verbrachte seine Kindheit und Jugend am glanzvollen Hof Henrys I., der gegen Schottland eine Wunderwelt genannt werden mußte. Der Feudalismus stand in seiner frühen Blüte, Geistliche, Architekten und Künstler aus der Normandie wetteiferten mit den besten Köpfen der eben geborenen normannisch-sächsischen Mischkultur auf englischem Boden. Der kluge Prinz sah aber auch, wie methodisch die Frankonormannen in der Organisierung ihrer wertvollsten Eroberung zu Werke gingen, er erfuhr von Wilhelm des Eroberers Domesday-Book und studierte die Kirchenorganisation. Als er schließlich mit einer Großnichte des Eroberers verheiratet wurde, schienen für Schottland goldene Zeiten einer ungetrübten Allianz heraufzuziehen.

Aber David wäre kein Sohn Malcolms Canmore gewesen, hätte er nicht zuviel Appetit auf englisches Land entwickelt, ermutigt durch seine Erfolge im äußersten Norden, wo er den norwegischen Earls der Orkney-Inseln die Grafschaft Caithness abnahm: David beherrschte also Schottlands Norden bis zum Pentland-Firth, nördlich dessen nur noch Inseln kommen. Aber es war nicht nur Davids Selbstvertrauen, das zu dem ersten großen Konflikt mit dem normannischen England führte, es war eine nach Umwälzungen durchaus typische Konstellation: Zahlreiche angelsächsische Edelinge und sogar einige mit Wilhelm dem Eroberer zerfallene normannische Ritter hatten den Weg in die Emigration nach Norden angetreten; es gab Deserteure aus den blutigen Expeditionen gegen York und wie stets Oppositionspolitiker, die mit Hilfe eines Nachbarmonarchen die Macht in dem Land, das sie verlassen mußten, von außen her erringen wollten.

Für ein Land wie Schottland war dieser Zustrom sehr heterogener, durchwegs aber kultivierter und kenntnisreicher Männer aus reichen Familien die erste tiefgreifende und schnell wirksame Veränderung der Bevölkerungsstruktur seit den Landungen der Angelsachsen. Die Brotfresser in den Tiefländern erhielten damit eine bedeutende Verstärkung, und sie gewannen das Übergewicht über die ihren barbarischen Traditionen verpflichteten Hochländer. Auch wuchs der angelsächsische Blutsanteil im Vergleich zum iro-schottischen. Nichts war auf einmal so populär wie ein Krieg gegen England, und die Emigranten wurden nicht müde, zu versichern, daß dieses Land nach dem Tod des Eroberers und seines Sohnes und nach Gottes Ratschluß, der Henrys Sohn im Meer hatte umkommen lassen, nun reif sei für eine Eroberung von Norden her. Stephan von Blois sei ein Usurpator – was stimmte – und David müsse für seine betrogene Nichte Mathilda London erobern und über die vereinigten Reiche von England und Schottland herrschen.

Obwohl David London und damit auch die Wegstrecke kannte, die zurückzulegen war, glaubte er vielleicht wirklich an die große Gelegenheit, und am grünen Tisch, wo die Emigranten das große Wort führten, mochte man ihm auch alles als durchaus machbar dargestellt haben. So führte er also seine armen und nackten Hochländer in die nördlichen Provinzen Englands. Sie betrugen sich dort wie zu jener Zeit alle Eroberer: Sie revanchierten sich für die normannischen Strafexpeditionen in Yorkshire, und die lateinischen Chronisten dieses Feldzugs berichten Einzelheiten, die man besser nicht übersetzt. Hingegen machen sie, mit aufgespießten Kindern und erschlagenen Priestern beschäftigt, leider keinen Unterschied zwischen den einzelnen Teilen von Davids Armee, so daß es nicht angeht, alle Grausamkeiten den Hochländern anzulasten.

Die verschiedenen Heerhaufen bildeten keine reguläre Armee und waren auch sehr unterschiedlich bewaffnet. Die keltischen Truppen aus dem Westen verzichteten auf Verteidigungs-Utensilien und verließen sich auf ihre Wurfspieße. Die sächsisch-dänischen Truppen aus dem Südosten Schottlands trugen Rüstungen und Piken. Den buntesten Anblick boten die Hochländer, die ihre Köpfe mit Vogelfedern geschmückt hatten und ihre weichen Wollmäntel gegürtet trugen, um ein Schwert daranhängen zu können und noch die Hände frei zu haben. Denn nicht wenige von ihnen kämpften noch mit der beidhändig zu schwingenden Axt. Auch die Häupter der Clans waren nicht viel anders gekleidet, nur der Federbusch auf dem Kopf war höher, die Federn länger und kostbarer.

Da Wilhelm der Eroberer im Bewußtsein seiner Überlegenheit keine Festungen gebaut hatte, begegneten die Truppen König Davids zunächst so gut wie keinem Widerstand und drangen bis an den Humber vor. Angesichts der verübten Grausamkeiten aber hatte der Bischof von York, ein Frankonormanne namens Toustain, keine große Mühe, eine Armee aufzustellen, in der die Bewohner der Gegend mehr ihr eigenes Leben und ihren Besitz verteidigten als die Interessen des fernen Königs Stephan von Blois. Ja in einem Bericht aus der Zeit, *De Bello Standardi* überschrieben, ist nach dem Beispiel antiker Autoren sogar eine aufmunternde Rede enthalten, die Toustain seiner Armee hielt und in der er zwar zugab, die schottischen Spieße seien lang – ihr Holz jedoch sei morsch und die Eisenteile schlecht gefertigt.

Nach dieser Rede wurden die Standarten der northumbrischen Heiligen aus den Kirchen geholt, also jener Männer, denen die Normannen bei ihren zwei Überfällen auf das Land zwischen dem Humber und dem Hadrianswall so wenig Verehrung erwiesen hatten. Ein weithin sichtbarer, rollender Turm aus Holz wurde gebaut, und die Standarten wurden daran befestigt, so, als ginge es in einen Krieg gegen die Heiden. Daher hat die Schlacht, deren genauer Ort nicht mehr ermittelt werden konnte, in der Geschichte die Bezeichnung *bataille des étendards* (normannisch) oder englisch mit der Einzahl *Battle of the Standard*. Der wahrscheinlichste Schlachtort ist Northallerton, ein Wegekreuz südlich von Darlington und Middlesborough im sogenannten North-Riding-Distrikt von Yorkshire. Nachdem man lange das Jahr 1137 angenommen hatte, neigt die Forschung heute mehr zu 1138, nur der in den alten Quellen genau geschilderte Schlachtverlauf ist unbestritten: König David führte das Zentrum zuerst in den Kampf, seine ungeduldigen Hochländer, die mit dem Ruf *Alban! Alban!*, der damaligen Bezeichnung für Schottland, ungestüm vorbrachen. Sie drangen tief in die Reihen der Normannen, konnten jedoch bis zum Standartenturm nicht vorstoßen und liefen sich auch beim zweiten Ansturm mit ihren Spießen an den Kettenpanzern und Schilden der besser ausgerüsteten Kämpfer aus dem Süden fest. Der offensichtlich kriegserfahrene Bischof ließ sächsische Bogenschützen an den Flanken aufmarschieren, und die gut gezielten Pfeile trafen die ungeschützten Hochländer und forderten viele Opfer. Die an den Flügeln kämpfenden Flüchtlinge sahen nun, daß es doch nicht so leicht sei, England zu erobern, und machten sich aus dem Staube, so daß David mit seinen dezimierten Hochländern einen Rückzug über den Tyne antreten mußte.

Die Armee des Bischofs freilich lief ebenso schnell auseinander, wie sie zusammengekommen war, und hatte offensichtlich kein Interesse, die Schotten über den Tyne hinaus zu verfolgen. König David und sein Land blieben also auch nach dieser Niederlage im Besitz von Cumberland im Westen, und Northumberland im Osten, auch Westmoreland blieb vorerst schottisch.

Dieser Landgewinn ging zwar späteren Herrschern wieder verloren, er war aber im Mittelalter für Schottland von außerordentlicher Bedeutung. Das gesamte europäische Rittertum war auf Land aus, und es ging dabei nicht um eine Hufe, in deren Besitz man zufrieden wie Walter von der Vogelweide singen konnte 'Ich han min Lehen'. Die Herren, die mit Wilhelm über den Kanal gekommen waren, hatten England untereinander verteilt, aber schon die nächste Generation stellte abermals Ansprüche, und wer sie befriedigen konnte, der hatte dann auch den Ritter. Sie kamen zu König David nicht nur aus England, sondern auch aus Flandern und aus der Bretagne, und wenn die bretonischen Barone sich auch mit der rauhen Landesnatur verhältnismäßig leicht abfanden, die Herren aus Flandern fühlten sich natürlich in Schottlands Flachländern und Tälern wohler als auf den Highlands. David aber hatte erlebt, wie ein Hof sein konnte, wie ein Regime sich auf einen kultivierten Adel stützen und doch dem Land selbst verpflichtet bleiben konnte, und er vollbrachte das Kunststück, neben die knorrigen Clanshäupter die feinen Herren aus dem Süden und vom Kontinent zu stellen und ihnen zu zeigen, es sei Platz genug für alle.

Schon vor der Standartenschlacht hatte König David die ersten schottischen Münzen geprägt, 1200 Jahre nach den Münzen unserer Alpenkelten! Die Münzen, *sterling pennies* genannt, übten auf den Handel eine belebende Wirkung aus, und die Barone brachten mit ihren Ansprüchen zusätzliche Belebung, so daß sich bald neben und zwischen den ersten Kleinresidenzen und alten Straßenknotenpunkten Städte im eigentlichen Sinn entwickelten. Sie hießen in Schottland *burghs* und im übrigen Britannien *boroughs*, vom gleichen altenglischen Wort *burh* abgeleitet. Vor der

Stadtentstehung wurden bereits alte Befestigungsanlagen so genannt, aber auch befestigte Bauernhöfe oder kirchliche Anwesen. David hatte diese Burghs in England kennengelernt, wo sie auf Römergrund und nach den Anlagen ehemaliger Römerstädte entstanden. In der schottischen Abwandlung fehlten oft die von Tor zu Tor durchlaufenden, einander in der Mitte kreuzenden Straßen, dafür führte im Innern eine Straße parallel zu den Wällen hin. Es gibt zwar von König David kein Domesday-Book, aber es war ihm zweifellos bekannt, weil die Sammlung der Angaben über Siedlungen und Grundbesitz ja im ganzen Herrschaftsbereich Wilhelms Aufsehen genug erregt hatte. Im Domesday-Book sind bereits, allerdings ohne Schottland, 110 Burghs beschrieben, das war ein halbes Jahrhundert vor König David I. Die größte Siedlung nach London war York mit annähernd 10 000 Einwohnern auf 1800 Parzellen, eine Stadt, der Schottland freilich noch nichts Vergleichbares entgegenzustellen hatte. David versuchte zwar, Saint Andrews in eine mit Canterbury gleichwertige Position zu bringen, was dem Wachstum der Stadt gewiß sehr förderlich gewesen wäre, aber die Kirchenorganisation war stets zäh und langsam in allen ihren Entwicklungen: Saint Andrews ist seit 1140, also seit den Zeiten König Davids, *royal burgh*. Am Ende von Davids Regierungszeit begann der Bau der Kathedrale, am Ende des Jahrhunderts die Erbauung der wehrhaften Königsburg, die wir heute vor uns sehen, und doch hat die berühmte, an Geschichte so reiche Stadt noch kaum 12 000 Einwohner, soviel wie York vor 800 Jahren. Das sind Zahlen, die entscheidende Unterschiede zwischen England und Schottland deutlich machen.

Nächst den Rittern waren die Mönche Davids wichtigste Helfer bei der Erneuerung, ja beinahe möchte man sagen: bei der Neubegründung des schottischen Königreichs. Wir können diesen von Vater und Mutter her urbritischen Monarchen nur bewundern, wenn wir uns klar machen, wieviele wichtigste Zentren des späteren schottischen Geisteslebens auf ihn zurückgehen: Neben der heute so berühmten Universitätsstadt Saint Andrews noch die Klöster von Kelso, Melrose, Tiron, Holyrood und viele andere. Kelso am Tweed, also im südöstlichen Schottland, ist ein Beispiel für die Ansiedlung französischer Mönche und begründete die besondere Beziehung zwischen Frankreich und Schottland, die sich bis zum Ende der Stuart-Ära noch vielfach historisch auswirken sollte. Die meist adeligen Mönche aus der Pikardie sollten zuerst in Selkirk leben, doch erwies sich dieser Platz nach 15 Jahren als nicht sonderlich geeignet, und König David stimmte der Verlegung des Klosters an den Zusammenfluß von Teviot und Tweed zu − in Friedenszeiten eine Lage mit außerordentlichen Möglichkeiten, in den vielen schottisch-englischen Kriegen freilich schicksalhaft exponiert.

Auf der Halbinsel zwischen den Flüssen entstand eine Festung der Grafen von Roxburghe, von der heute kaum noch etwas zu sehen ist, und auch die berühmte alte Abtei wurde bei mindestens zwei englischen Vorstößen so gründlich zerstört, daß selbst der Grundriß der Anlage aus dem zwölften Jahrhundert weitgehend unklar geblieben ist − ebenso freilich, was sich Armeeführer wie der Earl of Hertford (ein Schwager Heinrichs VIII.) von so barbarischen, aber militärisch nutzlosen Aktionen versprachen.

Für König David I. war Kelso noch ein Kleinod in einem starken und blühenden Schottland, eine von vier im 'Court of four Burghs' zusammengefaßten Hauptstädten. David residierte nicht nur oft in Kelso, sondern hatte hier auch ein hohes Gericht eingesetzt und − bemerkenswert für das zwölfte Jahrhundert − eine hohe Schule, deren Namen *Grammar Scool* freilich kennzeichnet, welch grundlegende Bildungsaufgaben sie noch zu erfüllen hatte. Kelso hatte damals also in etwa noch den gleichen Rang wie Edinburgh, Stirling und Berwick, wozu allerdings nicht nur die Abtei beitrug, sondern auch die verkehrs- und handelsgünstige Lage an einem Tweedübergang und an zwei wichtigen Wasserwegen. Die Wasserkraft trieb auch zahlreiche Mühlen rund um Kelso, und die Münzstätte inmitten eines reichen landwirtschaftlichen Gebietes sorgte mit den regelmäßigen Märkten für Wohlstand in dem heute so kleinen Ort.

Noch kleiner ist heute eine andere Gründung König Davids, nämlich Melrose, ebenfalls am Tweed gelegen, nur an seinem rechten Ufer, und mit seinen 2000 Einwohnern beinahe berühmter als Kelso, denn Walter Scott hat den uralten Klosterort als Kennaqhair in seinen Romanen *The Abbott* und *The Monastery* zu einem der in Großbritannien immer noch beliebten Ziele für Literaturpilger gemacht. Auch ist die Lage von Melrose zwischen den Eildon-Hills und dem Fluß von großer, dabei aber idyllischer Schönheit. Ähnlich wie Kelso, das sich schließlich auf beide Tweed-Ufer ausdehnte, gibt es auch bei Melrose noch Mönchsgärten am anderen Flußufer.

Davids Klostergründung von 1136 machte nicht nur die Zisterzienser in Schottland heimisch, es war auch ein Akt der Wiedergutmachung, denn es war Kenneth MacAlpine gewesen, der in einem der zahllosen schottisch-sächsischen Scharmützel die erste Melrose-Abtei aus dem siebenten Jahrhundert niedergebrannt hatte. Dieses Old Melrose, eine Gründung der Mönche von Lindisfarne, lag etwa vier Kilometer östlich der Zisterzienserabtei und war als eines der Cuthbert-Klöster durch Jahrhunderte Ziel von Wallfahrten. Heute sind an ihre Stelle Touristenströme getreten, die das liebliche Tal und die verschiedenen Erinnerungsstätten aus der Kirchen- und Literaturgeschichte Schottlands zum Ziel haben, wohnte doch Walter Scott in den letzten Jahren seines Lebens im malerischen Abbotsfordhouse westlich von Melrose.

Auch Melrose war, nach Jahrzehnten oder gar Jahrhunderten als Wüstenei, 1136 von französischen Mönchen wiederaufgebaut worden, die in Yorkshire nicht so glücklich gewesen waren. Aber auch hier, an der alten Handels- und Heerstraße von Carlisle nach Edinburgh, hatte die Furie des Krieges immer wieder gegen die Klostermauern gewütet und nach zwei englischen Königen (Edward II. und Richard II.) hatte der uns schon bekannte Earl of Hertford die wiederaufgebaute Abtei 1545 zur Ruinenstätte gemacht, deren erhaltene Teile jedoch auch heute ihre Wirkung nicht verfehlen.

Welche Rolle Kloster und Kirche von Melrose in der schottischen Geschichte gespielt haben, geht aus den Bestattungen hervor, derer man sich noch erinnert (es mögen sehr viel mehr gewesen sein). Neben dem Herzen von Robert Bruce, das in den Altar eingemauert ist, sind es vor allem bedeutende Streiter aus der Familie Douglas, die hier die ewige Ruhe fanden. Das für uns interessanteste Grab ist jedoch das von Michael Scot, genannt *The Wizard of the North* (Der Magus des Nordens), womit der schottische Hof-Astrologe Friedrichs II., des Staufers, ein Polyhistor von der seltsamsten Art, gemeint ist. Er lebte etwa von 1175 bis 1234, wobei sich um Tod und Todesjahr italienische und britische Legenden schlingen, und war unbestreitbar ein Übersetzer aus dem Arabischen und aus den Alten Sprachen von hohen Graden. Er hatte in Paris, Oxford und dem damals arabischen Toledo studiert und Bücher über Astrologie, Naturgeschichte, Alchemie und Magie verfaßt, die bis ins 17. Jahrhundert herauf immer wieder aufgelegt wurden. Daß sich auch Walter Scott mit ihm beschäftigte, der sich seit seiner ersten Sammlung von Liedern und Balladen mit dem Grenzland am Tweed besonders eng verbunden fühlte, konnte nicht ausbleiben. Obwohl Scot eine singuläre Erscheinung ist, beweist seine Reise durch die europäischen Bildungsstätten und seine Tätigkeit am Kaiserhof des Staufers doch, daß dieses neue Schottland seit David I. nun eine breitere europäische Anbindung hatte, ohne die Umwege über London oder die Normandie.

König David I. erreichte mit etwa 75 Jahren ein für jene Zeiten hohes Alter und mußte es noch erleben, daß sein Kronprinz Heinrich vor ihm starb. Die Nachfolge ging also an die Enkel, zuerst an Malcolm IV., der nach drei Prinzessin-

Vor dem „ältesten bewohnten Herrenhaus Schottlands", dem Traquair House in den Borders, offeriert der Hausherr, Maxwell Stuart,
schottisches Bier.
Foto: Britische Zentrale für Fremdenverkehr

Heinrich Stuart,
Lord Darnley
(1541 - 1567),
(2. Gemahl von
Maria Stuart)

James H.
Bothwell
(1536 - 1578)

Maria Stuart, Königin der Schotten (1542 - 1587)

Die Hochlandtänze haben auch im heutigen Kulturleben ihren festen Platz und werden nicht nur — wie hier — bei Wettbewerben getanzt. Die unvergleichlichen Wollstoffe begleiten ihre Träger nicht selten ein Leben lang.
Foto: Ed Paterson

nen 1142 geboren worden war, und nach Malcolms Tod im Jahr 1165 an Wilhelm I., der von 1165 bis 1214 herrschte und beinahe das Alter seines tatkräftigen Großvaters erreichte. Die beiden hatten über ihre Mutter Ada von Varennes normannisches Blut. Malcolm, der ältere Bruder, war ledig geblieben, das heißt, eine legitime Gefährtin von ihm ist nicht bekannt. Wilhelm I., ein schottischer König mit einem englischen Königsnamen, wählte ein Mädchen aus der damals strahlend aufgestiegenen Günstlingssippe der Grafen von Beaumont, die dem Königshaus der Plantagenet nahestanden. Irmgard von Beaumont mag sich im schottischen Norden nicht sonderlich wohl gefühlt haben; sicher ist, daß in dieser Ära, als England wieder stark auf den Kontinent drängte und mit der klugen Aliënor von Aquitanien eine südfranzösische Fürstin von starker Herrschaftsbegabung neben Heinrich II. stand, das schottische Königshaus eine durchaus selbstbewußte Politik riskierte. Wilhelm war zwar am Hof Heinrichs II. Plantagenet wohlgelitten gewesen, hatte sich aber bald mit dem unberechenbaren und launischen König überworfen und im Jahr 1168 den ersten Bündnisvertrag zwischen Schottland und Frankreich abgeschlossen, offenbar, weil ihm Heinrich den Besitz von Northumberland verweigert hatte. Dieses kostbare schottische Vorland holte sich Wilhelm, genannt 'der Löwe', 1173 als er im Verein mit den Söhnen Heinrichs gegen die Königsmacht und England antrat. Bald darauf hatte er freilich das Pech, bei einem Feldzug Gefangener der Engländer zu werden, und der Vertrag von Falaise, der Heimatstadt Wilhelms des Eroberers mitten in der Normandie, stellte Schottland und dessen Kirche unter englische Oberhoheit.

Das war nun genau das Gegenteil dessen, was Wilhelm bezweckt hatte, aber er hatte eine lange Regierungszeit, er konnte warten, und während einer englischen Finanzkrise gelang es ihm, für ganze 10 000 Mark Silber Schottland freizukaufen (Vertrag von Canterbury 1189). Bei diesen nun im ganzen eher freundschaftlichen Verhandlungen mag es geholfen haben, daß Wilhelm seit 1186 mit Irmgar (oder Ermengarde) von Beaumont verheiratet war, einer Nichte Heinrichs II. Auch Wilhelms Töchter Margaret und Isabella heirateten englische Adelige, ganz zu schweigen von den weniger bekannten schottisch-englischen Verbindungen, die Wilhelms uneheliche Kinder knüpften.

Es ist merkwürdig zu sehen, daß auch unter den Königen der Folgezeit und bis zum Ende der Dynastie trotz an sich glücklicher Umstände für Schottland und eher bedrängter Verhältnisse in England eine echte *Entente cordiale* nicht zustandekam oder doch stets nur wenige Jahre währte. Obwohl Heinrich II. Plantagenet und sein jüngster Sohn Johann Ohneland diesseits und jenseits des Ärmelkanals weiß Gott genug zu tun hatten, hielten sie die Fiktion einer britischen Oberhoheit über Schottland aufrecht, und auch ihre Nachfolger sahen in Schottland ein wie selbstverständlich in Botmäßigkeit zu haltendes Vorland, trotz aller familiären Bindungen, die sich inzwischen eingestellt hatten, und trotz einer grenzübergreifenden Verschwisterung auch der mächtigen Familien rund um die beiden Throne.

Im Rückblick auf die Herrschaftszeit Alexanders II. und Alexanders III. bezeichnen die Schotten bis heute diese frühen Jahrhunderte ihres Königsreichs als eine Goldene Epoche, obwohl an dieser Prosperität und dem glückhaften Erwachen einer gewissen kulturellen Aktivität nur der Südosten und der Südwesten des großen Schottland teilhatten. Alexander II. regierte von 1214 bis 1249 und war in erster Ehe mit Heinrichs III. älterer Schwester Johanna (Sister Joan) verheiratet, die ihm jedoch keine Kinder gebar. Nach ihrem Tod verehelichte Alexander sich mit der normannischen Comtesse de Coucy, die ihm bald nach der Hochzeit einen Sohn schenkte.

Schon unter Alexander II. hatte sich eine gewisse Unruhe innerhalb Schottlands gezeigt. Gebiete, die von dem Zentrum am Tweed entfernt lagen, meldeten ihre Ansprüche an, aber auch ein gewisses Unabhängigkeitsstreben erstarke, je mehr Fremdes aus dem Süden einströmte. Alexander mußte im Nordosten, in Caithness, und im äußersten Westen, in Galloway, Erhebungen niederwerfen und starb auf einem Feldzug gegen Argyll am 8. Juli 1249.

Prinz Alexander war zu diesem Zeitpunkt acht Jahre alt. Heinrich III. von England tat, was in solchen Fällen alle Monarchen der Geschichte als durchaus natürlich empfanden: Er nützte die Jugend des königlichen Nachbarn aus, umgab ihn mit anglo-normannischen Ratgebern und gab ihm zu Weihnachten 1251 in einer Kinderehe seine Tochter Margarete zur Frau. In solchen Fällen − wir wissen es aus dem Leben Kaiser Friedrichs II. − kam sehr viel auf den jeweiligen Papst an, und die schottische Partei erreichte es tatsächlich, daß Innozenz IV. die aus England gekommenen Räte des jungen Königs exkommunizierte (!). Treibende Kraft dieser geglückten Aktion war der Bischof von Saint Andrews, ein Herr mit dem seither sehr bekannt gewordenen französischen Namen Gamelin und neben seinen geistlichen Würden seit 1250 Lordkanzler von Schottland (Der selbstherrliche Mann, dem alle Beziehungen zu England ein Dorn im Auge waren, geriet in den Folgejahren auch mit seinem eigenen König in wiederholte Zwiste, mußte nach Rom fliehen, wurde aber nach seinem Tod im April 1271 in St. Andrews Cathedral beigesetzt).

Immerhin bewirkte der Anstoß der schottischen Partei, daß Alexander III. gegenüber König Edward I. nur den Lehnseid für jene englischen Grafschaften leistete, die damals zu Schottland gehörten, und daß er sich lebenslang bemühte, die unter norwegischer Hoheit stehenden schottischen Inseln zurückzuerlangen. Haakon IV. von Norwegen starb während dieser zum Teil mit Waffengewalt geführten Auseinandersetzungen, und sein Sohn Magnus verkaufte Alexander die Insel Man, die in der Irischen See vor dem Solway Firth liegt, und die Hebriden gegen eine höhere Anzahlung und eine Jahresrente (Vertrag von Perth 1266; die Orkneys und die Shetlands kamen erst etwa zweihundert Jahre später an Schottland).

Alexanders III. erste Frau starb 1275; alle Kinder, die sie von dem König gehabt hatte, waren früh gestorben. In berechtigter Sorge um die Thronfolge heiratete Alexander 1285 noch einmal, und zwar Jolante oder Yolanda, Tochter Roberts IV., Grafen von Dreux. Bei diesem Geschlecht handelte es sich um eine in direkter Linie von dem Karolinger Ludwig dem Dicken abstammende bedeutende Familie, die in den Kreuzzügen, aber auch in den Kämpfen gegen Johann Ohneland eine große Rolle gespielt hatte. Yolanda muß noch sehr jung gewesen sein, als sie im Oktober 1285 mit Alexander III. vermählt wurde. Es war in der Nacht vom 18. auf den 19. März, daß Alexander zu Yolanda ritt, die ihn in der königlichen Burg Kinghorn am Strand von Fife erwartete. Sein Pferd soll plötzlich gescheut und Alexander über die Klippen hinunter in die schäumenden Seen geworfen haben (woran ein Denkmal auf Kap Pettycur heute noch erinnert).

Mit diesem romantischen Tod, mit der Ballade vom letzten Ritt des letzten Königs aus der Dynastie des Kenneth Mac-Alpine, geht die Reihe der ersten schottischen Könige zu Ende, nach beinahe fünfhundert Jahren, in denen dieses kampftüchtige und energische Geschlecht unter schwierigsten inneren und äußeren Bedingungen ein Reich geschaffen hat; die Schotten jedenfalls sollten bald Gelegenheit erhalten, sich nach den Zeiten dieser Herrscher zurückzusehnen. Als Alexander III. starb, war sein jüngerer Sohn fünf, sein älterer drei Jahre tot, sogar seine Tochter hatte nur noch kurz zu leben, einzig sein Schwiegersohn, König Erik III. von Norwegen (gest. 1299) hatte eine kleine Chance, in den nun ausbrechenden Thronstreit einzugreifen. Da es keine Söhne und keinen Königsbruder gab, meldeten sich die Vettern, zumeist Herren mit französischen Namen aus der Verwandtschaft der normannischen Gemahlinnen. Insgesamt waren es neun Prätendenten (nach anderen Quellen gar 13), die als wohlerzogene Höflinge nicht, wie in alten schottischen Zeiten, mit den Streitäxten aufeinander losgingen, sondern König Edward I. von England um eine Entscheidung baten. Edward konsultierte die Genealogen und entschied sich für Jean Bailleul, von den Schotten Balliol geschrieben, einen direkten Urenkel von David, Earl of Huntington, der wiederum ein Enkel des großen Königs David I. war. Und natürlich nahm Edward an, daß Balliol ihm aus Dankbarkeit nun Schottland zu Füßen legen werde. Edward hatte es sich nicht leicht gemacht, er hatte einen Gerichtshof mit 104 Mitgliedern die Ansprüche der verschiedenen Bewerber diskutieren lassen, und als am 17. November 1292, sechs Jahre nach dem Tod Alexanders III. und zwei Jahre nach dem Tod der *Maid of Norway*, endlich die Entscheidung verkündet wurde, schloß Edward daran die Erklärung, daß schon seine Rolle als Schiedsrichter seine Suprematie über Schottland klar mache: John Balliol müsse ihm als Unterpfand die Festungen Berwick, Edinburgh und Roxburghe überlassen.

Balliol hätte vielleicht nachgegeben, aber es gab ja stets eine schottisch-patriotische Opposition. Diese hob nun das Haupt, und Balliol erkannte, daß er nur König bleiben könne, wenn er Edward den Zutritt zu Schottlands stärksten Festungen verweigere. Edward lud ihn zu einem Gespräch nach London, eine Einladung, der Balliol aus naheliegenden Gründen nicht folgte und statt dessen die Vasallentreue aufkündigte. Der Zornesausbruch Edwards ist überliefert und in seinem Wortlaut ein hübsches Dokument frühbritischer und spätnormannischer Ausdrucksweise: „Ah, le fol felon telle folie fait!" rief Edward, „S'il ne veint à nous, nous veindrons à ly." (Ach, der verrückte Gauner, was er für einen Irrsinn anstellt. Wenn er nicht zu uns kommt, werden eben wir ihn aufsuchen.)

Nun gab es, außer den genannten festen Plätzen, in ganz Schottland keine Burgen im späteren Sinn, auch nicht jene mit Wällen und Graben gesicherten Herrensitze, wie sie seit Wilhelm dem Eroberer in England entstanden waren. Was der schottische Adel sich leisten konnte, das waren Vierkant-Türme, niedrig und meist an irgendeinem Wasserlauf gelegen oder mit einem Graben umgeben. Edwards Truppen hatten wenig Mühe, in Schottland vorzudringen, sie eroberten Stadt um Stadt und transportierten sogar den schottischen Krönungsstein aus der Kirche von Scone ab, jenen (Reise-)Altar eines keltischen Missionars, den Kenneth I. zur Erinnerung an seinen entscheidenden Sieg über die Pikten nach Scone gebracht und dort als Krönungsstein dem Volk gezeigt hatte. (Welchen Wert die Schotten bis heute diesem heiligen Stein beimessen, geht daraus hervor, daß er 1950/51 aus Westminster Abbey geraubt wurde und ein halbes Jahr lang verschwunden blieb.)

John Balliol machte in diesem Krieg keine heldenhafte Figur, wurde im Tower zu London gefangengesetzt und erst 1299 auf Intervention des Papstes freigelassen. Er kehrte auf die französischen Besitzungen der dort Bailleul heißenden Familie zurück und starb 1314 in Bailleul, einem Dorf im heutigen Kanton Trun (Orne). Damit ging eine andere große Familie, in diesem Fall allerdings mit einem eher unwürdigen Letzten, zu Ende, denn der erste Balliol war mit Wilhelm dem Eroberer über den Kanal gegangen und hatte für seine tatkräftige Hilfe in den ersten Kämpfen weite Ländereien in der Grafschaft Durham erhalten, also im Norden Englands, nahe den schottischen Grenzen. Bernard de Balliol, der Sohn dieses ersten Ritters, war ein genialer Festungsbauer gewesen und hatte Barnard Castle, dessen Ruinen noch zu sehen sind, auf einer Klippe über dem Tees-Fluß erbaut. Jean de Balliol schließlich gründete die Universität Oxford, er war der Vater des unglücklichen Königs, den zuletzt seine eigenen Untertanen verspotteten.

Da dieses intellektuelle Erbe in der Beurteilung der Persönlichkeit dieses Königs wenig berücksichtigt wurde, gestatten wir uns hier einen kleinen Exkurs über Oxford. Diese berühmteste britische Universität geht zwar nicht auf Alfred den Großen zurück, wie man jahrhundertelang selbst durch Fälschungen und nachträgliche Interpolationen zu beweisen versuchte, aber sie war im 13. Jahrhundert offensichtlich schon stark besucht und in voller Blüte, als das University College (1249), das Balliol-College (1263) und das Mertons (1264) begründet wurden. Die Studentenzahl wird bald mit 3000 (Denifle), bald mit 4400 (Huber) angegeben, so daß Balliol, der Königs-Vater, sich schon inmitten einer auch vom Kontinent her besuchten, gut funktionierenden Hochschule bewegte und betätigte.

Es lassen sich kaum größere Gegensätze denken, als sie zwischen der Aufgabe eines schottischen Königs und dem Aufwachsen in Oxford bestanden, zumal, da Devorguilla, die aus dem Haus der Lords of Galloway stammende Gemahlin John Balliol des Älteren, die Bildungsambitionen ihres Gatten teilte und mit ihm als Gründerin jenes Oxford-Colleges auftrat. Die Familie erfreute sich auch nach dem Tod des College-Gründers im Jahr 1268, ja sogar nach den unglücklichen Abenteuern des Königs und seinem ruhmlosen Ende im französischen Stammschloß, noch großer Geltung in England: Der Sohn des gescheiterten Königs wurde mit heimlicher englischer Unterstützung abermals nach Schottland entsandt, wurde unter dem Namen Edward ein niemals akzeptierter schottischer König (1332 gekrönt, 1333 vertrieben, zurückgekehrt und 1336 abermals vertrieben) und starb 1364 kinderlos, womit ein auf seltsame Weise zwischen sehr heterogenen Ambitionen schwankendes Geschlecht aus der Geschichte verschwand, wenn auch nur mit jenem Zweig, der an der Seite Wilhelms des Eroberers sein Glück zu finden hoffte. Steht man heute vor Bailleul, dem schönsten Renaissanceschloß der Normandie, hart nördlich des Mündungstrichters der Seine gelegen, so meint man, das Schicksal des verbannten John Balliol, King of the Scots, sei gar nicht so sehr zu bedauern. Nur lebte er eben nicht hier, sondern auf der ungleich bescheideneren Terre de Vimeu im heutigen Arrondissement Abbeville, also weiter nordöstlich.

Der in Frankreich verbliebene Zweig hatte mehr Glück: Nicolas de Bailleul entsagte dem Schwert, wurde Diplomat, Kanzler der Anna von Österreich und 1643 endlich Finanzminister, was zu allen Zeiten aus leicht verständlichen Zusammenhängen zu den schönsten Schloßbauten führte...

Indes steht auch der königliche Scholar, der aus dem traurigsten Winkel des nordwestlichen Frankreich nach England hinüberblickte, auf eine seltsame Weise zwischen den Fronten. Der Papst bewahrte ihn vor dem Ärgsten. Die zornigen Briten verziehen ihm insofern, als sie immerhin seinen Sohn wiederum zum König machten, und selbst die Schotten, die bis heute so manches gegen Oxford einzuwenden haben, traten *nolens volens* für ihn ein, indem sie nämlich in einem unterworfenen Land zur traditionellen Waffe der Schwächeren griffen und mit dem begannen, was man später Guerillakrieg nennen wird. Die Briten nannten die Kämpfer natürlich *outlaws*, Räuber, Bandenführer, und billigten ihnen den Status einer politischen Gegenkraft nicht zu; für Schottland und seine weitere Geschichte erlangten sie gleichwohl eine gewisse Bedeutung.

Der berühmteste dieser Outlaws ist bis heute Robin Hood, und obwohl er im Sherwood-Forest zwischen Nottingham und York sein Unwesen trieb, steht er in engsten Beziehungen zur schottischen Geschichte: Die berühmte Sammlung von Liedern, Balladen und anderen Materialien über Robert Hode oder Robin Hood macht aus ihm ja bekanntlich einen Sohn des Earl of Huntington, und diese Earls wiederum sind die Familie, aus der sich Schottlands großer König David I. seine Frau geholt hatte. Sherwood-Forest, den Richard Löwenherz so sehr liebte, war für die Könige aus dem normannischen Herrscherhaus nicht ungefährlich: Das riesige Waldgebiet, das sich über Tausende von Quadratkilometern erstreckte, war die Zuflucht aller Sachsen, die sich nicht unterwerfen wollten und denen das ferne und rauhe Schottland zu wenig verheißungsvoll erschienen war. Und als Edward I. (1272-1307) John Balliol gefangensetzte, Schottland aber blutig und wild zerstörend unterwarf, da verlor dieses Land überhaupt seine Attraktion als Flüchtlingsparadies, und die Outlaws, die versprengten Sachsen und die letzten Anhänger einer schottischen Unabhängigkeit, schlossen sich mit den *Borderers* zusammen, einem Volk, das noch keines geworden war, weil es eben schwer hält, in einer allzu ereignisreichen Grenzlandschaft echte und beständige Gemeinschaften zu bilden und ein gewisses Eigenleben zu entwickeln. *The Border*, das waren die beiden Ufer des Tweed, das war der breite Landstreifen zwischen dem nördlichen England und dem schottischen Kernraum, Landschaften, die noch heute vergleichsweise dünn besiedelt sind und die wir als den Northumberland-Nationalpark und die Tweedsmuir-Hills kennen. In diesem nur an den Flußufern einigermaßen zivilisierten Land hatte sich im Lauf der 800 Jahre seit dem Abzug der Römer ein wenig von allen Völkern, Rassen und Kulturen zusammengefunden, die Großbritannien im Lauf der Zeiten gesehen hatte. Hier waren Legionäre zurückgeblieben, die aus familiären Gründen oder Kriegsmüdigkeit dem Abzugsbefehl nicht folgen wollten; hier hatten Kelten aus Irland mit versprengten Dänen von der Ostküste Frieden geschlossen, und natürlich stellten geflüchtete Sachsen, davongelaufene Landarbeiter aus Northumberland, unwillige Mönche aus schottischen Klöstern und die schlichte Grundbevölkerung aus Bauern und Fischern und Flößern die Hauptkontingente. Man muß schon auf den nach dem Hunneneinbruch chaotisch zerschlagenen Balkan verweisen, will man ähnlich bunte Konglomerate antreffen, und genau in solch einem Schmelztiegel wuchsen die Männer auf, die sich entschlossen den alten und den neuen Herren widersetzten und die dabei doch die Sache Schottlands gegen England vertraten.

„Alle befleißigten sich des gleichen Metiers: sie waren Marodeure, sie lebten von Rindern und Schafen, die sie von den Weiden der großen Ebenen weggetrieben hatten, und sie vollführten ihre Raub-Ritte mit sehr zweckdienlicher Bewaffnung, die aus einer langen Lanze bestand. Ihre Panzer waren weich und aus dicker Wolle, damit sie sich gut bewegen könnten, das schützende Blech war in Plättchen aufgenäht. Als Räuber waren sie ohne Mitleid, handelten aber auch ohne jene Grausamkeiten, zu denen sich die Soldaten damals immer wieder Zeit nahmen; sie gingen professionell vor und hatten auf ihrem Niveau ihren Ehrenkodex." (Augustin Thierry)

In so manchem alten Wappen später berühmter Familien wird auf diese Phase ihrer Existenz angespielt: Das Wappenfeld zeigt dunkelblauen Himmel mit Mond oder Sternen als einen Hinweis darauf, daß die Ahnherren ihrem Gewerbe in nächtlicher Dunkelheit nachgingen. Und die Wappensprüche sind nicht minder aufschlußreich. Sie lauten (übersetzt) 'Sieh dich vor' oder 'Schlaf nicht, denn ich wache!' oder aber: 'Vor meinem Fehlschlag kommt der deine'. Es gab adelige Räubergemeinschaften, wie wir sie aus der Mark Brandenburg kennen; im Mittelpunkt stand das befestigte Haus des Herrn, rundum wohnten seine Kumpane, und man lebte höchst vertraut miteinander, ohne Allüren oder Dünkel. Die Sprache hatte sich inzwischen zu einer Art Gemeinschaftsdialekt mit dänischen, sächsischen und franconormannischen Brocken entwickelt, in dem es auch an gälischen Elementen nicht fehlte. Und obwohl es in der Praxis eine *lingua franca* war, die in Südschottland so allgemein gesprochen wurde wie im nördlichen England, läßt sie sich mit der alten Volkssprache, dem Gälischen, doch nicht vergleichen. Auch dies beweist, daß das schottische Hochland und die nördlichen Küsten ihr eigenes Leben lebten, unhistorisch beinahe und fern von allen uns bekannten und nun immer deutlicher ins Licht der Geschichte tretenden Entwicklungen im eigentlichen Königreich Schottland.

Wichtiger als Robin Hood wurden für Schottland zwei jener Outlaws, die, von keineswegs niedriger Herkunft, sich einer gewissen Anhängerschaft erfreuten und ihren Kampf darum jahrelang durchhielten, der eine bis zum Tod, der andere bis zum Sieg. Jener, den die Engländer fingen, in London hingen und ihm dann den Kopf abschlugen, um diesen auf dem Tower zur Schau zu stellen, war William Walleys, wie man ihn damals nannte, Sir William Wallace (1270-1305) wie er in den offiziellen Nachschlagewerken geführt wird. Seine Herkunft aus dem angesehenen Haus der Wallace of Elderslie and Auchinbothie ist zwar nicht geradezu legendär, aber es gibt über seine jungen Jahre nur eine einzige und folglich unkontrollierbare Quelle. Hingegen muß er von Adel gewesen sein, weil er als Student in Dundee einen jungen Engländer im Streit erschlug und fortan als Outlaw galt. Das reicht freilich nicht hin, seinen sieben Jahre währenden Untergrundkampf gegen die Engländer zu erklären; er muß schon auch ein schottischer Patriot gewesen sein und zumindest zeitweise ein Parteigänger von König John Balliol (der selbst freilich nicht so herzhaft kämpfte). Das geht auch daraus hervor, daß sich ihm, anders als im Fall von Robin Hood, sehr ehrenwerte Männer anschlossen, wenn auch die Basis stets aus anderen Outlaws gebildet wurde: Sir Andrew Moray, Sir John de Graham, Douglas the Hardy (der Kühne) und sogar Bischof Wishart von Glasgow.

Dieser den Engländern nicht geheure Westen Schottlands bildete den Rückhalt der kleinen, aber entschlossenen Truppe, und sie hatte insofern Erfolg, als sie britische Übergriffe stets blitzschnell zu vergelten vermochte. Nach Willkürurteilen des englischen Richters Ormsby in Scone folgte ein Überfall von Walleys, bei dem der Richter selbst zwar mit knapper Not entrann, seine Helfer und Schergen aber dranglauben mußten. Und als Walleys' Onkel Sir Ronald Crawford durch Verrat in die Hände der Engländer fiel, revanchierte sich Walleys, indem er eine Truppenunterkunft der Engländer niederbrannte.

Eine starke englische Armee erreichte eine Art Urfehde-Zusicherung, die Walleys am 9. Juli 1297 unterzeichnete, weil ihn alle seine Getreuen bis auf Sir Andrew Moray verlassen und sich den Engländern unterworfen hatten. Walleys selbst ging nach Norden, sammelte neuen Anhang um sich und kehrte zurück nach Dundee, wo er die Zitadelle belagerte, die sich in den Händen der Engländer befand. Auf die Kunde vom Herannahen einer Entsatzarmee überließ er die Belagerung den Bürgern von Dundee und legte sich an der Firthbrücke von Stirling in einen Hinterhalt. Am 11. September 1297 begann der Earl of Surrey, seine Truppen über die lange Brücke zu führen, und als etwa die eine Hälfte der Armee auf dem Nordufer angelangt war, fiel Walleys mit den Seinen über sie her. Der Kampf wurde mit unsäglicher Wildheit geführt, man hatte inzwischen auf beiden Seiten Grund, einander zu hassen, und die Engländer auf dem Südufer flohen, als sie das Desaster jenseits der Brücke sahen.

Die Verwirrung zwischen vorwärtsdrängenden Verstärkungen und entsetzt Fliehenden machte die Brücke vollends unpassierbar. Um den wütenden Schotten zu entrinnen, sprang so mancher in den Firth, andere wurden von Walleys' Kämpfern ins Wasser abgedrängt oder erschlagen. Unter den Toten war ein in Schottland besonders verhaßter Mann, der englische Schatzmeister. Die wichtige Brücke bei Stirling wurde von den Engländern in Brand gesteckt, um die Schotten an einer Verfolgung zu hindern. Walleys freilich, der durch den Schlachtentod seines tapferen Freundes Sir Andrew Moray besonders erbittert war, setzte in Booten über den Meeresarm und verfolgte die Engländer bis ans Meer bei Berwick-upon-Tweed, das heißt, sie wurden aus Schottland vertrieben.

Der Sieg von Stirling, einer der vollständigsten, den die Schotten jemals errungen haben, hob Walleys endgültig aus der umstrittenen Position des erfolgreichen Guerillakämpfers heraus und machte ihn in den Augen seiner Landsleute zum Nationalhelden und Retter Schottlands. Als er aus England zurückkehrte — er hatte die fliehenden Truppen des Gegners bis Newcastle-on-Tyne verfolgt — wurde er zum Reichsverweser erhoben, das heißt, zum Regenten für den noch zu suchenden König. Damit hatte er nun zwar den ganzen Adel gegen sich, aber das Volk für sich und konnte mit ausgreifenden Maßnahmen zur Reorganisierung seiner Armee und der Abwehrkraft des Landes beginnen. Denn es war klar, daß Englands König Edward, der zur Zeit jener Niederlage in Flandern weilte, mit frischen Truppen wiederkehren würde.

Das war schon zehn Monate nach Stirling der Fall, konnte man doch in Schottland nur im Hochsommer aussichtsreich Krieg führen. Edward kam im Juli 1298 mit einer so gewaltigen Armee, daß er ernsthafte Schwierigkeiten mit ihrer Versorgung hatte. Er wollte schon den Rückzugsbefehl geben, als ihm Späher (oder Überläufer) den Standort von Walleys verrieten, so daß Edward ihn zur Annahme der Schlacht zwingen konnte. Sie wurde am 22. Juli geschlagen, unweit Falkirk, zu jener Zeit der wichtigste Viehmarkt von Schottland. Dort, wo die Herden aus dem Hochland herabgetrieben werden, um in den Städten Glasgow oder Edinburgh Käufer zu finden, trafen Schotten und Engländer in einer wahren Hungerschlacht aufeinander, an der Stelle, wo Schottland zwischen zwei tiefen Fjordeinschnitten nur etwa 40 Kilometer breit ist. Trotz hartnäckiger Gegenwehr erlagen die Schotten der Übermacht, und Walleys verlor abermals einen guten Freund: Sir John de Graham. Blind Harry, der Dichter Henry the Minstrel, hat uns in den 12 000 Versen seines großen Gedichts über Walleys gerade diese Episode und den Schmerz des Volkshelden um seinen Freund ergreifend geschildert. (Das Werk eines John Blair, auf das der Dichter seine Darstellung gründet, muß verlorengegeben werden, doch hat Blind Harry, wie ihn das Volk nennt, bisher allen Nachprüfungen standgehalten.)

Walleys entrann den Verfolgern in ein Versteck, das er seit seiner Kindheit in Dunipace kannte; die schottischen Adeligen jedoch, die um ihren Besitz fürchteten, unterwarfen sich dem Sieger. Walleys versuchte, in Frankreich Hilfe für das bedrängte Schottland zu erlangen. Als er erfolglos nach Schottland zurückkehrte, mußte er feststellen, daß der Adel keinen Versuch gemacht hatte, ihn in den Friedensvertrag einzubeziehen: Walleys war vogelfrei, auf seinen Kopf war ein hoher Preis gesetzt, und so währte es auch nicht lange, bis er in Robroyston bei Glasgow verhaftet wurde (5.8.1305). In London vor Sir Peter Mallorie, dem obersten Richter des Königs, betonte Walleys, daß er England nicht verraten haben könne, da er niemals englischer Untertan gewesen sei. Natürlich wurde er trotzdem zum Tod verurteilt und am 23. August nach besonders grausamen Foltern hingerichtet...

Unter den Adeligen, die sich angesichts der britischen Übermacht 1298 unterworfen hatten, war auch einer jener Prätendenten, die gegen John Balliol angetreten und unterlegen waren, nämlich Robert Bruce (1274-1329), ältester Sohn des Lords of Anandale. Er hatte 1292 eine erheblich ältere Witwe geheiratet, was ihm den Titel eines Earl of Carrick einbrachte und die Unterstützung mächtiger Clans im schottischen Südwesten. Vor seiner Unterwerfung unter Edward hatte Robert an der Seite von Walleys gekämpft, und nach dessen grausamer Hinrichtung in London nutzte er die allgemeine Empörung in Schottland und trat mit seiner bis dahin geheimen Verschwörung gegen England nun an die Öffentlichkeit. Er ließ einen unversöhnlichen Feind namens Comyn ermorden (oder besorgte dies selbst), brachte nach und nach den ganzen zaudernden Adel auf seine Seite und wurde dank seiner hochreichenden Verbindungen am 27. März 1306 als Robert I. 'the Bruce' zum König von Schottland gekrönt. Die Zeremonien, die dabei beachtet wurden, entsprachen dem alten iro-schottischen, also keltischen Inthronisierungsbrauch, wie man ihn im schottischen Westen früher gepflegt hatte. Als Königsmacher figurierten die Macduffs, Earls of Fife.

Es zeigte sich, daß er, obwohl zunächst so vorsichtig, dann doch noch zu früh losgeschlagen hatte. Er unterlag in zwei Schlachten, seine Frau und seine Tochter gerieten in englische Gefangenschaft, einer seiner Brüder wurde hingerichtet. Das Ende dieser hoffnungslosen Lage kam, als der kriegerische Edward I. in England die Augen schloß und sein untüchtiger Sohn Edward II. ihm nachfolgte. Gemeinsam mit dem fähigsten seiner Brüder, mit Edward Bruce, nahm Robert den Kampf wieder auf, er im Osten, Edward im Westen Schottlands, und im März 1309 konnte er sein erstes Parlament nach Saint Andrews einberufen.

Vom schottischen Adel neuerlich anerkannt, setzte Robert I. seinen zähen Kampf fort. Festung um Festung mußte den Engländern entrissen werden, und 1313 waren Bothwell, Stirling und Berwick die letzten Bastionen des Feindes. Es war wieder Falkirk und wieder Sommer, als Edward II. einen verzweifelten Versuch machte, seine schottischen Positionen zu retten. Robert I. 'the Bruce' zog ihm entgegen und schlug die Engländer am 24.6.1314 in der seither von vielen Legenden umgebenen entscheidenden Schlacht von Bannockburn. Sie begann am 23. zwei Meilen südlich von Stirling, wo die etwa 2000 Mann starke englische Reiterei bei dem Versuch scheiterte, die nur 6000 Mann starke schottische Armee zu umzingeln. Im Morgengrauen des 24. griffen dann die Schotten die englischen Reiter in ihrem Nachtlager an und machten alles nieder, ehe die englischen Fußtruppen zuhilfe eilen konnten. Obwohl mehr als doppelt so stark wie Robert, ergriffen die englischen Fußtruppen nach diesem Verlust ihrer Reiterei die Flucht, auch König Edward II. entkam mit knapper Not.

Nun hatte Robert freie Bahn. Das Parlament von Ayr stimmte einhellig der Begründung eines neuen Königsgeschlechtes zu, ja sein Bruder Edward erhielt 1315 die Krone von Irland. Es war nach vielen Jahrzehnten, in denen der schottische Osten das Übergewicht gehabt hatte, eine Art Renaissance des keltischen Westens. Roberts Position war nun so stark, daß er alle Vermittlungsangebote des Papstes zurückweisen konnte. Als letzte britische Festung fiel Berwick, das wegen seiner Lage am Meer schwer zu belagern gewesen war. Angesichts unablässiger erfolgreicher Einfälle nach England mußte König Edward III. endlich in einen Dreizehnjahr-Frieden willigen und in dem bis heute berühmten Übereinkommen von York im Jahr 1327 Schottlands Unabhängigkeit und Freiheit in den Grenzen garantieren, wie sie unter König Alexander III. gegolten hatten. Um dies fest zu besiegeln, gab Edward seine Schwester Roberts I. Sohn David zur Frau. Schon ein Jahr später wurde David als zweiter seines Namens König: Robert nämlich überlebte die Krönung seines Werkes nur um ein Jahr und starb am 7. Juni 1329 an Lepra (!). Sein Herz wurde in Melrose Abbey beigesetzt, sein Leib in Dumfernline.

David II. wurde zwar ohne Diskussion als Nachfolger seines Vaters gekrönt, war an diesem Tag, dem 24. November 1331, aber erst sieben Jahre alt, und es kam, wie es kommen mußte: Englands Edward III. sah in der Jugend des Königs seine Chance und verbündete sich mit jenen Familien, die in einem England untertänigenn Schottland Besitzansprüche durchzusetzen hofften (*The Disinherited*, wörtlich die Enterbten), weil sie unter Heinrich III. von England an einem Aufstand teilgenommen und in der Folge erhebliche Besitzeinbußen erlitten hatten. England war eben nicht mehr das offen daliegende, jedem Baron Raum genug bietende Territorium, als das es den Normannen 300 Jahre zuvor in die Hände gefallen war, und diese Landgier machte Edward III. sich zunutze. Sein Strohmann war Edward Balliol, Sohn des im französischen Exil bedeutungslos gewordenen Königs John von Schottland, und angesichts der Jugend Davids II. und der britischen Truppenübermacht errang dieser Thronräuber tatsächlich einige Erfolge.

Aber die Schotten setzten nun einmal auf die Linie Bruce! David, der in Frankreich das Kriegshandwerk gelernt hatte, kehrte nach Schottland zurück und fiel 1346 mit seiner Armee in England ein. Bei Nevilles Cross in Yorkshire geschlagen, geriet er verwundet in Gefangenschaft und mußte zusehen, wie sein Neffe Robert Stuart in dieser Zeit Schottland regierte, als sei er der König. Er war der Sohn von Davids ältester Schwester Maria und verhandelte treu und zäh so lange, bis England den gefangenen König freigab und David II. die Rückkehr auf den Thron gestattete. Dies wurde endlich im Oktober 1357 im Vertrag von Berwick beschlossen, in dem sich Schottland zu der für jene geldarmen Zeiten ungeheuren Geldbuße von 100 000 Mark Silber verpflichten mußte, in zehn gleichen Jahresraten zu entrichten.

Daß diese aus dem armen Land nur mit Hilfe von Steuer- und Zollerhöhungen herauszupressenden Summe *de facto* nur zu einem kleinen Teil bezahlt wurde, trug zu dem in England entstandenen Ruf der Schotten als einer Nation von Geizhälsen bei. Indessen muß man sagen, daß David es eben verstanden hatte, Schottland trotz dieser absurd hohen Kriegslasten wirtschaftlich gesund zu halten. Der Handel blühte, die Hafenumsätze füllten die Staatskasse, aber in das ungeliebte Land des Dauerfeindes floß nur eben soviel ab, wie notwendig war, um den Frieden zu bewahren. Seinem Reichsverweser und Neffen begegnete König David II. mit einer — wie sich zeigen sollte — wohlbegründeten Antipathie. David hatte aus seiner ersten Ehe mit der englischen Prinzessin keine Nachkommen und schloß darum schon ein halbes Jahr nach deren Tod eine neue Ehe mit der jungen Margaret Logie aus dem alten schottischen Haus Drummond. Ohne abzuwarten, ob diese Ehe mit Nachkommenschaft gesegnet sein würde, zettelte Robert Stuart eine Verschwörung des hohen Adels an, denn er begehrte den Thron, den er elf Jahre lang für David bewahrt hatte. David gelang es mit Hilfe des niederen schottischen Adels, der sich noch an den großen Robert I. Bruce erinnerte, die kleine Clique der Stuarts zu besiegen, wollte jedoch den Verwandten seiner Verdienste wegen nicht mit dem Leben büßen lassen.

So kam es, daß Robert Stuart 1370, als König David II. starb, die Nachfolge antrat. Der König hinterließ dem begabten, aber unsteten Neffen ein trotz aller Schwierigkeiten wohlgeordnetes Reich. David hatte alle Schotten — Adel, Klerus und Bürgertum — daran gewöhnt, an den politischen Entscheidungen teilzunehmen; er hatte Ratsversammlungen abgehalten, das Parlament immer wieder und in verschiedenen Orten zusammengerufen. Der glanzvolle Erfolg seines Vaters, den man als Schöpfer und Retter Schottlands bezeichnet, blieb David vorenthalten, aber die kurze Regierungszeit des Hauses Bruce zwischen der langen Ära der Könige aus der Familie des Kenneth und dem Haus Stuart blieb für Schottland selbst doch außerordentlich wichtig, ja entscheidend.

Stuart the Stewart

Hat man schon viele Bücher geschrieben, so fühlt man sich schließlich, an der Maschine sitzend, von jener unsichtbaren Schar der Leser umgeben, aus der ja nur hin und wieder eine Äußerung an den Autor gelangt. Nun aber, da ich nach 160 Seiten frühschottischer Geschichte die Stuarts über das Kapitel setzte, da ging ein hörbares Aufatmen durch mein wortloses Auditorium: Endlich ein Name, den man kennt, mit dem man etwas anzufangen weiß. Trotz Cuthbert, dem Heiligen, trotz Lindisfarne mit seinem Wohlklang, trotz Bannockburn, dem Schlachtenort mit düsterer Silbensprache, sind es erst die Stuarts, die ganz Europa kennt, besser eigentlich als Schottland selbst. Nach dem barbarischen Mittelalter sind sie es, die für den flüchtig Interessierten den Vorhang heben vor den romantischen Geschichten, den Schlössern mit Damen, Musikanten und höfischem Gepränge, den festlichen Sälen von Edinburgh oder Perth und den glanzvollen Versammlungen eines schottischen Adels, der endlich zu anderem auszieht als zu Kampf, Raub oder Rache.

Sie sind keine Iro-Schotten wie der Stamm des Kenneth MacAlpine, sie sind auch keine Wikinger oder Normannen, sondern Kelten aus der Bretagne, die zu erobern den nachbarlichen Normannen nie wirklich glücken wollte. Der erste Stuart, von dem wir wissen, war Seneschall, zu deutsch Truchseß, auf englisch Stewart, in karolingischen Zeiten Hausmeier oder Maiordomus genannt, also der höchste weltliche Beamte und Helfer des Erzbischofs von Dol-de-Bretagne, jedem bekannt, der den Mont Saint Michel kennt. Alan, der Seneschall, zog ins Heilige Land, und sein Bruder Flaald nahm darum 1097 das hohe Amt für ihn wahr, was auch seinen Söhnen den Blick weitete und Chancen eröffnete.

Alan, Sohn des Flaald, nach dem Bruder benannt und also wohl kaum der Älteste, sieht im kleinen geistlichen Dol keine Zukunft für sich als den Jüngeren und wagt den Sprung über den Ärmelkanal, an den britischen Hof. Ist es wirklich noch ein Wagnis? Zu keiner Zeit waren die Küsten des südlichen England und der nördlichen Bretagne einander näher als in diesem zwölften Jahrhundert. Nur die schmale Cotentin-Halbinsel liegt zwischen Dol und Falaise, dem malerischen Burgdorf, in dem Robert der Teufel, Herzog der Normandie, so um 1026 der hübschen Gerberstochter Arlette ein Kind gemacht hat, das 40 Jahre später England eroberte. Die Männer aus Dol wußten dies alle; sie lebten von den hin- und hergehenden Schiffen und wußten, daß der König von England, der nun Heinrich hieß, junge Männer aus guten Familien brauchte für die Durchdringung dieses schwierigen und ausgedehnten Landes, dessen Volk sich den Normannen noch immer widersetzte.

Es war vielleicht in den Jahren nach dem Unglück des Weißen Schiffes, daß jener Alan aus Dol an den Hof Heinrichs kam und die Sympathie des Königs weckte, dem der eigene Sohn ertrunken war. Jedenfalls steigt Alan schnell auf, erhält für seine ersten Aktionen im Dienste Heinrichs vergleichsweise bedeutende Güter: Eine Baronie in Norfolk und Besitz in Mileham, eine Ausstattung, die Alan in die Lage versetzt, nun selbst ein Kloster zu gründen und zwar Sporle Priory. Er heiratet auf der Insel, und sein Schwiegervater Arnulf de Hesdin ist uns aus dem Domesday-Book, Abschnitt Buckinghamshire, bekannt: „Arnulf de Hasdin has 1 Burgess who was Wiglaf's. He pays 2 s.a. year and 3 to the King." Hesdin, aus der Pikardie gekommen, hatte also Sachsenbesitz erhalten, wenn auch nicht allzu viel, und Alan, dessen Familie sich bald Fitzalan nennen wird und später zu Earls of Arundel aufsteigen, scheint auch bescheiden und vorsichtig zu sein in seinem Landerwerb, denn nach Mileham wird Clun der Stammsitz der

Einwandererfamilie, *Clunton and Clunbury, Clungunford and Clun are the quietest places under the sun*, sind im übrigen aber die westlichsten in Shropshire.

Sieht man sich die Karten an, die England zur Zeit des Domesday-Books zeigen, so erkennt man Clun als das Ende der Welt. Inmitten von sehr viel jungfräulichem Grün liegt der Weiler in einer Mulde, westlich deren nur die Kämme der Grenzberge gegen Wales hin aufragen. Die Wege enden hier, es war der letzte Sachsenbesitz, den der König noch zu vergeben hatte. Aber es hat seit jeher die unverdrossenen Aufsteiger ausgezeichnet, daß sie aus allem etwas zu machen verstanden. Wo die Väter noch zufrieden waren, in Dole, in Clun, die Söhne nehmen es nur als Basis für neue Taten und Abenteuer, und wenn England keinen Raum mehr bietet, dann führt der Wegen eben nach Schottland.

Von Clun nordwärts, am Westrand der britischen Insel entlang, gelangt man nach Renfrewshire. Die Römer hatten hier einst wichtige Festungspositionen errichtet, Vanduara wurde lange gehalten und lieferte dann noch die Steine für den Bau des Städtchens Paisley, das sich heute anschickt, die 100 000-Einwohner-Hürde zu nehmen. Es war Walter FitzAlan, der aus den englischen Besitzungen an den Clyde zog, das Vertrauen König Malcolms IV. errang und als sein Stewart oder Hausmeier Besitz in Renfrewshire erhielt, einer südwestlichen Grafschaft Schottlands. Er begründete 1163 die Priorei von Paisley und bevölkerte sie mit Mönchen aus dem heimatlichen Shropshire. Es waren Cluniazenser, die so fleißig bauten, daß die Engländer, als sie 1307 hier einfielen, schon eine ausgedehnte Klosterwirtschaft zu zerstören hatten.

Das also war der zweite Sprung: Nach dem Wagnis, die Bretagne zu verlassen, nun der Weg nach Norden ins damals noch halbbarbarische Schottland. Damit begannen die Stuarts in jenem schottischen Südwesten, in dem auch Columba seine Arbeit begonnen hatte, Kenneth MacAlpine seine Eroberungskämpfe, Robert I. the Bruce seinen langwierigen Befreiungskrieg. Es war das keltische Schottland, das sich die östlichen und nördlichen Landesteile unterwarf, und zu den keltischen Iroschotten aus dem Westen waren nun tüchtige Bretonen aus dem französischen Keltenland am Atlantik gekommen.

Der weitere Aufstieg der Stuarts vollzieht sich schon im vollen Licht der Geschichte. David I., der große König, bestätigt die Schenkung in Renfrewshire und schafft den Zuzüglern damit eine neue Heimat, derer sie sich auch mit emsiger Fürsorge annehmen. Noch gibt es ja ein Königshaus mit Söhnen und Töchtern und gesicherter Erbfolge, die Stewarts sind die ersten Diener der Krone, aber ein Haus Stuart gibt es im Grunde noch nicht, auch wenn einer der Stuarts hoffnungsvoll den Königsnamen Alexander erhält. Erst in den vielen verlustreichen Kämpfen Roberts I. the Bruce, neben einem König, der durch viele Jahre keine Königsmacht und nur Hoffnungen hat, dringen die Stuarts in die unmittelbare Nähe der Krone vor, und Walter III. Stuart erhält Marjorie (nach anderen Quellen: Maria), die einzige Tochter Roberts I. aus seiner ersten Ehe, zur Frau.

Als David II. am 22. Februar 1370 ohne Nachkommen stirbt, schlägt für den ungeliebten Verwandten aus dem Einwandererhaus der Stuart von Renfrewshire die große Stunde: Der Stuart Robert II. ist ein Enkel Roberts I. the Bruce, des Befreierkönigs! Niemand kann ihm die Nachfolge streitig machen, und er hat zudem das Glück eines für einen König von Schottland erstaunlich langen Lebens: Er wird trotz aller Fährnisse, Revolten, Gefängnishaft und Intrigen 75 Jahre alt, ehe er seinem Ältesten den Thron überlassen muß. Dieser heißt John Stuart, nennt sich als König aber Robert III. (1390-1406), weil ein König John die Erinnerung an das unglückliche Haus Balliol geweckt hätte.

Es wäre ein eigenes, aus genealogischen Forschungen gespeistes Buch wert, den Frontalangriff der Stuarts auf Schottland zu verfolgen. Denn er erfolgte ja keineswegs nur in Richtung des Thrones. Die in ihrer Aufstiegs-Phase mit einem reichen Kindersegen antretenden Stuarts sicherten sich Grafschaften, Inseln wie Bute und Arran, Ämter wie das eines obersten Richters und Verbindungen mit den klangvollsten alten Namen, die Schottland zu vergeben hatte: Arundel, Albany, Menteith, Moray, Angus. Welche Gegenwehr gab es gegen eine Familie, die in einer Generation sieben Söhne hatte, in einer anderen vier Söhne und drei Töchter? Als David II. die Augen schloß, waren so viele wichtige Positionen von Stuarts besetzt, hatten Stuart-Söhne oder -töchter in so vielen Familien Einfluß, daß es keinen Weg an ihnen vorbei gegeben hätte: König John-Robert hatte wegen der vier Ehen seines Vaters nicht weniger als zwölf Geschwister und Halbgeschwister, und die Verbindungen, die sie eingingen, brachten einen großen Teil des schottischen Adels ins Lager der neuen Königsfamilie.

Die Fülle der Herren und Damen, der legitimen und illegitimen Nachkommenschaften macht Schottlands Geschichte zumindest im Geschehen rund um Krone und Thron fortan sehr unübersichtlich. Schon Robert III. ist Sohn einer Mätresse, nämlich der schönen Elizabeth Mure oder Muir, und wird erst legitim, als seine Eltern 1349 heiraten. Weitere Verschiebungen treten ein, als Robert 1387 einen schweren Sturz vom Pferd tut und fortan als Krüppel anzusehen ist: Sein Bruder, der wirklich Robert heißt und diesen Namen nicht nur wie König John-Robert aus optischen Gründen angenommen hat, ist gesund und kräftig, übernimmt 1388 für den greisen Vater und den invaliden Bruder die Regentschaft und beherrscht als Herzog von Albany (ein Titel, den die Stuarts stets besonders lieben werden) das Land bis 1419. Er hat zehn bekannte Kinder aus Ehen mit Gräfinnen aus großen Familien, und es sieht so aus, als würde diese Linie nun zu den Stewarts der Stuarts, denn auch der Sohn dieses tüchtigen Herzogs von Albany wird Regent oder Reichsverweser, während die offizielle Hauptlinie die übermächtige Gegnerschaft der Engländer auf sich zieht und dadurch zeitweise paralysiert erscheint. Und Albany hat auch die Lektion der schottischen

Die Könige von Schottland
aus dem Hause Stewart (Stuart)
(1307-1603)

ROBERT II., Sohn von Walter Stewart,
* 2.3.1315/16   † 19.4.1390
König von Schottland 1370

∞ 1) 1347 Elizabeth, Tochter des
Adam Mure Rowallan
2) Euphemia, Tochter des
Hugh Leslie, Earl of Ross, † 1387

John, als König: ROBERT III.
* 1337   † 4.4.1406,   folgt 1390

∞ 1367 Annabella, Tochter des
John Drummond of Stobhall, † 1401

JAMES (JAKOB) I.
* Juli 1394   † 20./21.2.1437,
folgt 1406 bzw. 1424

∞ 2.2.1423/24 Joan, Tochter des John
Beaufort, 1. Earl of Somerset, † 15.7.1445

JAMES (JAKOB) II.
* 16.10.1430   † 3.8.1460,   folgt 1437

∞ 3.8.1449 Marie, Tochter des
Herzogs Arnold von Geldern, † 1.12.1463

JAMES (JAKOB) III.
* 10.7.1451   † 11.6.1488,   folgt 1460

∞ 13.7.1469 Margarethe, Tochter des
Königs Christian I. von Dänemark,
* 23.6.1456   † 14.7.1486

JAMES (JAKOB) IV.
* 17.3.1472/73   † 9.9.1513,
folgt 1488 bzw. 1495

∞ 8.8.1503 Margaret, Tochter des
Königs Heinrich VII. von England,
* 29.11.1489   † 18.10.1541

JAMES (JAKOB) V.
* 10.4.1512   † 14.12.1542,
folgt 1513 bzw. 1524

∞ 1) 1536/37 Magdalena, Tochter des
Königs Franz I. von Frankreich,
* 10.8.1520   † 7.7.1537
∞ 2) 9.5.1538 Maria, Tochter des
Claudius Herzog von Lothringen,
* 22.11.1515   † 10.6.1560; Regentin

MARY (MARIA)
* 7./8.12.1542   † 18.2.1586/87,
folgt 1542-1578

∞ 1) 24.4.1548 Franz II. König von
Frankreich, * 19.1.1544   † 5.12.1560
∞ 2) 29.7.1565 Henry Stewart, Lord Darnley,
1565 Duke of Albany,
* 7.12.1545   † 10.2.1567
∞ 3) 15.5.1567 James Hepburn,
Earl of Bothwell, 1567 Duke of Orkney,
* 1536   † 1578

JAMES (JAKOB) VI.
* 19.6.1566   † 6.4.1625, folgt 1578,
König von England 1603

∞ 3.12.1589 Anna, Tochter des
Königs Friedrich II. von Dänemark,
* 12.10.1574   † 12.3.1619

Geschichte aufmerksamer gelernt als sein invalider Bruder: Er läßt lästige Neffen blitzschnell beseitigen und schlägt selbst Rebellionen nieder, die sich englischer Unterstützung erfreuen. Der gewaltige und gewalttätige Kriegsmann ist die imposanteste schottische Erscheinung an der Wende zun 15. Jahrhundert. Daß sein Sohn Murdoch, zweiter Herzog von Albany und ebenfalls Regent von Schottland, am 25. Mai 1425 hingerichtet und die Herzogswürde eingezogen wird, braucht er nicht mehr zu erleben. *The Second Creation*, die Neuvergabe der Herzogswürde von Albany, wird die Königslinie begünstigen: Jakob II. machte seinen zweiten Sohn zum Herzog von Albany (um 1457, als dieser noch ein Kind war). Es ist diese Linie, die besonders enge Beziehungen zu Frankreich unterhalten wird, und das französische Erbe leuchtet noch einmal auf, wenn John Stewart, Herzog von Albany, 1515-25 Schottland regiert, *honest, loyal and unselfish*, wie ihm die spätere Forschung bescheinigt, ehrenwert, treu und selbstlos, wenn auch mit einem ungewöhnlichen Ungeschick in allen militärischen Dingen.

In der Aufeinanderfolge von fünf Königen mit dem Namen Jakob (James) ereignet sich alles, was schottische Geschichte sein konnte und was sie für das übrige Europa zu einem Kuriositäten- und Horrorkabinett machte. Es hätte nicht eines Walter Scott, sondern einer ganzen Riege fruchtbarer Historienschriftsteller bedurft, um aufzuarbeiten und vor der Nachwelt auszubreiten, was zwischen 1400 und 1542 geschah und in der Regierungs- und Lebenszeit der Maria Stuart dann vor aller Augen kulminierte. Da wir jedoch dem frühen Schottland, eben, weil es meist übergangen wird, verhältnismäßig viel Raum gewidmet haben, sollen auch die fünf Jakobe ihren Platz erhalten, von dem dicken, aber kräftigen und unbeugsamen ersten bis zu Jakob V., der es wagte, sich Heinrich VIII. zu widersetzen...

Ja, er war ein Ausbund an Kraft und Mut, dieser erste Jakob, obwohl er mit 30 Lebensjahren schon 18 Jahre lang

Gefangener gewesen war. Wie es dazu kam, ist sehr bezeichnend für die Situation des schottischen Herrschertums: Da sein älterer Bruder 1402 ermordet worden war – im älteren Falkland-Schloß, von dem heute nur noch ein paar Brandruinen zu sehen sind – war Jakobs Leben in höchster Gefahr: Er war der legitime Erbe und damit der Stein des Anstoßes für die Mörder von David, Duke of Rothesay. Jakob wurde also von seinem Vater, König Robert III., zu Verwandten nach Frankreich geschickt, um in Sicherheit heranwachsen zu können. Aber Frankreich war weit, der Konvoi mit dem Thronfolger wurde wohl verraten, und so fand sich Prinz James statt im sonnigen Frankreich in einem englischen Gefängnis wieder, gleichsam vorsorglich als Unterpfand genommen, damit die schottischen Nachbarn nicht zu kühn würden. Aber es waren die Zeiten, da man noch einigermaßen ritterlich miteinander umsprang: Prinz James erhielt die beste Erziehung, die dreißig Jahre vor der Gründung von Eton College in England zu haben war. Das machte König Robert III. freilich nicht mehr lebendig: Er war im April 1406 gestorben, als man ihm die Nachricht überbrachte, sein Sohn sei vor Flamborough Head, der Klippennase von Yorkshire, abgefangen und nach London gebracht worden. Heinrich IV. sorgte für Jakobs Bildung, Heinrich V. gab ihm die Möglichkeit, das Waffenhandwerk zu erlernen, und der Prinz, der in Frankreich friedlich aufwachsen sollte, nahm nun an den Belagerungen von Melun, Dreux und Meaux teil. Als die Jungfrau von Orléans Melun zurückeroberte, war Jakob jedoch bereits wieder auf der Insel, ja sogar im heimatlichen Schottland, denn eine reiche Heirat, die Mitgift der Joan of Beaufort und der Tod des alten Herzogs von Albany, des mächtigen Reichsverwesers, hatten den Weg zur Rückkehr nach Schottland gegen eine Lösegeldzahlung freigemacht.

Jakob I. hat die ausbedungenen 40 000 Pfund weder in den sechs vereinbarten Jahresraten, noch überhaupt bezahlt, im übrigen aber machte er reinen Tisch – er mußte im Hundertjährigen Krieg so einiges gelernt haben. Murdoch, Herzog von Albany, der von seinem energischen Vater die Regentschaft übernommen und nichts für die Freilassung des Königs unternommen hatte, wurde sofort hingerichtet, und drei Wochen vorher — eine besondere Grausamkeit — seine beiden Söhne Walter und Alexander (nur der Jüngste überlebte). Das war schon beinahe wie in Byzanz. Außerdem starben alle, die des Königs Befreiung hintertrieben hatten: Der Earl of Lennox, einige Clanshäupter und andere.

Danach aber machte Jakob eine für sein Jahrhundert erstaunlich moderne Politik, bei der die Wirtschaft im Vordergrund stand. Die Ausfuhr von Edelmetallen wurde vollständig unterbunden, der Schiffbau wurde gefördert und die Bewaffnung der Armee verbessert, indem die alte Kunst des Armbrustschießens verstärkt gepflegt wurde. Eine Art Fußball, die mit unserem heutigen Sport dieses Namens nur sehr entfernt verwandt war, aber alljährlich für viele Verletzte vor allem unter den jungen Männern sorgte, wurde von König Jakob I. kurzerhand verboten, obwohl es — wie uns das Brockhaus-Sportlexikon versichert — Fußballwettkämpfe zwischen Schottland und England schon seit dem zehnten Jahrhundert gab.

Daraus läßt sich erkennen, daß dieser König höhere Interessen hatte. Er liebte und pflegte die Musik, er dichtete, auch wenn man ihm die überlieferten Poesien heute bis auf ein einziges großes Gedicht streitig macht, und er war medizinisch interessiert, ja nach manchen Quellen sogar ein Arzt mit guten Kenntnissen. Menschenkenner war er freilich keiner, denn es war ein Freund, dem er blind vertraut hatte, der seinen Mördern den Zutritt zu Jakob I. ermöglichte. Das Mordkomplott vom 20. Februar 1437 hatte ein anderer Stuart ausgeheckt, nämlich Walter, Earl of Atholl, ein Sohn König Roberts II. aus dessen zweiter Ehe. Da die erste Ehe gleichsam nachträglich geschlossen worden war, um eine bestehende Beziehung zu legalisieren, nahm Walter für sich bessere Rechte auf den schottischen Thron in Anspruch und verstand es, Sir Robert Stewart und Sir Robert Graham zu der Mordtat von Perth zu bewegen. Er selbst starb aber noch im gleichen Jahr.

Die Tragik dieses frühen Königstodes zeigte sich vor allem darin, daß der Thronerbe noch ein Kind und auf Ratgeber angewiesen war, so daß die gewaltigen Vorhaben des tüchtigen Vaters zunächst in Frage gestellt waren und der Prinz schließlich die Arbeiten einer Erneuerung Schottlands gleichsam von vorne beginnen mußte. (Erwachsen war beim Tod Jakobs I. nur seine älteste Tochter Margaret. Sie hatte ein Jahr vor der Mordtat Ludwig XI. geheiratet, die stärkste Herrschergestalt des Jahrhunderts, was freilich keine Garantie für eine glückliche Ehe bedeutete: Commynes erwähnt Margaret nur ein einzigesmal mit den Worten: 'Zu seinem Mißfallen wurde Ludwig XI. mit einer schottischen Königstochter verheiratet; so lange sie lebte, bedauerte er es.')

Auch wenn die Ehe dieser Tochter kinderlos blieb und sie schon mit 23 Jahren starb, zeigt sich in der Nachkommenschaft Jakobs I. die neue und enge Verbindung zum Kontinent. Die zweite Tochter hatte einen Herzog der Bretagne geheiratet, Tochter Eleanor nach dem Tod des Vaters den Herzog Siegmund von Tirol. Eleanor lebte von 1433-1480. Sie war eine hochgebildete Humanistin, was beweist, daß zumindest die Oberschicht im Schottland des fünfzehnten Jahrhunderts gute Schulen zur Verfügung hatte. Sie übersetzte in verfeinernder Bearbeitung den französischen Bildungsroman 'Pontus und Sidonia' ins Deutsche und korrespondierte mit bedeutenden Dichtern ihrer Zeit. Die jüngste Tochter schließlich vermählte sich mit einem Grafen von Genf, der dann Herzog von Savoyen wurde. Politisch wurde Schottland unter Jakob I. dadurch aufgewertet, daß Aeneas Sylvius Piccolomini, der spätere Papst Pius II., das Land besuchte und nach ihm der päpstliche Nuntius Antonio Altani.

Noch vor seinem siebenten Geburtstag war Jakob II. also König, was auch in einem höher zivilisierten Land als

188

Schottland eine durchaus bedrohte Position bedeutet hätte. Andererseits hatte er natürlich, als der legitime Nachfolger, seine Partei und wurde geschützt, in diesem Fall von einer Persönlichkeit, die uns an Hagen von Tronje denken läßt in ihrer unbedingten und schließlich amoralischen Treue zum König: von Sir William Crichton, Haushofmeister oder Stewart unter Jakob I., Kastellan von Edinburgh-Castle. Außerdem stand auch der wichtige Bischof von Saint Andrews auf der Seite des jungen Königs, wenn er auch dabei nicht so weit ging wie Crichton. Dieser nämlich lud eines Tages die Söhne des Oppositionsführers Douglas zu einem Essen mit dem jungen König und brachte sie bei dieser Gelegenheit um, was begreiflicherweise die weiteren Aktivitäten des oppositionellen Clans sinnlos machte und für eine Weile einschlafen ließ. Bei dieser Gelegenheit soll vor den beiden Knaben der Kopf eines schwarzen Angus-Bullen auf den Tisch gesetzt worden sein, das altkeltische Symbol dafür, daß der Tod im Raum sei. Kennzeichnend für diese Tat archaischer Grausamkeit ist, daß der nun nachrükkende James the Gross Douglas, älter als der ermordete Earl Williams, die Untat wenn auch nicht herbeigeführt, so doch stillschweigend gebilligt haben soll. Als dieser offenbar in stummem Abwarten verharrende Douglas 1443 starb, wurde wieder ein William, ein junger und energischer Mann, Haupt des Hauses als achter Earl, und der König versuchte, wenigstens mit ihm nun zu einem besseren Einvernehmen zu gelangen. Aber zu den Konstanten der inneren Geschichte Schottlands gehört leider die Tatsache, daß sich Gegnerschaften und Blutrache-Rechnungen durch die Generationen, ja durch die Jahrhunderte hinschleppen, so daß auch der achte Earl of Douglas nur wieder Koalitionen gegen die Krone schmiedete.

Jakob II. mußte einsehen, daß die Methoden seines alten Haushofmeisters doch immer noch die sichersten waren. Er lud William, achten Earl of Douglas, unter der Zusicherung freien Geleites zu einem Gespräch am 22. Februar 1452 nach Schloß Stirling, am Jahrestag der Ermordung seines

Vaters. Allein das Datum hätte den Earl of Douglas warnen müssen, aber er vertraute dem Königswort, und es war Jakob II. selbst, der dem Gegner während des Mahles einen Dolch in den Leib stieß.

Was vom Clan der Douglas noch am Leben war, unterwarf sich und versuchte, einen Teil des ausgedehnten Besitzes zu retten. Doch fielen zahlreiche Ländereien nach einem Prozeß über die landesverräterischen Umtriebe des Hauses Douglas 1455 an die Krone.

Damit setzte Jakob II. also früh und energisch die väterliche Politik fort, wobei er, wenn es um unblutige Entscheidungen ging, seinen besten Ratgeber in dem klugen und charakterstarken Bischof von Saint Andrews hatte. Die Enteignung der politischen Gegner diente der Vergrößerung des Königsgutes und Jakobs Bestreben, seine Söhne — und das waren immerhin vier — mit Eigenbesitz auszustatten. Jakobs zweiter Sohn erscheint darum als Herzog von Albany, der dritte als Earl of Moray und der Jüngste als Earl of Mar. Diesen kurzen Namen trägt eine der ältesten Grafschaften Schottlands; sie wird schon in keltischen Zeiten erwähnt und bedeckt einen großen Teil von Aberdeenshire. Mar war wiederholt in den Händen von Gegnern der Stuartkönige gewesen, ja auch schon vorher finden wir einen Earl of Mar aus dem Haus Atholl oder Athole als Verbündeten Englands, und später gehörte Mar zeitweise zu den Besitzungen des Clans Douglas.

Jakob II. nahm 1455 in der Schlacht von Arkinholm endgültig Rache an der männerreichen Familie Douglas, und drei der Herren blieben selbst auf dem Schlachtfeld in jenen ritterlichen Zeiten, da man für seine Parteinahme auch noch persönlich einzustehen hatte. Als Schottland befriedet war, die letzten Gegner eingelenkt oder sich auf die Inseln zurückgezogen hatten, wäre Gelegenheit zu großen Taten gewesen, denn England hatte dank der Jungfrau von Orléans in Frankreich so manche Schlappe hinnehmen müssen und war durch inneren Unfrieden gelähmt.

Jakob II. griff auf Seiten des Königs, also des Hauses

Lancaster, in den sogenannten Rosenkrieg ein, vielleicht vor allem, weil die schöne und stolze Festung Roxburghe einem Parteigänger des Hauses York gehörte und so manchem Douglas Unterschlupf gewährt hatte. Bei der Belagerung von Roxburghe ließ Jakob seine Artillerie sprechen, stand aber der Geschützstellung zu nahe: Die neue Waffe wurde noch nicht mit der nötigen Verläßlichkeit hergestellt, ein Rohr barst, und eines der herumfliegenden Metallstücke tötete den König. Es war ein so seltsamer Tod, daß man natürlich von der Vergeltung für die Ermordung des William Douglas sprach oder aber von einem bestochenen Kanonier, der die Mündung der Kanone verstopft hatte. Jedenfalls war es ein Soldatentod für einen Soldatenkönig, im August 1460, im schottischen Hochsommer. Der Thronfolger, nun Jakob III., war abermals ein Kind – er zählte gerade neun Jahre!

Alles begann von neuem: Die Vormundschaft des wakkeren Bischofs Kennedy von Saint Andrews, die jedoch 1465 endete, durch den Tod des Prälaten oder weil man ihm diese wichtige Position entriß. Die neuen Herren über den kleinen König waren die Brüder Boyd, doch entmachtete Jakob III. sie schon als 18jähriger, als er seinen ersten diplomatischen Erfolg errang: Er heiratete die dänische Prinzessin Margarete, was ihn in den darauffolgenden Jahren in die Lage versetzte, die Orkneys und die Shetlands seinem Schottland einzuverleiben. Auf diesen Besitz gestützt, ging er auch gegen den alten Herd der Opposition, gegen den Lord der Inseln auf den Hebriden erfolgreich vor.

Damit regierte Jakob nun nominell 15 Jahre, de facto freilich erst sieben, und statt ihm seine Erfolge in Schottlands eigensten Vorlanden hoch anzurechnen, stießen sich die Schotten an den künstlerischen Neigungen Jakobs, die ihm wie fast allen Stuarts ebenso wichtig waren wie Krieg und Politik. Vor allem aber umgab er sich bei diesen Kunstübungen mit angenehmen jungen Männern, und während man noch jedem schottischen König seine mitunter recht zahlreichen unehelichen Kinder nachgesehen hat, nahm man Jakob III. seine Günstlinge so übel, daß sie eines Tages nebeneinander an einer Brücke baumelten.

Zu diesem Zeitpunkt hatte Jakob sich freilich schon sehr unbeliebt gemacht. Er hatte zwei seiner Brüder (die vermutlich wirklich mit der Opposition paktierten) eingekerkert, wobei der Jüngere einen bis heute ungeklärten Tod starb, während der Ältere, der Herzog von Albany, seine Wächter töten und sich aus Edinburgh Castle abseilen konnte. Nach dieser spektakulären Flucht gelangte er, offensichtlich mit Hilfe des Hauses Douglas, bis nach London und bezeichnete sich dort als König der Schotten. Er betrug sich auch als ein solcher, als er, aus England nach Norden vorstoßend, zwar die gehängten Günstlinge nicht mehr lebendig machen konnte, aber immerhin Jakob III. aus den Händen der rebellierenden Clans befreite. Danach hatte der König kaum eine andere Möglichkeit, als den tüchtigen Bruder an die Spitze der Armee zu stellen. Wieder einmal schien alles vergessen, die Brüder waren versöhnt, über die Kerkerhaft, über den Tod des Jüngsten hinweg, als das Geheimnis der Erfolge des Herzogs von Albany offenbar wurde: Er hatte mit dem englischen König ein Abkommen getroffen, dem er seine Eingriffsarmee verdankte. Ob Jakob III. wirklich so entrüstet war, wie er nun tat, wird niemand jemals feststellen können, sicher ist: Der mächtige Bruder verschwand von der Bildfläche in Richtung England, und Jakob war wieder Alleinherrscher, wenn auch weiterhin Gegner der unversöhnten großen Familien, die den minderjährigen Thronfolger in ihrer Gewalt hatten.

Das Ende dieses Königs ist typisch, es nimmt schon manches voraus, was wir aus der Geschichte der Maria Stuart kennen: Um sich vor Archibald Douglas, Colin Campbell, Lord Home und deren Parteigängern in Sicherheit zu bringen, wollte sich der König in die Festung Stirling werfen, aber dort schloß man die Tore vor ihm und seiner Truppe. Mit eilig zusammengerafften Soldaten und Knechten trat er, im Innersten schon verzweifelt, gegen die Clans an, das rettende Schloß vor Augen. Er war immer mehr Künstler als Krieger, mehr Ästhet als Reiter gewesen, vermochte sein im Lärm der Schlacht scheuendes Pferd nicht zu bändigen und tat einen schweren Sturz. Die Seinen unterlagen, niemand kümmerte sich im Abenddunkel um den Verletzten, der sich bei Sauchieburn unweit Stirling in die Backstube einer Mühle verkrochen hatte. Fromm, wie alle Stuarts, bat er einen der Mühlenknechte, ihm einen Priester zu holen. Wer immer diesem Ruf folgte — ein Priester war er nicht, entweder erkannte er den König oder es gelüstete ihn nach Rüstung und Waffen des vornehmen Herrn. Jedenfalls erstach er den Hilflosen, der rühmlicher in der Schlacht gestorben wäre, und Jakob IV., vielleicht 15, vielleicht auch schon 16 Jahre alt, war nun König und in den Händen seiner Feinde. Daß man ihm eine Chance gab, daß er das schwierige Geschäft, Schottland zu beherrschen, immerhin versuchen durfte, ist das eigentliche Wunder in diesen blutigen Zeiten.

Wenn diese Schonung des Königs selbst sich irgendwann besonders positiv ausgewirkt hat, dann im Fall des vierten Jakob, der zweifellos als der begabteste Stuart-Monarch vor Karl II. angesehen werden muß. Seine Mutter war eine Dänenprinzessin; eine der Großmütter, Marie von Geldern, hatte eine beinahe reine niederländisch-deutsche Vorfahrenpalette, in der Kleve und Jülich auftauchen, das andere Großelternpaar war oldenburgisch-brandenburgischer Herkunft. Jakob IV. fällt denn auch ein wenig — nicht allzusehr, aber doch deutlich — aus der gewalttätigen Abfolge der schottischen Königslinie heraus. Obwohl er nur nominell die Rebellion gegen seinen Vater führte und obwohl der Tod Jakobs III. ja ein sinistrer Zufall war, trug der Sohn eine Kette auf dem bloßen Leib, das alte Zeichen ungesühnter Schuld. Seine Geistesgaben werden von allen gerühmt, die dies beurteilen konnten, angefangen mit dem Sprachtalent der Stuarts, das ihm sogar das Gälische zugänglich machte, bis hin zur Musik und zur Architektur.

Daß die schottische nationale Dichtung unter Jakob IV. erst erwacht sei, kann man nicht sagen, weil es ja hundert Jahre vorher schon Barbours *The Bruce* gab, das Heldenlied auf jenen Befreierkönig, das seinem Verfasser Ruhm und eine lebenslange Pension eintrug. Aber in Jakobs IV. Regierungszeit fällt die Abfassung des großen und literarisch wie politisch bemerkenswerten Gedichts *The Wallace* (entstanden um 1482/84), in dem sich der Dichter und seine Leser an den Erfolgen dieses längst hinabgegangenen Freiheitshelden begeistern und das übermächtige England mit seinen Königen ausführlich geschmäht wird. Jakob IV. war zu jung, um das Gedicht selbst anzuregen, aber immerhin alt genug, den Dichter und sein Pseudonym zu schützen, denn in einem Land, in dem so bedenkenlos und meist ungestraft gemordet wurde, hatte ein fahrender Sänger keine Chance gegen seine politischen Feinde. Fraglich ist allerdings, ob der als Verfasser des großen Gedichtes geltende Blind Harry, ein blindgeborener, mitteloser Barde, mehr zum *Wallace* beigetragen hat als die Balladen und Moritaten aus seinem Repertoire. Denn das große, in routinierten und inspirierten Versen niedergeschriebene Werk der 12 000 Zeilen kann, wie viele Einzelheiten verraten, keinen Blindgeborenen zum Verfasser haben und auch keinen Geistlichen (wie Walleys' Vertrauten Blair). Angesichts der genauen genealogischen Kenntnisse, der Schilderungen der schottischen Kampftechnik, der internationalen Bezüge mit französischen und lateinischen Zitaten schließt zum Beispiel Friedrich Brie (Universität Freiburg) auf einen gebildeten Edelmann, der natürlich vorliegende Materialien und auch Erzählungen aus dem familiären Umfeld des Volkshelden verwertete, aber stärkstes Interesse daran hatte, persönlich unbekannt zu bleiben.

Dies konnte nur mit der Zustimmung und durch den Schutz des Königs gelingen, so daß wir Jakob IV. schon in seiner Jugend als Protektor eines historischen Dichtwerks erkennen, in dem zwar Englands Edward I. auftritt, aber Edward IV., also Jakobs zeitgenössischer englischer Geg-

ner, gemeint ist. Es ist eine Dichtung, in der alle Verwüstungen und Grausamkeiten, die Schotten in England be-
werkstelligen, lebhaften Beifall finden, während die Engländer, was immer sie tun mochten, geschmäht oder ver-
lacht werden.

„Was am *Wallace*... sofort als einzigartig innerhalb der
sonstigen Literatur des ausgehenden Mittelalters berührt,
sind das Gewicht des Gegenstandes und die Wirklichkeits-
nähe... Der Kern dieses Werkes und seine Tendenz haben
in ihrem bitteren Ernst mit Konvention nichts mehr zu tun;
beide offenbaren einen Sinn für Tragik und ein Verständnis für einen bestimmten Menschen und für heroische We-
senssteigerung, wie wir ihn vorher auf englischem oder
schottischem Boden nicht antreffen. Der *Wallace* ist das
Heldenepos von dem großen Menschen, der ohne Lohn,
nur um des Vaterlandes willen, eine Überfülle von Leid auf
sich nimmt und ohne Schwanken seinen Weg bis zum bitteren Ende geht... Kurz, das Drama dieses Schicksals ist mit
überragender Kraft und innerer Wahrheit durchgeführt
und macht die Neuprägung des Stoffes zu einem literarischen Ereignis." (Brie p. 202f)

Es konnte also im spätmittelalterlichen Schottland, in
dem durch die ersten Vorboten der Renaissance erhellten
Land Jakobs IV., ein literarisches Ereignis geben, nur war
es ein Ereignis besonderer, nicht ästhetisch zu beurteilen-
der Art, denn der *Wallace* ist ein einziges wildes und wort-
gewaltiges Epos der Rache.

Der jugendliche Held schon schließt niemals Frieden mit
England, tritt keinem Waffenstillstand bei, schwingt pausenlos das Schwert und gönnt sich in diesem Bestreben
keine Ruhe, als führe er einen heiligen Krieg. Die Untaten
der Briten, etwa die Niedermetzelung der Frau des Helden, die Vergewaltigung von Frauen, Mädchen, Nonnen,
das Massaker von Berwick, wo siebentausend Wehrlose
umgebracht wurden, das alles wird zum Inhalt einer einzigartigen Selbstbefreiung des Poeten, der offensichtlich
auch ein Mann des Schwertes war, nur daß dieses Schwert

solche Erfolge gegen England eben nicht hatte erringen können.

Bemerkenswert ist die gleichsam altnordische Vergeltungssucht, die hier zum Tragen kommt, jeder christliche Gedanke fehlt. Nach der Untat von Barns of Ayr, wo die Engländer 360 edle Schotten ohne Gerichtsverfahren aufhängten, schildert der Dichter mit Behagen die grausame Vergeltung, die Walleys übt und in der er sich auch durch seinen treuen Freund, den Bischof Sinclair von Dunkel, nicht hemmen läßt: Die Engländer sterben in brennenden Häusern, in der Kirche von Stonehaven, auf Klippen, wo sie verhungern, oder im Meer, und wenn nach dem Tod von etwa fünftausend Briten die Schotten vor Sinclair niederknien und um Vergebung dieser Sünden bitten, hat Walleys nur Hohn für ihre Reue wegen so kleiner Dinge („I forgiff yow all; ar ye wer men, repentis für so small?").

Daß ein Rachegesang so populär werden konnte, daß er schon ein Jahr nach der Einrichtung der ersten Offizin, also seit 1508, immer wieder gedruckt und überall gelesen wurde, wo man nur lesen konnte, das ist kennzeichnend für die Stimmung in Schottland in diesem entscheidenden Jahrhundert und am Vorabend der dynastischen Verbindung mit Frankreich.

Der junge Buchdruck half dem *Wallace* naturgemäß zu einer außerordentlichen Verbreitung. Anders als das ebenso populäre Werk über *The Bruce* enthielt das Buch über den großen Volkshelden neben den dramatischen und elegischen Elementen auch viel Volkstümliches. Es wurde getanzt, gegessen und getrunken, es war bei allem poetischen Niveau auch ein Spiegelbild volkstümlichen schottischen Lebens im 15. Jahrhundert und blieb bis herauf ins 18. Jahrhundert ein Lieblingsbuch der Schotten. 1722 schuf William Hamilton of Gilbertfields eine moderne Version, da zu dieser Zeit das Original nicht mehr gut verstanden wurde und vielen Schwierigkeiten bereitete; sie wurde bald besonders beliebt und verdrängte die alten Drucke von der Bildfläche. Etwa zugleich aber setzte auch die Kritik an dem Buch ein, in dem die Outlaw-Mentalität vorherrschte, so daß die ernsthaften Historiker und die humanistisch Gebildeten sich mit ihm nicht mehr zu identifizieren vermochten, auch nicht mit der radikal anti-englischen Grundeinstellung.

Aber schon die Zeitgenossen des unbekannten Verfassers, die Gelehrten des unter Jakob IV. erwachenden Schottland, meldeten Zweifel an der historischen Treue jener leidenschaftlichen Schilderungen an, die im *Wallace* enthalten sind. Unter Jakob IV. gab es schon eine ganze Reihe humanistisch gebildeter Kleriker, die Literatur aus Frankreich strömte ein, und so manche Darstellung des Hundertjährigen Krieges nahm sich ebenso anti-englisch aus wie der schottische *Wallace*. Diesen Arbeiten vom Kontinent folgten in Schottland John Mayor (1469-1550) und Hector Boece (1465-1536) mit ernsthaften, an der Antike geschulten Geschichtsdarstellungen; Mayor über 'Das größere Britannien', Boece über Schottland.

Jakob IV. sah in seiner universellen Bildung und dank seiner zahlreichen Interessen so vielfältige Aufgaben vor sich, daß er sich nichts Besseres wünschen konnte als Frieden für Schottland. Und er hatte zunächst das Glück, daß Heinrich VII. von England ganz ähnlich dachte. Es gab zwar zwei kleinere Adelsverschwörungen, aber sie wurden schnell niedergeschlagen, und auch eine kurze kriegerische Begegnung mit England kam über Grenzgeplänkel nicht hinaus: Jakob IV. war auf einen Betrüger hereingefallen, der behauptete, als Herzog von York und Sohn König Edwards IV. Ansprüche auf den englischen Thron zu haben.

Es ist die romantische Geschichte von Perkin Warbeck, einem jungen Mann aus Tournai in Flandern, dem schon der Habsburger Maximilian in Wien geglaubt hatte. Seine Landung in England mit ganzen 1500 Mann wurde ein Fiasko, aber der noble Schottenkönig nahm den jungen Abenteurer auf und arrangierte ihm sogar eine feine Heirat mit Katherine Gordon, Tochter des Earls of Huntly. Als im

Jahr darauf in Cornwall eine Revolte gegen die Regierung in London ausbrach, setzte sich Warbeck an ihre Spitze, wurde aber geschlagen und ergab sich gegen die Zusage, daß man ihn in fairem Gewahrsam halten und an Leib und Leben nicht kränken werde, wenn er abschwöre. Dies tat er zweimal, in Texten, aus denen man seine Lebensumstände kennt, wurde dann aber doch unter Bruch aller Zusagen am 23.11.1499 im Tower gehängt.

Jakob IV. hatte aus dieser Fehlinvestition keine weiteren Nachteile; ja drei Jahre später kam es sogar zu einer Heirat zwischen ihm und der erst 13jährigen englischen Königstochter Margaret. Es war die folgenschwerste aller Stuart-Ehen, denn sie begründete den Anspruch des Hauses auf den englischen Thron (geschlossen am 8.8.1503).

Alles änderte sich mit einem Schlag, als in England Heinrich VIII. den Thron bestieg. Jakob hatte in den Friedensjahren sehr viel für Schottlands internationale Geltung getan. Papst Julius II., hoch intelligent und kunstsinnig, schätzte den König jenes fernen Landes, von dem man in Rom so selten Gutes gehört hatte; Maximilian I. verkehrte mit ihm freundschaftlich, und Ludwig XII. von Frankreich zog ihn sogar − gegen den Rat von Jakobs Paladinen − in einen Krieg gegen England. Es kam, immerhin ein bemerkenswerter Abschnitt, zu englisch-schottischen Seegefechten und, da Jakob sich eine ausgezeichnete Armee geschaffen hatte, auch zu einem Einmarsch im nördlichen England, wobei Norham, Ford und andere Burgen erobert wurden. Freitag, den 9. September 1513 trafen die Schotten unter ihrem König dann am Fuß von Brankston Hill auf die englische Hauptmacht unter Thomas Howard, Earl of Surrey. Es wurde einer der dunkelsten Tage in der ganzen schottischen Geschichte: Der König kämpfte zu Fuß, wie seine Hochländer, und in ihren Reihen und fiel mit ihnen in jener Schlacht, die meist nach Flodden Field benannt wird. Neben ihm starben nicht nur die tapfersten Ritter des Landes, vierzehn Lords und neun Earls, sondern auch die höchsten Kirchenfürsten, die mit ihrem König in den Krieg gezogen waren; sie hatten vor den langen Hellebarden der Engländer nicht weichen wollen und sich lieber töten lassen.

Eine kurze, aber glückliche Zeit ging damit für Schottland zu Ende, eine Zeit, in der es aussah, als könne das arme Land zwischen Nordsee, Atlantik und kargen Inselschwärmen so werden wie die in jenem Jahrhundert aufblühenden Länder der Valois-Könige und das Heilige Römische Reich mit dem prächtigen Burgund im Herzen. Vor allem von Maximilian hatte Jakob IV. viel gelernt; wie dieser König und Kaiser war er durch sein Land gereist, hatte auch entlegene Gebiete besucht und den ernsthaften Versuch unternommen, die Inseln und das Hochland an das Niveau des südlichen Schottland heranzuführen. Er hatte mit einem dummen und charakterlosen Weib gelebt und ihr sogar ein Kind gemacht, weil nun einmal die englische Karte stets die wichtigste für Schottland war, und er hatte sich über diese traurige Ehe mit den hübschesten und geistvollsten Comtessen seines Landes hinweggetröstet: Von Marion Boyd hatte er Alexander Stewart, Erzbischof von Saint Andrews und gefallen auf Flodden Field, von Janet Kennedy James Stewart, Earl of Moray. Von Margaret Drummond, die er sehr geliebt hatte, sind hingegen keine Kinder bekannt.

Jakob V. war 17 Monate alt, als sein Vater starb, und 16 Jahre, als es ihm 1528 gelang, verkleidet aus dem Schloß zu Edinburgh zu fliehen und sich bei einigen Getreuen in Stirling einzufinden. Der Krieg der verschiedenen Regenten, Vormünder und der Königinmutter selbst um das herrenlose Schottland hatte länger gewährt denn je zuvor, und man muß über die frühe Reife und unerschrockene Energie dieser Teenagerkönige staunen, die, kaum, daß sie sich frei bewegen können, die alten und mächtigen Adelsherren besiegen, köpfen oder in die Flucht nach England zwingen.

In diesem England herrschte nun der achte Heinrich, die stärkste Persönlichkeit seit Heinrich II. Plantagenet, Henry VIII., der die volle Jugendkraft des Aufsteigerhauses der

Tudor in seinen Kampf um Großbritannien warf. Kaum daß Jakob V. frei war und selbständig handelte, bot Heinrich ihm seine Tochter Mary zur Frau an, das Mädchen aus der (ersten) Ehe mit Katharina von Aragonien. Hätte Jakob V. in diese Ehe gewilligt, die Geschicke Schottlands und Englands hätten zweifellos einen weniger blutigen Verlauf genommen: Maria wäre hoch im Norden gewiß nicht zu *Bloody Mary* geworden, der Königin, die im ganzen Land die Scheiterhaufen flammen ließ wie keine andere vor oder nach ihr, und Heinrich VIII. hätte das Land seiner Tochter nicht auf so grausame Weise heimgesucht, wie es 1542 geschah, als Heinrich den ausdrücklichen Auftrag gab, nach den Plünderungen alles niederzubrennen und Edinburgh dem Erdboden gleichzumachen.

Die Furcht vor England und der Haß gegen den übermächtigen Nachbarn saßen jedoch schon so tief, daß Jakob V. die englische Königstochter ausschlug und eine Tochter Franz I. von Frankreich heiratete und, als diese nach einem halben Jahr starb, eine weitere Französin, Marie von Lothringen-Guise. Wie seine Vorgänger zeugte Jakob V. einige tüchtige uneheliche Söhne, die in ihren Grafschaften Moray und auf den Orkneys regierten oder eine Kirchenkarriere machten. Die legitimen Söhne jedoch starben im kindlichen Alter. Im November 1542 unterlag die kleine schottische Streitmacht den Angreifern aus dem Süden bei Solway Moss, und als wenige Wochen später dem krank in der Burg Falkland liegenden König gemeldet wurde, seine Frau habe keinen Sohn, sondern ein Mädchen geboren, da verließen ihn die Kräfte: Da das Haus Stuart über eine Königstochter aufgestiegen war, sah er die Geburt der kleinen Mary nun als das Vorzeichen des Endes an. Er starb am 14. Dezember 1542 in Falkland, und Mary wurde zur Königin der Schotten gekrönt, womit die Intrigen zwischen Vormündern, Beratern und kirchlichen Würdenträgern aufs neue begannen und hartnäckiger als jemals zuvor. Denn inzwischen hatte sich mit den Lehren Luthers und Calvins ein Riß aufgetan, der nicht nur quer durch Europa ging, sondern mitten durch die einzelnen Länder. Schon unter Jakob V. hatte es Ketzer-Hinrichtungen gegeben, an denen sein charakterloser Berater David Beaton, der Erzbischof von Saint Andrews, die Hauptschuld trug. Aber nun, da wieder nur ein Kind die Krone Schottlands trug, ging es nicht mehr nur um das Land, sondern auch um das Gewicht der alten Religion und den Angriff der neuen Lehre. Kaum je blickte eine Frau in eine schwierigere Zukunft als Mary, Queen of the Scots.

Mary und ihr Land

Es ist immer wieder erstaunlich und im Grunde genommen tröstlich, daß auch die ernsthafte Wissenschaft von der Geschichte nicht selten den Sinn für Romantik entwickelt und sich zu Gefühlen bekennt. Solche Gelegenheiten bieten den Historikern keineswegs nur die schönen Frauen in tragischen Rollen, sondern auch Männer im großartigen Untergang wie Coriolan, wie Teja, wie Cola di Rienzo oder Konradin; den besonderen Anlaß, aus der wissenschaftlichen Distanz herauszutreten und sich zur Parteinahme aufzuschwingen, geben aber doch häufiger Frauengestalten, ganz so, als hätte die bis vor kurzem durchaus maskulin besetzte Gilde der Historiker den Eindruck, die Frau verdiene im harten und oft blutigen Geschäft der Weltpolitik besondere Rücksichtnahme. Der große Gregorovius hat sich der Lucrezia Borgia angenommen, Klaus Schelle und Hans Kühner der Caterina Sforza, Gobineau und Balzac der Diane de Poitiers. Die Frau in der Renaissance ist das große Thema des 15. und des 16. Jahrhunderts, nach den endlosen Peripetien des Hundertjährigen Krieges, neben den Querelen der Reformation und am Vorabend der großen Frauenverketzerung und -verfolgung des 17. Jahrhunderts durch die Inquisition und die protestantische Hexenfurcht.

Vor diesem Hintergrund aus italienischem Licht, französischen Freuden und schottischem Waffenklirren wird Maria Stuart mehr durch die Umstände als durch eigene Entscheidungen zur tragischen Heldin britischer, ja europäischer Geschichte, und warum dies so sein mußte, das beantwortet wohl am besten ein Blick auf jenes Land, in dem das königliche Mädchen, die mädchenhafte Witwe, die Märchenprinzessin aus den Loireschlössern herrschen sollte und wollte.

Im ganzen spätmittelalterlichen Europa hatte der Endkampf zwischen den drei staatstragenden Mächten begonnen: dem Souverän, seinem Adel und den Spitzen der Landeskirche. Die Kirche ist nicht so zu sehen wie nach der Reformation, als Rom gegen Luther und Calvin um die Herzen der Fürsten kämpfen mußte. Sie gleicht in ihren schottischen Funktionen eher der Kirche im Karolingerreich, als die Prälaten mit ihren Knechten zwischen den Rittern gegen die Sachsen zogen oder unter Otto dem Großen auf dem Lechfeld gegen die Ungarn. Wir haben gesehen, daß die schottische Kirche, allen voran die Bischöfe von Saint Andrews und Glasgow, die treuesten Paladine und Berater der Stuartkönige waren, daß sie an der Seite der Könige kämpften und daß sie für den König und mit ihm Schuld auf sich luden in den Kämpfen gegen die großen Adelsherren. Erzbischof Kennedy oder auch Erzbischof David de Bethune, in Schottland Beaton geschrieben, waren zeitweise die Lenker des Staates, immer aber engste und mächtigste Berater des Königs oder der Regenten. Daneben finden wir die Äbte von Holyrood und die Bischöfe von Dunkeld oft in hohen Positionen, während auf der anderen Seite große Clans und bedeutende Familien in einer Art Dauer-Opposition zur Krone verharren, die im Augenblick der Reformation schon aus diesen politischen Gründen auch zu einer Opposition gegen die römische Kirche wird.

Es sind die Prälaten, die sich immer wieder zwischen König und Adel stellen, die auf eine Verbannung der Douglas hinwirken oder auf die Vertreibung des Grafen von Angus aus Schottland, womit seine Güter konfisziert werden können, und auf Verhaftung und Kerker für andere Große wie die Bothwell, Home, Maxwell, Kerr, Buccleugh, Johnston, Polwarth und so weiter. Dünkte sich einer der unbotmäßigen Grafen sicher, weil sein Land von Edinburgh zu weit entfernt lag, dann rüsteten König und Kirche eine Expedition gegen ihn aus wie im Fall des Earls von Caithness, der besiegt und erschlagen wurde, während man seine Leute ins Meer trieb ("The Erle of Caithness and fyve hundreth of his men wes (sic) slayne and drownit in the see", sagt Lesley, selbst ein Bischof, um 1570).

Das Übel dieser Konstellation war, daß nicht König und Volk, sondern Adel und Volk in engster Verbindung miteinander standen. Die uralte Clans-Struktur hielt sich in den Highlands und auf den Inseln vor allem, weil Grundherren und Bauern, Herren und Leibeigene aufeinander angewiesen waren. In einem Land, in dem die Hungersnöte so ausweglos und unbarmherzig waren, hatten die Earls, Lords und Barone durch Generationen echte patriarchalische Funktionen ausgeübt. Ein hartes und tapferes Volk anerkannte diesen im großen und ganzen unersetzlichen Adel, weil er sich bewährt hatte und weil alle bildungsmäßigen oder sozialen Voraussetzungen für eine echte Opposition (oder auch nur zur Diskussion dieser Struktur) fehlten. Die Könige, die nur selten über das kultivierte südliche Schottland und die Haupthafenorte an den Küsten hinaus vordrangen, hatten noch weniger unmittelbaren Kontakt zur Bevölkerung des eigentlichen, des alten und wilden Schottland als die Kirche, die sich immerhin auf einen freilich höchst unzureichend ausgebildeten, aber im Lande doch weit verstreuten Klerus stützen konnte. Militärisch war diese Machtverteilung desaströs, weil die Soldtruppen der Prälaten an Kampfkraft den Hochländern keineswegs ebenbürtig waren, so daß in der letzten Schlacht Jakobs V. die Schotten, trotz aller Beschwörungen der Bischöfe, vor einer an Zahl geringeren englischen Truppe davonliefen und die Adelspartei untätig blieb.

Die Unbildung des niederen Klerus, die Kirchenfeindlichkeit des Adels und die dauernde Unsicherheit, die praktisch jeden Mann zum Waffenhandwerk nötigte, sind mit dem Fehlen größerer Siedlungen die Hauptursachen für eine in Mitteleuropa kaum vorstellbare Situation. Im mittleren und nördlichen Schottland, im weitaus größten Teil des Königreichs, wurden "die räuberischen Sitten, die mit den frühesten Zuständen der Gesellschaft verbunden sind, befördert und daher die Herrschaft der Unwissenheit verlängert. Man lernte wenig, man wußte gar nichts. Bis zum 15. Jahrhundert gab es nicht einmal eine Universität in Schottland... Wenn die Adeligen nicht vor dem Feinde waren, beschäftigten sie sich damit, einander die Hälse zu brechen oder das Vieh zu stehlen. Und so unwissend waren sie, daß noch am Ende des 14. Jahrhunderts kein schottischer Baron imstande gewesen sein soll, mit seinem Namen zu unterzeichnen. Und da nichts einem Mittelstand Ähnliches herausgebildet worden war, können wir uns eine Vorstellung bilden, wie viele Kenntnisse das Volk im allgemeinen besessen haben muß." (Buckle) Ein französischer Reisender aus dem Jahr 1360 gewinnt vergleichbare Eindrücke, und der in seiner Geschichte durchaus schottisch-patriotisch gesinnte Tytler führt eine Reihe von hochgeborenen Analphabeten auf, bis herauf zu Robert Scot of Thirlstane, einem Vorfahren von Lord Napier, der noch im Jahr 1564 nicht schreiben konnte.

Das Fehlen des Mittelstandes, also des Bürgertums, war freilich kein Fehler, den man einer dieser drei Machtgruppen anlasten konnte, sondern ein zwingendes Ergebnis der Strukturen. Die größte Stadt Schottlands war Perth mit nicht einmal 10 000 Einwohnern. Edinburgh hatte, je nachdem, welche Vororte und Klostersiedlungen der Umgebung man hinzurechnete, 9000 bis 16 000 Einwohner. Glasgow — Bischofssitz und Stadt mit Verfassung und Eigenverwaltung — zählte um 1350 ganze 1500 Einwohner, Dunfermline 1000, Kilmarnock 600 (Zählung von 1668) und Pasley nach einer Schätzung aus dem Jahr 1700 immerhin 3000. Diese Beispiele zeigen, daß in dem Land, das in jedem Menschenalter mehrmals von Krieg und Plünderung überzogen wurde, ein städtisches Leben mit Gewerben und Industrien eben nicht hatte entstehen können. In den großen Kontinentalnationen Frankreich, Spanien oder Deutschland suchten die Kriege nur selten alle Landstriche und schon gar nicht immer wieder dieselben heim. In

Schottland war es mit grausamer Regelmäßigkeit der einzig entwickelte Süden, der die Last der fortwährenden Kriege zu tragen hatte, während die unversehrten Highlands und Nordregionen ihrerseits zu arm waren, um städtisches Leben mit Anlieferung und Nachfrage entstehen zu lassen.

Wir entnehmen dem faktenreichen Werk von Henry Thomas Buckle die erstaunliche, aber nirgends widerlegte Tatsache, daß selbst uralte Gewerbe wie die Gerberei, die Seifensiederei und die Glasbläserei in Schottland erst im 18. Jahrhundert heimisch wurden. Ja dieses kriegerische Volk machte sich auch seine Waffen nur zum Teil selbst, weil die Stahlherstellung und Bearbeitung Kenntnisse verlangt hätten, die nicht vorhanden waren. Es gab Häfen und Schiffe, und man führte ein, was man brauchte. Lediglich rund um die Hauptnahrungsmittel gab es einen gewissen Gewerbefleiß: Man fing im 15. Jahrhundert in Glasgow an, Lachs zu räuchern, damit er aufbewahrt werden könne. Pfeil- und Speerspitzen aber wurden ebenso aus Flandern eingeführt wie Wagenräder und Ackergerät.

Diese Zustände hatten naturgemäß politische Auswirkungen. Gab es keine Städte mit freien Bürgern, so mußten sich die Stadtbewohner in ihrer Armut und Unbildung wiederum an irgendeinen Adeligen aus der Umgebung wenden, um unter einer Autorität zu stehen und von ihr geschützt zu werden. Das waren schon wegen der Gerichtshoheit abermals − bis auf wenige Ausnahmen wie eben Glasgow − die Lords. Das heißt, die Städte, die in England und auf dem Kontinent zu Herden des Fortschritts wurden, konnten diese wichtige Funktion in Schottland nicht im entferntesten wahrnehmen: Es gab zwischen Kirche und Adel keine neutrale Kraft, keine vornehmlich wirtschaftlich interessierte begüterte Mittelschicht.

Die Reformation brachte darum in Schottland eine schnelle und schroffe Teilung. Die Kirche stand nach wie vor zum König und er zu ihr, und der Adel, ohnedies stets in Opposition zu den Prälaten, die ihm auch noch die Gerichtshoheit streitig machen wollten, schlug sich in der Krise wie selbstverständlich auf die Seite der Reform. Angesichts der engen und oft schuldhaften Verquickung der kirchlichen und der königlichen Interessen war diese Entwicklung in Schottland unvermeidlich und irreversibel, anders als in Frankreich und Deutschland, wo nicht wenige der großen Familien der alten Kirche treu blieben. In Schottland hatten die Prälaten eben stets mehr sein wollen als Diener der Kirche und wurden nun, da sich plötzlich die Möglichkeit einer anderen Kirchenorganisation zeigte, gnadenlos einer politischen Entscheidung geopfert.

Erzbischof Beaton hatte in den Anfängen der neuen Lehre schwere Fehler gemacht; zahlreiche Reformatoren waren verbrannt oder auf andere Weise hingerichtet und als Ketzer verteufelt worden. Unter diesen ersten Toten war der Prediger Wishart gewesen, unter seinen verhafteten Schülern der damals noch nicht 40jährige John Knox (ca. 1505-1572) aus Gifford Gate bei Haddington. Er mußte für zwei Jahre auf eine Galeere, was gemeinsam mit der Hinrichtung des Freundes und Lehrers in ihm den Haß gegen die römische Kirche ebenso festigte wie den Eifer für die Reform des Johannes Calvin. Er hatte sich seine Bildung und seine Argumente weitgehend in England erworben, hatte dort mit Freunden eine englische Bibelübersetzung geschaffen und sich durch Aufenthalte und Studien in Genf, Frankfurt und verschiedenen englischen Städten einen Überblick über die Lage seiner Heimatnation im großen Gesamtgeschehen der europäischen Reformbewegungen erarbeitet.

John Knox wurde gewiß nicht zum einzigen Gegner der Maria Stuart, und manchmal will man den Eindruck gewinnen, er sei auch nicht der unversöhnlichste gewesen. Er war nur, in seiner Unbedingtheit, in seinem Feuer, in seinem unbeugsamen und rauhen Charakter die Ausprägung jenes Schottland, das die junge, in Frankreich erzogene Monarchin am wenigsten verstehen konnte, das sie am meisten erschrecken mußte. Natürlich hatte sie die Geschichte ihrer Vorfahren und deren Lebensläufe kennengelernt, und gewiß war sie auch, soweit man dies bei einer Sechzehnjährigen annehmen kann, auf politische Gewalt und Adelswillkür vorbereitet. Aber um einem John Knox entgegenzutreten, hätte es — so wie Calvins Kirche die Frauen beurteilte — eines starken Gatten an der Seite der jungen Königin bedurft, eines Mannes vom schottischen Zuschnitt der Stuart-Bastarde, nicht eines legitimen Schwächlings aus dem verbrauchten Haus der Valois.

François, knapp fünfzehn Jahre alt, war ein Jüngling mit rundem Kindergesicht, bei dem ein spät und plötzlich einsetzendes Wachstum einen grotesken Widerspruch zwischen Größe und Reife hervorgebracht hatte. Da Polypen ihn zwangen, den Mund unausgesetzt leicht geöffnet zu halten, wirkte er wie ein Idiot und neben der schönen, früh erblühten Schottin wie ein dünner Popanz oder trauriger Harlekin.

Dieser Dauphin, dem Erbkrankheiten und Kretinismus ins Gesicht geschrieben waren, folgte seinem tüchtigen Vater unerwartet früh auf den Thron. Schuld daran trug jener Turnierunfall vom 30. Juni 1559, von dem ganz Europa sprach, weil ihn zwei berühmte Astrologen vorausgesagt hatten. Heinrich II., der — ganz im Gegensatz zu seiner Gemahlin — von Astrologie wenig hielt, ritt bei den festlichen Ritterspielen aus Anlaß der Vermählung seiner Schwester Elisabeth mit Philipp II. von Spanien dreimal in die Arena. Die ersten beiden Kämpfe bestand er mit Bravour und warf seine Gegner aus dem Sattel. Sein dritter Gegner war, auf Heinrichs ausdrücklichen Befehl, Graf Montgomery, Freund des Königs und Kapitän seiner Garden. Montgomerys Lanze brach, der Graf senkte den Stumpf zu spät, und dieser drang durch das Visier in Auge und Gehirn des Königs.

Ambroise Paré, der berühmteste Chirurg seiner Zeit, soll vier zum Tod Verurteilte als Versuchsobjekte benützt haben, ehe er die Operation an seinem königlichen Patienten wagte. Aber der große Arzt hatte nach den Möglichkeiten der Zeit nur das primitivste Handwerkszeug zur Verfügung, und Heinrich starb wenige Tage nach dem Eingriff. Am 10. Juli 1559 war Franz II. König von Frankreich, Maria Stuart Königin.

Franz II. regierte Frankreich nicht einmal eineinhalb Jahre, und sein früher Tod im Dezember 1560 hat zu verschiedenen Deutungen Anlaß gegeben. Die Hugenotten sagten natürlich, Gott habe den König für das Massaker von Amboise gestraft. (Nach einem mißlungenen Handstreich, der den katholischen Guisen gegolten hatte, waren dort die Hugenotten zu Dutzenden und auf die grausamste Weise hingerichtet worden: gehängt, zerhackt und in der Loire ertränkt.) Die Klatschmäuler bei Hof gaben Katharina von Medici die Schuld, von der bekannt war, daß sie Maria Stuart haßte und es nicht ertrug, daß die junge Schottin nun Königin und Erste Dame des Reiches sei. Die Medici also habe ihren eigenen Sohn vergiftet, damit ihr Lieblingssohn Charles König werde und sie Regentin.

Einige französische Historiker aber fanden die typisch französische Erklärung, die schöne Maria habe ihren zurückgebliebenen Gemahl sexuell überfordert. „François II est mort de cette grande chamelle rousse de Marie Stuart" kann man bei Michelet lesen; doch muß man zugunsten der so ungalant als „große rote Kamelstute" bezeichneten Schottin anführen, daß die Liebe dann am anstrengendsten ist, wenn man zu ihr nicht fähig ist. Und daß dies der Fall war, dafür konnte wiederum Maria Stuart nichts...

Noch ehe der jugendliche Greis ausgelitten hatte, dem Geschwüre im Ohr und allgemeine Entkräftung den Tod brachten, erhielt Maria Stuart vorsichtige Heiratsangebote aus einer Reihe europäischer Staaten, darunter auch von Spanien, wo sie in dem Thronfolger Don Carlos einen ähnlich hoffnungsvollen Jüngling wie ihren verblichenen Gatten hätte ehelichen sollen.

Aber so aussichtsreich sich diese Stunde auch darbot und so jung Maria Stuart noch war, ihr Schicksal war bereits besiegelt, und es war die glückliche Jugend in Frankreich, in der alle Fallstricke gelegt worden waren.

Als nach dem Tod der Maria Tudor die von Anna Boleyn abstammende Elisabeth den englischen Thron bestiegen hatte, war Maria Stuart mit knapp 16 Jahren für ihre politische Handlungsweise zweifellos noch nicht verantwortlich. Sie war schlecht beraten, als sie von diesem Zeitpunkt an das englische und irische Königswappen auf ihre Karossen malen ließ und neben dem schottischen Königswappen führte; es war ein Affront, den ein Mann vielleicht belächelt hätte, was man von Elisabeth nicht erwarten konnte. Von diesem Augenblick an war wegen einer durchaus überflüssigen und nutzlosen Demonstration Maria Stuart für Elisabeth I. von England die Feindin *par excellence*, die Gegnerin, die es zu vernichten galt, wenn Elisabeth Königin bleiben wollte.

Die zweite Schlinge hatte sich Maria um den Hals gelegt, als sie unmittelbar vor ihrem unverdächtig gehaltenen Ehekontrakt eine Reihe von Geheimartikeln unterzeichnete, die ihre Heimat Schottland von Frankreich abhängig machten. Schon Marias Mutter, eine Lothringerin aus dem mächtigen Familienverband der Guise, schaltete in Schottland, als handle es sich um eine französische Kolonie, und wenn sie auch nicht so viel Blut fließen ließ und im ganzen geschickter war als Maria Tudor in England, so war doch das Rekatholisierungs-Regime der beiden Frauen auf der protestantischen britischen Insel bereits zutiefst verhaßt, als Maria Stuart als junge Witwe schließlich die Lage neu überdenken mußte.

Was den Ausschlag bei diesen Überlegungen gab, war zweifellos der Umstand, daß im gleichen Jahr wie Franz II. auch Marias Mutter gestorben war, die für ihre in Frankreich weilende Tochter das schottische Erbe verwaltet hatte. Als sie starb, war der Kampf der schottischen Protestanten gegen ihre Politik auf einem Höhepunkt angelangt. Das Land drohte den Stuarts verlorenzugehen und sich der jungen Elisabeth I. zuzuwenden, wenn Schottlands Königin nicht selbst in ihr Land kam und dem Volk neues Vertrauen zur schottischen Krone gab.

In Stefan Zweigs Biographie der Maria Stuart, dem noch immer lesbarsten und verständnisvollsten aller Bücher über die unglückliche Königin, steht der als Formel unübertreffliche Satz: „Nichts hat die Lebenslinie Maria Stuarts so sehr ins Tragische gewendet, als daß ihr das Schicksal alles an irdischer Macht so trügerisch mühelos in die Hände gibt." Trügerisch mühelos war es auch, dem Drängen der Gesandten aus Schottland nachzugeben, ja vielleicht glaubte die nun Achtzehnjährige tatsächlich, sie werde in schottischen Schlössern so leben können wie bisher, und wenn dort auch nicht die mächtigen Verwandten aus dem Hause Guise ihre Schritte leiten konnten, so besaß sie doch einen tüchtigen Halbbruder, den nachträglich legitimierten James Stuart, Earl of Murray, Sohn Jakobs V. mit Margaret Erskine. Und in Schottland würde sie wieder sein, was sie in Frankreich zu kurz gewesen war (aber immerhin lange genug, um Geschmack daran zu finden) — nämlich Königin.

Aber wie war es möglich, daß dieses hochgeborene und zum Herrschen berufene Prinzeßchen so wenig über Schottland wußte? Daß keiner der Gelehrten oder kundigen Diplomaten, mit denen sich die Valoisherrscher umgaben, ihr wenigstens die Grundzüge einer Landeskunde zugänglich machten und vom Schicksal der Schottenkönige vor Mary sprachen? So ging sie ahnungslos, ja schlimmer: voll von Hoffnungen, in ein Land, in dem selbst die schottischen Könige, Männer, die ihr Land und ihre Gegner kannten, stets Mühe gehabt hatten, zu überleben.

James Stuart, Earl of Murray, das war im Augenblick das Beste, was Schottland ihr zu bieten hatte, und hätte Maria diesen prächtigen Mann heiraten dürfen, so wäre das Problem ihres Lebens gelöst gewesen. Aber sie und James hatten den gleichen Vater...

Er war aus keinem flüchtigen Abenteuer geboren, sondern von der Frau empfangen, die Jakob V. sein Leben lang geliebt hatte, von Margaret Erskine, der Tochter des Earls of Mar. James hatte also rein schottisches Blut von drei Großeltern und englisches Königsblut von seiner Großmutter Margaret Tudor. In einem Buch über die Karrieren natürlicher Söhne wäre ihm ein Ehrenplatz sicher, neben dem Marschall von Sachsen, dem Generalmajor von Löwendahl und dem Herzog von Berwick; für Maria aber, die junge Witwe, die als Königin einen Gatten brauchte, war er nur der Statthalter eines anderen. Eines anderen, der doch nicht der Bessere sein konnte.

In den ersten schottischen Jahren der jungen Königin kam es zu auffallend wenigen kritischen Situationen, weil James Stuart, der meist Moray oder Murray genannt wird, noch deutlich das Übergewicht hatte. Maria hatte keine andere Wahl, als sich ihm anzuvertrauen, und wer dieses durch Mord zu früh beendete Leben eines fähigen Stuart näher betrachtet, muß sagen, daß weder vor noch nach ihm einer seiner legitimen Verwandten tüchtiger über dieses Land geherrscht hat als er. Aber seine illegitime Geburt setzte ihn so deutlich in Nachteil gegenüber Maria, daß er das letzte Wort, das Machtwort, das alles Unheil verhindert hätte, doch nicht sprechen konnte.

Die Schotten hatten ihre schöne Königin auf ihre Manier begrüßt, Feuer angezündet und allerlei nächtliche Gesänge angestimmt und der feinen Dame aus Frankreich manchen Schrecken vor der protestantisch-provinziellen Primitivität ihrer Untertanen eingejagt. Als es Tag wurde, lösten sich aus den Nebeln wieder die vertrauten Umrisse der Freunde, die schmeichelnden französischen Worte übertönten das Gepolter der schottischen Prediger und ihres Anhangs, und Maria ging soweit, im Land des John Knox Theater zu spielen.

Knox, der Eiferer, der unbeugsame Reformator, der Maria die Katholische und Maria Stuarts Mutter gleicher-maßen gehaßt hatte, Knox hatte Schottland zu einem freud-losen Land gemacht, in dem weltliche Lieder ebenso verboten waren wie Theaterspiel und Tanz. Und da kam nun eine hübsche Achtzehnjährige mit einem geschniegelten Hofstaat und spielte Theater, wobei in einem Stück sogar sie den Kavalier spielte, ihre langen, schlanken Beine in schwarze Strümpfe steckte und mehr von ihnen sehen ließ, als man je von einem Frauenbein gesehen hatte. Und das Liebchen spielte jener Dichter Pierre de Boscosel de Chastelard, der Frankreich wegen seiner Leidenschaft für die Schottenkönigin aufgegeben hatte.

Chastelard war ein Enkel jenes Bayard, der als einer der mutigsten französischen Heerführer zu einem Inbegriff ritterlicher Tugenden geworden ist. Aber während Bayard für Karl VIII., Ludwig XII. und Franz I. gekämpft hatte, kämpfte sein Enkel ausschließlich um die Königin von Schottland. Sie scheint ihn mit kleinen Gunstbeweisen abgespeist und nie wirklich erhört zu haben, sonst wäre es unerklärlich, daß er wiederholt Versuche machte, seine Angebetete beim Auskleiden zu beobachten. Immer wieder versteckte er sich im Schlafzimmer der Königin und wurde gelegentlich aufgestöbert und unter Spott und Scheltworten von den Hofdamen hinausgetrieben. Einige Male aber scheint er, begünstigt durch die riesigen Möbel, hohen Gardinen und halbdunklen Winkel von Holyrood, auch Erfolg gehabt zu haben.

Eines Tages wurde er in einem Augenblick entdeckt, da Maria Stuart über seine Frechheit nicht mit der Nonchalance von Blois oder Amboise hinweggehen konnte; sie hatte nämlich nichts mehr auf dem Leib, und ihre Damen sahen sich einer unbekleideten Königin und einem entdeckten Beobachter gegenüber. Chastelard muß erkannt haben, was es bedeutete, und Maria wußte ebenso, daß es nun galt, von dem skurrilen Bewunderer Abschied zu nehmen.

Der Hof war auf der Reise, die Gemächer Marias und ihres Halbbruders lagen nahe beisammen, und ehe ein Versuch der Vertuschung gemacht werden konnte, war Murray zur Stelle. Er hielt die blanke Waffe in der Hand, denn

214

in Schottland war der Mord, wie man so schön lesen kann, im 16. Jahrhundert noch ein Volksbrauch. Als Murray die Schwester sah, die sich das Nachthemd vor den Leib preßte, und den Kavalier vom Kontinent, den er ohnedies nicht leiden konnte, da war Chastelards Leben schon nicht mehr viel wert. Aber Murray, der stets an alles dachte, wollte keinen Leichnam im Boudoir der schönen Schwester. Das wäre ein zu prächtiges Thema für die nächste Sonntagspredigt des alten Knox gewesen. Also ging alles öffentlich zu und nahm seinen ordentlichen Gang.

Dieser ordentliche Gang war ein Gang zum Richtplatz. Man schrieb das Jahr 1563, Maria Stuart weilte schon über ein Jahr in ihrem Land, und der erste Mann, der für sie den Kopf auf den Block legte, war kein Kriegsmann, sondern ein Dichter, kein Schotte, sondern ein Franzose.

Pierre de Boscosel de Chastelard starb zu früh, um ein ruhmsicherndes poetisches Werk zu hinterlassen; aber sein Gang zum Richtplatz war seines mutigen Großvaters würdig. Ohne Priester, Verse Ronsards auf den Lippen, ging Chastelard gefaßt zum Block, sah Maria Stuart ein letztes Mal an, sagt seufzend „Cruelle Dame!" im Stil der Troubadours und wartete dann gefaßt auf das Beil. Weder er noch sonst einer ahnte damals, daß jene, die ihm dieses Schicksal bereiteten, ebenfalls gewaltsame Tode sterben würden: schon sieben Jahre später James Stuart, Earl of Murray, und vierundzwanzig Jahre später die schöne Königin selbst...

Ehe es soweit kommt, zeigt Maria aber, daß sie sich wenigstens einen der schottischen Volksbräuche durchaus zu eigen machen will. Sie schwört dem französischen Getändel ab, sie erwacht zu der schottischen Wirklichkeit, sie rechnet mit Mord und befiehlt Mord wie in alten Zeiten, wie in den Zeiten von Robert the Bruce und von Jakob I. von Schottland. Um sie, die junge, schöne Frau aus dem sonnigen Land der Valois, ist bald so viel Brand- und Blutgeruch, so viel Haß und Männertod wie um die uralten waffenkundigen Weiber der gälischen Sagen, bei denen die unbesiegbaren Helden und Streitwagenkämpfer das Waffenhandwerk und den Zweikampf erlernt hatten.

Aber es beginnt dennoch mit einer sehr weiblichen, mit einer eher französischen denn schottischen Entscheidung, als sie wütend, ja entrüstet den Gatten ablehnt, den ihr die böse Base aus London empfiehlt, den schönen Robert Dudley, Grafen von Leicester, abgelegter Günstling und langjähriger Bettgenosse der jungfräulichen Königin und mutmaßlicher Mörder seiner Frau Amy Robsart. (Walter Scott hat ihm einen seiner besten Romane, nämlich *Kenilworth*, gewidmet. Aus dem historischen Faktum einer heimlichen Ehe Leicesters, der die Eifersucht seiner königlichen Geliebten fürchten muß, baut Walter Scott die bekannte farbige Historie um die Feste auf Schloß Kenilworth und die trotz aller weiblichen Leidenschaften und Launen doch wahrhaft königliche Gestalt der ersten Elisabeth. Der ebenfalls historische Treppensturz durch eine ungesicherte Falltür verursacht den Tod der Amy Robsart und löst für Leicester das Problem seiner Existenz zwischen zwei Frauen.)

Es ist heute müßig, Überlegungen darüber anzustellen, wie sich das Schicksal der Maria Stuart dadurch verändert hätte, daß sie 1563 auf die Offerte aus London eingegangen wäre. Und ganz gewiß gab es auch noch andere Gründe, Leicester abzulehnen als die Tatsache, daß er aus der Intimität der Gegnerin kam: Er war kein Schotte, hatte keinen Anhang nördlich des Tweed und zweifellos auch als Person wenig Substanzen. Als jüngerer Sohn hatte er auch keine Ansprüche auf das an sich Schottland benachbarte, mit der schottischen Geschichte vielfältig verflochtene Northumbrien.

Heinrich Stuart Lord Darnley, auf den Mary durch seine Mutter aufmerksam gemacht wurde, hatte demgegenüber als ältester Sohn des Grafen Lennox und einer Douglas königliche Ahnen von Vater- und Mutterseite, und zwar nicht nur in Schottland, sondern auch in England. Er war in England erzogen worden, für damalige Verhältnisse gebildet und ähnlich wie Leicester ein Schönling mit besten Manieren, was der Witwe Franz II. nach so mancher Enttäuschung, die ihr ihre schottischen Untertanen auf diesem Gebiet bereitet hatten, wohlgefällig in die Augen stechen mußte. Zweifellos gefiel er ihr; sie war jung und unsicher und wußte, daß sie einen Mann an ihrer Seite brauchte – also machte sie ihn am 28. Juli 1565 zu Edinburgh zum König und heiratete ihn.

Von dem Augenblick der Entscheidung für Darnley an hatte Maria Stuart zwar ihre eigene Partei und ihre Selbständigkeit, aber auf ihren Halbbruder konnte sie nicht mehr zählen.

Aber nicht nur Murray distanziert sich von Maria und wird ihr Gegner. Mit dem Augenblick, da sie einen Gemahl wählt, scheint ein unausgesprochener, aber jahrelang eingehaltener Waffenstillstand urplötzlich beendet. Nun hat die junge Frau vom Kontinent sich entschieden, nun hat sie einen Beschützer gewählt, nun greift alles wieder zu den Waffen. Es ist nicht überraschend, daß Schottland, dieses gesellschaftlich noch so archaisch organisierte Hirten-Königreich, so reagiert, und es ist faszinierend zu sehen, wie schnell diese leidenschaftliche Frau, die sich immer stärker auf sich selbst zurückzieht, den Gesetzen dieses Landes verfällt.

Wäre Darnley ein starker Gatte gewesen, dann wären die Würfel ein für allemal gefallen, und es begänne, wie so oft in Schottland oder auch im frühen England, der Kampf der Sippenverbände gegeneinander, bis zur Vernichtung einer Partei. Aber alle Titel, alle neuen Würden vermochten aus diesem Muttersohn, der aus England gesteuert wurde, keinen König zu machen, der der Königin zu einer wirklichen Hilfe, ja natürlichen Schutzwehr geworden wäre. In all den Dokumenten jener Jahre liest sich nichts merkwürdiger als das *Henricus Rex*, mit dem Darnley selbst die Briefe an seine Eltern unterzeichnet; und sehr schnell wird sich Maria darüber klar, daß sie diesem Mann nur eben so viel Recht einräumen darf, wie unbedingt nötig ist. Mit einem starken Mann hätte sie eine starke, feste und haltbare Verbindung eingehen können. Der Schwächling Darnley aber würde ihr über kurz oder lang entgleiten, nicht nur, weil sie selbst als Frau sich ihm entziehen mußte, sondern vor allem, weil andere Macht über ihn gewinnen würden. Darnley entpuppt sich als eine zusätzliche Gefahr.

Der Mann, der anstelle Darnleys Maria Stuart zur Seite steht, ist dem Amt nach nur ihr Sekretär. Er heißt David Rizzio oder Riccio, ist etwa zehn Jahre älter als Darnley und stammt aus Turin; er war ursprünglich wohl Hofmusiker, bald aber Vertrauter und Favorit in der zusammengeschmolzenen Suite der Königin. Rizzio muß das Schicksal Chastelards kennen und die Gewalttätigkeit der schottischen Großen, für die ein Fremder praktisch schutzlos ist und auf einen bloßen Verdacht hin ungestraft erschlagen werden kann. Der kluge Italiener, so fremd in diesem nördlichen Land wie seine Königin, glüht für Maria, berät sie, schreibt ihre eleganten Briefe und erschauert wie sie vor den geharnischten Halbwilden, die aus einem anderen Jahrtausend übriggeblieben zu sein scheinen.

Dafür, daß Rizzio ihr Geliebter war, gibt es so lange keine Beweise, bis Maria Stuart sie selbst liefert. Denn von allem, was Darnley ihr antut, fordert nichts ihre tiefste Leidenschaft, das Verlangen nach Rache, so sehr heraus wie die Ermordung des Italieners. Maria weiß, daß Darnley mit seiner Mutter und dem ganzen Lennox-Clan ständig intrigiert, um seine Position neben der Königin zu stärken. Nach der Geburt des Kindes wird er versuchen, Maria zugunsten des Neugeborenen zu entthronen und für den unmündigen König die Regentschaft zu führen. Er ist brutal, unaufrichtig, beleidigend gleichgültig und zweifellos kein Mann für diese nun voll erblühte, energische und temperamentvolle Frau. Das alles aber fordert sie nicht so heraus wie der eine Abend, an dem er über eine Hintertreppe die Mörder in den Saal führt und hämisch zusieht, wie ihr Freund und Vertrauter auf das Grausamste umgebracht wird. Marias Erregung verrät noch der Brief, den sie beinahe einen Monat nach dem Mord an den Bischof von Glasgow schreibt:

„Am 9. März (1566), gegen sieben Uhr abends, saßen Wir bei der Abendmahlzeit in Gesellschaft Unserer Schwägerin, der Gräfin Argyll, Unseres Schwagers, des Komturs von Holyroodhouse, des Lord Creich, Arthur Erskines und einiger anderer Personen Unserer Umgebung, die zwanglos von Uns zur Tafel zugezogen worden waren. Wir enthielten Uns des Fastens auf Weisung der Ärzte hin, wegen Unserer Schwangerschaft und Unseres häufigen Übelbefindens, denn Wir befanden Uns im siebenten Monat. Da trat der König in Unser Kabinett und stellte sich neben Unseren Sessel. Ein wenig später brachen Graf Morton und Lord Lindsay an der Spitze von 160 (?) Leuten in das Schloß ein, gewalttätig wie Feinde. Sie besetzten alle Ausgänge, damit niemand ihnen entkommen könnte, zum wenigsten planten sie dies. Lord Ruthven drang zu gleicher Zeit mit Getöse in Unser Kabinett; er erzwang sich den Eintritt mit seinen Leuten, und als er Unseres Sekretärs Riccio ansichtig ward, sagte er diesem, er habe mit ihm zu reden. Wir baten den König, Uns ehrlich zu gestehen, ob er von diesem Anschlag wüßte, nachdem er Uns versichert hatte, er wisse nichts (!), befahlen wir Ruthven, augenblicklich das Gemach zu verlassen, wenn er nicht Gefahr laufen wolle, als Rebell behandelt zu werden. Wir versprachen ihm überdies, Riccio werde dazu angehalten, sich, wenn nötig, dem Staatsrat zu stellen, und er solle sich auch verantworten wegen der Übergriffe, deren man ihn beschuldigte. Ruthven jedoch kehrte sich nicht im geringsten an Unseren Befehl, sondern stürzte sich mit seinen Gefolgsleuten auf Riccio, der hinter Unserem Sessel Schutz gesucht hatte. Sie warfen den Tisch auf Uns und hieben über Unsere Schultern hinweg mit Degen auf ihn ein, andere standen mit gezücktem Dolch vor Uns. Sie zerrten den Unseligen roh aus dem Kabinett und brachten ihm auf der Schwelle Unseres Schlafgemachs 56 Degenstiche bei. Wir wurden von Schmerzen und Ängsten ergriffen, wie Ihr es Euch leicht vorstellen könnt, und zitterten für Unser eigenes Leben. Danach betrat Ruthven wiederum das Zimmer und war unverschämt genug, Uns zu eröffnen, er und die anderen Standesherren seiner Partei seien Unserer Tyrannei überdrüssig, so daß sie übereingekommen seien, sie künftig nicht mehr zu dulden. Mit Riccio seien sie besonders unzufrieden gewesen. Deshalb sei er eben von ihnen getötet worden..."

Eine spektakuläre Mordtat wie die an Rizzio, von Malern wie Sir William Allan bildlich dargestellt, verleiht einem Schloß stets eine besondere sinistre Attraktion, und so oft Holyrood Palace auch aus- und umgebaut wurde, man zeigt doch bis heute in den historischen Gemächern neben der Gemäldegalerie jenen Supper-Room (Abendessen-Zimmer), den die Mörder Rizzios über eine geheime Treppe erreicht und wo sie ihre Untat vollbracht hatten. Das Mobiliar freilich ist nicht echt, denn die Truppen des großen Cromwell hausten, wo immer sie hinkamen, also auch in Holyrood auf die barbarischste Weise.

Der vierte Earl of Bothwell ist die Abenteurerfigur in dem nun anhebenden Schauerdrama, und ein wenig von Magie geistert auch um ihn. Er ist nach Murray der mächtigste Vasall der schottischen Krone, besitzt vier feste Schlösser und ausgedehnte Ländereien, und die Eltern des Reformers John Knox waren Leibeigene der Bothwells. Seine Ahnenreihe weist nach Skandinavien; er ist unter vielen gälischen Herren der Wikinger, und seine Unrast, sein Ungestüm und seine Großzügigkeit lassen dieses ferne Erbe in ihm noch immer wirksam erscheinen. Maria Stuart wird ihn, wenn alles überstanden ist, zum Herzog der Orkneys und der Shetland-Inseln erheben.

Dies ist ein Adelstitel, der tatsächlich zu ihm paßt und der sogar eine Strecke seines Lebens vorzeichnet, denn Bothwell wird sich später nach Dänemark wenden, dem König seine Inseln antragen und skandinavische Rückendeckung suchen, obwohl an den schottischen Händeln schon seit geraumer Zeit nur England und Frankreich beteiligt sind.

Dieser Bothwell also, rücksichtlos, dämonisch, aber ein Mann, der sich voll einsetzt, stand schon Maria Stuarts Mutter in ihrem Kampf um Schottlands Rekatholisierung zur Seite; er stand ihr bei, obwohl er selbst Protestant war. Maria Stuart hatte er bereits auf einer Reise nach Frankreich kennengelernt. Beim Überfall Ruthvens, dem Rizzio zum Opfer fiel, bewahrte Bothwell Maria vor dem Tod, und je mehr Darnley sich als feige, verräterisch und feindselig erwies, desto entschiedener suchte Maria bei Bothwell Halt, weil sie ja irgend jemand haben mußte, auf den sie sich verlassen konnte.

Aber Maria war nicht nur Königin, sie war auch eine Frau von 24 Jahren. Darnley vernachlässigte sie seit Monaten. Rizzio, der sie in manch einsamer Nacht mit südlicher Zärtlichkeit getröstet haben mochte, war tot. Die Gedanken an Rizzio nährten immer wieder den Haß gegen Darnley, dem sie Rache geschworen hatte, und ließen sie einen Mann suchen, der die Rache ausführen würde.

Die schöne Königin, die im Frankreich der Renaissance aufgewachsen war, erscheint jetzt in das alte schottische Blutrachedenken verstrickt. Im März war Rizzio ermordet worden, im Dezember desselben Jahres werden die ersten Pläne zu Darnleys Ermordung geschmiedet. John Imrie, kenntnisreicher Edinburgher Archivar und Bothwell-Spezialist, sagte es diskret, aber deutlich mit der Formulierung: „Die Beseitigung Darnleys wurde im Dezember 1566 in Craigmillar von einem Kreis beschlossen, dem die Königin, Bothwell und Lord Gordan angehörten; es wurde später erklärt, daß eine Verschwörung von Bothwell und anderen unterzeichnet wurde. Unbezweifelt aber ist, daß Bothwell selbst die Vorbereitungen für den Mord an Darnley in Kirk o'Field in der Nacht vom 9. zum 10. Februar 1567 überwachte."

An der ersten Absprache über die Beseitigung Darnleys ist Maria also beteiligt. Der Mord ist unwiderlegbar das Werk ihres Geliebten, den sie bald darauf heiratet, den sie drei Monate nach dem Mord an ihrem Gatten zum Herzog erhebt. Und sie will Bothwell so ungeduldig zum Mann, daß auch dessen Gattin zu ihrer Feindin wird.

Am 19. Juli 1566 brachte Maria Stuart im Schloß von Edinburgh einen Sohn zur Welt, als dessen wirklichen Vater die Gerüchte sogleich den Sekretär Rizzio bezeichneten. Bei den Tauffeierlichkeiten im Dezember auf Schloß Stirling war Darnley zwar anwesend, hielt sich aber ostentativ von den Gästen und von dem ganzen festlichen Treiben fern, so daß Bothwell bereits den Hausherrn machte. Beim Taufakt selbst war Darnley nicht zugegen, obwohl alle wußten, daß er auf Stirling-Castle weilte. Das war ein stärkerer Affront, als wenn er zum Beispiel eine Reise vorgeschützt oder sich an einem anderen Ort aufgehalten hätte. Darnley hatte das Kind zwar als seinen Sohn anerkannt, was er tun mußte, da es ja nur dann sein Trumpf war, wenn es als legitimer Erbe galt. Das Fernbleiben vom Taufakt aber war eine persönliche Demonstration, die angesichts der kursierenden Gerüchte nichts anderes bedeuten konnte als eine bewußte Distanzierung von der Vaterschaft, – ja es war von allen Möglichkeiten, die Vaterschaft zu leugnen, die einzige, die Darnleys eigene Interessen nicht schädigte und dennoch von allen verstanden werden mußte.

Darnley hatte fortan mehr Feinde, als seiner Sicherheit zuträglich war; Maria hatte ihm nach Rizzios Tod Rache innerhalb eines Jahres zugeschworen, und außerdem trugen sich die Mitglieder der Ruthven-Verschwörung, die Maria bis auf zwei amnestiert hatte, mit dem Gedanken, Darnley den Lohn dafür zukommen zu lassen, daß er sie an Maria verraten hatte. Diese beiden Gefahren kannte Darnley, und er erwog deshalb, sich zu seiner Familie zurückzuziehen, also Schottland zu verlassen. Die akute Gefahr, den Beweggrund Marias für eine schnelle Aktion, konnte Darnley nicht kennen: Maria war seit etwa Dezember 1566 wieder schwanger, diesmal von Bothwell, und da Darnley sich von ihr seit Monaten ferngehalten hatte, war nicht zu erwarten, daß er einen Nachkommen aus einer ehebrecherischen Beziehung der Königin legitimieren und damit dem Erstgeborenen einen Rivalen an die Seite stellen würde.

Diese Sachlage hat Maria gegenüber ihrem späteren Sekretär Nau bestätigt; sie wird durch spanische Gesandtschaftsberichte vom 21.6.1567 erhärtet. Darnley mußte also verschwinden, und zwar so schnell, daß Maria noch Zeit hatte, vor der für den Spätsommer 1567 zu erwartenden Niederkunft Bothwell zu ehelichen. War Darnley tot, der im Dezember immerhin zusammen mit Maria auf Schloß Stirling geweilt hatte, so konnte alles im Guten abgehen, Darnley als der Vater des Kindes gelten und die Beziehung zu Bothwell ein Geheimnis zwischen Maria und ihrem Geliebten bleiben.

Am 24. Dezember 1566 hatte Maria Stuart die letzten der Rizzio-Mörder begnadigt. Da diese nun in Freiheit waren, fühlte Darnley sich bedroht und verließ Stirling-Castle, um sich nach Glasgow zu begeben, wo der Lennox-Clan mächtige Freunde hatte. Dort angekommen, erkrankte Darnley jedoch an den Pocken, und Maria Stuart mußte mit einiger Ungeduld zusehen, wie die Zeit verstrich und sie an Darnley nicht herankonnte. Um ihn wieder in ihre Gewalt zu bekommen, machte sie dem Gatten, mit dem sie längst keine Beziehungen mehr hatte, ja den sie als Feind ansah, einen Krankenbesuch und führte quer durch Schottland eine Krankenbahre mit sich, woraus zu erkennen ist, daß sie schon mit der Absicht, ihn zurückzuholen, nach Glasgow reiste.

Wegen der Gefahr der Ansteckung konnte Darnley nicht verlangen, in Edinburgh in der Nähe von Maria und ihrem kleinen Sohn untergebracht zu werden. Das einsam gelegene Kastell von Craigmillar aber war Darnley ein zu gefährlicher Aufenthaltsort, darum brachte man ihn nach Kirk o'Field, in ein Haus am Stadtrand von Edinburgh. Bothwell hatte es vorher besichtigt, um sich darüber Klarheit zu verschaffen, ob der für Craigmillar erdachte Plan einer Sprengung auch in diesem neuen Domizil durchführbar sei.

Am 31. Januar oder 1. Februar 1567 trafen Maria Stuart und Darnley in dem Haus von Kirk o'Field ein; der kleine Prinz blieb, obwohl Darnley die Pocken im wesentlichen überstanden hatte, in Edinburgh. Eine Woche gemeinsamen Lebens in jenem Ausweichquartier sollte dem Volk eine Versöhnung von König und Königin vorspiegeln. Erst im letzten Augenblick, am Abend des Anschlages selbst, verließ Maria Stuart das bereits unterminierte Haus...

Es ist der 9. Februar 1567, ein Sonntag, und Neumond. Der Tag steht seit langem für die Hochzeit eines Dienerpaares fest, die auf Holyrood stattfinden soll und bei der Maria Stuart, um die treuen Leutchen zu ehren, ihr Erscheinen zugesagt hat. Den frühen Abend aber verbringt sie noch mit Darnley und einigen anderen in fröhlicher Runde. Darnley ist glücklich, daß Maria sich ihm wieder zugewendet hat, er trinkt, um die Warnungen zu vergessen, die ihm aus der Familie Stuart zukamen, und betäubt die schleichende Angst, die in ihm ist.

Während im ersten Stock, in Darnleys Gemächern, die Becher klingen und laute Stimmen ertönen, schaffen Bothwells Leute, voran sein Kammerdiener Paris, große Pulversäcke ins Erdgeschoß, und zwar in Marias Schlafzimmer, das unter dem Darnleys liegt. Es muß aus diesem Verfahren geschlossen werden, daß die Königin im Bilde ist und daß man eine Entdeckung nicht befürchten muß. Gegen Marias Ahnungslosigkeit spricht auch, daß sie bedacht ist, ihre wertvolle Marderdecke zu retten; sie entsendet eine Kammerfrau eigens zu dem Zweck, das schöne Stück von Kirk o'Field nach Holyrood zu bringen...

Um elf schließlich macht Maria sich auf, um noch vor Mitternacht auf der Hochzeit zu sein. Im Garten trifft sie Paris, dessen Gesicht mit Pulver beschmiert ist, und macht ihn, da andere in der Nähe sind, in absichtlich scherzhaftem Ton auf diesen verräterischen Umstand aufmerksam. Dann steigt sie auf und reitet mit ihrer Suite, die Fackeln trägt, durch die Winternacht nach Holyrood. Dort ist der festliche

Trubel auf dem Höhepunkt. Auch Bothwell und sein Kammerdiener sind eingetroffen.

Nach Mitternacht geleitet Maria die Braut zum Brautbett, und Bothwell macht sich mit seinen Helfern auf nach Kirk o'Field. Um das Alibi nicht zu gefährden, das ihnen die Hochzeit auf Holyrood gewährt, klettern sie über die Stadtmauer von Edinburgh; nur Bothwell, der den akrobatischen Akt wegen einer noch nicht ausgeheilten Duellverletzung nicht schafft, muß sich das Stadttor aufsperren lassen. In Kirk o'Field legen seine Helfer Hay of Tallo und John Hepburn (ein Verwandter Bothwells) die Lunten, verbinden sie und stecken sie gegen zwei Uhr an.

Als die Explosion die Nachtstille durchbricht und ganz Edinburgh auf die Beine bringt, schafft es Bothwell, der sich wohl niedergelegt, aber bestimmt nicht ausgekleidet hatte, mit seinen Leuten als erster am Tatort zu sein – eine weise Maßnahme, denn unter den verstümmelten Toten in den Trümmern des Hauses ist Darnley nicht zu finden. Erst gegen Morgen, als das Dunkel sich lichtet, werden die Leichen Darnleys und seines Pagen auf dem Gartengrundstück unweit des Hauses entdeckt.

Kirk o'Field liegt so einsam, daß unmittelbare Zeugen des Geschehens nicht zu erwarten waren, und das nächste Anwesen gehört obendrein Freunden Bothwells. Dennoch berichten einige Frauen, daß sie Geräusche eines Handgemenges und Rufen gehört, vor allem aber einen Satz genau verstanden hätten: „Oh meine Verwandten, habt mit mir Erbarmen." Darnley kann damit nur seine Mörder Morton und Douglas gemeint haben, denen er in die Arme lief, als er – wegen eines verdächtigen Geräusches, oder weil er die Zündschnüre entdeckt hatte – mit seinem Pagen im letzten Augenblick aus dem Haus floh.

Diese Aussagen ändern allerdings nichts an der Behandlung des Falles. Bothwell nämlich läßt, schnell gefaßt, die beiden Leichname unter Bewachung aus dem Garten nach Holyrood schaffen, noch ehe irgend jemand sich überzeugen kann, auf welche Weise der Tod eingetreten ist. Niemand kann zunächst den Nachweis erbringen, daß Darnley den Sprengstoffanschlag überlebt hat.

Ähnlich geheimnisvoll geht es bei der Bestattung des ermordeten Königs zu. Darnley wird nicht, wie es einem Märtyrerkönig gebührt, unter großer Anteilnahme des Volkes zu Grabe getragen; Maria zeigt nicht öffentlich ihre Trauer und ihre Empörung und schwört den Mördern Rache, sondern alles geht in Nachtdunkel und Stille vor sich und ohne daß auch nur ein einziger Lennox es wagt, an dem Begräbnis teilzunehmen.

Diese Faktenkette wird nicht mehr angezweifelt. Für die Mitschuld oder gar die Anstifterrolle der Königin allerdings gibt es nur Indizien. Blind Zufallsgläubige können die ganze ziemlich perfekte Regie für ein Werk der Vorsehung halten, die Maria Stuart retten wollte. Schwerer ist es schon, zu beweisen, warum die Vorsehung sich auch der Marderfell-Decke annahm. Und vollends unhaltbar wird die Reinwaschungstheorie, wenn man sich auszumalen versucht, wie Maria Stuart einen lebendigen Darnley mit der Tatsache hätte vertraut machen wollen, daß er ohne jegliche Bemühung von seiner Seite abermals Vater geworden sei. Mit einem Toten hatte sie es da zweifellos sehr viel leichter.

Sichtbarer, deutlicher als dieser ungeklärte und nicht mehr zu klärende Mord war zumindest für die Zeitgenossen die Ehe, die Maria Stuart schon acht Wochen nach dem Verbrechen einging, die Ehe mit dem Mann, der als Urheber, wenn nicht gar als Ausführender der Mordtat verdächtigt wurde. Die Katholiken waren aufgebracht, weil Bothwell ein prominenter Protestant war, die sittenstrengen Calvinisten wiederum wandten sich entsetzt von einer Frau ab, die sich schon in so jungen Jahren betrug wie die alten merowingischen Mörderinnen.

Da in Schottland jeder Laird seine waffenfähigen Männer um sich scharen kann, noch ehe 24 Stunden vergangen sind, hatten die Protestanten blitzschnell eine kleine Armee unter Waffen und präsentierten sich der zahlenmäßig schwachen Bedeckung der Königin bei Carberry Hill mit dem Begehren, Maria Stuart gegen den allzumächtigen Earl of Bothwell in eine Art Schutzhaft zu nehmen.

In Wahrheit ging es diesen Ehrenmännern, in deren Familien seit Generationen ebenso herzhaft gemordet wurde wie in Holyrood, jedoch darum, die Katholikin Maria Stuart vor ihrem eigenen Volk ein für allemal lächerlich zu machen, und man griff dazu auf eine alte germanische Schandstrafe zurück: Man führte die junge Frau, nur mit einem kurzen roten Unterrock bekleidet, durch die engen Straßen Edinburghs, wo der Pöbel sie umdrängte und verspottete. Wann hatte man jemals eine Frau von Stand und gar eine Königin in solcher Entkleidung gesehen!

Es kann nicht verwundern, daß es John Knox war, der sich die Gelegenheit zu einer Predigt aus diesem Anlaß nicht entgehen ließ, und er und seine adeligen Parteigänger waren es auch, die Maria Stuart − ohne daß ihr etwas bewiesen worden war − zur Abdankung zwangen. Ihr kleiner Sohn, dessen feine, kluge Züge mehr auf den Italiener Rizzio hinwiesen als auf den blaß-ausdruckslosen Darnley, wurde wie schon so mancher König von Schottland gekrönt, ehe er auch nur eine Ahnung haben konnte, was dies bedeutete.

Schottland also hatte seinen sechsten Jakob, und da er viel zu klein war, irgend jemandem zu schaden, hütete man ihn auch, hielt ihn in sorglicher Haft. Maria hätte wohl am besten daran getan, in diesem Augenblick, da alle Aufmerksamkeit ihrem Kind zugewandt wurde, einen Fluchtweg nach Frankreich zu suchen. Zweifellos waren es nur einige wenige Adelige, die ihr noch die Treue hielten, wohl eher, um aus dieser nun sehr nahen Verbindung zu einer Machtlosen dereinst Vorteil zu ziehen, als aus echter Anhänglichkeit und Treue. Gegen den nun zum Regenten für Jakob VI. ernannten Murray hatten sie alle keine Chance.

Dies erwies sich sehr bald, als die kleine, hastig aufgestellte Armee Marias am 13. Mai 1568 von Murrays Truppen geschlagen wurde: Das geschah bei einem Dorf namens Langside, das heute zu Glasgow gehört.

Nun erst ist Maria am Ende. Vergeblich bieten ihre Getreuen ihr feste Schlösser an. Man kann sich im schottischen Hochland viele Monate lang verteidigen, man kann in Ruhe abwarten, bis die Opposition gegen Murray wächst, man kann neue Bündnisse vorbereiten. Ihnen allen, den treuen Männern wie Herries, Hamilton, Huntly, ist diese Art Leben in ständigem Kampf tägliches Brot; Schottland kennt keinen wirklichen Frieden, die Clans sind uralte Kampfbünde, und kreuzen sie die Waffen nicht, so rüsten sie für den nächsten Gang. Aber Maria ist eine Frau. Sie will nicht noch einmal erleben, was ihr die Niederlage des vorigen Jahres beschert hat, die Schmähungen, die Bedrohungen durch den Pöbel; sie will überhaupt nicht mehr. Niemand, nicht einmal Elisabeth von England, kann schlimmer sein als dieses unversöhnliche, puritanische, von seinen Bußpredigern verhetzte Volk, das ihr schon auf Erden die Höllenstrafen bereiten will.

In drei Tagen und drei Nächten flieht Maria, kopflos, nur von Lord Herries und ein paar Dienern, aber keiner einzigen Frau begleitet, zu Pferd durch die heute noch unendlich einsamen, menschenleeren Hügel von Ayr und Kirkcudbright bis an den Solway Firth, wo die Abtei von Dundrennan sie aufnimmt. Vom Abbey-Head aus sieht sie weit hinaus in die Irische See; zur Linken hat sie den Firth, und vor ihr, im Süden, liegt Cumberland, England, das Land, das ihr als Zuflucht erscheint.

John Maxwell, Sohn des vierten Lord Maxwell und erst seit 1567, durch seine Heirat, Lord Herries, stand lange Zeit auf seiten der schottischen Protestanten; Marias Mutter hatte ihn in den Kerker geworfen. Er verurteilte Marias Ehe mit Bothwell, aber er führte bei Langside ihre Kavallerie und wich ihr nach der Schlacht nicht mehr von der Seite, ein echter Ritter und kluger Freund.

Auf seine Bitten schreibt sie an Elisabeth, ehe sie sich der mächtigen Feindin in die Arme wirft; es ist ein rührender und mit Recht berühmter Brief, der bei einer anderen Frau seine Wirkung nicht verfehlt hätte:

„Aus Dundrennan, den 15. Mai 1568:

Meine sehr liebe Schwester!

Ohne Euch mit all meinen Kümmernissen belästigen zu wollen, die Euch ja doch bekannt sein dürften, möchte ich Euch sagen: Jene meiner Untertanen, denen ich die meisten Wohltaten erwiesen habe und die mir am tiefsten verpflichtet sind, haben mich, nachdem sie mich gefangen hielten und auf das unwürdigste behandelten, aus meinem Königreich vertrieben und in solche Lage versetzt, daß ich nach Gott nur noch auf Euch zu hoffen wage. Wollet also gestatten, liebe Schwester, daß ich Euch sehen darf, so bald als möglich, um Euch Genaues über meine Angelegenheiten zu sagen. Indessen will ich Gott bitten, er möge Euch seine Gunst erweisen und mir Geduld verleihen und die Tröstungen, deren ich durch Eure Mittlerschaft von Seiner heiligen Gnade gewärtig bin..."

Unfähig, eine Antwort abzuwarten, die trotz der Eile des Boten Wochen dauern muß, bittet Maria schon am nächsten Tag ihre Freunde, ein Boot zu beschaffen. Entgegen allen Vorstellungen von Lord Herries läßt sie sich über den Firth of Solway rudern. Nur William Douglas, der ihr schon bei der Flucht aus Loch Leven behilflich war, jubelt, als man englischen Boden betritt. Maria ist müde, mutlos und unruhig und läßt dem ersten Schreiben von Workington aus gleich den nächsten, ausführlichen Brief folgen, den sie nicht mehr mit der Anrede „Meine sehr liebe Schwester" beginnt, sondern mit „Gnädige Frau und Schwester". Er schließt mit erschütternden Zeilen, hinter denen die Verzweiflung erkennbar ist:

„... Inständig bitte ich Euch, laßt mich zu Euch kommen, so bald Ihr es irgend ermöglichen könnt, denn meine Lage ist verzweifelt und nicht nur einer Königin, sondern überhaupt einer Frau von Adel unwürdig. Denn mir ist nichts belassen als das, was ich am Leibe trage; am ersten Tag meiner Flucht legte ich, querfeldein reitend, wohl 60 Meilen zurück, und danach ritten wir nur noch nachts, wie ich Euch in Bälde selbst berichten will, wenn Ihr Euch, wie ich hoffe, meines äußersten Mißgeschicks erbarmen wollt. Ich will es aber nicht ausführlicher beklagen, um Euch nicht lästig zu fallen. Nur Gott will ich im Gebet angehen, damit er Euch Gesundheit und ein langes und glückliches Leben verleihe und mir Geduld, auch Tröstung, die ich mir ersehne von Euch, der ich meine demütigen Empfehlungen entbiete..." ·

Dieser Brief, aus Workington vom 17. Mai datiert, ist das letzte, was Maria in Freiheit tut. Am nächsten Tag schon ist sie Gefangene, wenn auch eine Gefangene, der man königliche Ehren erweist. Aus dem kleinen Städtchen an der Mündung des Derwent wird sie nach Carlisle geleitet, Dienerschaft wird für sie aus Schottland nachgeholt, englische Geschäftsleute versorgen sie mit Stoffen und allem Nötigen. Aber hinter all dem steht eine ungewisse Zukunft, lauert Marias eigene Angst, daß alles ganz anders sein könnte, als sie es sieht und glauben möchte.

In den nun folgenden 18 Jahren, den letzten ihres Lebens, war Maria Stuart nicht einen Augenblick frei oder auch nur unbeobachtet. Ihre Post wurde gelesen, ihre Besucher registriert, über die Gespräche, die sie führte, wurde Bericht erstattet, und auch das, was sie in Stoffballen oder sonstwie versteckt erhielt, wurde nur zu oft dem Personenkreis bekannt, der sie beaufsichtigte.

Maria Stuart hatte, von Schloß zu Schloß geschleppt, rein äußerlich gesehen keine allzu harte Gefangenschaft. Bis auf das schlecht gebaute Tutbury, wo sie die Fenster verhängen und an kalten Tagen das Bett hüten mußte, um sich zu wärmen, waren die Adelssitze, die man ihr zuwies, durchaus komfortabel. Sie hatte stets mindestens zehn, meistens aber bis zu 30 Bedienstete, durfte jagen, ihre eigene Küche führen, war von ihren Teppichen, Gobelins und Devotionalien umgeben und bis kurz vor dem Ende auch von Freunden aus ihrer schottischen Heimat wie dem treuen William Douglas. Die Familien, denen man sie anvertraute, waren viel zu vornehm und zu großzügig, um sich als Kerkermeister aufzuspielen oder einen Zwang auszuüben; Shrewsbury zum Beispiel, auf dessen Schlössern sie die meiste Zeit zubrachte, fand es sogar unter seiner Würde, ihre Post zu lesen, obwohl ihm dies aufgetragen worden war.

Selbst ihr letzter Bewacher, Sir Amyas Paulet, verhielt sich durchaus korrekt, und es ist ungerecht, daß er, immer wieder, selbst in sonst sehr kritischen Biographien, als Kerkermeister charakterisiert wird. Paulet hatte das schwerste Amt, denn als er mit der Aufsicht über Maria Stuart betraut wurde, war ihr Untergang, zumindest für Walsingham und Burleigh, bereits beschlossene Sache, und die Anweisungen, die er erhielt, waren entsprechend streng. Er war auch nicht, wie seine Vorgänger, selbst der Schloßherr, sondern nach Tutbury beziehungsweise Chartley als Bewacher entsendet worden und in dieser Rolle nicht nur für Maria verantwortlich, sondern für ihren ganzen unausgesetzt konspirierenden Stab und für die Sicherheit der beiden Schlösser. Paulet war Puritaner, aber er bewachte die katholische Königin ohne Haß, bot ihr sogar sein eigenes Zimmer auf Tutbury an, weil dieses besser zu heizen war, und verwahrte sich entrüstet gegen das Ansinnen, die unbequeme und ohnedies kränkelnde Gefangene durch Gift aus dem Weg zu schaffen.

Da Maria nicht resignierte, sondern unentwegt weiter Hilferufe nach Frankreich und Spanien sandte und die diplomatischen Vertreter dieser Länder in London, wie auch ihre eigenen Gesandten in Frankreich, unausgesetzt beschäftigte, war es für einen Virtuosen des geheimen diplomatischen Spiels wie Francis Walsingham relativ einfach, die Gefangene ins Messer laufen zu lassen. *The Babington Plot*, eine katholische Verschwörung, auf deren Programm auch die Ermordung der Königin Elisabeth stand, war nicht ausschließlich das Werk von Provokateuren. Der Papst, der Herzog von Parma und vor allem Spanien, das sich auf die Abrechnung mit England vorbereitete, unterhielten Agenten in England, von denen immer wieder einige aufgegriffen wurden, und die katholische Opposition gegen Elisabeth war zweifellos organisiert und bereit loszuschlagen, sobald sich eine Gelegenheit bot.

Sir Anthony Babington selbst war ein Idealist, der an seine Sache, an die Befreiung Maria Stuarts und die Beseitigung des protestantischen Regimes in England, aufrichtig glaubte. Aber in den Reihen seiner Mitverschworenen gab es undichte Stellen. Walsingham hatte einen Agenten eingeschmuggelt und überdies einen Sekretär der französischen Gesandtschaft in London gekauft, durch dessen Hände Maria Stuarts Post ging. Nun brauchte man nur noch der Gefangenen unbeschränkte Schreiberlaubnis zu geben und Sir Amyas Paulet verbieten, ihre Briefe zu lesen, und die unglückliche Königin lieferte sich, statt durch derartige Erleichterungen mißtrauisch zu werden, durch ihre Babington-Korrespondenz so vollständig an ihre Feinde aus, wie Walsingham und Burleigh es nur wünschen konnten.

Die unglückliche Königin findet im Angesicht des Todes alle Kraft und Würde wieder und scheint die Entscheidung mit Erleichterung hinzunehmen. Die überflüssigen, ja unbegreiflichen Drangsale der letzten Stunden verhärten ihren Stolz und festigen ihre Haltung: die Bekehrungsversuche, das Verbot, auf die Vulgata zu schwören, der Versuch, ihr protestantische Geistliche aufzuzwingen und die Verweigerung eines katholischen Beistands. Bis zum Schluß hat sie – die diesen Brauch kennt – Mord im Gefängnis gefürchtet, obwohl Sir Amyas ihr versichert hat, er werde keinen Finger breit vom Recht abweichen.

Ein Hinrichtungsaufschub, den Maria zur Ordnung ihrer Angelegenheiten erbittet, wird abgelehnt, und dann kommt der 18. Februar (8. Februar des alten Kalenders) 1587 heran. Marias Leibarzt Dominique Bourgoing hat in seinem Tagebuch einen Augenzeugenbericht der letzten Stunden gegeben, der als verläßlich gilt:

„In der Nacht, nachdem sie unausgekleidet einige Stunden ausgeruht hatte, legte sie schriflich ihren Letzten Willen nieder, so ausführlich, als ihr dies in der kurzen Zeitspanne, die sie zur Verfügung hatte, eben möglich war. Danach traf sie ihre Anordnungen über ihre bewegliche Habe und die Abreise ihrer Dienerschaft und teilte jedem eine Summe Geldes zu.

Am Morgen sprach sie abermals mit ihren Dienern und versuchte, sie zu trösten; danach zog sie sich zurück und verharrte allein im Gebet, bis ungefähr um neun Uhr der Sheriff kam, (der Richter, der die Vollstreckung zu überwachen hatte), der sie dann wegführte, ohne zu erlauben, daß auch nur eine Kammerfrau sie begleitete.

Am Fuße der Treppe trafen sie Melville, den Vertrauten und Ratgeber der Königin, der sich vor seiner Herrin auf die Knie warf und von ihr Abschied nahm. Man sah, wie schwer dieser Abschied ihm fiel und wie sehr dieser Anblick ihn nach so langer Trennung schmerzte. Ihre Majestät hatte tags zuvor den Wunsch geäußert, ihn vor ihrem Tod wiederzusehen. Auf ihr dringendes Begehren wurde ihr zugestanden, daß Melville, Bourgoing (der Erzähler), Gervais, Georgeon, Didier, Jehanne Kennedy und Espez Curlle bei ihrem Tode zugegen sein dürften, soferne die Königin sich für sie verbürgte, daß sie nicht durch Wehklagen den Hinrichtungsvorgang stören würden.

Nachdem sie sich gegen die Herren, die sie abführten, ähnlich geäußert hatte wie an früheren Tagen und insbesondere am Tag vorher, weigerte sie sich schlankweg, den protestantischen Pfarrer anzuhören, der sich ihr aufdrängen wollte, indem sie eifriger denn je ihren Glauben bezeugte. Ihr Gebet verrichtete sie abgewandt auf lateinisch, während die Anwesenden es ihrem Glauben gemäß sprachen.

Nach ein paar Worten empfahl sie den Herren ihre Diener, gab diesen ihren Segen und betete noch einmal, wobei sie das Herz eines jeden rührte. Dann erhob sie sich und ließ sich Schleier, Mantel und Oberkleid von ihrer Kammerfrau abnehmen und bat diese, nicht zu schluchzen.

Hierauf warf sie sich wieder auf die Knie, erhob die Hände, in denen sie ein hölzernes Kruzifix hielt; sie hatte es aus ihrer Kammer mitgebracht und ließ es bis zu ihrem Ende nicht mehr aus den Händen.

Nachdem ihre Kammerfrau ihr die Augen verbunden hatte, erhob sie den Kopf. So erwartete sie, leise weiterbetend, den Todesstreich, ohne sich im gerinsten zu bewegen. Sie dachte, daß man ihr den Schwertstreich versetzen würde, wie es in Frankreich Brauch ist, bis man ihr bedeutete, sie müsse sich vornüber beugen und ihr Haupt auf den Block legen. Als sie dies getan, wurde ihr der Kopf mit einer kurzgestielten Axt abgeschlagen, wie man sie verwendet, um Holz zu spalten. Solange sie sprechen konnte, hatte sie den Bibelvers wiederholt: Herr, in deine Hände befehle ich meinen Geist."

Ein Schotte aus Turin

Nach dem gewaltsamen Tod der schönen und unglücklichen Königin, schön noch im Sterben und unglücklich in allen ihren Handlungen, sucht man nach einem Trost, nach einer Versöhnungstat der unbarmherzigen Weltgeschichte, und findet einen Sohn. Was könnte mit dem Schicksal einer Mutter überzeugender versöhnen als ein großer Sohn, nach einer gescheiterten Königin ein erfolgreicher König?

Jakob VI. von Schottland, der 1603 auch den Thron Englands besteigen und die Nachfolge Elisabeths I. antreten wird, ist gewiß nicht das, was die Regentengeschichte mit dem seltenen Beiwort 'der Große' meint, denn sie verbindet es hartnäckig mit kriegerischen Taten und Eroberungen. Dennoch ist dieser Schottenkönig, der gekrönt wurde, noch ehe ihn seine krummen Beinchen trugen, der interessanteste Monarch in der Geschichte der britischen Inseln seit Alfred dem Großen. Er gibt, nach Jahrhunderten einer gewissen Gleichförmigkeit, auch der Geschichte des Hauses Stuart selbst jene neuen Akzente, die nach der unglücklichen Mary nun auch Männer dieser Familie ins volle Licht der europäischen Geschichte treten, ja in ihr Glanzrollen übernehmen läßt.

Der selbst von seinen engsten Freunden für beschränkt gehaltene, brutale, oberflächliche und sehr junge Lord Darnley schied schon für die Zeitgenossen als Erzeuger Jakobs VI. aus, jenes Kindes, das schon früh erstaunliche Geistesgaben verraten hatte. Noch ehe Jakob zehn Jahre alt war, übersetzte er aus dem Stegreif vom Lateinischen ins Französische und vom Französischen ins Englische. In einer Kindheit und Jugend, in der die Regenten, die für ihn die Macht ausübten, mit bestürzender Regelmäßigkeit ermordet oder nach fadenscheinigen Anklagen hingerichtet wurden, gab es einen einzigen Glücksfall, nämlich seinen Lehrer George Buchanan (1502-82), der den Knaben seit 1570 unterrichtete und bis zu seinem eigenen Tod im Jahr 1582 trotz Krankheit auf die Ausbildung Jakobs VI. den größten Einfluß nahm. Bei einem weniger begabten Schüler hätte daraus eine Katastrophe werden können, denn Buchanan war zwar in Frankreich und Portugal gebildet, unstreitig die beste lateinische Feder seines Landes, Schüler großer Geister und Lehrer eines Montaigne, aber er war kein Pädagoge. Ohne Toleranz prügelte er den königlichen Schüler und verlangte ihm Dinge ab, die das kindliche Gehirn noch keineswegs zu fassen vermochte. Aber er war eben ein großer Geist, mit Phantasie begabt, unkritisch, unmoralisch, Verfasser von Erotica, Dichter von Ingenium, ein Erwecker von hohen Graden angesichts eines kleinen Bastards, in dem eben sehr viel zu erwecken war. Bei so manchem legitimen Kretin wären all diese Samenkörner wohl auf den Weg gefallen.

Es wird mir nicht mehr vergönnt sein, die Summe dessen, was Europa den untergeschobenen oder unehelichen Kindern verdankt, in einem Buch aufzuzeigen, obwohl nur die Zusammenfassung noch aussteht, im Einzelnen wissen alle Kundigen ja längst Bescheid. Wäre alles stets in den Grenzen der Legitimität vor sich gegangen, wir hätten weder Geiserich noch Theoderich den Großen, weder Karl Martell noch Arnulf von Kärnten, weder Don Juan d'Austria noch Ludwig XIV. und eben auch nicht diesen genialen Geisterseher auf dem britischen Thron. Gewiß war seine Flucht in die Wissenschaft beinahe erzwungen in dieser düsteren Umwelt, zwischen den Mauern eines mittelalterlichen Schlosses, die eine Art Kerker bildeten, erzwungen auch dadurch, daß man ihm die Briefe seiner Mutter vorenthielt und seine kindlich-zarten Versuche, mit ihr, der Gefangenen in Verbindung zu treten, mit jener Härte abwürgte, zu der nur Frauen gegen Frauen fähig sind. In diesem Fall hieß das eine Ungeheuer allbekannt Elisabeth I., das andere, weniger bekannt, Lady Annabelle Murray of Tullibardine, Gemahlin des Sechsten Earl of Mar. Der pränatale Schock, der Ermordung des Vaters beizuwohnen, und die mutterlose Kindheit werden heute zur Erklärung mancher Bizarrerien des Königs herangezogen.

Da die Regenten und damit die Bezugspersonen schnell wechselten und es einen empfindsamen Knaben ja auch nicht positiv beeinflussen konnte, daß all diese Bezugspersonen nacheinander einen gewaltsamen Tod starben, blieb Buchanan, der prügelnde Dichter und große Humanist, der einzige Halt des vereinsamten Kindes, und Buchanan hatte Jakob wohl auch von Maria Stuart erzählt, der er schon bei ihrer Vermählung mit Franz II. ein langes Huldigungsgedicht gedrechselt hatte. Als sich zeigte, daß das Leben der gefangenen Königin in Gefahr sei, expedierte darum Jakob drei gewandte und ansehnliche Herren aus dem schottischen Adel mit einem bewegenden Gesuch um Schonung nach London, das vielleicht Chancen gehabt hätte, weil Elisabeth sich lange Zeit deutlich bemühte, den jungen Jakob der englischen Krone zu verpflichten. Aber die selbstgerechte Geistlichkeit der Kirk beeilte sich, durch eine Geheim-Delegation ein Entschuldigungsschreiben in London überreichen zu lassen, in dem, wie man heute sagen würde, der Tod der Katholikin Maria Stuart billigend in Kauf genommen wurde. Das Schreiben des Königs, der offensichtlich sein Volk nicht hinter sich hatte, verpuffte somit wirkungslos. (Auch dieser empörende Vorgang hinderte später die Geistlichkeit nicht, Jakob vorzuwerfen, er habe nichts zur Rettung seiner Mutter unternommen.)

Zum Jüngling herangewachsen, versuchte Jakob, mit Schottland zu leben, wenn auch auf seine Art, und obwohl seine öffentlichen Auftritte nun aller Welt deutlich machten, daß sich der Typus der schottischen Könige mit einemmal ins Lateinische gewandelt habe. Die schöne Königin und ihr gutaussehender offizieller Gemahl hatten einen seltsamen Nachkommen, der auf den charakteristischen

Spinnenbeinen Rizzios daherkam, so dünn, daß sie noch bei Karl I. und bei Karl II. den Ärzten Sorgen bereiten werden. Und es mutete denn auch wie ein Gauklertrick an, als er, selbst den Zeremonienmeister machend, bei einem großen Bankett in Edinburgh die versammelten schottischen Großen zwang, jeweils dem ärgsten Gegner den Arm beim Einzug zu bieten.

Diese und andere seiner Handlungen vor allem der früheren Jahre, als er noch nicht in England König war, muten wie Rituale, ja wie Beschwörungen an und sind, selbst wenn man sie als Appelle an das Irrationale, an das Charisma des Königtums versteht, dennoch für diesen Mann durchaus natürlich. Wer hätte denn, simpler Vernunft und rationalem Kalkül folgend, einen Thron bestiegen, dessen Inhaber in den letzten zweihundert Jahren allesamt — bis auf zwei — gewaltsame Tode gestorben waren? Unser Jahrhundert steht auf dem Standpunkt, daß Dämonenfurcht und Intelligenz einander ausschließen oder aber gegenseitig auffressen. Das 17. Jahrhundert aber, in das Jakob I. von Großbritannien nun hineinregieren soll, ist eine von tiefen religiösen Wirren und Unsicherheiten geprägte Epoche, die letzte Verwirrung des Menschengeistes durch die Konfessionen, ehe das Licht der Vernunft im 18. Jahrhundert aufgehen wird. Auch ein Buchanan, der von der Inquisition verfolgte wache Geist, konnte seinen Schüler schließlich nicht mehr gegen die Dauereinwirkung altschottischen Aberglaubens beschützen, und als Buchanan 1582 starb, war der junge König den allsonntäglichen Schauerpredigten völlig schutzlos preisgegeben. Die schottischen Prediger aber leisteten wahrlich Fleißarbeit, wenn es darum ging, die Schrecken der Unter- und Zwischenwelten, der Hölle und der irdischen Abgründe des Bösen auszumalen. Jakob, der sich angesichts der Mordtaten ringsum ständig bedroht fühlen mußte, der oft drei oder vier Nächte in Kleidern verbrachte, um jederzeit fliehen zu können, hatte nicht wie seine Mutter einen Knox gegen sich, der bei allem Glaubenseifer doch auch ein politischer Kopf gewesen war, sondern Andrew Maxwell, einen jener glühenden Calvinisten, die sich rühmten, alle ihre Weisungen unmittelbar vom Herrgott zu empfangen, so daß Diskussionen Gotteslästerungen gleichkamen. (Erst 1606 durfte Jakob es wagen, seine Heimat von diesem rüden Apostel zu befreien: Er ließ ihn zunächst in den Tower werfen und verbot ihm dann die Rückkehr nach Schottland.)

An jener Jahrhundertschwelle, da sich Europas Monarchen unter den Gesinnnungsterror der katholischen wie der protestantischen Eiferer beugten, mußten solche Aktionen Jakob I. den Ruf eines zweiten Salomon eintragen, also eines weisen Herrschers über den Parteien, auf den vor allem die durch ständige Lebensgefahr in der Freiheit der Forschung behinderten Gelehrten lange gewartet hatten. Denn die Gegenreformation schlug ebenso blutig zu wie jene zweite und dritte Generation, die auf die großen Reformatoren der ersten Stunde gefolgt waren. Nur der Schöpfer des Toleranzedikts, Frankreichs bis heute gefeierter Heinrich IV., ließ sich durch diesen zweiten Salomon nicht imponieren, sondern sagte, das einzige, was Jakob mit Salomon gemeinsam habe, sei der Umstand, daß sein Vater David heiße (dies war der Vorname Rizzios).

Tatsächlich steht einer gewissen religiösen Neutralität Jakobs, seiner vernunftbedingten und humanistischen Distanz zu den Auswüchsen der Kirchenherrschaft, eine dank seiner scharfen Intelligenz intensive und endlich kreative Hinneigung zum Zwischenreich der Geister, Dämonen und Hexen gegenüber. Es war eine Sucht, die sich leider nicht − wie im Fall Rudolfs II. − in leidenschaftlichem Sammeln von Alraunwurzeln und endlosen Unterredungen mit Hofastrologen erschöpfte, sondern dazu führte, daß auch die weltzugewandte, in zahlreichen Bischöfen mit einem gewissen Prunk dahinlebende anglikanische Kirche ihr Zeitalter der Hexenverfolgungen bekam. Mit Jakob kommt der bei seinen Vorgängern noch durchaus unbekannte Zug zu pathologischer Grausamkeit in die Stuart-Linie; man schreibt ihm die Einführung besonders grausamer Foltern zu – ein Hang, der bei seinem Enkel Jakob II. wieder erwachen wird. Dennoch geht es nicht an, alles, was sich in den folgenden Jahrzehnten und vor allem während des Bürgerkriegs in England an Hexenverfolgungen begeben hat, Jakob I. in die Schuhe zu schieben, war doch zum Beispiel das Scheusal Matthäus Hopkins viel zu ungebildet, um Dämonentraktate des Königs zu lesen.

Eine leichte Verrücktheit, höflicher Bizarrerie zu nennen, meint man auch darin zu erkennen, wie Jakob seine Ehe einfädelte und die Hochzeitsreise vor der Hochzeit machte. Daß er die ältliche Spanierin, die Elisabeth I. ihm andienen wollte, nicht zum Weibe begehrte, muß man als eine normale Reaktion bezeichnen. Daß er eine junge und hübsche Königstochter an seiner Seite zu haben wünschte, auch noch. Daß er aber, gerührt durch die Seenöte der Schönen, sich selbst in das Abenteuer winterlicher Nordseefahrten stürzte, die skandinavischen Staaten unsicher machte, insgesamt drei Eheschließungen an verschiedenen Orten inszenierte und seine Königin den gesammelten Begierden seiner Günstlinge und Anverwandten aussetzte, das mußte im fernen England den Eindruck verstärken, dieser junge Monarch sei so verrückt wie das ganze seltsame und wunderliche Schottland.

Umso größer war die Erleichterung, als nach dem Tod der zuletzt nicht mehr sonderlich beliebten Königin Jakob I. von Großbritannien seinen Zug durch London hielt. Das düstere Schottland mit allzuvielen Kerkermauern und festen Schlössern lag hinter ihm. Vergessen waren die Rüpelspiele von Edinburgh, wo freche Vettern ihn geplagt, die Galane seiner hübschen Frau ihn verhöhnt hatten, die permanente Nähe des Todes ihm die Nachtruhe raubte. Beifällig stellten die Bewohner der Weltstadt an der Themse fest, daß dieser undurchsichtige Mann aus dem Norden doch kein Hexenjäger, Folterer, Teufelsaustreiber, Spökenkieker und Hochlandfinsterling war, sondern ein hochgebildeter Herr mit einem modischen Bärtchen und einer deutlichen Neigung zum Theater. Er besuchte es nicht nur sehr viel öfter als die verstorbene Königin, sondern machte auch die beste Truppe zu einer königlichen und erwarb sich damit um William Shakespeare (1564-1616) etwa jene Verdienste, die sich ein paar Jahrzehnte später Ludwig XIV. im Hinblick auf Molière wird zuschreiben dürfen. Dennoch gab es einen Unterschied: Dem Sonnenkönig war der junge Molière mit seiner Truppe durch Pocquelin *senior*, den Hoftapetenkleber von Versailles, empfohlen worden; William Shakespeare hingegen war Jakobs I. höchstpersönliche Entdeckung, zumindest für den britischen Hof.

Seine Theaterbegeisterung aber hatte Jakob schon aus Schottland mitgebracht, in Gestalt eines Schauspielers namens Lawrence Fletcher. Für ihn suchte Jakob eine gute Londoner Truppe und stieß auf die des Lordkämmerers, der auch Shakespeare angehörte. Die Leistungen der Truppe befriedigten Jakob so sehr, daß er ihr — beinahe als erste seiner Londoner Verordnungen — ein königliches Privileg ausstellte und sie unter seinen persönlichen Schutz nahm. Das erhob die Truppe über die Konkurrenz, machte die Schauspieler zu Hofbediensteten und garantierte ihnen höchst ehrenvolle und auch lukrative Auftritte bei offiziellen Anlässen wie den Empfängen von Gesandten, Hochzeiten bei Hof und ähnlichem. Und wenn sie auch kein fixes Gehalt bezogen, so hat man doch errechnet, daß das Budget dieser Truppe nun nicht mehr zu knappen fünf Prozent aus Geldern vom Hof gespeist wurde, sondern zu immerhin 15 Prozent, seit Jakob regierte.

Diese Verbindung von Theateraufführungen mit Hoffestlichkeiten führte in mindestens einem Fall zu einer Katastrophe: Als zu Ehren der eben vermählten Tochter Jakobs mit dem Kurfürsten Friedrich von der Pfalz am 29. Juni 1613 *Heinrich VIII.* gegeben werden sollte, brannte das Globe-Theater! *Haydn's Dictionary of Dates* weiß zu berichten, daß das Haus an diesem Tag überfüllt gewesen war und bis auf die Grundmauern niederbrannte, daß jedoch wie durch ein Wunder keine Todesopfer zu be-

241

klagen waren. (Es war die Heirat, die letztlich die Thronfolge des Hauses Hannover begründete, weil eine der Töchter aus dieser kinderreichen Ehe Sofie, Kurfürstin von Hannover war, somit eine Enkelin Jakobs I. in direkter Linie.)

Das Nahverhältnis zwischen dem König und dem größten Dramatiker seines Landes wäre eine eigene Studie wert, denn es ist unendlich facettenreich. Berühmteste Shakespeare-Stücke wurden erstmals vor Jakob I. gezeigt und verschwanden dann wieder für Jahre von den Bühnen, wie *Wie es euch gefällt* (Uraufführung 1603) oder *König Lear* (1606); andere wieder sind ohne den König schon von der Entstehung her kaum vorstellbar wie *Sturm* (The Tempest) mit dem Zauberer Prospero als leicht idealisiertes Abbild des magiekundigen Königs. Auch mit Jakobs theoretischen Schriften über Königtum und Gottesgnadentum hat sich Shakespeare in seinen Königsdramen immer wieder auseinandergesetzt und in *Macbeth* auf schottische Empfindlichkeit Jakobs deutlich Rücksicht genommen.

Bei Jakob I., den der Shakespeare-Forscher Wolfgang Weiß 'eine gelehrte Persönlichkeit und einen nicht unbedeutenden Staatstheoretiker' nennt, gewinnt man manchmal den Eindruck, daß nicht nur das zeitgenössische Schottland (was erklärlich wäre) sondern auch das elisabethanische England hinter den Ansprüchen dieses Monarchen zurückgeblieben war. Die von ihm praktizierte, wenn auch nicht proklamierte Toleranz brachte so ziemlich alle religiösen und politischen Gruppierungen gegen ihn auf, statt daß man diese Wendung zum inneren Frieden dankbar und erlöst zur Kenntnis genommen hätte, und so war denn das schauerlichste Theater, das die Londoner für ihren König bereithielten, kein Renaissancedrama, sondern eher ein barockes Feuerwerk: *The Gunpowder Plot* (Die Schießpulver-Verschwörung). Offenbar angeregt durch das erfolgreiche Vorgehen Bothwells gegen Darnley, planten englische Katholiken nichts Geringeres, als den schottischen König vom britischen Thron hinwegzusprengen —

aber nicht nur ihn, sondern mit IRA-Gründlichkeit auch gleich die Lords und das gesamte Unterhaus, wenn sich die Herren Abgeordneten am 5. November 1605 zur Parlamentseröffnung versammeln würden.

Der noch etwas vage, mehr an Personen als an Glaubenssätzen orientierte Geheim-Katholizismus der Maria Stuart hat sich in der Folge, in der Stuart-Rizzio-Linie, weiter akzentuiert. Die klugen Herrscher aus diesem Haus, nämlich Jakob I., Karl I. und Karl II. gaben sich mit ihrem persönlichen Verhältnis zur römischen Religion zufrieden; Jakob II. wird eine Staatsaffaire aus ihr machen und den Thron verlieren. Schon von Jakob I. mochten sich die Katholiken mehr erwartet haben, als er angesichts der prekären Situation vor allem im Schottland des Fanatikers Andrew Maxwell riskieren konnte und wollte. Also wurde das Parlamentsgebäude in seinen ausgedehnten Kellern mit einem Dutzend von Pulverfässern bestückt, die ein ehemaliger Artillerist namens Guy Fawkes eben mittels Lunten zu einem gewaltigen Feuersturm verbinden wollte, als er auf einen Hinweis hin festgenommen werden konnte. (Daß man sich neun Tage Zeit genommen hatte, ehe man dem anonymen, aber deutlichen Warnbrief nachging, scheint anzudeuten, daß so manchem Londoner der große Knall nicht unlieb gewesen wäre.) Guy Fawkes jedenfalls zauderte nicht, seine Beweggründe zu nennen, vielleicht hatte er auch von den neuen Anregungen zum Foltern gehört, die der König ausgearbeitet hatte. Jedenfalls bekannte er sich zu der Explosion als Mittel, 'King James the First und die ganze schottische Bettlerbrut, die er sich mitgebracht, zum Teufel zu jagen'.

Obwohl Fawkes auch auf der Folter schwieg, wurden schließlich etwa ein Dutzend Verschwörer hingerichtet; sie hatten sich verraten, indem sie mutig zu den Waffen griffen. Sie hatten keine Chance, aber auf die Schotten machten nur zwölf Gehenkte wenig Eindruck. Die Scheiterhaufen flammten in ganz Europa, warum sollten da ausgerechnet die englischen Katholiken so billig davonkommen.

Man begreift kaum, wie dieser König es anstellte, dennoch inneren und äußeren Frieden zu bewahren, die Dauerbedrohung durch Spanien zu beenden und auf die verwegenen, letztlich aber unfruchtbaren Unternehmungen der elisabethanischen Korsaren die überlegten Landnahmeaktionen und Kolonialgründungen folgen zu lassen, die das britische Inselreich an die Seite der Seemächte stellten. Unter Jakob I. und Karl I. reiften die Früchte, gelangte die schon von Elisabeth I. begründete Ostindische Handelskompanie zu den ersten festen Niederlassungen. Es waren zwei Könige aus Schottland, die dies bewirkten, ganz als ob sie geahnt hätten, daß ihre arme Heimat dereinst diese reichen Länder jenseits der Meere dringender brauchen würde als selbst das übervölkerte England.

Oliver Cromwell und die Schotten

Wir haben uns angewöhnt, England als einen Hort der Demokratie anzusehen und den englischen Parlamentarismus als vorbildlich für alle vergleichbaren Institutionen auf der ganzen Erde. Dennoch preist die Geschichtsschreibung keinen Engländer so anhaltend wie jenen Oliver Cromwell, der mit dem Londoner Parlament so selbstherrlich umsprang wie keiner der Könige dieses Landes, der Soldaten gegen die Abgeordneten einsetzte, aus religiösen Gründen Mandate aberkannte und einmal gleich hundert Parlamentarier aus moralischen Gründen in die Wüste schickte. In Irland stehen heute, dreihundert Jahre nach Cromwell, noch die Brandruinen seiner Strafexpedition von 1649, der selbst das stets sehr zurückhaltend wertende alte Meyer-Lexikon 'entsetzliche Härte und Grausamkeit' bescheinigt, und im Jahr darauf führte Cromwell seine puritanische Elitetruppe, die Mordbrenner und Frauenschänder von Irland, gegen Schottland.

Stefan Zweig hat in einem seiner am wenigsten bekannten Bücher, in dem aufrüttelnden Bericht über Castellios Kampf gegen Calvin, das schöne Wort gesagt, daß man sich zu einer Religion nicht dadurch bekenne, daß man andere für sie sterben lasse, lieber solle man schon selbst für sie sterben, das sei überzeugender. Irland, Nordirland und England geben uns bis heute ein Beispiel dafür, daß auch die demokratischen Regierungsformen, daß auch ein allgemein als hoch einzustufendes Niveau von Zivilisation und Bildung den in jeder Konfession gefährlich aufwachsenden Keim der Intoleranz nicht abtöten können. Wir dürfen darum vom 17. Jahrhundert nicht erwarten, was das 20. bisher nicht zu leisten vermochte. Es war in ganz Europa zu blutigen Religionskriegen gekommen, in denen Katholiken und Protestanten gegeneinander standen, und auf den britischen Inseln wiederholte sich dieses überflüssigste aller Blutvergießen zwischen Spielarten der eben geborenen protestantischen Konfessionen.

Obwohl heute kein Grund mehr besteht, auf die Einzelheiten und die verwirrenden Peripetien der englisch-schottischen Glaubenskämpfe einzugehen, muß zum Verständnis der Ereignisse doch ein Wort über die besonderen Verhältnisse auf der Insel gesagt werden; die Unterschiede zum übrigen Europa gehen nämlich über Nuancen weit hinaus.

England hatte keinen Luther, der Thesen anschlug und dem das Volk und einige Fürsten dann folgten, es hatte lediglich einen König, der eine Ehe auflösen und eine neue schließen wollte. Wäre Papst Klemens VII. seiner ersten Eingebung gefolgt und hätte die Ehe zwischen Heinrich VIII. und Katharina von Aragonien aufgelöst, wie es Heinrich begehrte, dann hätte es wohl einsickernde Einflüsse europäischer Reformatoren gegeben, aber nicht die von oben befohlene Lösung von Rom und die Begründung der anglikanischen Kirche. Da Heinrich nichts anderes wollte als die Freiheit zu neuen Ehen, störte ihn an der römischen Kirche im wesentlichen nur der Papst, und die von John Knox aufgrund der Lehren Calvins in Schottland zum Sieg geführte Reform unterschied sich erheblich von der in allen Strukturen praktisch unveränderten Kirche Englands.

Als nach der Protestantin Elisabeth I. die im Herzen katholischen Stuartkönige Jakob I. und Karl I. England *und* Schottland regierten, widersprach die schottische Kirche, *the Kirk*, ihren Ansichten, Überzeugungen und Gewohnheiten. Den Schotten wurde vom Süden her, von ihren eigenen Königen, so manches wieder aufgezwungen, was sie mit Begeisterung losgeworden waren, vor allem die mächtigen Bischöfe mit ihrem ausgedehnten Besitz. Das waren nun zwar protestantische Bischöfe, denn Katholiken gab es praktisch keine mehr in Schottland, aber da sich der Adel den Kirchenbesitz bereits einverleibt hatte, waren auch protestantische Kirchenfürsten nicht willkommen. 1637 begann ein allgemeiner Aufstand gegen diese Eingriffe, im Februar 1638 beschloß man den sogenannten *Covenant*, die feierliche Verpflichtung, *the Kirk* gegen alle Eingriffe von außen zu verteidigen.

Die Versammlung, die zweifellos eine Mehrheit der urteilsfähigen Schotten repräsentierte, faßte ihren Widerstandsbeschluß gegen England und die Bischöfe und natürlich auch gegen die liturgischen Vorschriften Karls I. 'in a paroxysm of enthusiasm beyond all example in our history' heißt es in Chambers Annalen, also in einem wahren Rausch von Begeisterung, wie er in der Geschichte Schottlands beispiellos dastand. Im November 1638 kam es zu der großen Generalversammlung von Glasgow, die auch auf den Befehl des königlichen Statthalters, eines Marquess of Hamilton, nicht auseinanderging, sondern nun alle Bischöfe absetzte, die Bischofsweihe abschaffte und für das Jahr 1639 den Waffengang gegen Karl I. proklamierte. 1640 fielen die Schotten wieder einmal in England ein und 1641 kam der als so tyrannisch verschriene Stuartkönig Karl I. zu den Schotten, lenkte ein und gewährte ihnen so ziemlich alles, wofür sie in Glasgow so stürmisch votiert hatten.

Offensichtlich aber können Könige ihren Sinn schneller ändern als ein ganzes Volk, und vor allem von den Schotten weiß man, daß sie schwer in Fahrt geraten, dann aber auch nicht mehr so leicht zu bremsen sind. Die auch in England gegen Karl I. aktiv gewordene Opposition ermutigte die Schotten, in ihrem Kampf fortzufahren. Ein England im Bürgerkrieg verhieß zudem leichte Beute in den nördlichen Provinzen, und so wurde Karl, wie man aus der Geschichte weiß, von den puritanisch gedrillten Regimentern des Parlaments unter Oliver Cromwell und von den Schotten immer wieder geschlagen. Sowohl die Schlacht bei Marston-Moor als auch die bei Naseby fand im nördlichen Teil Englands statt, eben wegen der schottischen Mitwirkung im Aufstand des Parlaments, und schließlich sah Karl I. nur noch einen Ausweg, wenn er nicht Cromwell in die Hände fallen wollte: Er mußte sich seinen Schotten gefangen geben, die einen Stuart ja wohl nicht an den grausamen Emporkömmling ausliefern würden.

Die späten Stuarts wirkten oft erstaunlich schlecht beraten, so als hätte der königliche Ruhm, der Herrschaftsanspruch seit Generationen, ihnen den rücksichtslos-rationalen Kämpferverstand getrübt, der sie in der Frühzeit auszeichnet: Längst war Karl I. in der Öffentlichkeit diskreditiert; die cromwellsche Selbstgerechtigkeit und der Puritanersinn seiner Gegner hatten aus seinen kleinen und durchaus königlichen Sünden längst eine gewaltige Anklage wegen Tyrannis und Landesverrat zusammengebraut. In den verlorenen Schlachten hatte man die Korrespondenz gefunden, in der Karl I. Hilfe aus dem Ausland herbeizuzwingen hoffte. Was also hatte er noch zu verlieren, wenn er nach Holland ging oder nach Frankreich? Nach jahrelangen Kämpfen, Fluchten und Enttäuschungen auch seelisch schwer angeschlagen, meinte Karl I. aber wohl, nur auf der heimatlichen Erde wieder Kraft gewinnen zu können; vielleicht wollte er auch, wenn schon England verloren war, das alte Stuartkönigtum Schottland für sich retten. So verließ er am 27. April 1646 sein Heerlager, irrte tagelang umher und gab sich schließlich den schottischen Führern in die Hände, die ihn ehrenvoll empfingen, aber eben doch als Gefangenen ansahen, als die unerwartete Gabe des Himmels, die nun für alles bezahlen sollte: für die Kriegskosten, für die Verwüstungen im Land, für das, was noch kommen würde.

Sieht man den schmählichen Vorgang der Auslieferung Karls I. an die Engländer im Licht altgermanischer Rechtsbräuche, dann hat er etwas Natürliches: Wer nicht genug Wergeld aufzubringen vermag, muß mit dem eigenen Leib, dem eigenen Leben büßen. Wer Karl jedoch als Schotten ansieht, wird die Auslieferung ungeheuerlich finden. In jedem Fall ist es unwichtig, ob die Engländer für ihn 200 000 Pfund Sterling bezahlten (Lyons History of St. Andrews) oder das Doppelte, wie man in deutschen Quellen lesen kann. Es bleibt eine Schande wie der Verkauf der Jungfrau von Orléans durch die Burgunder, und wie im Falle der Jeanne d'Arc war es völlig gleichgültig, aus wieviel Personen der Gerichtshof bestand, der Karl schließlich zum Tod verurteilte: Wer ein Parlament zu manipulieren verstand wie Oliver Cromwell, für den war auch ein Gerichtshof leicht nach Wunsch zusammenzusetzen. Karl hatte keine Chance, da zu diesem Zeitpunkt Cromwell selbst noch nach der Königskrone strebte, und wurde am Dienstag, dem 30. Januar 1649, vor Whitehall Palace enthauptet.

Karl II. war in diesem Augenblick 19 Jahre alt; er hatte Gefahren, Armut, Demütigungen und das Elend des Exils kennengelernt, er hatte sich auf den Scilly-Inseln, auf den Kanalinseln, in Holland und in Frankreich verstecken müssen und dennoch zwei Versuche unternommen, seinen Vater zu befreien. Er hatte sich mit seiner französischen Mutter überworfen, weil diese Karls Bruder Henry für den Katholizismus einnehmen wollte, was auch für Karls Hoffnungen auf den britischen und den schottischen Thron ruinös gewesen wäre. „Nach der Hinrichtung Karls I. erkannten die Schotten seinen Sohn als Nachfolger an", schreibt Buckle, „aber ehe sie den neuen König krönten, ließen sie ihn eine öffentliche Erklärung unterzeichnen. In ihr mußte er sein Bedauern über das Vorgefallene ausdrücken und anerkennen, daß sein Vater, verführt von schlechten Ratgebern, das Blut seiner Untertanen leichtfertig vergossen habe... Ferner hatte er wegen seiner eigenen Fehler um Verzeihung zu bitten (!)... Um die Aufrichtigkeit seiner Bekenntnisse zu beweisen und um dies auch allgemein bekannt zu machen, sollte er einen Fast- und Bußtag halten, an dem dann die ganze (schottische) Nation mit ihm weinen und für ihn beten wollte, in der Hoffnung, daß dieser junge Monarch den Folgen jener Sünden entgehen werde, die seine Familie begangen hatte."

Man muß es zweimal lesen, man muß sich klar machen, daß sogar die Bibelstellen festgelegt wurden, die bei dieser Gelegenheit gesprochen und gesungen werden sollten, um die empörende Scheinheiligkeit dieser selbstzufriedenen Presbyterianer, Covenanters und Puritaner ermessen zu können, die über einen 20jährigen zu Gericht saßen, selbst aber fünf Jahre vorher einen Flüchtling, der mit ganzen zwei Begleitern zu ihnen gekommen war, an seine Todfeinde verschachert hatten. Und man sehnt sich, wenn man derlei liest und nacherlebt, in das alte Schottland des tapferen Kenneth MacAlpine zurück, zu Robert the Bruce und zu Walleys, aber sie waren ja alle Gestalten des finsteren Mittelalters, während die Richter über Karl II. im vollen Licht neuer Zeiten agierten.

Indessen machten alle, die nur an Schottland oder nur an die Stuarts dachten, ihre Rechnung ohne den Wirt, und der hieß Oliver Cromwell. Er errang, gestützt auf seine unerbittlichen Reiter, einen Erfolg nach dem anderen, schüchterte auch seine Gegner auf dem Kontinent ein, schloß für England günstige Friedens- und Handelsverträge und eroberte das nahe Dünkirchen und das ferne Jamaika. Alle Anschläge auf sein Leben mißlangen, nur der Anschlag auf seine Eitelkeit wäre um ein Haar gelungen: Das von Cromwell mehrfach gereinigte und nur noch von seinen Geschöpfen bestückte Parlament bot ihm im Mai 1675 die Krone des alten Königreiches England an. Cromwell hatte schon den Sieg in der Schlacht von Worcester gegen Karl II. als 'crowning victory' bezeichnet, und es bedurfte der tagelangen Überredung durch seine Offiziere und engsten Freunde, um ihn zu der Ablehnung der Krone zu bewegen und sich statt dessen als Lordprotektor mit zusätzlichen Machtmitteln ausstatten zu lassen. Aber ein Jahr darauf, am 3. September, dem Jahrestag der Schlacht von Worcester, starb Cromwell an der Malaria, die er sich in Irland zugezogen und die ihm schon während der Kämpfe in Schottland die größten Schwierigkeiten bereitet hatte. Elizabeth Claypole, Cromwells Lieblingstochter, war ihm um vier

*Bei einer Reise durch diese einzigartige, spröde und doch überwälti-
gende schottische Landschaft kann man sich den Reizen der Weite
und der Abgeschiedenheit nicht entziehen.
(Ardvreck Castle in Southerland)
Foto: Ed Paterson*

*Karl Eduard Stuart beim Einzug
in Edinburgh 1745*

Walter Scott (1771 - 1831)

*Robert Louis Stevenson
(1850 - 1894)*

Adam Smith (1723 - 1790)

David Hume (1711 - 1776)

Robert Burns (1759 - 1796)

Es muß schon der Nebel über der schottischen Landschaft liegen, und man muß schon beim dritten einsamen Gasthaus vergeblich um Quartier gefragt haben, um sich die alten harten Zeiten der schottischen Geschichte heraufrufen zu können.
Foto: Ed Paterson

Wochen vorausgegangen. George Monk, Cromwells bester General, schloß sich, um einen neuen Bürgerkrieg zu
vermeiden, der Stuartpartei an, und Karl II. konnte nach
dem schottischen Thron auch wieder auf den englischen
zurückkehren.

Für Schottland bedeutete all dies Verhältnisse und Abläufe, wie sie sich komplizierter nicht denken lassen. Die
Stuart-Könige waren einerseits Schotten und hatten in
Schottland eine ständig zu ihnen stehende Partei. Andererseits waren sie seit Jakob VI., der in England als Jakob I. regierte, die legitimen Monarchen Englands. Zweite Kompli-
kation: Die Schotten waren überwiegend für die calvinistische Reformreligion gewonnen worden, die jedoch in dem
wohlhabenden, dem Leben stärker aufgeschlossenen und
auch in höherem Maß aufgeklärten England wenig Sympathien begegnete. Dennoch wollten die Schotten ein gemeinsames, ein *United Kingdom* nur akzeptieren, wenn
auch die Engländer sich der welt- und lebensfernen Auste-
rityreligion aus Genf anschlössen. Und die im Herzen mit
dem Katholizismus sympathisierenden Monarchen selbst
wollten weder die eine noch die andere Religion wirklich
zu der ihren machen, fühlten sich aber naturgemäß durch
das dem Katholizismus nähere anglikanische Ritual weniger bedrängt als durch die strengen Riten der schottischen
Kirche. Alle diese Gesichtspunkte führten zu Parteiungen,
und im ewig zerstrittenen schottischen Adel entschieden
sich einige Clans-Gruppen für die *Kirk*, andere für den König und wieder andere für ein unabhängiges Schottland.
    Es hat wenig Sinn, dieses sich alle fünf Jahre verschie-
bende Puzzle für den Leser des 20. Jahrhunderts zu rekonstruieren; was bleibt und uns interessieren kann, das sind
die Menschen, die in diese Wirrnisse verstrickt waren, in
denen Männer von Charakter ebenso untergehen mußten
wie ganz unschuldig-gläubige Dorfbewohner, die eben
nicht imstande waren, ihr Bekenntnis für jeden neu herein-
brechenden Reiterschwarm umzuformulieren. Es war eine

sich täglich akkumulierende Schuld aller Beteiligten, soweit sie handeln konnten und Verantwortung trugen, und die Zeche zahlten die Treuesten der Treuen und das kleine Volk, womit Schottland freilich im historischen Geschehen keine Ausnahme bildet.

Einer der tragischen Helden des Jahrhunderts war zweifellos James Graham, Marquess of Montrose (1612-1650) aus der Familie, die 1488 den ersten Herzogstitel erhalten hatte, der in Schottland an eine Person nicht-königlichen Geblüts vergeben wurde (in späteren Wirren aber dann auf die Lebenszeit des ersten Herzogs begrenzt wurde).

Montrose war ein überzeugter und treuer Covenanter und zugleich Royalist, ein hartes Los angesichts der schwankenden Politik Karls I. und Karls II. Aber er war ein militärisches Genie und errang auch mit schnell zusammengerafften Truppen, oft aus Highlanders, Siege über reguläre Infanterie. Sein Leben war durch den Gegensatz zum mächtigen Clan der Argyll bestimmt und durch den Umstand, daß seine Siege von Tippermuir, Aberdeen, Inverlochy, Auldearn, Alford, Kilsyth und Dundee durch einen einzigen Gegenschlag wertlos wurden, durch den Sieg der Parlamentsarmee über Karl I. bei Naseby.

Nach der Ermordung Karls I. versuchte Montrose alles, um die Stuarts wieder auf den Thron zu bringen. Er reiste nach Norwegen, er verhandelte in Paris, aber der Treue wurde von dem jungen Karl II. kaltherzig geopfert, weil für den rückkehrwilligen Stuart Argyll und dessen mächtige Verbündete wichtiger waren als ein einzelner, wenn auch hoch begabter General. Montrose, obwohl tief enttäuscht, gab dennoch nicht auf. Er brachte mit Hilfe Norwegens und der Orkneys 1200 Mann auf die Beine und segelte gegen Schottland. Aber ein Sturm verschlang Schiffe mit 1000 Mann, und die verbliebene kleine Truppe verlockte auch die stets kampflüsternen Highlanders nicht zur Teilnahme an einer Erhebung. So war es für den Clan der Macleod of Assynt nicht sehr schwierig, die erschöpften Wanderer zu umzingeln (27.4.1650) und − natürlich wieder gegen klingende Münze — an die in Edinburgh tonangebenden Argyll auszuliefern. Obwohl Karl II. sich sagen mußte, daß er ohne Montrose von der Argyll-Partei abhängig sein würde, konnte er, zehn Jahre vor der Rückkehr auf den englischen Thron, für Montrose nichts tun. In einem Prozeß, in dem Montrose gegen die Rivalen rund um Archibald, den achten Earl of Argyll, keine Chance hatte, wurde er zum Tod verurteilt und nicht etwa, wie es einem Soldaten gebührt hätte, enthauptet, sondern am 21. Mai gehängt, wonach man den Leichnam vierteilte.

Neben diesem namhaften, seither in vielen Biographien gewürdigten Opfer der schottischen Wirrnisse gibt es zahllose Tragödien kleiner Leute, aber schon der große Macaulay hat der Versuchung nicht widerstanden und ihrer in seiner *Geschichte von England seit dem Regierungsantritt Jakobs II.* gedacht. Nach der Sitte des vorigen Jahrhunderts beginnt er seine Darstellung weit vor jenem Regierungsantritt und beschäftigt sich mit der kurzen Statthalterschaft des Herzogs von York (späteren Königs Jakob II.) in Schottland. Da Karl II. persönlich ein zwar sehr leichtlebiger, aber eben auch anderen gegenüber sehr toleranter Monarch war, hatten die Schotten unter seiner Regierung der beiden Reiche verhältnismäßig wenig Druck auszuhalten gehabt. Nie war es Karl II. eingefallen, die anglikanische Religion oder gar den Katholizismus in Schottland einzuführen oder wiedereinzuführen. Umso schlimmer war die Überraschung, die der im Herzen katholische Herzog von York den Schotten dadurch bereitete, daß er seiner Abneigung gegen die Covenanters, also gegen die schottischen Calvinisten, frei die Zügel schießen ließ. Der Herzog hatte sich in London wegen deutlicher Sympathien für den Katholizismus unbeliebt gemacht (Karl nannte dies 'la sottise de mon frère'), und der König hatte es für richtig gehalten, ihn, wie man heute sagen würde, aus der Schußlinie zu nehmen. Das geschah durch zwei längere Amtsperioden in Schottland (Herbst 1679 bis März 1682), in denen der als junger Mann tüchtige Heerführer und Flottenorganisator seinen Ärger über die Abschiebung gegen die seiner Meinung nach starrsinnigen und englandfeindlichen Anhänger des Con- oder Covenants wandte, vornehmlich gegen jene von ihnen, die sich nicht in Schlössern verschanzen konnten.

Bezeichnenderweise sind die Akten des Geheimen Rates für Schottland in den fraglichen Jahren verschwunden, aber wir besitzen in den Aufzeichnungen von Robert Wodrow (1669-1725), Universitätsbibliothekar von Glasgow, wertvolles und zutreffendes, nach Namen und Orten präzisiertes Material, das er aus ihm zugänglichen privaten Papieren der Zeit ergänzte und so eine *Geschichte der Leiden Schottlands* zu schreiben vermochte, die unseres Wissens niemals übersetzt wurde.

Nach einem Muster, wie es etwa gleichzeitig die Maintenon mit den berüchtigten Dragonnaden in Frankreich vorführte, wurden starke Armeekontingente in jene Gegenden Schottlands verlegt, in denen die Covenanters besonders zahlreich waren. Einquartierungen dieser Art wurden selbst in wohlhabenden Ländern als eine Last empfunden, im armen Schottland hätten sie als Plage und Drangsal durchaus zugereicht, aber hier kam noch eine Miliz von sogenannten Episkopalen hinzu, also aus jener Partei, die in Schottland die Bischöfe in ihren Besitz wieder einsetzen und damit die Annäherung an die englische Kirche durchführen wollten.

„Hervorragend unter den Banden, welche jene unglücklichen Distrikte unterdrückten und verwüsteten, waren die von John Graham von Claverhouse befehligten Dragoner", schreibt Macaulay; der grausame Reiteroffizier könnte also ein entfernter Verwandter des Marquess of Montrose gewesen sein, eine für Schottland sehr typische Mischung von Unmenschen und Menschen der besten Art in ein und demselben Clan. Jedenfalls war er „ein Soldat von ausgezeichnetem Mut und großer Geschicklichkeit in seinem Beruf, aber raubgierig und gottlos, von wilder Gemütsart und verhärteter Seele. (Er) hat einen Namen hinterlassen, welcher mit einer besonderen Energie des Hasses genannt wird, wo immer sich Schotten auf dieser Erde niedergelassen haben. Alle Verbrechen hier zu erzählen, durch welche dieser Mann und die ihm Gleichgesinnten das Landvolk der westlichen Lowlands bis zum Wahnsinn aufstachelten, würde ein Unterfangen ohne Ende sein" sagt Macaulay und gibt dann einige Beispiele.

Wie immer in Glaubenskriegen oder Ketzerverfolgungen waren die Frömmsten am meisten gefährdet, jene Unbedingten, die sich nicht vorstellen konnten, daß man seinem Glauben im Innersten treubleiben, unter der Todesdrohung aber ungestraft abschwören dürfe. So galt John Brown, ein armer Fuhrmann aus Lanarkshire, wegen seiner Frömmigkeit einfach als 'der christliche Fuhrmann' bekannt, lebte mit seiner Familie still vor sich hin, mied allerdings die Gottesdienste der englandfreundlichen Bischofspartei. Ihn ergriffen die Claverhouse-Dragoner beim Torfstechen und bestimmten ihn nach kurzem Verhör zum Tode. Sie hatten allerdings Mühe, einen Henker zu finden: Brown war zu beliebt! Seine junge Frau, ein kleines Kind an der Hand, ein zweites unter dem Herzen, bat flehentlich um das Leben des Familienerhalters. Schließlich brachte ihn ein Dragoner um, dem die Witwe zurief, der Tag der Abrechnung werde kommen.

Natürlich treten in solchen Verfolgungen immer auch die Miniaturtyrannen auf und wüten oft noch unmenschlicher als die Beauftragten. In Eskdale war einer der geächteten Führer der Covenanters im Haus einer unbescholtenen Witwe gestorben, er hatte dort eben gewohnt. Der Laird (Gutsherr) von Westerhall, ein Renegat, der früher selbst dem Covenant angehört hatte, fand den Leichnam, ließ das Haus der Frau niederreißen und griff sich, als sie mit den Kindern über die Felder floh, ihren Ältesten, einen Knaben.

Obwohl Claverhouse, noch unter dem Eindruck der Mordtat an Brown, an diesem Tag eher milde gestimmt war, erreichte der Laird die Zustimmung zur Erschießung des Kindes: Der Knabe starb mit der Bibel in der Hand und wurde im Moor begraben.

Noch heute erinnern zwei Gedenksteine an den grausam-langsamen Tod der Wigtown-Martyrs Margaret Maclachlan und Margaret Wilson. Da sie sich weigerten, dem Covenant abzuschwören und den bischöflichen Gottesdienst zu besuchen, wurden sie in unterschiedlicher Entfernung vom Wasser in der Bladnoch-Mündung angepflockt. Die steigende Flut tötete zuerst die 60jährige, was man arrangiert hatte, um dem Mädchen durch den Anblick dieses Todeskampfes das Abschwören nahezulegen. Wodrow berichtet mit vielen Einzelheiten, wie die Frauen das junge Ding umringten, ihr zuredeten und ihre standhaften Bekenntnisse zu Christus für den Dragoneroffizier in ein Abschwören umzudeuten versuchten ('Sie hat es gesagt, Sir, in der Tat, Sir, sie hat es gesagt.'), bis die 18jährige Margaret Wilson dazwischenrief: 'Ich bin des Heilands, laßt mich gehen' und in der steigenden Flut starb. In der Grabschrift auf dem Friedhof von Wigto(w)n kann man unter anderem lesen: 'ein anderes Verbrechen hat sie nicht begangen, als daß sie sich nicht zum Prälatentum bekannte'.

Es hat, wie stets, wenn zwei große Lager gegeneinanderstehen, nicht an Versuchen gefehlt, dem später zum Viscount of Dundee erhobenen John Graham of Claverhouse in dem einen oder anderen Fall ein Alibi zu verschaffen oder aber den Hingerichteten auch politische Verbrechen anzulasten; John Brown zum Beispiel soll auch Nachrichten zwischen Rebellenhaufen zugestellt haben usw. Nach dem Ergebnis solcher, oft mit den überlieferten Daten in Widerspruch stehenden Bemühungen blieb dann die nicht mehr hinwegzulügende unmittelbare Beteiligung John Grahams an *nur* zehn Hinrichtungen. Bestehen bleibt Macaulays Urteil, daß der Viscount ein guter und tapferer Soldat gewesen sei: Als nach dem Tod Karls II. der Herzog von York als Jakob II. König von England und als Jakob VII. König von Schottland wurde, kämpfte John Graham, seit

1688 Viscount of Dundee, für seinen Herrn gegen Wilhelm von Oranien, der von den Engländern in ihrer Besorgnis um ihren Glauben gegen den katholischen Jakob ins Land gerufen worden war. Wilhelm setzte auf den besten General seines Schwiegervaters einen Kopfpreis aus, bezeichnete ihn als Rebellen und sandte Truppen gegen ihn nach Schottland. Am Paß von Killicrankie kam es am 27. Juli 1689 zum Kampf der Hochländer, die unter Dundee für Jakob fochten, gegen die Engländer. Sie wurden angegriffen, als sie den Paß hinter sich gebracht hatten, und völlig aufgerieben, doch traf eine der letzten Gewehrkugeln John Graham tödlich.

Mit dem Tod dieses tüchtigen Armeeführers, den Jakob freilich ohne Unterstützung hatte kämpfen lassen, mußten die Parteigänger der Stuarts, nun Jakobiten genannt, ihre Hoffnungen auf England, Irland und Schottland begraben, und Jakob II. mußte sich mit Jahren eines übrigens angenehmen Exils in der Nähe von Paris abfinden, ehe er 1701 starb. Obwohl er schon 1689 abgesetzt worden war, obwohl sein Schwiegersohn und seine Tochter Mary die englische und die schottische Königskrone trugen, wurde das Paar von Ludwig XIV. mit königlichen Ehren behandelt. Nach Jakobs Tod war es vor allem die Marquise de Maintenon, Mätresse und schließlich heimlich angetraute Gemahlin des Sonnenkönigs, die Maria von Modena hofierte, eine heimliche Königin eine Nichtmehrkönigin.

Schottland war in dieser Entwicklung ganz zweifellos nur noch ein Nebenkriegsschauplatz, und hätte Jakob nicht so viele unverzeihliche Fehler begangen, das Volk hätte den im Vergleich zu seinem Bruder ruhiger und ohne Skandale lebenden würdigen König gewiß nicht davongejagt, auch an seinem privaten Katholizismus keinen Anstoß genommen, vor allem, da sich der männliche Erbe ja erst im allerletzten Augenblick einstellte und man bis dahin der Meinung sein durfte, nach Jakobs Tod würden ohnedies die protestantischen Töchter alles wieder ins Lot bringen. Aber die Ereignisse in Schottland, zu blutig, um ohne Echo zu bleiben, hatten auch in England die Aufmerksamkeit für die Auseinandersetzung zwischen den Spielarten des Protestantismus verschärft, und so wurde jede einzelne Ernennung eines Katholiken auf Armee- oder Verwaltungsposten eben heftig diskutiert. Die Schotten schreiben der Schlacht von Killiecrankie bis heute eine geschichtliche Bedeutung zu, die sie allenfalls durch den Tod des Viscounts of Dundee gewonnen hat. Die A 9 von Perth nach Norden umgeht zwar den Engpaß, aber der National Trust hat an der Straße ein kleines Museum eingerichtet, und auch der Abstieg in die Schlucht des Garrypasses ist mit einiger Vorsicht möglich.

Noch ein anderer der schottischen Großen sorgte in diesen letzten Jahren der Stuart-Herrlichkeit für einen Krieg besonderer Art, das war Archibald Campbell, der neunte Earl of Argyll, der Sohn jenes Mannes, der Montrose hängen ließ. Er trat 1685 den gleichen Weg zum Hochgericht an wie Montrose, ja man bemühte sich sogar um den gleichen Weg durch das gleiche Tor von Edinburgh, und allein daß dies möglich war, beweist schon die unsägliche Verworrenheit der Gruppierungen und Fronten. Argyll hatte mit anderen Schotten die Flucht in die Niederlande angetreten, da er von dem harten Stuart-Vizekönig von Schottland, dem grausamen Herzog von York, nichts Gutes zu erwarten hatte. Er lebte eine Zeitlang in Friesland, weil er sich mit den englischen Emigranten nicht zusammentun wollte, verfiel in der Einsamkeit aber aufs neue extremen religiösen Vorstellungen und fühlte sich, statt sein großes Vermögen in friedlicher Emigration zu verzehren, plötzlich berufen, Schottland wieder vom katholischen Geist zu säubern.

Nun waren die Campbells vielleicht nicht die größten Herren auf der Insel, in England gab es reicheren Adel. Aber die Campbells in Argyll konnten, wann immer sie wollten, 5000 gut bewaffnete und zu allem entschlossene Leute aufbieten, die ihnen rücksichtslos ergeben waren. Darauf zählte Argyll, segelte zu den Orkneys, wo sein Unternehmen durch Ungeschick verraten wurde, und traf in Argyll zu einer Zeit ein, da die ihm ergebenen Clanshäupter aus verschiedenen Gründen abwesend waren und Fischer wie Bauern völlig unvorbereitet und halbherzig in den Feldzug gingen. Der Herzog von York brauchte sich gar nicht selbst zu bemühen: Die Truppe Argylls machte Fehler auf Fehler und löste sich schließlich auf, der Earl wurde verkleidet an der Furt von Inchinnan, unweit der Einmündung des Card in den Clyde, von königlicher Miliz verhaftet und nach Edinburgh gebracht: Wieder hätten die einfachen Milizsoldaten den Earl aus Ehrfurcht am liebsten laufenlassen, aber ein Mann namens Riddell lieferte ihn wegen der hohen Belohnung an die Statthalterei aus.

Die Schicksale eines Montrose, eines John Graham, Viscount Dundee und schließlich die der beiden Earls of Argyll, des achten und des neunten, sind kennzeichnend für die unselige Zerrissenheit dieses schottischen Landes, das prächtige und begabte Männer hervorbrachte, entschlossene Kämpfer und gute Köpfe, die sich doch im Streit gegeneinander verbrauchten. Allein unter Argylls letzten Parteigängern war mindestens ein halbes Dutzend Männer, die Schottland in den anbrechenden Jahrzehnten seines Verwaistseins dringend hätte gebrauchen können. Aber zerfallen in Clans, gefesselt in den uralten Feindschaften und Rachegedanken der großen Sippenbünde, vermochte sich das Land nicht aus eigener Kraft aus Religionsstreit und Engstirnigkeit zu erheben.

Es gibt aus der glücklicherweise nur ein Dutzend Jahre währenden Regierungszeit des ins Land gerufenen Wilhelm von Oranien zwei Beipiele für das archaisch-abgeschiedene schottische Leben auf dem Hochland und die für uns heute unvorstellbare Unwissenheit selbst der schottischen Mittelschicht. Das erste Beispiel erzählt wieder eine blutige Geschichte, nämlich die vom Untergang der Macdonalds von Glencoe in der Nacht auf den 13. Februar 1692 in jenem schönen, sich nach Westen zum Loch Leven neigenden Hochtal, das heute in einem Naturschutzgebiet liegt. Es ist weitgehend im Besitz des National Trust, der die Stätte, wo so viele Menschen starben, als eine Art heiligen Hain der schottischen Geschichte schützt.

Wilhelm von Oranien hatte den Clans den 1. Januar 1692 als Frist gesetzt, in die Lowlands herniederzusteigen und durch eine Unterschrift der Clanshäupter die Solidarität mit dem neuen König zu bekunden. Trotz der schwierigen winterlichen Verhältnisse vermochten alle Clans bis auf zwei weniger bedeutende den Termin einzuhalten, und an einem dieser Säumigen beschloß die Regierung in London, ein Exempel zu statuieren, um alle anderen Hochländer einzuschüchtern. Der neunte Earl of Argyll war immerhin sieben Jahre tot, als aus seinem Fußregiment Truppen für eine Aktion gegen die Hochländer ausgewählt wurden: Man setzte also Schotten gegen Schotten ein, nur daß die Exekutoren die verhaßten roten Röcke der englischen Armee trugen. Der Befehl hat sich erhalten und enthielt einen Satz, der alles erklärt, was später geschah: „Eure Truppen werden das Land von Lochaber, Lochiels, Keppochs, Glengarrys und Glencoes Ländereien vollständig verwüsten. Eure Macht soll groß genug sein. Ich hoffe, daß Eure Soldaten die Regierung nicht durch viele Gefangene in Verlegenheit bringen werden."

Nun haben Briefe glücklicherweise genau zu bestimmende Urheber, was sich von militärischen Aktionen, im blutigen Wirbel des Kampfes und des Tötens, nicht immer mit derselben Zuverlässigkeit sagen läßt. Der Befehl war von Sir John Dalrymple unterzeichnet, dem 'Master of Stair', einem, wie es heißt, hochgebildeten Mann, dem die Primitivität seiner Landsleute in den Highlands ein ständiger Horror war, ein Mann, dessen eigene Besitzungen weit vom Gebiet der Strafexpedition entfernt lagen, so daß er die betroffenen Menschen nicht näher kannte. Sie waren für ihn wie für seine englischen Vorgesetzten im Grunde ein wilder Stamm, Hochlandräuber, Outlaws, und als sich der Clanshäuptling durch verschiedene Umstände mit seiner Unterschrift nun sechs Tage verspätete, bot sich die Gelegenheit, dem nur mit kontinentalen Angelegenheiten vertrauten König die Zustimmung zu jenem Exempel abzugewinnen. Gilbert Burnet, Bischof, Historiker und Zeitgenosse der Ereignisse, schreibt, daß Wilhelm III., zweifellos kein Mann scharfen Verstandes, Erledigungen und Unterschriften oft lange vor sich herschob und dann, wenn weitere Verzögerungen nicht mehr möglich waren, im Schnellverfahren erledigte. Offensichtlich hatte man ihm nur mitgeteilt, daß ein Clan nicht unterschrieben habe und verschwiegen, daß diese Unterschrift nachgetragen worden sei, und darum trägt der Blutbefehl die königliche Signatur...

Die Vorbereitungen waren so umfassend, daß nur die damalige Abgeschiedenheit des Glencoe-Tales die Tatsache erklärt, daß nichts bis zu den Betroffenen durchsickerte. Die Lairds der umliegenden Täler wurden nämlich vorgewarnt: Würden sie Flüchtlinge aufnehmen, so werde man sie zur Verantwortung ziehen. Neben den Waffen sollte der schottische Winter, sollten Kälte, Hunger und Obdachlosigkeit das grausige Werk vollenden, woraus klar wird, daß man auch Frauen und Kinder nicht zu schonen gedachte.

Den Befehl über die unmittelbar beauftragten, ins Tal selbst einrückenden 120 Mann hatten ein Hauptmann Campbell, der wegen der Häufigkeit dieses Namens nach seinem Besitz Glenlyon genannt wurde, und ein Leutnant Lindsay. Campbell war durch die Heirat einer Nichte mit den Macdonalds entfernt verwandt, und damit der einzige Campbell, dem die Macdonalds trauen würden. Darum wurden die Rotröcke freundlich aufgenommen, auf die Hütten rund um das Haupthaus verteilt und zwölf Tage lang bewirtet, wobei es auch Cognac gegeben haben soll, der entweder noch von Jakob II. stammte oder aus Strandräubereien. Eben dieses Getränk jedoch hatte dem einen oder anderen Soldaten die Zunge gelöst. Satzfetzen, deren Bedeutung man sich nicht recht erklären konnte, beunruhigten die Macdonalds, andererseits aber kam die Verstärkung, 400 Mann, die das Tal vollkommen abriegeln sollten, bei eisigem Wind und gegen die Schneemassen nur langsam voran.

Campbell hatte den Befehl, an einem bestimmten Februarmorgen (er ist wegen der damaligen Zeitrechnung nicht genau zu bestimmen) um fünf Uhr loszuschlagen und 'nichts unter 70' am Leben zu lassen. Das Morden begann, ehe die 400 zur Stelle waren, und nur das ermöglichte im winterlichen Dunkel dem einen oder anderen Talbewohner die Flucht, zum Beispiel einem Mann aus einer Pächtersfamilie, der sich die Gunst erbeten hatte, im Freien zu sterben, dann aber ein Plaid über den Sergeanten warf, der auf ihn angelegt hatte, und im Schneetreiben verschwand. Auch ein Junge von zwölf Jahren wäre beinahe mit dem Leben davongekommen: Er umfing die Knie Campbells und schwor ihm, überallhin mit ihm zu gehen als sein treuer Diener. Campbell zauderte gerührt, aber ein Unmensch namens Drummond erschoß das Kind.

Es waren diese Schüsse, der in dem nächtlichen Tal ungewohnte und alarmierende Lärm, der im Verein mit dem verspäteten Eintreffen der Verstärkung drei Vierteln der Talbewohner zunächst die Flucht in abgelegene, nur ihnen bekannte Schlupfwinkel der umliegenden Berge gestattete, wo dann freilich wegen Hunger und Kälte vor allem Kinder nur noch um Tage überlebten. Als sie sich, vom Hunger getrieben, wieder aus ihren Verstecken wagten, fanden sie die Dörfer des Tales als glosende Ruinen. Das gesamte Vieh, etwa 900 Rinder, Schafe und Ziegen, war weggetrieben, ebenso 200 Ponies. Die Lebensmittelvorräte waren verbrannt, die Toten lagen teils verkohlt in den Brandruinen, teils auf der Dorfstraße, ihrer Kleider und aller Wertgegenstände beraubt: Der Frau des Clanshauptes hatte ein Soldat die Ringe mit den Zähnen vom Finger gezogen.

Die Untat wurde erst nach Jahren ruchbar, hatten doch alle Beteiligten Grund genug zu schweigen. Der Master of

Stair bedauerte, daß die Aktion keinen umfassenderen Erfolg gehabt hatte: „Ich hätte gewünscht, daß die Macdonalds sich nicht getrennt hätten, und es betrübt mich, daß Keppoch und Mac Jan von Glencoe sich in Sicherheit befinden" (in einem Brief an Levingstone, der im Untersuchungsbericht von 1795 enthalten ist). An einer anderen Stelle des Berichts findet sich seine Äußerung: „Was ich allein bedaure ist, daß auch nur einer entkommen ist." Zu Ehren des jungen Hauptmanns aus dem Haus Campbell ist zu sagen, daß ihn die Ereignisse jener Nacht verändert haben. Er versuchte zwar, in den Cafés von Edinburgh alles so darzustellen, als habe er bloß seine Pflicht getan, aber die Eindrücke verließen ihn nicht mehr, sondern verfolgten ihn Tag und Nacht, wie es in einem anonymen Bericht über die Strafexpedition heißt, der unter Anspielung auf ein ähnliches Ereignis aus der altrömischen Geschichte den Titel *Gallienus redivivus* führt.

Während die Peripetien der Parlaments- und Religionskämpfe heute bedeutungslos geworden sind, erhellt die Metzelei von Glencoe Grundzüge der schottischen Geschichte – nicht nur das Geschehen, sondern auch seine Beurteilung bei der Ausarbeitung der Operation, und nachher, als sich Schottland und England damit zu befassen begannen. Selbst Thomas Babington Macaulay beginnt seine Schilderung der Vorgänge mit der Aufzählung von Parallel-Ereignissen aus den Kämpfen der Clans untereinander, Geschehnissen von der gleichen archaischen Grausamkeit, die sich von Glencoe nur dadurch unterscheiden, daß ihnen kein königlicher Befehl zugrundelag und daß sie nicht von gebildeten Verwaltungsbeamten geplant und von regulären Truppen durchgeführt wurden. Und es ist kennzeichnend, wenn auch uns Heutigen aus eigenen Erfahrungen vertraut, daß erst die zweite angesetzte Untersuchung, drei Jahre nach den Metzeleien, eine eindeutige Verurteilung der Tat als Massenmord brachte, nach langen Versuchen der Verzögerung und Abschwächung in den schottischen Parlamentsakten vom Juni 1695.

Damit war nun einer der höchsten Beamten der beiden Königreiche, Sir John Dalrymple, Sohn des Ersten Viscount of Stair, als Urheber eines säkularen Verbrechens bezeichnet und durch zahlreiche schriftliche Äußerungen überführt. In den guten alten Zeiten eines Heinrich VIII. hätte man einem Mann dieser Art den Kopf abgeschlagen, und auch die jungfräuliche Königin hat sich ja bekanntlich nie gescheut, solche Urteile vollstrecken zu lassen. Aber Wilhelm III. verhängte sie nicht einmal: Da Dalrymples Vater im gleichen Jahr 1695, nicht zuletzt aus Kummer über diese mehr als berechtigten Anklagen, starb, erübrigten sich größere Maßnahmen gegen Vater und Sohn. Wilhelm III. betonte nur, von allen Vorgängen erst nachträglich erfahren zu haben. Ob dies stimmt, ist bis heute nicht klar: Bischof Burnet nimmt den König in Schutz, Fitzroy MacLean, der Wilhelm III. nennenswerte Geistesgaben abspricht, ist der Meinung, es gebe eindeutige Beweise für die königliche Billigung des Verbrechens.

Die tragische Figur in diesen Abläufen ist nicht der König, ob man ihn nun hintergangen hat oder nicht, auch nicht der Mörder Campbell, den die Schemen der Toten verfolgen, sondern der selbst unbeteiligte Erste Viscount of Stair, der Vater jenes Master of Stair, der so eindeutig und unbarmherzig seine Befehle für die Vernichtung der Highlanders gab und sich immer wieder zu ihnen bekannte. Denn James Dalrymple der Ältere war eine starke und untadelige Persönlichkeit, ein Mann, den Karl II., Jakob II. und Wilhelm III. schätzten, dem sie viel verdankten und dem sie in einem Maß alle Wege ebneten, daß die besondere Geltung und geistig-moralische Großmacht klar wird, die er in diesem verworrenen Jahrhundert darstellte. Und gerade dieser Mann erlitt von seinen Kindern das schlimmste Unglück, als ob sich das Schicksal an ihm für die große Karriere, den unvergleichlichen Aufstieg in die Spitze der Staatsmacht rächen wollte. Seine Tochter Janet war einem Lord Rutherford versprochen, eine Verbindung, die Lady Stair hintertrieb, so daß Janet schließlich Dunbar of Bal-

doon heiratete. Doch ereigneten sich in ihrer Hochzeitsnacht Dinge, 'which will probably never be ascertained'
(Encyclopaedia Britannica), über die wir niemals klar sehen werden. Sicher ist nur, daß Janet in dieser Nacht ihren
Verstand verlor und ihn nie wirklich wiedererlangte. Walter Scott hat (mit den üblichen Vorbehalten zu seinem
Schutz) die berühmt gewordene Darstellung der Ereignisse
geliefert, und Donizetti hat aus *The Bride of Lammermoor*
dann die bis heute in jener Wahnsinnsarie gipfelnde Oper
gemacht. Und das Verbrechen des Sohnes beendet nicht
nur dessen eigene Karriere, sondern verdüsterte auch die
Erinnerung an diesen größten Juristen Schottlands: Stair
senior hat in seinem Gesetzgebungswerk in Schottland erst
die Voraussetzungen für die Entwicklung zur Moderne geschaffen; sein Kompendium ist in einer heute nicht mehr zu
erlangenden Kenntnis der schottischen Gewohnheitsrechte und eigenen Überlieferungen ein Dokument einzigartigen Ranges geblieben.

Nach der Tragödie nun die Komödie, nach den Toten von
Glencoe die Abenteurer von Darien mit dem größen
Schwabenstreich der schottischen, ja vielleicht überhaupt
der britischen Geschichte. Nur muß man leider sagen, daß
es eine Reihe guter Gründe für dieses groteske Vorhaben
gab, Gründe, die man Wilhelm III. zur Last legen muß. Er
hatte als Holländer ein gewisses Verständnis für wirtschaftliche Vorgänge vor allem internationaler, sich auf
den Meeren abspielender Art. Da sein Verstand mit diesen
Dingen völlig ausgefüllt, ja im Grunde überfordert war,
zeigt auch sein Verhältnis zu Schottland kein königliches
Verständnis, sondern das Konkurrenzdenken, wie es den
Niederlanden durch die Position ihres eigenen kleinen
Landes aufgezwungen wird. England wurde unter dem
Oranier geführt wie ein Handelsunternehmen; die Iren
wurden erpreßt, indem man ihre Fleischlieferungen nach
London stets nur gnadenhalber abnahm, und die Schotten
wurden niedergehalten, indem man ihren Handel mit
Frankreich und den Niederlanden so stark behinderte, wie

dies nur möglich war. Die berüchtigten Navigationsakte wurden dahin verschärft, daß Direkttransporte aus den Kolonien nach Irland oder Schottland nicht mehr geduldet wurden, das heißt, England etablierte sich als Zwischenhändler, was erhebliche Nachteile für Irland und Schottland mit sich brachte, von der moralischen Abwertung bis auf das Niveau einer Kolonie ganz zu schweigen.

Als sich der Prozeß dieser Verschärfung abzuzeichnen begann, trat ein Schotte namens William Paterson mit dem Plan eigener schottischer Kolonialgründungen an die Öffentlichkeit. Nun war zwar damals die Zeit der großen Pläne-Macher und Projekt-Enthusiasten; die Welt begann sich von den Schrecken der überflüssigsten aller Kriege zu erholen und endlich nach der Diskussion über Liturgien und Bibelstellen an das leibliche Wohl des Staates und der Staatsbürger zu denken. Die Männer mit Ideen waren also so zahlreich, daß man ihnen mit einem gewissen Mißtrauen begegnete, aber Paterson hatte schon etwas geleistet: Eine seiner vielen Ideen war die Bank von England gewesen, die Tonnengeldbank, wie man sie damals nannte. Er hatte von 1691 bis 1694 drei Jahre gebraucht, sie gegen alle Widerstände durchzusetzen, weil man in Banken republikanische Einrichtungen sah (!), andererseits aber fürchtete, der König werde sich aus der Bank von England nach Belieben bedienen. Macaulay nennt Paterson „einen geistreichen, wenn auch nicht immer verständigen Spekulanten. Von seinem frühen Leben ist wenig mehr bekannt, als daß er von Geburt Schotte war und sich in Westindien aufgehalten hatte. In welcher Eigenschaft er Westindien besucht hatte, war eine Frage, welche von seinen Zeitgenossen verschieden beantwortet wurde: Seine Freunde sagten, daß er Missionar, seine Feinde, daß er Seeräuber gewesen sei. Von Natur scheint er mit einer „fruchtbaren Phantasie, mit einem feurigen Temperament und mit einer großen Gabe der Überredung ausgestattet gewesen zu sein, und irgendwann muß er sich in seinem unsteten Leben auch vollkommene Kenntnisse des Rechnungswesens verschafft haben".

Soweit Macaulay. Wenn einer 1,4 Millionen Pfund für die Bank von England aufgetrieben hatte, so kannte er alle Kanäle, und tatsächlich waren die 400.000 Pfund für das schottische Kolonialunternehmen in Richtung des heutigen Panama auf dem Londoner Geldmarkt schnell überzeichnet. Doch dann bekam Wilhelm III. Wind von der Angelegenheit, und obwohl sie ihn nichts gekostet hätte, machte er eine abfällige Bemerkung und erklärte sich dagegen, worauf die Engländer ihre Subskriptionen rückgängig machten und Paterson genötigt war, fast die ganze Summe in Schottland aufzutreiben. Sogar das gelang, was Macaulays Urteil über die Überredungskunst Patersons bestätigt, und nach und nach liefen drei oder vier Schiffe mit Kolonisten zu jenem Isthmus aus, wo man hoffte, Geschäfte mit beiden Hälften der Erde machen zu können.

Es stimmt also wohl nicht, wenn spätere Historiker behaupteten, man habe nicht gewußt, wohin man eigentlich segle. Was man aber offensichtlich ignoriert hatte, das waren die Spanier, die seit Francis Drake etwas gegen Briten hatten, die sich in Mittelamerika umsehen wollten. Sie hätten indes keinen Finger zu rühren brauchen, denn das, was die schottischen Auswanderer der Bevölkerung auf dem Isthmus von Darien oder Panama gegen Land und Lebensmittel in Zahlung geben wollten, war in jenen heißesten Gegenden der Neuen Welt absolut unverwendbar: Allongeperücken aus bester schottischer Schafwolle, unter denen auch einen hartgesottenen Indio sogleich der Schlag treffen mußte. Sie wurden an Menge nur noch von den Bibeln übertroffen, die all diese frommen Auswanderer den braunen Kindern verehren wollten, noch lieber aber verkaufen, nur daß eben niemand im Lande englisch oder gar gälisch sprach.

Anders als hundert Jahre zuvor zeigten die Spanier sich menschlich. Sie knüpften die Schotten, die der Malaria und den Eingeborenenpfeilen entgangen waren, nicht als Seeräuber auf und setzten sie auch, trotz der presbyterianischen Bibeln, nicht als Ketzer auf Holzstöße. Sie verlangten nur, daß wer immer noch gehen könne, wieder ein Schiff besteige und heimkehre. Nun wußte man immerhin, daß das nahe Jamaika britisch sei; es war ein Ausweg gewesen, man hätte sich akklimatisieren und auf der schwach bevölkerten Insel vielleicht Pflanzungen anlegen können. Aber König Wilhelm III. hatte mit seinem Kaufmannsverstand dies sehr wohl vorausgesehen, und als die Heimkehrer, wie Schiffbrüchige verarmt und verzweifelt, in Jamaika an Land gehen wollten, wurde ihnen dies unter Hinweis auf königliche Order verboten. Daß schließlich zweitausend Schotten das Abenteuer mit ihrem Leben bezahlten, schürte den Haß gegen den Oranier im ganzen Land nördlich des Hadrianswalls, noch mehr aber der Verlust von einer Viertelmillion Pfund, für den die Schotten nicht ihren Bibel- und Perückenexport verantwortlich machten, sondern den König im reichen London.

Schottland im Zwiespalt

Seit dem Ende der Wikingerzeit hatte das für die Segel-
schiffahrt entlegene, schwer zu erreichende, von Klippen und Inseln umgebene Schottland Angriffe von See
her nicht mehr zu befürchten. Selbst die wohlbewehrten,
stark bemannten Schiffe der spanischen Armada, die es
nach dem Debakel im Ärmelkanal im Jahr 1588 bis nach
Schottland verschlagen hatte, waren zu keiner Gefahr geworden:

Entkräftet, demoralisiert, halb verhungert und mit see-
kranken Soldaten vollgestopft, waren die Riesenpötte des
Herzogs von Medina-Sidonia bei ihren häufigen Strandun-
gen so gut wie ohne Kampf die Beute der wohltrainierten
Seeräuber auf den Shetlands, den Orkneys und den Hebriden geworden. Und da sich dies herumgesprochen hatte,
da man mit Frankreich befreundet war und es eine deutsche Kriegsflotte noch nicht gab, drohte die einzige Gefahr
für Schottland nach wie vor im Süden und zu Lande: von
England.

Ins Positive gewendet, bedeutete das: Frieden mit England verhieß Frieden für ganz Schottland, nur darauf kam
es an und auf nichts anderes, und man wundert sich eigentlich, daß dies angesichts ziemlich klarer natürlicher Grenzen und der Armut Schottlands so schwierig gewesen ist.
England hatte nach seinem aufsehenerregenden, dem protestantischen Wind und Sir Francis Drake zu verdanken-
den Sieg von 1588 seine neue Rolle als Großmacht zur See
jenseits der Meere dokumentiert und Länder erreicht oder
sogar erobert, die unendlich reicher als das karge Schottland waren. Warum also den Nachbarn im Norden beunru-
higen, statt sich seiner Hilfe, seiner Seeleute, seiner Krie-

ger zu bedienen, um das gewaltige, ja weltweite Werk in Angriff zu nehmen?

Merkwürdigerweise hatten die Könige dieser Jahrzehnte diese großen Ziele weit weniger klar im Auge als Elisabeth I. und Königin Anna, die zweite Tochter Jakobs II., die 1702, im Alter von 37 Jahren, den Thron bestieg, als Wilhelm III. von Oranien gestorben war. Sie stammte wie Wilhelms Gemahlin Maria aus der ersten Ehe des damaligen Herzogs von York mit Anna Hyde. Sie war protestantisch erzogen worden und es geblieben, aber sie ließ sich nicht so tief wie ihr Vater und ihr holländischer Schwager in die religiösen Querelen zwischen schottischem und englischem Protestantismus hineinziehen. Ihre ganze Regierungszeit war von ausgedehnten Kriegen auf dem Festland ausgefüllt, zuerst vom spanischen Erbfolgekrieg, in den fast alle europäischen Mächte verwickelt waren, und dann von den Schlachten, in denen die Großmächte versuchten, dem gealterten Sonnenkönig einiges von dem wieder abzunehmen, was er in seiner großen Zeit im Norden und Osten Frankreichs zusammengeraubt hatte. Obwohl England nicht in allen Phasen dieser großen Auseinandersetzungen unmittelbar engagiert war, so reichten die Verwicklungen doch zu, von dem uralten Binnenstreit auf der Insel abzulenken, und darum war es durchaus logisch, gegenüber Schottland, wo herzlich wenig zu holen war, eine versöhnliche Politik zu treiben.

Seit 1707 gab es jenes *United Kingdom*, das wir Großbritannien nennen; aber auch wenn man nun nicht mehr an den Borders Krieg führte, so hatte doch England zum Beispiel mit Frankreich oder den Niederlanden ungleich intensivere Beziehungen als mit dem zurückgebliebenen Schottland. Es soll Wochen gegeben haben, wo die Post nach Edinburgh aus einem einzigen Brief bestand, und Schottland seinerseits hatte sich von England weg und über See zu anderen Handelspartnern aufgemacht. Das große Jahrhundert des Fortschritts, in dem ganz Europa nach den furchtbaren Religionskriegen zur Vernunft und zu etwas besseren Regierungssystemen zu gelangen versuchte, blieb für das abgekapselte Schottland durchaus unbefriedigend. Darin sind sich die Historiker einig, nur die Ursachen, die Schuldzuweisungen differieren erheblich...

Blickt man vom Kontinent, also aus einer gewissen Distanz, zurück auf die Geschichte der großen Insel, so erscheint die allen biologischen Zufällen preisgegebene Thronfolgeordnung als die eine Quelle zahlreicher Streitigkeiten, die religiöse Festlegung als die andere. Queen Anne war an die anglikanische Kirche in solchem Maß hingegeben, daß sie sich glücklicherweise mit der schottischen Kirche nicht eingehender beschäftigte. Es genügte ihr, in England eine Kirche nach der anderen zu bauen. Aber da sich seltsamerweise niemand vorstellen konnte, daß ein Monarch auch tolerant sein und verschiedene Bekenntnisse in seinem Reich dulden werde, erlangten das Bekenntnis der Stuarts im Exil und jenes der Stuarttöchter auf dem Thron auf unglückselige Weise besondere Bedeutung.

Jakob II., einst Herzog von York, dann König und schließlich König im Exil, wird erstaunlich schlecht beurteilt, obwohl er gegen Queen Anne doch als ein begabter Monarch erscheinen muß. Sein Charakterbild würde eine Sonderstudie verlangen, denn der junge Prinz war zweifellos ein tüchtiger Kriegsmann, auch vom Herzog von York spricht Samuel Pepys in seinen berühmten Tagebüchern noch mit ungeheuchelter Hochachtung, und die Regierung Karls II. hätte zweifellos diesen energischen Minister, der den König in so vielen Belangen ersetzte, nur schwer entbehren können. Die Verdüsterung des Charakters begann mit der Statthalterschaft in Schottland, als Jakob als Herzog von York sich mit schwierigen Verhältnissen und unbeugsamen Menschen konfrontiert sah. Damals entstand der Vorwurf der Grausamkeit, den Buckle mit einer für einen so großen Historiker einzigartigen Schärfe formuliert:

„Er hatte sich (1680) zu einer solchen Höhe der Bosheit

hinaufgearbeitet, daß er eine ordentliche Freude bei dem Anblick der Todesqualen seiner Mitmenschen genoß. Dies ist ein Abgrund der Schlechtigkeit, in den selbst die verdorbensten Naturen selten hinabsinken... In Jakob II. war jede Scham so abgestorben, daß er seine abscheuliche Liebhaberei nicht einmal zu verbergen suchte. Überall, wo die Tortur angewendet wurde, war er gewiß zugegen und weidete seine Augen an dem Schauspiel. Es macht uns die Haut schaudern, wenn wir bedenken, daß ein solcher Mensch zum Herrscher über Millionen gesetzt war. Aber was sollen wir von den schottischen Bischöfen sagen, die ihm, von dessen Betragen sie täglich Zeugen waren, Beifall zuriefen... Die regierenden Stände in Schottland waren jedoch so völlig verderbt, daß solche Verbrechen, wie es scheint, kaum ihren (der Bischöfe) Unwillen erregten."

Gestützt auf den schon erwähnten Woodrow und andere Lokalhistoriker zählt Buckle dann die Folterinstrumente auf, die unter dem Herzog von York in Schottland angewendet und zum Teil neu eingeführt wurden, weil sie den „Vorteil hatten, nicht lebensgefährlich zu wirken, so daß die Marter an derselben Person wiederholt angewendet werden konnte".

Nun müßte man annehmen, daß solche Verbrechen einen Herrscher zumindest in dem Land, in dem sie verübt werden, für alle Zeiten unmöglich machen. Man kannte einander schließlich in Schottland, jeder Name gehörte zu einem Clan, und wenn der eine oder andere gefoltert oder hingerichtet wurde, dann ließ sich dies nicht beiseiteschieben wie der Zufallstod eines Wegelagerers. Aber kaum war Jakob ins Exil gegangen, so wandten sich ihm die Sympathien zu, weil der fernste König für die Schotten eben immer der beste König war, und weil Wilhelm von Oranien sich durch Glencoe und andere feindselige Handlungen bei den Schotten unbeliebt gemacht hatte.

Statt die ausgestreckte Hand der gegenüber Schottland im ganzen friedfertig gesinnten Queen Anne zu ergreifen, hingen die Schotten nun also den vertriebenen Stuart-

Männern an, Jakob II., der in den Schlachten gegen den
Oranier weder Mut noch Umsicht gezeigt hatte, aber auch
dem 'Älteren Prätendenten', dem einzigen überlebenden
Sohn Jakobs II., der so spät geboren worden war, daß man
bis heute an ein untergeschobenes Kind glaubt.

Am 10. Juni 1688, als dieser im letzten Augenblick ge-
kommene Prinz geboren worden war, schrieb Anna an ihre
ältere Schwester Mary: „Ich werde nie wieder wirklich ruhig und zufrieden sein, ob dieses Kind nun echt oder unter-
geschoben ist. Vielleicht ist es tatsächlich unser Bruder,
aber das weiß eben nur Gott allein."

Selbst wenn der künftige Jakob III. echt gewesen sein
sollte, war er natürlich nur der Halbbruder der Damen
Mary und Anne, die ja aus der ersten Ehe des Herzogs von
York stammten. Aber da er eben ein Prinz war, da er von
der katholischen Maria Beatrice d'Este aus Modena
stammte, löste er die nur dem Namen nach glorreiche, in
ihren Folgen sehr wenig glanzvolle Revolution aus. Die
Schotten in ihrer Daueropposition gegen England aber
erhoben nicht nur den auf den Kontinent geflüchteten
Jakob II. zum König ihrer Sehnsüchte, sondern nach seinem Tod im Jahr 1701 den kleinen Prinzen, der später die
Bezeichnung *the old Pretender*, der ältere der beiden
Stuart-Prätendenten, erhalten wird.

Die ebenso hartnäckige wie hilflose Gegnerschaft gegen
Englands fromme Queen Anne und die Thronfolge der
Hannoveraner werden verständlicher, wenn wir uns die
Verhältnisse in Schottland selbst vergegenwärtigen, so-
ziale, wirtschaftliche und geistige Zustände, wie man sie in
diesem Jahrhundert in einem immerhin europäischen
Land nicht mehr vermuten würde. Zwar war auch Queen
Anne trotz hoher Geburt und guter Erziehung als eine Frau
ohne Horizont zu bezeichnen. Kunst, Literatur und soziale
Reformen interessierten sie überhaupt nicht, und nach dem
Tod ihres dänischen Prinzgemahls und der Verstoßung
ihrer Jugendfreundin Sarah Jennings, Duchess of Marlborough, verdüsterten Krankheiten, die zahlreichen Kin-

derbegräbnisse und Enttäuschungen ihr Leben. Aber in Schottland ging es nicht um einen Souverän in seinem Unglück, sondern um ein ganzes Land in seiner Verstocktheit, seiner angestammten Armut. Aufhellungen jedenfalls waren nicht in Sicht, nicht durch die Kirche und nicht durch die Königin.

Man ist, auch im 18. Jahrhundert, noch versucht, mit europäischen Zuständen des Mittelalters zu vergleichen, etwa mit der Seßhaftigkeit, dem Fehlen von Reisenden. So wie sich das mittelalterliche Gemeinwesen instinktiv gegen Fremdes und die Fremden abschloß und ihnen mit Mißtrauen begegnete, so hatten England und Schottland keine nennenswerten Kontakte durch Reisende oder wirtschaftliche Fluktuation. Zwar trieb man schottisches Vieh auf die Märkte des nördlichen England, aber jene, die das taten, waren nun nicht gerade der Menschenschlag, der geistige Anregungen aus solchen Begegnungen zog. Die Vergnügungsreise, deren eine ja Boswell aufgezeichnet hat, brauchte schon den starken Impetus des Bildungswillens, und der Ruhm, den Doktor Johnson und Boswell mit diesem Reisebericht bis heute errangen, zeigt schon, wie selten solche Unternehmungen waren. Schottland hatte, da es mit Holland, Dänemark und Frankreich mehr Handel trieb als mit England, hervorragende französische Weißweine zu bieten und den ausgezeichneten Lachs seiner Gewässer. Wer aber in den Genuß dieser Leistungen kommen wollte, konnte praktisch nur die Vetternstraße der Empfehlungsbriefe einschlagen, denn Herbergen gab es so gut wie gar keine, man schlief in Ställen, aß in schmutzigen Kneipen und wußte oft bei Dunkelheit nicht, wo man die Nacht verbringen sollte.

Das Land, dessen Schönheit heute so viele begeistert, weckte den ästhetischen Sinn der Engländer ganz und gar nicht, denn es gab keine Hecken (!), keine wohlangelegten Gärten, die Schlösser — wenn man sie überhaupt betreten durfte — waren unkomfortabel, kalt und angefüllt mit den Erinnerungen an die schauerlichsten Bluttaten. Und ließ man sich irgendwo Volkslieder, Balladen oder Moritaten vorsingen oder -spielen, so konnte man Gift drauf nehmen, daß die Engländer dabei sehr schlecht wegkamen. Auch auf dem europäischen Festland brauchte es seine Zeit und eine Menge englische Touristen, ehe die Schönheit der wilden Gebirge entdeckt wurde; seltsamerweise aber interessierte sich dieses sportliche, im 18. Jahrhundert so eifrig reisende Volk ganz und gar nicht für die melancholische Schönheit der Highlands, der Hochmoore, die einsamen, unter leichten Nebelschleiern liegenden Lochs und die lieblichen Täler mit ihren klaren Bächen. Und traf man endlich auf einen der Großgrundbesitzer, einen der Schotten aus uralter Familie, die hier so frei schalteten wie zu jener Zeit kein anderer Edelmann in Europa, dann trug dieser eben die Rauhwetterkleidung, grobes Lederzeug, vielleicht auch ausgefranste Ärmel, und der Engländer in seinem feinen Tuch fand den schottischen Baron ganz und gar nicht *gentlemanlike*.

Das schottische Parlament wirkte auf den ersten Blick durchaus demokratisch, weil in jenem hohen Saal in Edinburgh alle drei Stände gemeinsam tagten und auch recht offen miteinander redeten. Aber nur hin und wieder war einer der Abgeordneten wirklich von seinen Mitbürgern, den Bauern seiner Heimat oder überhaupt einem größeren Personenkreis beauftragt und entsandt: Wer im Parlament saß, das wurde innerhalb der einflußreichen Kreise abgesprochen, was die Opposition nicht ausschloß, denn es gab ja rivalisierende Gruppen bis hinauf zu den größten und mächtigsten Clans. Es drängte aber doch die sogenannte Basis stark ins Abseits.

Auch unter Queen Anne fehlten in Schottland noch die wichtigsten Voraussetzungen für eine breitere Anteilnahme am öffentlichen Leben. Selbst in den Grafschaften, also nicht nur auf den Inseln, konnten nur wenige Schotten wirklich mit Lektüre umgehen. Zwar vermochten zwei von drei Männern ihren Namen zu schreiben und Großgedrucktes zu lesen, aber nur eine von zwölf Frauen (Trevelyan, Kultur- und Sozialgeschichte), und die Schulen waren nicht dazu angetan, diesen Zustand erheblich zu verändern. Man hatte sie aufgrund von Gesetzen des 17. Jahrhunderts in den Dörfern errichtet, aber sie verfielen sehr bald wieder: Die Lehrer, soweit es sie überhaupt gab, wurden elend entlohnt, die Dorfjugend hatte keine Zeit zu lernen.

Es ist ein rührender Vorgang, zu verfolgen, wie dennoch junge Schotten beinahe jedes Standes versuchten, sich eine gewisse Bildung zu erwerben, und es wäre für manchen, der das heute so überreich Angebotene leichtfertig ausschlägt, gewiß sehr lehrreich, den Weg der jungen Bauern, Kleinadeligen, der Grundbesitzer und der Adelssöhne zu verfolgen, die an den Universitäten ihr Glück versuchten, obwohl das Hin und Her des Religionsstreites und der Stuartkriege die besten Lehrer ins Ausland getrieben hatte (wenn ihnen nicht sogar der Prozeß gemacht worden war). Freilich waren die Ziele dieser Studierenden nicht allzu hoch gesteckt. In dem armen Land galt schon als glücklich, wer eine Pastorenstelle erlangen konnte, obwohl die Einkünfte kaum zum Leben reichten. In einem Land ohne gebildete Mittelschicht und ohne geistigen Anspruch konnte es auch nicht viel Beschäftigung für Gebildete geben, und selbst jener arme Hofmeister, den uns Jakob Michael Reinhold Lenz so erschütternd vor Augen gestellt hat, würde sich noch glücklich schätzen, verglichen mit seinen Kollegen, den bitterarmen Studenten schottischer Universitäten, die ihr Leben als Hauslehrer auf entlegenen Schlössern fristeten. Die Pastoren brachten es wenigstens, wenn sie einigermaßen geschickt waren und mit dem Landvolk umzugehen verstanden, im Lauf der Dienstjahre zu einer erträglichen Existenz, wenn sie auch nie so üppig dotiert waren wie ihre Amtsbrüder in England – ganz zu schweigen von einem Leben, wie es etwa Laurence Sterne führte oder der Schotte Tobias Smolett, der in Glasgow studiert, sich dann aber in den glücklicheren Süden begeben hatte.

Die Anspruchslosigkeit jener Studenten läßt sich in unserem Jahrhundert kaum noch vorstellen: Die Adepten der Hochschulbildung brachten sich die Hafergrütze sackweise von zu Hause in die Stadt mit und kochten in ihrem Dachstübchen selbst, und in den Ferien auf dem Land, bei Mutters Kochtopf, da aßen sie sich dann für das nächste Semester satt...

Angesichts solcher Verhältnisse blieb die Masse der Bauern und Pächter in einem Maß auf den Grundherrn angewiesen, das nur noch mit dem zaristischen Rußland verglichen werden kann. Ja die Schotten waren da vielleicht sogar ein wenig besser dran, weil hier der Adel weniger Aufwand trieb und nicht so häufig von seinen Besitztümern abwesend war wie der russische Adel, der die Erträge seiner Güter in Moskau oder Sankt Petersburg verbrauchte. Der Laird und seine Bauern bildeten eine Schicksalsgemeinschaft, deren Gesetze der Boden schrieb, ein schlecht oder gar nicht entwässerter Boden, der bei den Ameliorationen, wie wir sie schon aus dem deutschen Spätmittelalter kennen, guten Ertrag gebracht hätte. Aber die Schotten, wenn sie auch Handelsverkehr mit Holland hatten, versäumten es doch, die niederländischen Deichbauern und Drainagefachleute ins Land zu rufen, wie es etwa Bischof Wichmann von Magdeburg so erfolgreich getan hatte. Die Besitzstruktur in Schottland ließ wohl auch größere Landnahme-Operationen nicht zu, wie sie an der Ostgrenze des Deutschen Reiches auf Kosten der Slawen und der heidnischen Ostseestämme erfolgten.

Da die Niederungen allenfalls als Moorweiden genutzt werden konnten, mußten die Hänge bearbeitet werden, wozu sich die Bauern zusammentaten, um mit gemeinsam gestelltem Ochsenvorspann einen klobigen und selbstgebauten Pflug durch das harte Ackerland zu ziehen. Die Arbeit begann, sobald auch der letzte und faulste Nachbar eingetroffen war, und sie endete, wenn der erste die Lust verlor oder Besseres zu tun hatte. Und herrschten einmal wirklich gute Wetterbedingungen (was in Schottland sehr selten war und ist), dann mußte das *Infield*, der beim Schloß liegende wertvollste Grund des Laird oder Baron oder Earls bestellt werden.

Merkwürdigerweise ist die schottische Geschichte trotz dieser außerordentlich bedrängten Lage der Bauern beinahe frei von sozialen Unruhen auf dem Land. Das ganze übrige Europa sah seit dem 14. Jahrhundert verzweifelte und blutige Erhebungen von Bauern oder Kleinhandwerkern oder auch Heimarbeitern: Zu Beginn des Jahrhunderts den Dolcino-Aufstand in Norditalien, die blutigen Wirren der Jacquerie in Nordfrankreich, die Erhebungen der Weber von Gent und Brügge und etwa gleichzeitig der Ciompi von Florenz; sogar in Spanien erhoben sich die Bauern, und die deutschen Bauernkriege vom Elsaß im Westen bis zum Haushamerfeld in Oberösterreich sind mit ihrem blutigen Ende ohnedies bekannt. In Schottland hatten die Bauern das Beispiel eines Grundherrn vor sich, der wohl sehr viel besser lebte als sie, aber im Prinzip in der gleichen Weltgegend, mit mehr Naturaleinnahmen als Geld und in gewissem Sinn patriarchalisch für sie verantwortlich. Ihn abzuschlachten, wie man es etwa in Mecklenburg erlebt hatte, wäre vielleicht straflos geblieben (und blieb gelegentlich auch unbestraft), hätte die Lage aber nicht geändert. Nicht einmal der gewaltige Bauernaufstand in England von 1381 hatte bis nach Schottland ausgestrahlt, vielleicht, weil die Einkünfte der englischen Grundbesitzer fünf- bis zehnmal so hoch waren wie die ihrer schottischen Standesgenossen, wodurch also ein beträchtlicheres Gefälle in den Einnahmen und Lebensverhältnissen entstanden war als in Schottland. Die schottische Form der Auflehnung hatte darum auch keinen sozialrevolutionären Charakter, und selbst die genaue Durchforstung der Grundherren-Gerichtsakten, wie sie in den hoffnungsfrohen Zeiten der marxistischen Geschichtsschreibung vorgenommen wurde, erbrachte keine anderen Delikte, als das Vieh auf der Weide eines Klosters grasen zu lassen (wofür der Pächter eines Priors von Tynemouth ins Gefängnis

278

wanderte, von seinen Freunden im Dorf aber daraus wieder befreit wurde).

Das Hauptübel lag neben der aktuellen Armut und Bedrängtheit der Bauernfamilien darin, daß die Struktur eine Besserung nicht wahrscheinlich machte. Es fehlte die übergreifende Organisation, die technisch schwierige Arbeiten wie Entwässerung oder die Beschickung entfernter Märkte erst möglich gemacht hätte. „Die Lairds vermochten sich oder ihren Pächtern nicht zu helfen, da sie selbst durch ihre Armut völlig gefesselt waren", sagt Trevelyan, und dieser kurze Satz ist einer der deprimierendsten in der ganzen Zustandsschilderung Schottlands nach der sogenannten Glorreichen Revolution. Unmittelbar nach der Restauration, also der Thronbesteigung Karls II. Stuart in London, hatte die Begeisterung, hatte das Zukunftsvertrauen bis nach Schottland wie eine Woge gebrandet, Glasgow war aufgeblüht, es hatte Jahrzehnte nicht nur der Hoffnung, sondern der faktischen Belebung gegeben. Dann kamen Wilhelm III. und Maria, die beide keine Geisteskinder waren, und die sogenannten 'teuren Jahre', sechs aufeinanderfolgende Schlechtwetterjahre (für die Wilhelm freilich nichts konnte), deren Mißernten die Teuerung auch auf dem flachen schottischen Land mit sich gebracht hatte.

Damals hatte es in Schottland jene Hungersnöte gegeben, die Irland noch im 19. Jahrhundert heimsuchten. Es fehlten zu Beginn des 18. Jahrhunderts nicht nur die Transportmittel für massive Getreidelieferungen, es fehlte auch die Möglichkeit, sie zu bezahlen. Schottland exportierte nur wenig, weil eine unentwickelte Wirtschaft keine Überschüsse erzielt, und es exportierte Billiggüter wie die Heringe, die nach Spanien gingen, die Kohle, die Holland abnahm, das schottische Vieh, das die Engländer im Preis drücken konnten, weil andere Käufer nicht in Sicht waren.

Man fragt sich, wie diese eineinviertel Millionen Menschen dies alles durchstanden, und kann im Grunde nur antworten, daß der Familiensinn viele gerettet hat und in gewissem Sinn auch der Stolz. Es galt als entehrend für die

Sippe, wenn jemand aus ihr der kirchlichen Armenfürsorge zur Last fiel, und da diese ohnedies nicht effektiv arbeitete, trachtete man selbst in Notzeiten den Appell an die Allgemeinheit zu vermeiden. Sie waren lauter stolze, verschämte Arme, nur daß man damit die Armut selbst nicht hinwegzaubern konnte, und es sind wohl in keinem Land soviele schlechte, dünne Kupfermünzen in die Opferstöcke gefallen wie gerade in Schottland. Hauptsache, die Gemeinde sah, daß man noch etwas abzugeben hatte. Es war die tiefsitzende, unselige Scheinheiligkeit der schottischen Kirche, aber auch der Puritaner aus den Borders und aus Nordengland, die öffentlich abzulegenden Beichten, die Schnüffelei der Geistlichkeit bis hinein in die Familien, die insgesamt jenes unwirkliche Leben erzeugten. Die Not war in ihnen eine Dauererscheinung, aber man wollte sie ebensowenig wahrhaben wie die Unehre einer Tochter, wie den Fehltritt eines verheirateten Mannes. Das war im 18. Jahrhundert noch kein Anachronismus: In den Neuenglandstaaten hielt sich die gleiche Tyrannis, und so mancher calvinistische Geistliche versuchte sie sogar unter den ausgewanderten Hugenotten, zum Beispiel in Königsberg, aufzurichten. Aber es war in Schottland doch anders als auf dem Kontinent oder auch in England: Man hatte sich nämlich ein volles Jahrhundert hindurch auf diese vollkommene Herrschaft religiöser Heuchelei und kleinlichen Denunziantentums vorbereitet.

„Während des 17. Jahrhunderts", schreibt Buckle, „pflegten die Schotten nicht die Künste des Lebens, bildeten nicht ihren Geist, erhöhten nicht ihren Wohlstand, sondern brachten den größten Teil ihrer Zeit mit sogenannten religiösen Übungen hin. Die Predigten waren so lang und so häufig, daß sie alle Muße verschlangen, aber das Volk wurde nicht müde, sie anzuhören. Wenn ein Prediger einmal auf der Kanzel war, so gab es für seine Redseligkeit keine andere Grenze mehr als seine Kraft. Er war einer geduldigen und ehrfurchtsvollen Versammlung gewiß und fuhr fort, so lange er es aushalten konnte."

Das gilt natürlich in erster Linie für die größeren Siedlungen, aber schließlich waren sie es, die das geistige Klima bestimmten. Der unübertreffliche Wodrow gibt uns in seiner Geschichte der Schottischen Kirche nicht nur die Namen der berühmtesten und wegen ihrer Wortgewalt und Drohungen am meisten gefürchteten Prediger, sondern auch deren Eigenheiten und Vorzüge. Und da man vor allem in mittleren und kleineren Siedlungen ja andere gravierende Bildungserlebnisse nicht zu verzeichnen hatte, bestimmten Prediger und Predigt den Horizont, den geistigen Anspruch, die ganze Anregungs-Ebene des bürgerlichen Daseins: Daß John Menzies nach jeder seiner Kraft- und Drohansprachen das Hemd wechseln mußte, beschäftigte die Menschen zu Aberdeen ebenso wie die gottgefälligen Schweißausbrüche des James Forbes, zu dessen Ruhm die Tränen beitrugen, die seine Zuhörerschaft vergoß. Andernorts, wo vielleicht nicht so gewaltige Dauer-Posaunen zur Verfügung standen, lösten die Prediger einander ab, so daß die Zuhörer in den Genuß von Sechsstundenermahnungen kamen – und schlich sich jemand davon, aus welchem Grunde immer, so sorgte er für monatelanges Geraune hinter ihm her und über seinen Lebenswandel.

„Ein solcher Eifer und doch soviel Geduld zeigen uns einen ganz eigentümlichen Zustand der Gesellschaft", schreibt Buckle, was stimmt, nur die Fortsetzung des Satzes ist ein Irrtum: „Wir finden nichts Ähnliches in der Geschichte irgendeines zivilisierten Landes." Massachusetts befand sich etwa gleichzeitig in durchaus ähnlicher Lage, es kam dort zu Steinigungen von Gemeindemitgliedern, denen man sündigen Lebenswandel vorzuwerfen wußte. Aber Talvj und Hawthorne waren für Buckle wohl ebensowenig Autoritäten wie heute Arthur Miller und die neuere Literatur über die Hexenprozesse von Salem. Immerhin scheint ein Seelenpapst wie Cotton Mather den Schotten erspart geblieben zu sein: Sie blieben nur, da keiner dieser Prediger seine Schäflein aus dem Dunkel zu entlassen wünschte, in jener Glaubensdumpfheit befangen, die notwendigerweise zu Aberglauben, heimlichen Sünden und hilfloser Verzweiflung führen muß.

Dabei bot das tägliche und praktische Leben in Schottland durchaus seine Ventile an, weil das kleine Volk in solchen Dingen ja findiger ist als das verschreckte Bürgertum. Es tolerierte eine große Gruppe harmloser Landstreicher, indem es sie aus der Masse der Armen und der Banditen heraushob, ihnen einen alten Uniformrock verpaßte und sie zu dem einsetzte, was Schottland am dringendsten brauchte – zur Nachrichtenübermittlung. Sie hatten keine Drehorgel, und sie sangen keine Moritaten, aber sie besorgten die Verbindung kleiner und kleinster Gemeinden und Häusergruppen mit den Hafenorten, in denen man ja doch ein wenig aus der Welt erfuhr. Sie bewegten sich als Wanderzeitungen über Land und rechtfertigten damit, daß man sie gutwillig von dem wenigen am Leben erhielt, das man selbst hatte.

Daß neben ihnen natürlich auch gewalttätige Kleinbanden existierten, unter denen vor allem einsam gelegene Höfe sehr zu leiden hatten, war eine dem ganzen Europa gemeinsame Erscheinung, nur daß die Marodeure auf dem Kontinent größere Zusammenschlüsse bildeten, um den Polizeiaufgeboten besser widerstehen zu können. In Schottland schlossen die Versorgungsschwierigkeiten große Räuberbanden aus, aber auch die wenigen, von denen wir Kunde haben, betrugen sich nicht besser als die berüchtigten *Ecorcheurs* in Frankreich. Erwischte man solche Übeltäter, so wanderten sie in die Salzbergwerke oder in die Kohlengruben, wo sie neben Unbescholtenen arbeiteten, denen es auch nicht besser erging als ihnen. So war zum Beispiel beim Kohlebergbau üblich, daß die ganze Familie des Hauers mitarbeitete, abtransportierte, was er aus dem Flöz schlug, und auch die Auslese des tauben Gesteins besorgte; wechselte eine Grube den Besitzer, dann bildeten die Arbeiter einen wichtigen Anteil an ihrem Wert, denn sie durften sich keine andere Arbeitsstelle suchen.

282

Sie waren Leibeigene wie die Bauern, und das Traurigste: Selbst diese Plätze waren in Notzeiten heiß begehrt...

Armut und Unsicherheit brachten es mit sich, daß die Städte sich bald aus dieser Misere heraushoben, denn wer immer es sich leisten konnte, zog in die Stadt, deren Tore am Abend geschlossen wurden und in der Stadtwachen patrouillierten. Selbst der Adel zog während langer Zeiträume des Jahres eine einfache Stockwohnung im engen Edinburgh einem fashionablen Wohnsitz außerhalb der Mauern vor; zu tief hatte sich in einem Land, in dem so flink mit Schwert und Dolch gemordet wurde, die Explosion eingeprägt, mit der Bothwell und seine Diener Darnleys ganzes Haus vor der Stadt in die Luft gejagt hatten.

Indessen gab es eine ganze Reihe von Anzeichen dafür, daß das schottische Volk selbst unter diesen mehr als schwierigen Verhältnissen einen Grad von innerer Gesundheit bewahrt hat, der mit dieser Primitivität ebenso zu tun hat wie mit dem Fehlen aller Einflüsse von außen. Es gab trotz des düsteren Beispiels der blutigen Maria der Katholischen und trotz abergläubischer Urteile auch unter Queen Anne in Schottland verhältnismäßig wenige Hexenverfolgungen (so fest man auch an Zauber aller Art glaubte: Man war damit eben zu vertraut, um Scheiterhaufen zu brauchen). Das schottische Eherecht war hinsichtlich der Gleichstellung der Frau fortschrittlicher und damit gerechter als selbst noch die viktorianischen Gesetze in England. Und — die Säuglingssterblichkeit war in Schottland geringer als im weitaus höher zivilisierten England, eine Erscheinung, die sich ziemlich mühelos aus der Lebensgeschichte des großen Semmelweis erklärt: Er war auf seine Entdeckung von der Notwendigkeit der sterilen Handlangerdienste ja auch dadurch gekommen, daß die Hebammen ungleich weniger Wochenbettfieber erzeugten als die Herren Medizinstudenten. In Schottland brachte man die Kinder mit jener schlichten Zweckdienlichkeit zur Welt wie die Schafe und die Kälber, und die Schottinnen fuhren dabei besser als die Damen der englischen Gesellschaft.

Englische Reisende waren selten, und wenn sie sich in Schottland länger aufhielten als Boswell, Doktor Johnson oder auch Daniel Defoë (der ein sehr guter Journalist war), dann bewegten sie sich in dem unter der gleichen Königin lebenden Nachbarland wie in exotischen Gefilden, und die seltsamsten Erscheinungen, die ihnen begegneten, waren die Hochländer mit ihren gewaltigen Körpern, ihrer malerischen Tracht und ihrem Stolz, mit dem sie über die eigene Absurdität hinwegsahen.

Selbst bei wohlmeinenden Besuchern Schottlands, bei gebildeten Menschen, die ihr Herz dem Land und seinen Menschen zu öffnen bereit waren, erlischt nach Wochen der Mühen und Entbehrungen, der Enttäuschungen am unwesentlichen Detail jene initiale Bereitschaft, sich von dem Land der Feen und Moore überwältigen und verzaubern zu lassen:

„Da mein Freund sich danach sehnte, endlich wieder den großen Schauplatz des Lebens mit seinem bunten Getümmel zu sehen, belegte er einen Platz in der Postkutsche, die Montag, den 22. November (1773) nach London abging", schreibt Boswell im letzten Kapitel jenes denkwürdigen Reisetagebuchs, durch das die Welt von Schottland Kunde bekam. Es wurde vereinbart, die Kutsche nicht in Edinburgh zu besteigen, wo sie sehr früh am Tag abging, sondern in Cranston, zwölf Meilen von Edinburh in Richtung Newcastle, also an der Strecke. Dort konnte man bei Sir John Dalrymple, einem Richter und Heimatschriftsteller, wohnen, der sich dies angesichts der Berühmtheit Johnsons und der Einsamkeit Cranstons zur hohen Ehre anrechnen würde. Sir John (gestorben 1810) scheint ähnlich unleidlichen Charakters gewesen zu sein wie Sir Alexander Dalrymple (gest. 1808), der James Cook das Leben so schwer machte; jedenfalls gingen beide nicht so sehr wegen ihrer Verdienste in die Geistesgeschichte ein als wegen ihrer Absonderlichkeiten im Umgang mit den Mitmenschen. Johnson genoß jede Stunde der Verspätung auf dem Weg nach Cranston, weil er sich den Ärger Dalrymples ausmalte, und während wir daraus die Lehre von katastrophalen Straßenverhältnissen selbst in der Umgebung von Edinburgh ziehen, stellte Boswell fest: „Es war sehr spät, als wir bei Sir John Dalrymple eintrafen, der begreiflicherweise nicht gerade rosiger Laune war. Es entwickelte sich kein sprühendes Gespräch. Wir nahmen eine Abendmahlzeit ein und zogen uns dann in altertümliche Schlafzimmer zurück, wie sie vielleicht für den Hochsommer in Italien geeignet gewesen wären, nicht aber für das Novemberwetter in Schottland."

Und unsere Johanna Schopenhauer, zu ihrer Zeit eine der erfolgreichsten Schriftstellerinnen, heute nur noch in ihren Reiseberichten lebendig, schreibt dreißig Jahre nach Boswell eine Reihe bei aller Klugheit bestürzend naiver Sätze nach ihrer ersten Begegnung mit dem südlichen Schottland an den Ufern des Tay bei Kenmore:

„Der Anblick der armen Hütten, die wir einzeln in den Tälern am Fuß der Felsen oder in der Nähe des Stroms zerstreut liegen sahen, würde uns schmerzhaft berührt haben, wären die Bewohner nicht mit ihrem kärglichen Los so zufrieden erschienen. Wir sahen große Armut, aber nicht eigentliches Elend. Jede Hütte hat ihr kleines Kartoffelfeld, das die Einwohner nährt, und einige Ziegen und Schafe von einer besonderen, sehr kleinen Rasse, fast wie die Heideschnucken auf der Lüneburger Heide, die ihnen die notwendige Kleidung gewähren. Die Häuser sind wohl die schlechtesten menschlichen Wohnungen im kultivierten Europa, so enge, daß man nicht begreift, wie eine Familie darin Platz findet, aus rauhen Steinen zusammengetragen, deren Fugen mit Moos und Lehmerde verstopft sind. Türen aus Brettern schlecht zusammengeschlagen, ohne Schloß und Riegel (denn wer sollte hier Diebe fürchten?), Fenster, so klein, daß man sie kaum bemerkt, oft sogar ohne Glas, die niedrigen Dächer von Schilf, Moos, Rasen, bisweilen aus Holz oder Schiefer, wie es eben die Gelegenheit darbot. Das Innere dieser Hütten entspricht dem Äußeren. Hier sieht man deutlich, bei dem fast gänzlichen Mangel alles Hausgeräts, wie wenig der Mensch zum Leben eigentlich braucht." Auf die Frage, was sie denn im Winter, eingeschneit in diesen winzigen Hütten, den ganzen Tag tun könnten, antwortete der Reisenden ein junges schönes Mädchen unbefangen: „Wir beten und spinnen."

Als Queen Anne im Jahr 1714 starb, ging das Gerücht um, sie habe in den letzten Wochen ihres Lebens ernsthaft erwogen, jenen kleinen und spätgeborenen Sohn Jakobs II. zu ihrem Thronerben einzusetzen, an dessen königlichem Blut, an dessen rechtmäßiger Geburt sie einst gezweifelt hatte. Er war zu diesem Zeitpunkt 26 Jahre alt, ein gut aussehender, etwas stiller und sehr ernsthafter Prinz, der bei Paris lebte und als *The old Pretender* ein wenig Geschichte machen sollte. Denn mehr als ein Prätendent zu sein, billigte ihm Anne auf dem Totenbett dann doch nicht zu. Sie hatte nämlich sehr weit entfernte Verwandte in Deutschland als Erben des englischen Thrones eingesetzt, Nachfahren nicht etwa ihres enthaupteten Großvaters Karl I., sondern von dessen Schwester Elisabeth, die den so nachhaltig in den Dreißigjährigen Krieg verstrickten Friedrich, Pfalzgrafen vom Rhein und Titularkönig von Böhmen, geheiratet hatte. Von den Kindern dieses Paares lebte noch, als die Briefe zwischen England und Deutschland hin und her gingen, die Kurfürstin Sophie (1630-1714), eine Enkelin Jakobs I. von England oder VI. von Schottland, Urenkelin der Maria Stuart und ihres ermordeten Geliebten Rizzio.

Sophie, eine bemerkenswerte Frau, die wir aus dem Briefwechsel mit Liselotte von der Pfalz gut kennen, hatte das wertvolle Erbe nicht für sich selbst, sondern für ihren Sohn angenommen, und man darf sagen, daß sich das Quentchen schottischen Blutes, das Maria Stuart noch gehabt hatte, in diesem Ur-Urenkel nur noch in einer kaum meßbaren Verdünnung vorfand. Und die armen Schotten, ob sie dies alles überblickten oder nicht, ob sie wußten, wo

Hannover lag und wer Sophie war, sie erhofften jedenfalls ihr Heil inbrünstiger denn je von jenen wahren Stuarts, die in Paris auf ihren großen Tag warteten.

Der unglückliche Liebling der Nation

The young pretender, der jüngere der Prätendenten und zärtlich auch Bonnie Prince Charlie genannt, setzt neben Maria Stuart einen männlichen Akzent in der Geschichte der schottischen Stuarts. Seine Schicksale im Verein mit jenen seiner Heimat, sein politisches, militärisches und endlich menschliches Scheitern erheben die Geschehnisse um ihn über den Charakter einer Episode und geben dem ganzen Schottland jenen poetischen *drive*, der im nächsten Jahrhundert dann Burns und Walter Scott zu den großen Sängern von den Schicksalen ihres Landes machen wird. Aber zweifellos muß man heute, da so vieles nicht mehr Allgemeingut unseres Wissens ist, der Reihe nach erzählen und sagen, daß 1714, als Königin Anna Stuart starb, Frankreich nach Niederlagen tief erschöpft war und Ludwig XIV. sehr, sehr alt...

Die Frage einer gewaltsamen Invasion in England und einer Entthronung der Schwester stellte sich daher gar nicht, erstens, weil Jakob III. zu dem Zeitpunkt, da der Oranier starb, noch zu jung war, und zweitens, weil die kränkelnde Anna ihre Absichten hinsichtlich Jakobs III. sehr bald durchblicken ließ. Ihr Angebot, Jakob möge nach London kommen, dort die Erziehung eines protestantischen Prinzen genießen und nach ihrem Tod als protestantischer Stuart über die drei Reiche herrschen, war die einzige reale Chance, die sich den Stuarts im Exil seit 1688, seit Wilhelms Landung in Torbay, geboten hat. Jakob III. selbst hätte diesem Plan nicht viel Widerstand entgegensetzen können, denn einen Knaben zum Religionswechsel zu bereden, das hätten die Minister Ludwigs bestimmt zustandegebracht. Aber da war noch die Witwe Jakobs II., Maria Beatrice von

Modena, eine nicht sehr kluge, aber hübsche und vor allem charmante Dame, die Ludwig XIV. und die Maintenon ins Herz geschlossen hatten. Gegen den Willen der Maintenon aber einen jungen Mann an die Ketzer von London ausliefern zu wollen, das war, wie die Dinge beim Tode Wilhelms III. standen, die pure Utopie. Und als 1715 der Sonnenkönig die Augen schloß und der leichtlebige Regent die Maintenon entmachtete, da war es genau ein Jahr zu spät: Königin Anna war gestorben, und Georg I. aus dem Hause Hannover saß auf dem englischen Thron...

Da also das gutgemeinte Angebot der Königin Anna in Paris auf – heute nur noch schwer verständliche – Ablehnung gestoßen war, mußte Jakob der Jüngere sich auf den Kriegspfad begeben. Denn das galt als durchaus honett, auch wenn es mit Täuschungsmanövern aller Art verbunden war, mit Hochverrat in England begann, Spionage voraussetzte, Bestechungen notwendig machte und zwangsläufig zu Blutvergießen führte: Hauptsache, der junge König behielt seine Konfession.

Königinwitwe Maria Beatrice hatte, getreu den Ratschlägen der Maintenon, ihren Sohn sehr streng und beinahe mönchisch erzogen. Er besuchte täglich die Messe in der kleinen Kapelle von Saint-Germain-en-Laye und gab sich den verschiedenen Andachtsübungen und dem Religionsunterricht mit solcher Inbrunst hin, daß selbst die katholischen Jakobiten seiner Mutter in aller Ehrfurcht zu verstehen gaben, daß man den jungen Mann doch zunächst für eine irdische Laufbahn erziehen müsse. Ins Kloster könne er am Ende seines Lebens immer noch gehen.

Das Ergebnis dieser Erziehung waren ein gut entwickelter Verstand, ein fester Charakter und der unerschütterliche Vorsatz, dem Vater nachzueifern, die Sache der Stuarts weiterzufolgen, den verlorenen Thron zurückzuerobern. In allem, was Jakob III. zu diesem Zweck unternahm, fehlte es ihm nicht an Mut; er hatte ja nie etwas anderes kennengelernt als diese Aufgabe, er war für sie bestimmt, es konnte jene Zweifel, die den Mut lähmen, gar nicht erst geben.

Aber es zeigte sich sehr bald, daß es nicht minder wichtig gewesen wäre, den Prinzen körperlich zu üben, ihn abzuhärten und früh an die Bewegung im Freien, an Nächte auf See, an lange Ritte und andere Strapazen zu gewöhnen.

Die Aussicht, eine hannoversche Provinz zu werden, hatte vor allem in Schottland böses Blut gemacht. Dort sah man das Haus Stuart noch immer als eine primär schottische Familie an; solange die Stuarts herrschten, war man darum mit der Personalunion von England, Schottland und Irland durchaus einverstanden gewesen. Was aber sollte werden, wenn ein König aus dem Hause Hannover von London aus die freien Clans und die schottischen Bergstämme unterjochen würde? Dann würde Schottland ruhmlos zur Kolonie absinken!

1707 erreichte eine jener Adressen, für die sich Unterschriften leichter finden lassen als Geld oder Soldaten, Jakob III. in Saint-Germain. Man versprach ihm die allgemeine und geschlossene Erhebung für den Augenblick, da er den Fuß auf den Boden Schottlands setzen würde, und das waren natürlich Zusicherungen, die man einem 19jährigen nicht zweimal zu geben brauchte.

Da der Sonnenkönig noch lebte, waren auch bald Soldaten zur Stelle, was erstaunlich ist, wenn man bedenkt, daß 1708, als Jakob III. seine Invasion unternehmen wollte, Marlborough und der Prinz Eugen gemeinsam gegen Frankreich zogen. Ludwig XIV. war bereit, 6000 Mann und zwei Dutzend Kriegsschiffe für die Eröffnung einer zweiten Front im Rücken des Feindes zur Verfügung zu stellen, und tatsächlich wäre dies wohl das einzige gewesen, was einen Marlborough zur Umkehr hätte veranlassen können.

Über den Oberbefehl der Landungstruppen hatte Jakob nie nachdenken müssen. Wann immer er sich in seinen Vorstellungen mit dem großen Augenblick seiner Zukunft befaßt hatte, war an seiner Seite der brüderliche Freund und ausgezeichnete Feldherr gestanden, den Jakob II., als er noch Herzog von York war, vorsorglich mit einer Schwester Marlboroughs gezeugt hatte: James Fitzjames, Herzog von Berwick und Maréchal de France.

Berwick wurde von allen illegitimen Stuarts wohl der berühmteste und hatte jahrzehntelang auf den verschiedenen europäischen Kriegsschauplätzen zweifellos mehr Erfolg als die Könige und Prätendenten zusammengenommen.

Aber der Herzog von Berwick erwies sich als unabkömmlich, denn Frankreich hatte unter Vendôme am Rhein und in Flandern so schwere Niederlagen hinnehmen müssen, daß nur ein Berwick das Ärgste verhüten und die Folgen der verlorenen Schlacht von Oudenaarde einigermaßen mildern konnte.

Jakob hat es Berwick später verziehen, daß er in dieser entscheidenden Stunde nicht als Stuart, sondern als französischer Marschall handelte; aber das Unternehmen wäre wohl nur unter der Leitung eines Mannes wie Berwick zum guten Ende zu führen gewesen. Am Anfang stand, wie bei allen vorangegangenen Invasionsversuchen, das endlose Warten auf günstigen Wind, diesmal in Dünkirchen. Als das erste Ostlüftchen sich regte und der französische Admiral auslaufen wollte, erkrankte Jakob III. an Masern. Vom Fieber geschüttelt, wankte er eine Woche später dennoch an Bord, in Decken gehüllt, blaß, seiner Sinne kaum mächtig. Die Seebären aus den alten Piratenhäfen an der französischen Kanalküste sahen einander nur stumm an. Sie waren an prinzlichen Jammergestalten allerlei gewöhnt, was sie aber nun nach Schottland bringen sollten, das übertraf ihre schlimmsten Erwartungen.

Das Wetter im Kanal war nicht das günstigste. Die hochbordigen Schiffe tanzten auf kurzen Wellen und rüttelten Jakob erbarmungslos durch, so daß sich zu den Nachwehen der Masern bald auch noch die Seekrankheit einstellte, die ihn völlig entkräftete. Dennoch ließ er sich immer wieder an Deck tragen und starrte ungeduldig in die Richtung jener Nebelstreifen, hinter denen Schottland lag. All seine Sehnsucht und Ungeduld aber konnte der Flotte nicht den Lotsen ersetzen, den man mitzunehmen vergessen hatte. Als auch noch drei Schiffe wegen Sturmschäden umkehren mußten, da war der Admiral drauf und dran, das ganze Unternehmen abzublasen und nach Frankreich zurückzukehren, ehe die Briten Wind von der Anwesenheit eines Transportverbands in der Nordsee bekamen und den Franzosen den Rückweg verlegten.

Nun aber zeigte Jakob III., der sich inzwischen ein wenig an das Schlingern und die Seeluft gewöhnt hatte, seinen Eigensinn. Er verlangte, wenigstens mit seiner persönlichen Begleitung, wenn schon nicht mit allen Soldaten, in einem Boot an Land gesetzt zu werden. Dann sei die Bedingung der Schotten erfüllt, und sie würden sich, wie sie es in der Adresse versprochen hatten, für ihn erheben.

Aber der französische Admiral kannte die Schotten besser als ihr eigener König, der Schottland noch nie im Leben betreten hatte. Alle Seeleute wußten, wenn es nun auch mehr als hundert Jahre her war, wie die schottischen Küstenbewohner mit den Schiffbrüchigen der Armada umgesprungen waren. Jakob mochte toben, schreien und befehlen, es half ihm nichts. Kräftige Seeleute wickelten ihn wieder in seine Decken und trugen ihn in die Kajüte, und das ganze Geschwader ging auf Heimatkurs.

Damit ist die Geschichte des älteren Prätendenten zu Ende, und sie ist, zum Unterschied von der seines ältesten Sohnes, tatsächlich eine Episode geblieben, im Gedächtnis Europas ausgelöscht, für Schottland selbst nicht mehr als eine traurige Groteske. Das Land, um das es ging, hatte nicht allzuviel davon bemerkt, sind doch die regsamsten politischen Milieus ja sehr oft zahlenmäßig durchaus unbedeutend und mitunter nicht einmal im wirtschaftlichen Leben hinreichend verankert. Darum ist es nicht unbedenklich, die Geschichte der Stuartprätendenten mit ihren Peripetien und populären Einzelheiten einfach mit der schottischen Geschichte, dem Dasein des Landes in dieser Zeit, zu verwechseln. In den Schotten war nach dem politischen Endpunkt des Jahres 1707 ein gesunder Selbsterhaltungstrieb erwacht, eine Art 'zweiter Atem', wie man dies heute bei Sportlern nennt, eine Umkehr der Resignation in den Wettbewerb auf einem anderen Gebiet. Noch jede Nation hat friedliche Zeiten zu nutzen gewußt: nach den beinahe tausend Jahren dauernder Kriege nun endlich alle Kräfte in den Handel, die Geschäfte, den Erwerb von Eigentum investieren zu können, das brachte den Schotten einen Schwung merkantiler Geschäftigkeit ein, vor dem die Briten sich bald mehr zu fürchten hatten als vor den wilden Highlandern.

Während England doch immer wieder, und am deutlichsten zu Beginn des 18. Jahrhunderts, in europäische Kriegswirren verwickelt worden war, hatte Schottland nach der Befreiung (mochte sie auch schmerzlich gewesen sein) durch England einen Dauergegner verloren und blickte einer völlig neuen Situation seiner Existenz entgegen, gleichsam als habe man einem Mann, der stets mit einem Arm gelebt hatte, plötzlich den zweiten Arm wieder angenäht. In all seinem Unglück hatte Schottland mit einem Mal wieder eine Chance...

Es war die Zeit vieler Kriege, und man kann mit einer gewissen Berechtigung sagen, daß sich ein von Stuarts regiertes England aus ihnen hätte heraushalten können, während die hannoverschen Verflechtungen das Land in jahrelange und verlustreiche Kämpfe zwangen.

Die Konflikte mit Spanien und mit Frankreich brachten viele Engländer, vor allem aber sehr viele Schotten auf den Gedanken, daß ein geistig nicht sehr regsamer Monarch noch nicht das schlimmste aller Übel sei. Mochte jener Prätendent im fernen Rom auch aussehen wie ein Idiot, immerzu beten und im übrigen die alten Untugenden der männlichen Stuarts in schöner Vielfalt vereinen, so würde er dem Land doch den Frieden mit Spanien und Frankreich bringen und die Fortsetzung der immerhin drei Jahrhunderte alten königlichen Linie aus dem Blute der Stuarts.

Da viele Schotten und einige Engländer so dachten, braucht es uns nicht zu verwundern, daß die sogenannten

Reisenden von Distinktion, also das urteilsfähige Publikum des reisefreudigen 18. Jahrhunderts, Jakob III., obwohl er nie auf dem Thron gesessen, kurz als den König von England bezeichneten. Das 18. Jahrhundert war naiv. Die Französische Revolution stand ja noch bevor. Das Prinzip der Legitimität hatte bisher eine einzige Niederlage, durch Cromwell, erlitten, und man huldigte mit einem gewissen Recht dem Grundsatz, daß einmal keinmal sei: Schließlich waren die Stuarts ja mit Karl II. auf den Thron Englands zurückgerufen worden.

Es ist darum weder Ignoranz noch das Festhalten an einer engstirnigen Sprachregelung, wenn de Brosses in einem seiner Briefe aus Rom sagt: „Ich schließe die Reihe unserer wichtigen Besuche mit dem, den wir beim König von England gemacht haben."

Charles de Brosses ist nach Boswell der geistvollste und unterhaltsamste Reiseschriftsteller des Jahrhunderts, und das will etwas heißen. Er stammte aus Dijon, einer Stadt, in der sich für Frankreich alles typisch Provinzielle inkarniert, wie für die Österreicher in Sankt Pölten oder für die Deutschen in Bielefeld. − Wahrhaftig ein Grund, in die Welt hinaus zu reisen! Seine Briefe an die Zurückgebliebenen unterhalten uns mit jener angenehmen Ausführlichkeit, zu der sich ein Autor durch die Tatsache ermutigt fühlt, daß er mit jedem Satz Darbende erquickt. Der Freundeskreis lechzte selbst nach dem Abglanz und begehrte immer noch mehr, stellte Fragen nach bestimmten Milieus und Abenteuern, und de Brosses schrieb und schrieb...

„Von den beiden Söhnen des Prätendenten", fährt de Brosses fort, „ist der Älteste 20, der Jüngere 15 Jahre alt. Sie wissen ja, daß man sie hier nur unter dem Namen des Prinzen von Wales und des Herzogs von York kennt. Alle beide haben das Familiengesicht, und der Jüngere hat bis jetzt noch ein recht hübsches Knabenantlitz. Alle beide sind liebenswürdig, höflich und voll Anmut, haben einen Durchschnittsverstand, sind aber übrigens weniger gebildet als sonst Prinzen in dem Alter sein dürften. Der Jüngere ist in der Stadt hochbeliebt wegen seiner hübschen Gestalt und seiner anmutigen Art, sich zu geben. Die Engländer – und Rom ist voll von ihnen – drängen sich auf alle Art dazu, sie zu sehen, wiewohl das englische Staatsgesetz ihnen bei Todesstrafe verbietet, den Palast der Stuarts zu betreten oder irgendwie sonst mit ihnen zu verkehren. Wir aber verkehren mit beiden Parteien, und so erkundigen sie sich gern bei uns, an welchen öffentlichen Plätzen sie die Prinzen sehen könnten, und bitten, mit uns zusammen dorthin gehen zu dürfen. Man merkt, daß sie besonders gern von dem Zweiten sprechen. Ich höre aber von denen, die sie gründlich kennen, daß der Ältere der Wertvollere ist und auch in seinen Kreisen beliebter. Er habe Herzensgüte und viel Mut, empfinde tief seine Lage, und wenn er ihr nicht eines schönen Tages ein Ende machte: an Kühnheit dazu soll es ihm nicht fehlen."

Weder Jakob III. noch Ludwig XVIII. waren dazu geschaffen, sich einen Thron zurückzuerobern, den sie nie bestiegen hatten, und der knochige Beter fügte sich in diesen vermeintlichen Auftrag noch mit mehr Anstand als der dicke Bourbone. Auf den sogenannten Prinzen von Wales, auf Karl Eduard, auch zärtlich Bonnie Prince Charlie genannt, wartete nur eine einzige Aufgabe: Auf die Insel zurückzukehren und König zu werden. Gerade das dynastische Prinzip, durch das so viele Prinzen auf den Thron gelangten, ohne sich anstrengen zu müssen, war es, was Karl Eduard seine Aufgabe erschwerte: Er durfte sich nicht damit bescheiden, in Schottland zu landen, die Häuptlinge der Clans um sich zu sammeln und dann so zu tun, als hätte es nie Stuarts auf dem englischen Thron gegeben. Er mußte seine Person und seine Familie einem Volk aufzwingen, das von den Schotten viel verschiedener war als etwa von den Dänen und Holländern und dessen Adel, aus französischen Ursprüngen kommend, mit den Hochlandclans der schottischen Barone und Lords keine nennenswerten Berührungspunkte hatte. Kein englischer König hatte sich je um die Schotten bemüht. Der schottische Prinz Karl Eduard aber sollte das Unmögliche möglich machen und über die Engländer *und* die Schotten herrschen, die auch nach tausend Jahren schicksalhaften Nebeneinanderlebens auf einer großen Insel keine Nation geworden waren. Man hätte das Stigma eines Harold, eines gottgesandten Jünglings, haben müssen, um sie alle zu einen und zu überzeugen.

Man kann nicht sagen, Karl Eduard hätte von sich aus den Entschluß gefaßt, seinen Thron zurückzuerobern, denn der Prinz war in diese Aufgabe hineingeboren worden. Niemand hätte es verstanden, wenn der Prinz sich ihr entzogen hätte. Daß er eine musische Natur war, daß er wie alle Monarchen ohne Thron die besten Vorsätze hatte und mit jener absoluten Güte und Lauterkeit regieren wollte, die dann doch keiner in die Tat umsetzte, läßt Karl Eduard nicht von vornherein als für seine Verpflichtung ungeeignet erscheinen. Sein großer Zeitgenosse, der preußische Kronprinz, spielte zwar die Flöte statt des Cellos, und der Rheinsberger Kreis war von dem Dutzend düster-höflicher Tischgäste im Palazzo Muti zweifellos sehr verschieden. Aber es waren zwei Prinzen, die um ihre Thronfolge erst kämpfen mußten, die ihren bigotten Vätern zu freisinnig waren und auf die die aufgeklärten Geister des Jahrhunderts ihre Hoffnung setzten.

Drei Jahre, nachdem Friedrich den preußischen Thron bestiegen hatte, sah es so aus, als würden auch die Träume Karl Eduards reifen. Die französische Regierung hielt den Zeitpunkt für gekommen, den Krieg, der in Europa hin und her wogte, auf die britischen Inseln zu tragen und Georg II., der durch seine hohen Geldforderungen unbeliebt geworden war, einen Rivalen aus dem Hause Stuart entgegenzustellen. Seit Ludwig XIV. hatten die Franzosen treu zu den Entthronten gehalten, Pensionen gezahlt, den älteren Prätendenten als König behandelt und in dieser Einstellung eine bemerkenswerte Konsequenz bewiesen, die sich nun lohnen sollte.

An der Jahreswende 1743/44 bezogen französische

Truppen ihre Winterquartiere an der Kanalküste, und es schien an der Zeit, daß Karl Eduard sich nach Frankreich begebe. Der Abschied von seinem Vater war so feierlich, wie es der Stunde entsprach:

Zunächst wurden auf gut Schottisch die Geister beschworen. „Fathers spirit" erschien in Gestalt des Testaments, das Jakob II. als Quintessenz seiner kurzen Regierungszeit niedergeschrieben hatte. Aber da selbst eine kurze Regierungszeit sehr viel mehr ist, als Jakob III. in seinem Leben aufzuweisen hatte, hielt er das Testament seines Vaters für das Wort der Stunde, während Bonnie Prince Charlie längst von der Reise durch das winterliche Italien träumte, vom Pariser Hof, von der Überfahrt nach Schottland.

„Da die Könige allein Gott Rechenschaft über ihr Tun schuldig sind", las Jakob aus dem Testament, „müssen sie bei jeder ihrer Unternehmungen ungleich größere Vorsicht walten lassen als Menschen eines niedrigeren Standes."

Rom − wir haben es gehört − wimmelte von Engländern. Einige unter ihnen waren zweifellos das, was man damals Spione nannte. Sie berichteten über die Besucher im Palazzo Muti und über das wenige, das von der Aktivität des älteren Prätendenten übriggeblieben und zu sehen war. Um diese Späher zu täuschen, war ein Jagdausflug inszeniert worden. Selbst Henry, der Herzog von York, war überzeugt, er werde seinen Bruder andern Tags in Cisterna di Roma, einem Flecken an der Via Appia, treffen, um in den Pontinischen Sümpfen Wasservögel zu jagen, wie schon manchesmal. Unter diesem Vorwand waren auch die Schlüssel der Porta San Giovanni erbeten worden, durch die Karl Eduard die Stadt verlassen sollte. (Auch das päpstliche Rom dachte an seine Sicherheit und hielt nachts die Tore geschlossen.)

Auf der Via Appia rüttelte das Römerpflaster den Prinzen so tüchtig durch, daß er den Augenblick kaum erwarten konnte, in dem er, angeblich, um sich zu erwärmen, das Reitpferd besteigen und dem Diener, der es nachgeführt hatte, den leichten Jagdwagen übergeben würde: Er solle ruhig schon vorausfahren nach Cisterna. Mit nur einem Begleiter gewann Karl Eduard dann, in nächtlichem Querfeldeinritt, die Straße nach Norden, nach Florenz.

Es war ein guter Beginn, harte Ritte, Nacht, Einsamkeit. So versuchte einst Child Harold sein Land zu retten; siebenhundert Jahre danach ritt Bonnie Prince Charlie, ein blonder Spätling, seinem Schicksal entgegen. Was ihn so trieb, was ihn im Sattel hielt, während der Gefährte immer wieder einnickte, das war weniger der Auftrag der Stuarts als das Blut seines Urgroßvaters Sobieski, jenes Krongroßfeldherrn, vor dessen Ungestüm die Tataren und die Türken davongerannt waren, immer wieder, bis man ihn zum König von Polen machte.

Noch gab es keine Zweifel, noch war kein Grund zu schwanken, denn die französische Invasionsarmee lag unter dem Oberbefehl des Marschalls von Sachsen bei Dünkirchen. Man wartete nicht so sehr auf den Stuartprinzen als auf günstigen Wind, aber zumindest an seiner Person wollte Karl Eduard es nicht fehlen lassen und reiste nach kurzem Aufenthalt in Paris mit einer kleinen Suite an die Küste ab.

Der Gang zum Marschall von Sachsen, dem glänzenden und selbstbewußten Feldherrn und Sieger in vielen Schlachten, mag dem jungen Stuart nicht leicht gefallen sein. Der Prätendent aus der alten schottischen Königsfamilie hatte es mit einem Bastard zu tun, wie sein Vater einst mit Berwick. Moritz von Sachsen war der Sohn aus der stürmischen Verbindung Augusts des Starken mit der strahlend schönen und geistvollen Aurora von Königsmarck. Dieser Bastard hielt das Schicksal Karl Eduards, ja das Schicksal Schottlands und Englands in Händen. War Moritz von Sachsen erst einmal auf der Insel, so würde nichts ihn hindern können, sie auch zu erobern, und im Schatten dieses Eroberers würden die Stuarts ihren Thron zurückgewinnen.

Karl Eduard, der alles, was er wußte, seinem harten und

frommen Vater verdankte, stand in Dünkirchen dem weltgewandten Marschall Frankreichs gegenüber, von dem man sagte, er habe alles von der wunderschönen Adrienne Lecouvreur gelernt, der genialen Tragödin des Théâtre Français, „außer der Kriegskunst, denn in dieser konnte ihm niemand das Wasser reichen, und der Rechtschreibung, die er zeitlebens nicht erlernte".

Moritz von Sachsen jedenfalls fand, daß Karl Eduard keine Gesellschaft für ihn sei, und schickte den Prinzen, statt ihm von seinem kriegerischen Wissen etwas mitzuteilen, in das Städtchen Gravelines, halbwegs zwischen Dünkirchen und Calais. Dort saß der Mann, der ausgezogen war, um seinen Thron mit dem Schwert zurückzugewinnen, und starrte zum Himmel oder wanderte durch das sandige Vorland des Städtchens auf das Meer zu.

In die Spaziergänge und Meditationen von Gravelines sprengte der Bote aus Dünkirchen: Admiral de Roquefeuil habe auf einer Erkundungsfahrt den Ärmelkanal frei von englischen Schiffen gefunden. Er vermute die feindliche Flotte in Portsmouth und wolle diesen günstigen Umstand nützen, um die Armee und den Prinzen nach England überzusetzen. In Dünkirchen würden bereits die Vorräte und die Waffen verladen.

Diesmal waren es nur wenige Meilen, die Karl Eduard zu reiten hatte, aber die Ungeduld, sie hinter sich zu bringen, mag größer gewesen sein als auf dem heimlichen Ritt durch Italien. In Dünkirchen angekommen, fand er den Marschall von Sachsen in seinem Element, und da es etwas zu tun gab, da es ans Handeln ging, war der Chevalier de Saxe nun besserer Stimmung. Er lud den Prinzen ein, die Überfahrt auf dem gleichen Schiff zu machen wie er, der Oberkommandierende, bekundete zugleich aber seine Unzufriedenheit mit dem Wetter.

Der Admiral de Roquefeuil hatte weder das Wetter noch die Briten richtig eingeschätzt, denn als die französische Flotte sich versammelte, um die Transportschiffe zu schützen, segelten die Engländer plötzlich von Osten heran, wo sie niemand vermutet hatte. Bedächtig, wie man zu jener Zeit auf See noch verfuhr, ankerten die Flotten im sinkenden Tageslicht wenige Meilen voneinander.

Aber Graf Aymar de Roquefeuil hatte nicht Order, den Briten eine Schlacht zu liefern, sondern die Transportschiffe sicher nach Dungeneß zu geleiten, dem Landvorsprung, der in die schmale Straße von Dover hereinragt und den der Marschall von Sachsen für die Landung der Truppen ausersehen hatte. So, wie die britische Flotte lag, konnte sie den Transportweg nicht mehr gefährden, sie war zu weit vom Schuß. Also zog sich der Admiral mit seinen Schiffen zurück und vermied die Schlacht.

Während sich die Flotten im Kanal voneinander lösten, ohne daß es nennenswerte Gefechte gegeben hätte, verrichtete der protestantische Wind an der normannischen Küste ganze Arbeit: Die Transporter wurden gegen die schlecht geschützten Kaimauern geworfen, der unzureichende Ausbau der Kanalhäfen forderte seine Opfer wie schon ein halbes Jahrhundert zuvor am schwarzen Tag von La Hogue.

Der Marschall von Sachsen und Prinz Karl Eduard sahen von der Brücke ihres Schiffes, das gar nicht auslaufen konnte, die Soldaten in den Wogen sterben. Die See war mit Wrackteilen bedeckt, an dem langen Strand lagen die Leichen wie nach einer schweren, verlustreichen Schlacht. Achselzuckend befahl der Generalissimus die Ausschiffung. Mit diesem Befehl verlor Karl Eduard die Armee, auf die er alle Hoffnung gesetzt hatte, und einen Feldherrn, wie nie einer den Stuarts zur Verfügung gestanden hatte.

Ohne seinen Vater um Rat zu fragen oder gar seine Erlaubnis zu erbitten, nahm Karl Eduard große Kredite bei dem schottischen Bankhaus Waters in Paris auf, veräußerte zudem einige Landgüter und andere Besitzungen, die ihm über seine polnische Mutter zugekommen waren, und vermochte nur die Juwelen nicht zu Geld zu machen, weil sein Vater sie aufzubewahren wünschte. In der richtigen Erkenntnis, daß seine Hochländer Waffen brauchen würden, füllte er ein ganzes Schiff, die Fregatte *Elisabeth*, mit Waffen, lud auch noch auf die *Du Teillay*, was dieser kleine Schnellsegler fassen konnte, und stach am 5. Juli 1745 von der Insel Belle Isle, die der bretonischen Küste südlich vorgelagert ist und von englischen Schiffen nicht überwacht werden konnte, in See.

Das Wetter war diesem zweiten Versuch günstiger gesinnt, aber eines der im Hochsommer emsig im Kanal kreuzenden Britenschiffe machte die beiden französischen Flaggen aus und stellte die *Elisabeth*. Das hätte, wenige Tage nach der Ausfahrt, bereits das Ende sein können, aber die französische Fregatte wehrte sich tapfer, und die *Du Teillay* entrann dem Kampfplatz. Auf die starke Begleiterin wartete man danach freilich vergeblich: Die beiden Duellanten hatten einander so schwere Beschädigungen zugefügt, daß jedes Schiff einen Heimathafen aufsuchen mußte. Für Karl Eduard bedeutete dies den Verlust des größten Teils seiner Vorräte und Waffen mit den kostbaren Feldschlangen. Seine Hochländer würden also im wesentlichen wieder auf ihre Schwerter angewiesen sein, denn die kleine *Du Teillay* hatte nur sehr wenig von diesen wertvollen Dingen an Bord nehmen können.

Die zweite Enttäuschung brachte die Landung auf der Hebrideninsel Eriskay. Man schrieb den 23. Juli, aber der schottische Sommertag hing voll dunkler Wolken; Wind zerzauste die kargen Büsche am steinigen Strand, darüber ragten abweisend und steil die Felsen auf. Unter Pinien war er aufgewachsen, in den Gärten von Tivoli hatte er als Knabe gespielt, unter den Zypressen von Frascati würde er dereinst ruhen. Aber der karge Strandginster von Eriskay war die erste heimatliche Pflanze, die seine Hände berührten, die Nacht in der Hirtenhütte auf dieser winzigen Insel war die erste Nacht zu Hause. Den ersten Abend, ein wenig gerührt, befangen und heimlich erregt, verbrachte er nur mit den treuen Gefährten, die ihn auf die *Du Teillay* begleitet hatten; erst am nächsten Tag traf Macdonald of Boisdale ein, ein ältester Verwandter der Clanranalds, mit denen

Karl Eduard eigentlich hatte sprechen wollen. Nach einigem Reden und Schweigen schloß der Alte unmutig mit dem Rat: „Fahr nach Hause, Prinz!" „Ich bin nach Hause gekommen, Sir", antwortete Karl Eduard.

Es war die erste von vielen guten Antworten. Der Heimatboden gab diesem jugendlichen Antäus Kräfte, die niemand in ihm vermutet hätte, und ließ ihn über sich hinauswachsen. Die kurze große Zeit seines Lebens begann, die paar Monate, in denen er den Versuch machte, das tragische Geschick der Stuarts mit Jugend und Selbstvertrauen und mit dem offensichtlichen Charisma, das ihn trug, doch noch zu wenden...

Nur bei den Jüngeren hatte Karl Eduard etwas mehr Glück. Sie waren noch nicht verknöchert, noch nicht von Geiz und Interessen zerfressen; sie waren noch empfänglich für den jungenhaften Charme dieses Prinzen aus dem unendlich fernen Italien, der die Sonne der Siebenhügelstadt mit den Regenschauern des Hochlands und den Nebeln auf dem Moray-Firth vertauscht hatte. Die Geschichte hat den Namen jenes jungen Mannes bewahrt, der das Eis brach. Er hieß Ranald, entstammte dem Clan der Kinlochmoidart und schämte sich so offensichtlich für die anderen, daß er neben Karl Eduard trat und das Schwert zog. Und da trat das Unerwartete ein, da wurden die kühlen Hochländer auf einmal zornig, und wenige Wochen später, an einem kühlen Septembermorgen, konnte Karl Eduard als Prinzregent für seinen Vater Einzug in der Hauptstadt Edinburgh halten.

Dies ist nun die erste Gelegenheit, Karl Eduard in seiner Herrscherrolle zu beurteilen, einer Rolle, für die man geschaffen sein muß, nicht nur geboren. Schon bei den Verhandlungen um die Übergabe der Hauptstadt hatte er Energie bewiesen, sich nicht hinhalten lassen, und als ihm ein Husarenstreich die Tore öffnete, entschlossen den Einmarsch befohlen.

Er war kein Zauderer, er war ganz anders als Jakob II. und Jakob III., Großvater und Vater; er wirkte auch nicht wie eine düstere Institution, wie ein Relikt aus den Zeiten alten Königtums, sondern wie eine Verheißung der Erneuerung, als er im Schottenwams, die weiße Kokarde an der Mütze und mit dem Andreasstern geziert, in die alte Stadt am Firth of Forth einritt und Holyrood-Palace in Besitz nahm, das alte Königsschloß in den Mauern einer Abtei.

Zur Geisterstunde drehte sich eine fröhliche Gesellschaft im Tanz. *The young Pretender*, der jüngere Prätendent, hatte bei seinem Einzug in der Stadt so gute Figur gemacht, daß die Damen der Gesellschaft sich zu seinem Ball drängten. Warum sollte man es auch in der neuen Hauptstadt anders halten als in der alten Hauptstadt Perth, wo Karl Eduard bereits gezeigt hatte, daß er aus einer fröhlichen Welt kam, aus „der Welt" schlechthin, von der Schottland ja noch immer ziemlich abgeschnitten war.

Herolde riefen Jakob III., den englischen König von des Papstes und französischen Gnaden, schon am Tage der Eroberung Edinburghs als Jakob VIII. zum König von Schottland aus und im gleichen Atemzug Karl Eduard zum Regenten an des Vaters Statt. Niemand kümmerte sich um die düstere Proklamation Georgs II., die einen Preis von 30 000 Pfund auf den Kopf Karl Eduards verhieß. Georg, den die Nachricht von Karl Eduards Landung in Hannover aufstörte, war mit einemmal wieder „der Kurfürst", und die Königswürde schien über Nacht ins Haus Stuart zurückgekehrt.

Am Tag nach dem Ball kam die Nachricht, daß General Cope seine Truppen in Dunbar ausgeschifft habe. Durch den Seetransport hatte er Zeit gewonnen; im Lager der Hochländer wurde Alarm gegeben. Karl Eduard vertauschte Edinburgh mit Duddingston, wo er inmitten seiner Leute kampierte, obwohl die Septembernächte in Schottland kühl sind. Das blanke Schwert lag neben dem jungen Stuart, er wollte es erst wieder in die Scheide stecken, wenn er in London eingezogen war. Aber der Weg von Edinburgh nach London war ungleich länger und schwerer als der von Eriskay nach Edinburgh und zu gewaltig für ein Abenteuer.

Am 19. September 1745 lagen die Hochländer dem Feind so nah gegenüber, daß man die Lagerfeuer sehen konnte. Ein ausgedehnter Morast trennte die Armeen, die diesen Namen allerdings kaum verdienten, zählte doch jede nur etwa 2000 Mann. Der Morast schaffte Sicherheit für die Hannoveraner und Unbehagen für die Hochländer, die noch im Schwung waren und angreifen wollten. Da ließ sich gegen Mitternacht ein Mann aus der Gegend bei den Lords melden: Er wisse den Weg durch das Moor und sei bereit, das Heer Karl Eduards zu führen.

Seit der Proklamation, die 30 000 Pfund auf den Kopf des Prätendenten setzte, konnte alles eine Falle sein. Das war in dem bitterarmen Schottland so unendlich viel Geld, daß manch einer dafür seinen Vater an den Galgen geliefert hätte, und nun gar einen fremden Prinzen, der zum erstenmal in seinem Leben in Schottland weilte! Die Lords zauderten, die Uhrzeiger rückten vor. Karl Eduard aber wollte die Nacht nicht verstreichen lassen; er wußte, um wieviel besser die Hannoveraner bewaffnet waren, und fürchtete die unbarmherzigen Gewehre bei Tageslicht. Er ließ sich nur dazu bestimmen, erst das zweite Treffen zu kommandieren, weil die Lords ihm klarmachen konnten, daß jeder Sieg wertlos wäre, wenn er, der Regent, ums Leben kam.

Um zwei Uhr nachts begann der lautlose Marsch durch das Moor von Gledsmuir. Der Pfad war schmal und schwankte unter jedem Tritt, an vielen Stellen waren große dunkle Pfützen von Moorwasser zu durchqueren. Nichts war zu hören als die leise patschenden Schritte, bisweilen ein unterdrückter Fluch oder das Wetzen von Metall an Metall. Um vier Uhr, noch vor Sonnenaufgang und geschützt durch die Morgennebel, erreichten die Hochländer das Lager General Copes, gruppierten sich nicht lange, sondern stürmten. Ihr Marschgepäck hatten sie weggeworfen, die meisten auch ihre Plaids, die „Schottenröcke", die man heute Wickelröcke nennen würde, und der Anblick von 2000 nacktärschigen Riesen, die brüllend aus dem Nebel über die schlaftrunkenen Hannoveraner herfielen, war zuviel für die Nerven General Copes und seiner Männer. Es sei „eines der überraschendsten Gefechte, die sich je ereigneten", wird Karl Eduard bald darauf seinem Vater nach Rom schreiben, „… denn das Schlachtfeld war tatsächlich binnen fünf Minuten vom Feinde gesäubert, und das gesamte gegnerische Fußvolk war entweder tot oder verwundet oder gefangengenommen; nur die Reiter hatten eine Chance, indem sie sich einzeln wie Karnickel durch unsere Reihen stahlen." Karl Eduards Verluste betrugen ein paar Dutzend Tote und Verwundete, insgesamt weniger als hundert.

Die ganze Jugend, die Heiterkeit der Ausritte mit dem Bruder, die Unbeschwertheit der römischen Vergnügen war plötzlich wieder da. Während die Lords bramarbasierend die nächsten Schritte besprachen, wollte Karl Eduard sich schier ausschütten vor Lachen über die Hochländer, die bärtig, mit nacktem Hintern ihre Beutestücke einsammelten. Drei Stunden später waren sie alle fort, die siegreiche Armee hatte sich aufgelöst, denn es galt, die Beute in Sicherheit zu bringen. Es währte eine Woche, ehe die Deserteure sich wieder einfanden, aber sie brachten Zuzug mit, denn wo Beute zu machen ist, da stellen sich auch Krieger ein, lebte das Hochland doch praktisch noch im Mittelalter. So manches, was sie erbeutet hatten, kannten sie überhaupt nicht, Schokolade zum Beispiel. In den Händen wurde sie warm und weich, darum nannten sie die Soldaten „General Copes Salbe".

Über all dem vergaß Karl Eduard nicht, wie wenig Zeit er hatte. Waren erst einmal die hannoverschen Truppen vom Kontinent auf der Insel angelangt, mit dem Herzog von Cumberland an der Spitze, dann ging es um die Entscheidung: Cumberland, der dritte Sohn Georgs II., war so alt wie Karl Eduard Stuart; die Prinzen waren natürliche Rivalen um den Kriegsruhm, und da Cumberland erst im Mai bei Fontenoy vom Marschall von Sachsen fürchterlich geschlagen worden war, würde er alles tun, um gegen Karl Eduard zu siegen, um auf britischem Boden gutzumachen, was ihm auf dem Kontinent widerfahren war.

Wertvolle Zeit verstrich, bis die Armee wieder ihre Kriegsstärke hatte. Am 3. Dezember wurde die Stadt Derby erreicht, die beinahe 1000 Jahre alte Königsburg Egberts. Aber es waren nur 5000 Mann, die ihren Einzug hielten, und sie sahen längst nicht mehr so frisch und siegesfroh aus wie im September. Der englische Herbst, durch den sie Hunderte von Meilen marschiert waren, hatte seine Spuren an ihnen hinterlassen, und wenn etwas ihre Stimmung hochhielt, dann war es die überraschende Tatsache, daß der junge Prinz den ganzen, unendlich weiten Weg von Schottland nach Süden unter ihnen marschiert war. Nicht etwa, wie sie geglaubt hatten, ein paar Stunden, am Morgen, um ihnen Laune zu machen: nein, Tag für Tag, wie sie alle, unermüdlich, unverdrossen. Er schlief neben ihnen auf den Feldern, er aß, was sie aßen, er lebte wie die rauhen Gesellen, die allesamt kein anderes Leben als das Hirtendasein oder Raub oder Krieg gekannt hatten.

Sie hatten ihm die Fürsorge nicht vergessen, mit der er sich der Verwundeten vom Gledsmuir-Moor angenommen hatte, der Schotten wie der Hannoveraner. Sie wußten sich bei ihm in guten Händen, und sie wären ihm bis London gefolgt, bis in die große, ferne Stadt, die sie nur vom Hörensagen kannten, die aber keiner von ihnen je betreten hatte.

Aber es waren eben nur 5000, und England war nicht mehr so menschenleer wie Schottland. Hier bedeuteten Karl Eduards Regimenter, wenn man die Haufen überhaupt so nennen wollte, sehr wenig, und der Zuzug aus den Reihen der englischen Jakobiten war so gering, daß er gar nicht ins Gewicht fiel: Ein paar hundert Mann kamen aus dem stammverwandten Wales, ganze 300 aus der volkreichen Stadt Manchester, die den Prinzen mit Jubel und Glockengeläut empfangen hatte, und ein einziges Regiment war aus Frankreich dazugestoßen, ein paar gutgedrillte Kompanien, die ein Parteigänger Karl Eduards tatsächlich über den Kanal gebracht hatte. Die 11 000 Mann, die der Herzog von Richelieu mit dem Prinzen Henry Stuart von Dünkirchen aus nach England führen sollte, hätten die Sache der Stuarts entscheiden können. Aber Louis-François-Armand de Vignerot du Plessis, Duc de Richelieu, stand im 50. Lebensjahr und war nach allzu vielen galanten Abenteuern nicht sonderlich kriegslüstern, und November wie Dezember waren nicht eben die idealen Monate für Fahrten über den Ärmelkanal. Also mußte sich Karl Eduard allein an London herankämpfen. Er tat es in einem beispiellosen Zug, schlief keine Nacht länger als fünf Stunden, gönnte sich keine Ruhe und hätte das längst in Panik verfallene London auch genommen.

Hätte, wenn... Worte, die man in geschichtlichen Darstellungen nicht aussprechen soll, Worte, die allzu billig sind. Karl Eduard wußte ja nichts, und die Lords wußten ebensowenig, und sie kannten allesamt nicht die große, unberechenbare Kraft der Überraschung und des Siegesschwunges und der Angst. Woher sollten sie wissen, daß die Londoner ihre Banken stürmten, ihr Geld abhoben und die Depots in Sicherheit brachten? Woher sollten sie wissen, daß Tag und Nacht eine Yacht vor dem Tower vertäut lag, damit Georg II., den man plötzlich auch in London den Kurfürsten nannte, sich in Sicherheit bringen könne?

Sie wußten durch ihre Späher und die jakobitischen Zuträger aus den Städten nur von den feindlichen Armeen, die sich in ihren Flanken und in ihrem Rücken befanden, drei Armeen zwar, aber doch alle ähnlich träge wie die Berufssoldaten des Herzogs von Richelieu in Dünkirchen, während die Hochländer die stürmische Siegeszuversicht und einen jungen heldischen Oberkommandierenden für sich hatten.

In der Nacht, in der die Lords Karl Eduard ihre Entscheidung für den Rückzug unterbreiteten, soll er mit dem Kopf gegen die Wand seines Nachtquartiers gerannt sein und bittere Tränen vergossen haben. Er fluchte ganz unköniglich, daß er lieber 20 Fuß unter dem Erdboden liegen als umkehren wolle und daß er allein nach London marschieren werde, mit dem Haufen, der sich ihm freiwillig anschließen werde. Hätte er es getan, so wäre London wohl nicht gefallen, den Prätendenten mit ein paar hundert Hochländern hätte schließlich die Garde fangen können. Aber Karl Eduard hätte die Chance gehabt, am Ziel zu sterben, im Ziel, gleichsam auf den Stufen des Thrones, dem sich so lange kein Stuart mehr genähert hatte. Aber unter den Ratgebern und Rückzugsstrategen waren auch Freunde, und so gab Karl Eduard nach.

Mit der Umkehr am 6. Dezember ging das große Jahr der Stuarts, das Jahr 1745, zu Ende. Was folgte, war noch nicht Flucht. Die Armee war ja, wie man vielleicht schon damals sagte, im Felde unbesiegt, aber ein winterlicher Rückzug kann tiefer demoralisieren als eine kurze, harte kämpferische Begegnung, die zur Revanche reizt.

Am 17. Januar 1746 schien das Ende nahe, als aus dem längst wieder hannoverschen Edinburgh General Henry Hawlay mit frischen Regimentern dem Prätendenten entgegenmarschierte. Aber der Tag von Falkirk sah noch einmal die Schotten siegreich, wenn auch bei weitem nicht mehr so überzeugend wie im Moor von Gledsmuir. Die Kerntruppe, die wohlausgebildeten Musketiere, hatten den stürmischen Angriffen standgehalten, aber da es nicht gelungen war, die siegreichen Hochländer zu sammeln, verrann die Stunde ungenützt: Der Gegner war geschlagen, aber er konnte nicht vernichtet werden, und die Beute reichte nicht aus, um Karl Eduards Truppe besser auszurüsten.

5000 Hochländer mit den Gewehren des General Hawley, ein Frühjahr eisernen Drills und dazu der Mut der Unbotmäßigen, das hätte genügen müssen, um die nicht eben strahlenden Feldherrn-Talente des Herzogs von Cumberland auszugleichen. Aber Cumberland hatte, so jung er war, immerhin Erfahrung, und er ersetzte durch Überlegung, was ihm an Genie und Impetus fehlte. Durch Falkirk noch eindringlicher gewarnt als durch den Überraschungssieg von Gledsmuir, hatte er seine Truppen systematisch auf die Begegnung mit den Hochländern vorbereitet. In Marschpausen waren sie darauf gedrillt worden, nicht den Mann gegenüber, sondern den Kämpfer schräg rechts anzugreifen. Das machte die Schilde der Schotten weitgehend unwirksam. Der junge Herzog übte immer wieder die in den kontinentalen Schlachten gesehene Feuerordnung in drei Gliedern, das Stehen, Knien und Zielen, alles Methoden der kämpferischen Begegnung, die den Schotten vollkommen fremd geblieben waren.

Nach einer Ruhepause in Aberdeen führte der Herzog von Cumberland seine Soldaten am 8. April gegen Karl Eduard, und am 16. kam es zu Karl Eduards vernichtender Niederlage von Culloden, die alle seine Hoffnungen begrub.

Diese Landschaft ist noch heute vielleicht die geheimnisvollste Schottlands, und das will viel heißen. Im Moray-Firth greift der Wellenschlag der Nordsee tief in das Land herein. In Nairn, einem Fischerdorf, das die Hauptstadt der Grafschaft ist, hatte der Herzog von Cumberland seinen 25. Geburtstag gefeiert. Er war in Siegerlaune, denn sein Gegner, der Prätendent, saß mit nur 100 Louis d'Or, ohne Verpflegung und mit Truppen, die keinen Sold bekamen, auf dem Landbrückchen von Inverness zwischen sehr viel Wasser und sehr viel Moor. Karl Eduards Truppen konnten nicht beisammen bleiben, weil sie sonst verhungert wären. Sie durchstreiften die Umgebung und das Städtchen selbst, und es kostete manche Mühe, sie zusammenzutrommeln, als der Prinz und seine Berater sich einig geworden waren, daß sie aus der Mausefalle zwischen Wasser und Moor herausmußten, dem Feind entgegen. Insgeheim lebte in ihnen wohl auch die Hoffnung, durch die Wiederholung eines Wunders siegen zu können, durch einen Nachtangriff, der Cumberland und seine deutschen Regimenter überraschen mußte.

Also brach der Prinz mit den Hochländern, die er hatte greifen können, zu einem Nachtmarsch in Richtung Nairn auf. Aber der Weg war schlecht, Umwege im Finstern kosteten sehr viel Zeit, und um zwei Uhr morgens mußten die Schotten sich klarmachen, daß sie den Herzog und seine ausgeruhten Truppen bei vollem Tageslicht antreffen, ihm also vor die Gewehre laufen würden, und das übernächtigt und mit leerem Magen. Karl Eduard – dem ein Kommandorat zur Seite gestellt worden war – befahl die Umkehr. Eine Nacht war vertan. Nebel vom Firth und dünner Regen hatten die Truppen durchnäßt und entkräftet, und als der Gegner stramm heranmarschierte – frische Hessen, die Cumberlands Holländer abgelöst hatten, und die alten, erprobten Hannoveraner – da gab es für jeden Hochländer nur ein Biskuit, eilig beschlagnahmte Schiffsverpflegung, eben das, was den Magen ein wenig täuschen konnte, aber kein Quentchen Kraft gab.

Um elf Uhr kam der Gegner heran, die ganze Streitmacht des Herzogs, für die das Londoner Parlament seine Kassen geöffnet hatte, die bestgedrillten Regimenter Europas. Lord George Murray übernahm den Oberbefehl im schottischen Heer; Karl Eduard mußte sich auf einem nahen Hügel in Sicherheit bringen, wo er, um den es ging, untätig die Schlacht verfolgte. Müdigkeit und Mißmut der Hochländer waren wie weggeblasen, als die ersten Kugeln durch die Luft pfiffen. Als ahnten sie, was Cumberland mit ihrer Heimat vorhatte, brachen sie mit wildem Kriegsgeschrei auf seine Truppen ein. Karl Eduard sah sie fallen, noch ehe der Feind erreicht war. Es war ein ungewohntes Bild in offener Feldschlacht, man kannte es nur bei Belagerungen. Geübte Schützen wie die Hessen waren so schnell mit Gewehren und Geschützen, daß auch ein stürmischer Angriff wiederholt in Salven geriet. Hundert Hochländer lagen im Moorgras, ehe es zum Handgemenge kam.

Wutbrüllend und mit geschwungenen Schwertern durchbrachen die Hochländer die erste Reihe des Gegners. Die zweite teilte sich wie in Panik, und mit einemmal standen die Hochländer, nackt und mit erhobenen Waffen, einer dritten Verteidigungsreihe des Herzogs von Cumberland gegenüber, einer Reihe aus drei Gliedern: das erste kniend, das zweite gebückt stehend, das dritte aufgerichtet, und alle feuerten Salve um Salve in die im Schneegestöber vor ihnen herumtanzenden Krieger aus einer anderen Zeit.

Mitte und rechter Flügel der Schotten waren beim Versuch der Umfassung völlig aufgerieben worden. Der linke Flügel, am Drehpunkt der Bewegung, war noch kaum in die Schlacht gekommen und so gut wie unversehrt. Lord David Elcho, so alt wie Karl Eduard und wie der Herzog von Cumberland, ein Heißsporn, der Besitz und Titel in dieser Niederlage verlieren sollte, galoppierte den Hügel hinauf und bot dem Prinzen diese letzten Truppen an. Die Chance war klein, jedoch die beiden jungen Männer waren sich einig, daß der Tod auf dem Drummossier-Moor einem Weiterleben nach der Niederlage vorzuziehen sei.

Aber noch ehe Karl Eduard seinem Pferd die Sporen geben konnte, war der Hauptmann John O'Sullivan heran, ein Ire, der aus Frankreich herübergekommen war, um an der Seite der Jakobiten zu kämpfen. Er ergriff das Pferd des Prinzen am Zügel und ließ es nicht mehr los: Eine verlorene Schlacht dürfe nicht zur verlorenen Sache werden; der Stuartprinz dürfe sein Leben nicht riskieren, selbst wenn er es in der Verzweiflung dieses Tages nicht mehr ertragen zu können meine.

So sahen die letzten Hochländer, wie der Mann, für den sie kämpften, den Tag verloren gab. Cumberlands Truppen rückten geschlossen heran, die Reihen der Schotten lösten sich auf. Die Verluste unter den Fliehenden, denen die britische Reiterei nachsetzte, waren entsetzlich. Man ahnte, was dem Land bevorstand, nun, da niemand mehr da war, es zu schützen, und zum erstenmal raunten die Einwohner von Inverness furchtsam das Wort „the Butcher", der Schlächter. Es würde der düstere Beiname jenes Königssohnes bleiben, der so gar nichts Königliches an sich hatte, der ein Haudegen war und nicht mehr und kein bißchen Zartgefühl oder Menschlichkeit von den beiden vornehmen deutschen Damen geerbt hatte, deren Blut in ihm floß: Von einer unglücklichen Großmutter, der Prinzessin von Ahlden, und seiner frühverstorbenen intelligenten Mutter, Karoline von Ansbach.

Zunächst sah es ganz so aus, als würde auch Karl Eduard ein Opfer des Schlächters werden. Auf der Flucht war der Prinz von den Lords getrennt worden. Ein paar Iren und ein paar Fischer waren seine Gefährten und rieten ihm, die abgelegenen Gebiete von Clanranald aufzusuchen. Wehmütig und gleichgültig folgte ihnen der Prinz, vielleicht auch, weil es dort begonnen hatte und weil diese Rückkehr zum Ausgangspunkt des „heiligen Abenteuers der Stuarts" etwas weniger sinnlos erschien als alles andere. Schottland war groß und zerklüftet, und es mußte schwer halten, einen Mann zu finden, der sich mit wenigen Begleitern in die Weiten dieser Wälder und Hochlandflächen zurückzog. Aber Schottland war auch menschenleer, und darum fiel in seinen kleinen Siedlungen jeder Fremde auf, der sich Lebensmittel beschaffen wollte.

Ein altes Schottenwort sagt: „Hier weiß jedes Stück Brot, wohin es gehört."

Zwei französische Schiffe, die sich mutig über den Kanal gewagt hatten, nahmen am 3. Mai versprengte Jakobiten auf und deponierten Geld für Karl Eduard. Der Prinz aber hatte von all dem nichts. Er floh von Insel zu Insel — man könnte eine Rundreise durch die Hebriden auf seinen Fersen machen —, und er lernte die Ärmsten der Armen, die Schäfer und Fischer dieser kargen Welt als die besten Freunde kennen. Der alte Militärmantel, den ihm ein Sergeant gegeben hatte, war längst in Fetzen gegangen; in zahllosen Nächten an der frühlingskalten Erde hatte der Prinz sich die Ruhr zugezogen, diese Krankheit der Verwahrlosten, Umgetriebenen, Unterernährten. Bonnie Prince Charlie, der sonnige Stuartsproß, dem die Damen auf dem römischen Karneval zugelächelt hatten, war schmutzig, unrasiert, krank und verzweifelt; aber es war

313

doch, als gebe die heimatliche Erde ihm besondere Kräfte auch noch in dieser späten, letzten Stunde seines Abenteuers.

Zwar wurde er einmal verraten, ein einziges Mal; das war, als auf der abgelegenen Insel South-Uist, weit draußen und jenseits der Hebriden-Sea, urplötzlich 2000 Mann landeten. Derlei tut kein Feldherr auf gut Glück, da mußte Cumberland einen Fingerzeig erhalten haben von einem, der sich die 30 000 Pfund verdienen wollte.

Aber diesem einen Verrat standen ungezählte Akte der Treue gegenüber. Kaum Karl Eduard selbst hätte sie alle aufzuzählen vermocht, und manche haben sich zu volkstümlichen Legenden entwickelt und den Stuartprinzen zu einem Helden dieses Landes werden lassen.

Die bekanntesten dieser Geschichten sind naturgemäß jene, die den Prinzen in Gesellschaft von Frauen oder Mädchen zeigen, erstens, weil er ein hübscher Mann war, dem Phantasie und Wirklichkeit immer wieder Damen an die Seite stellten, aber auch, weil er während der Monate des Kampfes eine bemerkenswerte Zurückhaltung gegenüber dem anderen Geschlecht bewiesen hatte, so streng, daß er sogar daraufhin angesprochen worden war. Er hatte geantwortet, seine Liebchen seien die Hochländer, wobei er auf seine kampierende Armee wies.

Zwischen den Kämpfen, während einer durch die Strapazen und die rauhe Landesnatur bedingten längeren Erkältung, wurde Karl Eduard auf Schloß Bannockburn von der Nichte seines Gastgebers, des Barons Hugh Paterson, aufopfernd und zärtlich gepflegt. Sie hieß Clementina Walkinshaw und war nur um ein geringes älter als der Prinz. Es war gewiß nicht die erste und ebensowenig die letzte Herzensbindung, die sich auf diese Weise anbahnte. Karl Eduard mußte nach den harten Märschen und Kämpfen dieses Winters die Pflege einer weiblichen Hand besonders wohltuend empfinden und ließ sich von Clementine versprechen, daß sie an seine Seite eilen würde, wann immer er sie riefe. Daß es dann sieben Jahre währte, ehe die beiden ihr gemeinsames Leben beginnen konnten, spricht eher für als gegen den Prinzen.

Daß der Prinz aber überhaupt in die Lage kam, einen zweiten, friedlicheren Lebensabschnitt an der Seite einer Frau zu beginnen, verdankte er unstreitig Flora MacDonald, einem Mädchen von der Hebriden-Insel Skye. Sie war es, die ihm die Flucht aus der Falle von South-Uist ermöglichte, denn sie verschaffte ihm nicht nur einen falschen Paß auf den Namen einer Magd, sondern sie wagte es auch, die angebliche Betty Burke als ihre Dienerin mit in ihre Heimat zu nehmen, wo Betty als Spinnerin arbeiten sollte.

Zweimal war er quer durch Schottland geflohen, zweimal hatten die Franzosen die britische Blockade durchbrechen müssen. Dann erst begrüßte ihn Roscoff, das noch hundert Jahre zuvor ein Korsarennest gewesen war und dessen Kirchenmauer Kanonen und Schiffsrümpfe zeigte. Zweihundert Jahre zuvor, 1548, war hier die sechsjährige Maria Stuart an Land gegangen, die dem Dauphin François, dem Sohn Heinrichs II. aus dem Hause Valois, zur Gattin bestimmt war. Ein winziger Hafen; ein paar böse Klippen, von denen man behauptet, sie zeigten die halbe Fluthöhe an; ein kriegerisches Stadtwappen mit lauter silbernen Schiffsschnäbeln — und zwei Begegnungen mit den Stuarts. Aber während es ein halbverfallenes Haus der Maria Stuart gibt und einen Turm an der Stelle, an der sie angeblich den Fuß an Land setzte, erinnert nichts an Karl Eduard, den geretteten Prinzen.

Das endgültige Abtreten der direkten Stuart-Linie von der Macht hat eine merkwürdige, aber nicht unwichtige Folge gehabt: Während andere große europäische Familien, nachdem ihnen die Throne abhanden gekommen waren, noch in Orden, Kongregationen und vor allem in der katholischen Kirche bedeutende Positionen wahrnahmen und immer noch wahrnehmen, spann sich eine eigentümliche, bis heute nicht völlig aufgeklärte Verbindung der Stuarts

315

mit der Freimaurerei an, so sehr, daß es den Begriff der
Stuartischen Freimaurerei gibt und im maßgebenden
Lennhoff-Posnerschen Lexikon nicht weniger als dreiein-
halb engbedruckte Spalten darüber.

So undankbar es ist, als Nicht-Bruder über die Freimaurerei zu schreiben, so sicher ist doch, daß die Verbindung
zwischen ihr und Schottland sehr alt und auch nicht zufällig
ist. Sie läuft über Andreas Michael Ramsay, den später ge-
adelten Bäckerssohn aus dem schottischen Ayr (1686-
1743), einen Offizier, der in noch jungen Jahren zu dem
großen Fénélon stieß, dem wegen seiner offenen Kritik an
der Politik Ludwigs XIV. aus Paris verbannten Erzbischof
von Cambrai. Nach Fénélons Tod wurde Ramsay in Saint-
Germain-en-Laye Erzieher der Söhne des dort im Exil lebenden Königs Jakob III. von Schottland (des älteren Prätendenten), was ihm die lebenslange Verbannung aus
England eintrug. Aber man war in jenem der Gelehrsam-
keit ergebenen Jahrhundert gegenüber den *hommes de
lettres* andererseits so großzügig, daß Ramsay mit einer
Sondererlaubnis trotz allem in Oxford studieren durfte,
promovierte und Mitglied der Royal Society wurde. 1737
hielt er in Paris die für die Freimaurerei epochemachende
Rede, den *Discours*, der nicht nur eine Reform des Ordens
einleitete, sondern auch erstmals den Gedanken einer großen Enzyklopädie formulierte, den später Diderot aufnahm.

Ramsay unternahm den Versuch, die schottische Freimaurerei direkt aus dem Johanniterorden herzuleiten, also
bis auf die Kreuzzüge zurückzuführen, und nannte als Ort
der ersten Bauhütte Kilwinning in Ayr (an der schottischen
Ostküste, gegenüber der Insel Arran). Diese legendäre
Herleitung wird inzwischen zwar bezweifelt, weil sich ur-
kundliche Beweise wohl nicht finden oder konstruieren ließen, aber es bleibt eine Tatsache, daß die schottische Freimaurerei älter ist als die englische und die irische, ja daß
die Edinburgh Lodge (Saint Marys Chapel) als die älteste
Freimaurerloge der Welt gelten darf. Sie besitzt zehn

Bände von Originalprotokollen, die ihre Echtheitsproben bestanden haben und am 31.7.1599 anheben. Ihre Bedeutung liegt aber nicht nur in ihrem Alter, sondern auch in dem Umstand, daß sie nachweisen, es seien keineswegs nur Steinmetze aufgenommen worden, das heißt, die Vereinigung sei zwar aus alten Bauhütten erwachsen, habe sich aber bald gedanklich und personell darüber hinaus entwickelt. Bezeichnenderweise taucht schon im Jahr 1600 ein Boswell auf, John Boswell of Auchinleck als 'Non-Operative'. (Älter als Edinburgh sind nur nicht mehr bestehende Logen wie etwa Aitchinsons Heaven Lodge, die 1852 erlosch.)

Die persönliche Verbindung Karl Eduards zur schottischen Freimaurerei war praktisch unausbleiblich, bildete sich doch in Rom nicht nur eine kleine schottische Kolonie vornehmlich aus geflohenen Stuart-Anhängern, sondern natürlich auch aus Freimaurern, denn diese mehr oder weniger geheimen Verbindungen eigneten sich ausgezeichnet zur Vorbereitung des Restaurationsversuches. Seit 1737, also seinem 17. Lebensjahr, galt der jüngere Prätendent als das Haupt einer schottischen Loge in Rom, somit einer Exil-Loge, die zur Keimzelle der sogenannten jakobitischen Freimaurerei wurde, so benannt nach den Parteigängern der exilierten Stuarts. Ihr gehörten an bekannten Mitgliedern der Earl of Winton an, der seiner Hinrichtung im Tower durch eine sensationelle Flucht entgangen war, und Karl Eduards Sekretär John Murray of Broughton, der später zum Verräter an der jakobitischen Sache wurde. Diese jakobitische Mutterloge bekam Filialen in Arras (1745) und in Toulouse und schloß sich in gewissem Sinn an die schon bestehende Stuart-Loge von Paris an, die zu Zeiten Karls II. durch seine einstige Geliebte Louise de Kerouaille begründet worden war, als diese nach Frankreich zurückkehrte. (Die sehr schöne und geistvolle Bretonin arbeitete in Paris und mit Hilfe der Loge als Agentin für England.)

Es ist heute klar, daß diese stuartischen Logenverflechtungen politisch nichts bewirkten, und als sich Schottland dann seinen überseeischen Chancen zuwandte, bekamen die nicht speziell auf die Stuarts ausgerichteten Logen von Edinburgh und anderen Städten Filialen außerhalb Europas. „In Asien, Afrika, Australien und Westindien wurden Provinzial-Großmeister, in Indien ein Großmeister der schottischen Freimaurerei eingesetzt. In der Großmeisterschaft folgten sich bis auf den heutigen Tag (d.h. 1930) hohe schottische Peers... Von den großen schottischen Männern, die sich der Maurerei anschlossen, erwarben sich Walter Scott (aufgenommen 1801) und Robert Burns (aufgenommen 1781) in der Welt besonderen Ruhm." (Lennhoff/Posner Sp. 1415 f)

Auferstehung auf dem Papier

Als Rom, die Ewige Stadt, von den Goten erobert und ihrer
Reichtümer beraubt wurde, zeigte der heilige Augustinus
in seinem Buch vom Gottesstaat der erschütterten Chri-
stenheit ein anderes Rom, hoch droben in den Wolken und
für Alarich wie Geiserich unzugänglich. So etwa muß der
schottische Nationalstolz die Jahrzehnte durchgestanden
und endlich überwunden haben, die der Niederlage des
jüngeren Prätendenten, der Eroberung des Landes durch
die deutsche Infanterie und den barbarischen Strafmaß-
nahmen folgten, unter denen Schottland mehr zu leiden
hatte als unter dem Krieg selbst. Der Ruhm Schottlands beginnt für die Welt nicht mit Maria Stuart, nicht mit dem älteren Prätendenten, sondern mit dem vergeblichen, aber mutigen und spektakulären Kampf von Bonnie Prince Charlie
— aber auch mit der Wiederauferstehung des ganzen historischen Schottland in den Gedichten und Liedern von
Robert Burns und in den Romanen und Erzählungen von
Walter Scott.

Zugleich mit ihnen errangen auch die schottischen Denker und Wissenschaftler jenen Achtungserfolg, der seither
Schottland neben England und vor Irland in der europäischen Geistesgeschichte repräsentiert, so daß 'die schottischen Philosophen' zum Begriff wurden, David Hume
(1711-76) ebenso wie Adam Smith (1723-1790) und andere.
Schottland erntete damit aus der jahrhundertealten Verbindung zu den Niederlanden und zu Frankreich, und England erscheint in vielen Fällen heute als der Beschenkte.
Das kam so, weil das Gälische als Wissenschafts- und Lite-
ratursprache zu wenig ausgebildet worden war, um den
diffizilen Darlegungen eines Hume, Ferguson, Gerard oder

Smith gewachsen zu sein, um ihnen als Instrument hinreichend dienen zu können. Das gleiche gilt für den Dichter James Thomson (1700-1748) und den Erzähler Tobias Smolett (1721-71) im 18. Jahrhundert, aber auch für Walter Scott oder Thomas Carlyle, die ihnen im 19. Jahrhundert folgten. Immerhin wurden die Klänge der Vergangenheit bewahrt in einigen berühmten Sammlungen, die den Schotten so teuer sind wie uns die Manessische Handschrift oder auch *Des Knaben Wunderhorn*.

So oft Schottland auch von Krieg überzogen wurde, es gab doch immer abgelegene Klöster oder Burgen, in denen sich Verstecktes bewahren ließ, und die Schotten hatten auch keinen König, der wie unser Ludwig der Fromme all die alten Heldenlieder als Teufelswerk verbrennen ließ, die sein Vater, Karl der Große, mühsam hatte sammeln lassen. Der Schatz der schottischen Poesie ist also reich, wir wissen ja, daß noch eine späte Fälschung in diesem Stil das Entzücken der deutschen Dichter bis hinauf zu Goethe auszulösen vermochte, und darum dürfen die Männer hier genannt werden, die sich um diese schönsten Bausteine schottischer Geschichtsschreibung, um die Verse der oft unbekannt gebliebenen Dichter, angenommen haben.

Die erste dieser Sammlungen heißt *Makculloch-Manuskript*, entstanden um 1477 als Interlinear-Niederschrift und auf den weißen Seiten lateinischer Texte an der Universität zu Löwen, die damit ihre Bedeutung für die Schotten zum erstenmal bewies. Auch das *Gray-Manuskript* von 1500 enthält Interpolationen, die ein Notar in Dunblane gesammelt hat. Erst im *Asloan-Manuskript* von 1515 besitzen wir eine bewußt angelegte, in jahrelanger Suche entstandene Sammlung altschottischer Poeten, die ihren Ursprung in dem durch Generationen bewährten und fruchtbaren literarischen Interesse der Familie Boswell hat, die als Lairds von Auchinleck eine der bekanntesten Familien des südlichen Schottland waren (James Boswells Vater, Lord Auchinleck, war ein hochangesehener Richter).

Die dritte Sammlung kam schon nach den ersten schottischen Drucken zustande, die gemeinhin in das Jahr 1508 gelegt werden. Schottland verdankt sie dem wohlhabenden Edinburgher Kaufmann George Bannatyne, aber in gewissem Sinn auch einer furchtbaren Pestepidemie, die im Jahr 1568 die Hauptstadt heimsuchte, so daß Bannatyne sich ins heimatliche Newtyle (Angus) zurückzog und in der ländlichen Muße die Gedichte seiner Lieblingspoeten niederschrieb, mit dem Vermerk 'in tyme of Pest', der uns klar macht, daß Bannatyne zu diesem Zeitpunkt erst 24 Jahre alt war. Die jugendliche Begeisterung des erfolgreichen Kaufmanns hat der schottischen und der britischen Literatur Autoren aus dem 15. und 16. Jahrhundert bewahrt, die ohne diese Sammlung leere Namen wären, wie Alexander Scott, oder von denen man nur wenig kennen würde, wie Robert Henryson oder Sir David Lindsay. Von dem Hofpoeten William Dunbar, der vermutlich an der Seite seines Königs 1513 in der blutigen Schlacht von Flodden fiel, enthält Bannatynes Manuskript wertvolle Stücke, da der Lebensweg dieses großen Dichters nur punktweise bekannt war. Freilich bleiben auch für Bannatyne manche Rätsel der Middle-Scott-Poesie ungelöst: Einige der schönsten Gedichte in seiner Sammlung tragen keinen Verfassernamen, weswegen sich Liebhaber der schottischen Dichtung und Wissenschaftler bis heute eingehend mit dem Manuskript befassen, dessen Vorlagen samt und sonders verloren sind. Als Walter Scott 1823 einen Club für die Pflege und Wiederbelebung der schottischen Dichtung gründete, benannte er ihn nach Bannatyne und versuchte auch, das Leben des Sammlers zu rekonstruieren.

Walter Chepman und Andrew Millar, die ersten schottischen Drucker, haben seit 1508 unabhängig voneinander gearbeitet und dabei auch früheste schottische Dichtungen durch den Druck und die größere Verbreitung vor dem Vergessenwerden gerettet. Dennoch stützte sich die verdienstvolle Scottish Texts Society, die in unserem Jahrhundert im großen Stil alte Texte zu sichern und neu zu edieren unternahm, neben diesen frühen Sammlungen und Drukken auch auf spätere Handschriftensammlungen wie das *Maitland Folio Manuskript* von 1580, das man Sir Richard Maitland of Lethington (1496-1586) verdankt und das *Maitland Quarto Manuskript*, das seine Tochter Marie zusammengebracht hat, womit man eine Familienleistung ganz ähnlich jener der Boswells vor sich hat. Maitland, ein Richter, der erblindete und dann begann, selbst Verse zu schreiben, gilt als der bedeutendste Sammler neben Bannatyne.

Über diese schottischen Sammler hinaus wirkte natürlich auch das englische Beispiel anregend und fördernd, selbst auf Autoren, die im Grunde durch die alte schottische Ballade und das traditionelle Liedgut erst in ihrer Begabung geweckt wurden: Walter Scott war eben in die Schule gekommen, als der englische Geistliche Thomas Percy mit seinen *Reliques of Ancient English Poetry* seinen großen und bis heute anhaltenden Erfolg hatte. Percy hatte kurioserweise mit Anthologien chinesischer Dichtung und Erzählkunst begonnen, war dann, durch Ossian angeregt, zu altisländischer Dichtung gelangt und hatte, nach dem Erfolg dieser Sammlungen, dann das *Percy Folio* mit bis ins 14. Jahrhundert zurückreichenden Gedichten und Balladen erworben, das den Grundstock zu seiner berühmten Sammlung liefern sollte. Sie hat Walter Scott so nachhaltig angeregt, daß er mit einem Freund zusammen ein Druck- und Verlagshaus begründete, um all diese Schätze nun auch in Schottland heben und verbreiten zu können.

Diesen Bestandsaufnahmen, die schon im 17. Jahrhundert begannen, kam im 18. Jahrhundert und nach den schweren Niederlagen der Stuart-Partei besondere Bedeutung zu. Schon oft hat sich ein Volk an seinen Überlieferungen und seinem Liedgut wieder aufgerichtet, die Albaner und die Griechen unter der türkischen Herrschaft, die Deutschen unter Napoleon, die baltischen Staaten unter der sowjetischen Suprematie. Schottlands Beispiel ist insofern wenig typisch und umso origineller, als es nicht die Dichter waren, die das geschlagene und versklavte Schottland in aller Mund brachten, sondern schottische Denker wie David Hume und Nationalökonomen wie Adam Smith. Mit ihnen war Schottland beinahe plötzlich nicht nur im europäischen Gespräch, es war auch unumgänglich geworden, sich mit den schottischen Philosophen und Moralisten auseinanderzusetzen, so wie ja auch an Kant bald kein Weg mehr vorbei führte. Das half kurzfristig, im bedrängten Augenblick des schottischen Lebens, nur wenig, behielt seine Bedeutung jedoch bis in die Scottish Renaissance zu Beginn unseres Jahrhunderts.

David Hume war wie so manche Größe des schottischen Geisteslebens jüngerer Sohn eines Laird und beendete sein erstes, in seinem Skeptizismus Aufsehen erregendes Werk schon als 25jähriger. (Es konnte nur anonym erscheinen und war in Frankreich geschrieben worden.) Nach Schottland zurückgekehrt, führte Hume sein Gedankengebäude auf, in dem Tugend und Rechtschaffenheit innerhalb einer kompromißlos klaren Vernunft die Pfeiler der Weltsicht bilden. Für Glauben, Hoffen, Fühlen, für Sentiment und Religion blieb da wenig Raum, was naturgemäß Gegner auf den Plan rief. Als Hume das Seine auf dem Gebiet der Philosophie geleistet hatte, wandte er sich der Geschichte zu. Er hatte 1752 den Posten eines Hochschulbibliothekars angenommen und nutzte die nächsten Jahre für seine große *Geschichte Großbritanniens von Julius Cäsar bis zu der 'Glorreichen Revolution'*, schrieb sie aber in umgekehrter Reihenfolge: Die älteste Geschichte bildete den Schlußstein, der 1762 erschien. 1763 folgte die achtbändige Gesamtausgabe, ein wenig zaudernd aufgenommen, bald aber stark beachtet und schließlich sogar berühmt, obwohl Hume in Edinburgh nicht alle Materialien zugänglich gewesen waren, deren er bedurft hätte. Aus diesem Grund ist die große Arbeit heute auch überholt, doch im philosophischen Bereich hielt sich der Ruhm Humes vor allem wegen der erstaunlichen Nachbarschaft zu Kant, die in den Büchern: *Die Naturgeschichte der Religion* und *Dialoge, eine natürliche Religion betreffend* deutlich wurde, eine Arbeit von 1750, die nach Humes Willen erst nach seinem Tod veröffentlicht werden durfte. James Boswell besuchte den krebskranken Hume am 7. Juli 1776 acht Wochen vor seinem Tod und fand den großen Denker auch angesichts des nahen Endes gefaßt und überlegen.

Hume hatte zwar jahrelang in Frankreich gelebt und war zwei Jahre lang Staatssekretär in London gewesen, aber London gefiel ihm gar nicht. Er erbaute sich ein Haus in Edinburgh und lebte dort, in leidlichem Wohlstand von vielen Freunden umgeben, wie ein schottischer Kant in seiner Tafelrunde, und man sagt, es habe nur einen Mann gegeben, mit dem Hume jemals Streit gehabt, und das sei der schwierige Rousseau gewesen. Diesen hatte Hume nach Schottland eingeladen, als er in Paris die Stelle eines Botschaftssekretärs innehatte (1763-65), aber kaum in der Fremde, begann Rousseau den Freund ungerecht zu verdächtigen, und man schied im Streit: Rousseau war überzeugt, Hume und Voltaire hätten gegen ihn ein Komplott geschmiedet (!), und verließ die Insel 1767 unter falschem Namen.

Adam Smith (1723-90), Beamtensohn aus Kirkcaldy in Fifeshire, begann seine Studien in Glasgow und kam dann auch in den Genuß eines Stipendiums am Balliol College zu Oxford. Die sechs Jahre an der berühmten Universität haben Smith zweifellos sehr gefördert, obwohl er ihr nie verzieh, daß man dort sein Exemplar von Humes *A Treatise of Human Nature* als höchst verderblich konfiszierte. 1751, als Hume Bibliothekar wurde, etablierte sich Smith als Professor für Logik in Glasgow, las ab dem darauffolgenden Jahr auch Kollegien über Moralphilosophie und nahm 1763 die Chance wahr, den jungen Herzog von Buccleuch auf seiner Kavalierstour zu begleiten. Auf diesen Reisen war es üblich, die Berühmtheiten anderer Länder zu besuchen, was den Trägern großer Namen erheblich leichter fiel als einem jungen Gelehrten, und so war Smith mit seinem Herzog zu Gast bei Voltaire, bei d'Alembert, bei La Rochefoucauld und Helvetius, vor allem aber bei dem ideenreichen

Umstürzler François Quesnay, den der angeblich so abso-
lutistische fünfzehnte Ludwig so sehr schätzte, daß er ihm
im Palais zu Versailles Wohnung und Unterhalt gab. Vieles, was unter der geschickten Feder des Adam Smith, von
seinem scharfen Verstand logisch aufbereitet, in den nächsten Jahren die Gebildeten Europas begeisterte, kam in
seinen Wurzeln von dem skurrilen Quesnay her: Noch ehe
Smith wieder in England war, in Toulouse, begann er unter solchen Eindrücken sein großes nationalökonomisches
Werk.

*An Inquiry into the Nature and Causes of the Wealth of
Nations.* (Untersuchung über die Natur und die Ursachen
des Wohlstands der Nationen), nach den Anfängen in Toulouse in Schottland wiederaufgenommen, sollte ursprünglich Quesnay gewidmet werden. Hume begrüßte die gewaltige Arbeit sogleich bei ihrem Erscheinen im Jahr 1776;
das Echo hielt etwa hundert Jahre an, mit immer neuen
Übersetzungen und Kommentaren in allen lebenden Sprachen. Man setzte Smith nicht nur zu Kant in Beziehung,
sondern auch zu dem genialen französischen Minister Tur-
got, der, hätte man ihn gewähren lassen, Frankreich die
blutige Große Revolution erspart hätte.

Um das Werk rankten sich bald Sagen und Gerüchte, da
man von dem unauffälligen Gelehrten wenig wußte. Er
sollte zehn Jahre in strengster Klausur daran gearbeitet haben oder, im Gegenteil: Er sollte es nicht in Schottland, sondern in heimlichen Aufenthalten in England verfaßt haben,
und so weiter. Hume und Smith waren Freunde in ihrer
Kongenialität, aber Gegensätze im Wesen. Der Philosoph
war merkwürdigerweise ungleich umgänglicher und hatte
mehr Charme als der Nationalökonom, der doch ein Mann
der Wirklichkeit war und über den Nutzen der Arbeit, das
Kapital, die Notwendigkeit des Eigennutzes schrieb. Zudem war Adam Smith stets in Gedanken, für seine Umwelt
heillos zerstreut und in seinen späteren Arbeiten, die er im
Zimmer rundumgehend diktierte, unsäglich spröde, wenn
auch von unübertrefflicher Präzision. Liest man heute seine

Grundsätze, seine Ausführungen über die Kräfte, die der eigentliche Motor der Wirtschaft sind, dann gewinnt man den Eindruck, er habe Marxismus und Kollektivwirtschaft widerlegt, noch ehe sie im Gehirn eines Marx oder Engels entstanden waren.

Das kleine Kirkcaldy ist natürlich bis heute stolz auf diesen großen Sohn, und dies umsomehr, als er ja nicht die erste Berühmtheit in diesem Erdenwinkel war: Schon im 13. Jahrhundert gab es hier den 'Wizard' (Zauberer) Scott, und neben Adam Smith noch den berühmten Architekten Robert Adam, den großen Neo-Klassiker.

Gemeinsam ist ihnen allen, die aus dem so lange stillen Schottland auf einmal ins Licht der Weltöffentlichkeit aufstiegen, daß sie über ihr eigenes Fach hinausblickten, als wüßten sie, daß ihre Heimat nicht den Fachgelehrten mit Scheuklappen braucht, sondern universelle Geister. Ein Philosoph, der Geschichte schreibt, ein Moraldenker, der ein nationalökonomisches System entwickelt, ein Architekt, der sich nicht damit begnügt, die Reddleston-Hall bei Derby zu bauen, das Register-House, die Universität und die Sankt Georgs-Kirche zu Edinburgh, sondern nach langen Studien auch das grundlegende Buch über den Palast des Kaisers Diokletian in Split schreibt.

Es ist nicht ganz leicht, an dies alles zu denken, wenn man heute nach Kirkcaldy kommt, die lebhafte See- und Touristenstadt mit ihren für Schottland einzigartigen Einkaufsmöglichkeiten an der High Street, wo praktisch jede britische Ladenkette vertreten zu sein scheint. Auf Nr. 220 dieser langen Straße erinnert eine Gedenktafel an Adam Smith, außerdem gibt es ein Adam-Smith-Centre. Die Schule, genannt Burgh-Scool, in die Adam Smith und Robert Adam, wenn auch nicht gleichzeitig, gingen und an der Carlyle jahrelang Lehrer war, ist von dem hektischen Ausbau Kirkcaldys verschlungen worden. Carlyle würde es nicht bedauern, er hat sich in der Stadt nie wohl gefühlt, über der zu seiner Zeit die charakteristische Geruchswolke großer Linoleumfabriken lag. Hingegen würden ihm die

ausgedehnten Parks ebenso gefallen wie der vom National
Trust angekaufte und damit denkmalgeschützte Sailors
Walk mit seinen Häusern aus dem 17. Jahrhundert.

Da die vielen Verschönerungen und aufwendigen
Kunst- und Kulturbauten von Kirkcaldy größtenteils privaten Mäzenen aus der ansässigen Industrie zu verdanken
sind, hatte Adam Smith an Ort und Stelle Anschauungsun-
terricht über die wirtschaftliche Macht und ihre Möglichkeiten. Die Worte aber, die sich von ihm im allgemeinen
Bewußtsein erhalten haben (etwa im *Oxford Dictionary of
Quotations*) klingen skeptisch und illusionslos, ja mitunter
geradezu feindselig gegenüber diesen neuen Kräften:
„Leute, die in der selben Branche tätig sind, treffen einander selten nur zum Spaß und zur Unterhaltung; in aller Regel endet ihr Gespräch mit einer Verschwörung gegen
das Käuferpublikum, einem gemeinsamen Anheben der
Preise." oder: „Für den größten Teil der Reichen besteht
das Hauptvergnügen darin, die anderen Reichen vor sich
paradieren zu lassen und dabei jene Zeichen des Wohlstands zu registrieren, die sich eben nur bei den wirklich
Reichen einfinden und bei sonst niemandem." – Vor zweihundert Jahren geschrieben und so aktuell wie nur je.

Trotz der Blüte eines geistigen, ja gelehrten Lebens in
Glasgow und Edinburgh bestanden für das ganze Schottland noch tiefe, im kontinentalen Europa kaum noch anzu-
treffende Unterschiede zwischen dem Süden und dem
Hochland, zwischen den Siedlungen und dem schütter von
Dörfern durchsetzten Land. Die Biographien, die wir seit
dem Beginn des 17. Jahrhunderts im Zusammenhang mit
der schottischen Geistesgeschichte studieren, weisen mit
ganz wenigen Ausnahmen auf Bildungstraditionen in den
Familien hin, auf Geistliche, Richter und Beamte oder auf
das übliche Abwandern jüngerer Grundbesitzersöhne aus
dem Adel in das Studium oder ins Ausland. Walter Scott
kam vom Vater und von der Mutter her aus alten Border-
Familien, das heißt, daß sie seit Generationen in jenem süd-

schottischen Grenzgebiet zu England ansässig und tätig waren, das zwar vielfach durch Kriege, Einfälle, Strafexpeditionen und Unruhen jeder Art geprüft wurde, das andererseits aber die Einflüsse aus dem Süden zuerst aufnahm, am schnellsten verwertete und als Hauptschauplatz schottischer Politik auch für lebhafte Familiengeschichten sorgte. Der Adel der väterlichen Linie ist nicht bewiesen, Walter Scott Father war Schreiber bei einem Staatsanwalt, aber die Verwicklung in alte Borderkämpfe, die Teilnahme von früheren Scotts an den Heldenkämpfen von Sir William Wallace schon im 13. Jahrhundert ist angesichts der Häufigkeit des Namens und der Unsicherheit früher Überlieferungen nicht zu widerlegen. Scotts Mutter war eine geborene Rutherford, ihr Vater Mediziner von der Universität Edinburgh und ebenfalls Nachfahre aus einer alten Dynastie von Clanshäuptlingen des Border-Gebietes.

Scott hat später einmal gesagt – und es wurde eines seiner vielen geflügelten Worte –, daß jeder Mann, der über das Übliche hinaus etwas erreicht, zu irgendeinem Zeitpunkt selbst in seine Erziehung eingegriffen habe. Dabei hat er zweifellos an die Besonderheiten seiner Kindheit gedacht, an seine Kränklichkeit, deretwegen man den wenig belastbaren Knaben weitgehend sich selbst und seinen Neigungen überließ. Auch als er später imstande war, eine öffentliche Schule zu besuchen, fiel er zwar durch Intelligenz und Interessen auf, blieb aber für sich, eigenbrötlerisch und seinen besonderen Studienthemen hingegeben. Schon früh beherrschte er das Französische so gut, daß er alte Dichtungen dieses Landes lesen konnte, dann kam das Italienische hinzu. In studentischen Diskussionszirkeln befreite er sich aus seiner Sonderlingsrolle, nahm an ausgelassenen Unternehmungen teil, studierte dann aber vier Jahre lang die Rechte so intensiv, daß man ihm schon 1792 die Ehre erwies, ihn in die engere Advokatenausbildung aufzunehmen, und ihn 1799, also mit achtundzwanzig Jahren, als Sheriff über Selkirkshire zu setzen, trotz des großen Titels und der guten Entlohnung eine Repräsentativ-Position mit nicht sehr zeitraubenden Pflichten. Später gelang ihm eine Kombination dieses Amtes mit einem anderen, so daß er schließlich über ein regelmäßiges Einkommen von 1600 Pfund im Jahr verfügte (man konnte damals schon mit 220 Pfund jährlich auskommen) und sich seinen schriftstellerischen Arbeiten widmen durfte, ohne dabei allzusehr ans Geld zu denken. Denn obwohl seine Bücher zum größten Teil schon zu seinen Lebzeiten außerordentlich erfolgreich waren, so wurden doch auch sie wie die Werke anderer berühmter Zeitgenossen die Beute von Nachdruckern in jenen Zeiten vor der allgemeinen Gültigkeit des literarischen Urheberrechts und einer effektiven Kontrolle der Drucker.

Bei jedem Schotten, der sich mit der Vergangenheit des eigenen Landes beschäftigte, kamen die vorhandenen und inzwischen verbreiteten Bestände des alten schottischen Lied- und Erzählguts aufs Neue zur Geltung. Walter Scott hat aber mit der ihm eigenen Aufrichtigkeit und Bescheidenheit zugegeben, daß in seinem Fall noch die deutsche Balladendichtung hinzukam, vor allem Gottfried August Bürgers mitreißende Schauerballade von der schönen Lenore. Sie vor allem, aber auch (wie seine Biographen andeuten) eine unglückliche Liebesaffäre brachten Scott, den man später als einen geborenen Erzähler kennenlernen wird, zu seinen ersten großen Erzählgedichten, und die Lektüre von Goethes *Götz von Berlichingen* ermutigte ihn darüber hinaus zur Behandlung historischer Stoffe, noch vor der ersten erfolgreichen Sammlung *Minstrelsy of the Scottish Border* (von Minstrel = Minnesänger).

Nach einigem Ärger mit Druckern und Verlegern tat er sich mit den Brüdern Ballantyne zusammen und brachte quasi im eigenen Druckhaus seinen ersten großen Erfolg heraus, das Versepos *The Lady of the Lake,* das begeistert begrüßt wurde und das Hochland von Perthshire bis nach London berühmt machte. Rossini hat die großen Möglichkeiten in diesem Stoff erkannt und eine Oper darüber komponiert (*La donna del Lago*), Schuberts *Ave Maria* ist das

Lied der Ellen aus dieser Dichtung. Noch ehe Scotts Romane ihren Siegeszug durch Frankreich und Deutschland antraten, hatten die großen Komponisten des vorigen Jahrhunderts seine Stoffe auf den Bühnen des Kontinents heimisch gemacht, nach Rossini noch Donizetti (*Lucia di Lammermor*), Flotow (*Rob Roy*), Boieldieu (*La Dame blanche*), Marschner (*Ivanhoe* unter dem Titel *Der Templer und die Jüdin*), Bizet (*La jolie fille de Perth*), wozu noch die Waverley-Ouvertüre von Berlioz kam und Dutzende Einzelvertonungen.

Walter Scott hat mit seinen Erzählungen und Romanen mehr für Schottland und das Wissen von dieser so lange vergessenen Weltgegend getan als irgendeiner seiner Landsleute, womit die Tatsache, daß er geadelt wurde, den Titel eines Baronet noch auf den Sohn weitergeben durfte, ebenso gerechtfertigt erscheint wie das Entgegenkommen, das ihm trotz seiner unstreitig schottischen Parteinahme die Regierung in London bezeigte: die zahlreichen Ehrungen, die Erholungs-Seereise auf einem eigens für den Dichter ausgestatteten Kriegsschiff usw. Wie wenig dieser universell gebildete Mann aber vom klaren schottischen Finanzverstand so manches Zeitgenossen hatte, zeigte sein Bankrott oder genauer die Verstrickung seiner Druckerei in den Bankrott von Constable & Co in London. Wie Scott die damals ungeheure Summe von 130 000 Pfund unter Zurückweisung jeder Hilfe zäh und ehrlich abzahlte, das brach seiner Frau das Herz und verkürzte wohl auch sein eigenes Leben. Er ließ sich von der Mittelmeerreise nach Schottland zurückbringen, als er fühlte, daß er nicht mehr lange zu leben habe, und starb in Abbotsford am 21. September 1832. Scotts Schwiegersohn John Gibson Lockhart, der schon die Biographie des Lyrikers Robert Burns geschrieben hatte, gab in den sieben Bänden seiner Lebensgeschichte von Walter Scott (1837/38) eine der größten Biographien, die je auf der Insel geschrieben wurden. Sie hat noch Winston Churchill bei seinem *Marlborough* als Vorbild gedient.

Der bedeutendste Nachfolger Scotts ist sein Landsmann Robert Louis Stevenson, von dem heute vor allem die Südseegeschichten, die *Schatzinsel* und ähnliche Abenteuererzählungen noch am Leben sind. In seiner Heimat aber wurde *The Master of Ballantrae* eines der berühmtesten Bücher in englischer Sprache überhaupt, mit dem auch bei Walter Scott auftauchenden und in Schottland gar nicht so seltenen Konflikt, daß die Parteinahme für Bonnie Prince Charlie oder für Georg von Hannover mitten durch eine Familie hindurchging und naturgemäß tragische Entzweiungen der nächsten Verwandten zur Folge hatte. In *Kidnapped* und *Catriona*, zwei zusammenhängenden Romanen, schildert Stevenson die volle Härte der Methoden, die alte und starrsinnige Clanshäupter anzuwenden imstande sind, um sich Erbe und Einfluß ringsum zu sichern.

David Hume, der Diplomat und vielreisende Denker, Adam Smith, der Nationalökonom, Walter Scott, der weltberühmte Sänger der schottischen Geschichte und endlich noch Stevenson, der vom schottischen Hochland, aber auch von der Südsee zu erzählen weiß, sie haben ihre Heimat für die Welt geöffnet. Aber auch die Schotten kamen nun zu einem Dasein, in dem nicht nur die von den alten Predigern heraufbeschworenen Ängste das Lebensgefühl bestimmen, sondern auch die freudige Arbeit und der erreichbare Genuß. Die Selbstzufriedenheit in den alten Zuständen, in denen jeder tagtäglich die ihm zugemessene Arbeit verrichtete – seit den Tagen von Kenneth MacAlpine nicht viel anders als unter den Hannoveranern – wird von Adam Smith schonungslos als der Weg in den intellektuellen Untergang bezeichnet:

„Wer tagtäglich nur wenige einfache Handgriffe ausführt, die zudem immer das gleiche oder ein ähnliches Ergebnis haben, hat keine Gelegenheit, sich im Denken zu üben. So ist es ganz natürlich, daß er verlernt, seinen Verstand zu gebrauchen, und so stumpfsinnig und so einfältig wird, wie es ein menschliches Wesen nur eben werden kann."

Im Licht der neuen Kenntnisse und der proklamierten Erlebnisfähigkeit erscheint dieser Vorgang beinahe als eine Sünde wider den Auftrag des Menschen in dieser Welt, mag sie für die Schotten auch lange Zeit sehr düster geblieben sein. Denn, führt Smith aus, „solange der Einzelne nicht die Gesetze verletzt, läßt man ihm völlige Freiheit, damit er das eigene Interesse auf seine Weise verfolgen und seinen Erwerbsfleiß und sein Kapital im Wettbewerb mit jedem anderen oder einem anderen Stand entwickeln und einsetzen kann."

In dieser Maxime fiel der Hinweis auf den „anderen Stand" am meisten auf, denn wir dürfen trotz des Ruhmes, den diese Gruppe schottischer Selbstbefreier sich erwarb, trotz des Erfolges ihrer Bücher nicht vergessen, daß es rund um sie und hinter ihnen das alte Schottland noch gab mit einer Mehrzahl von nicht-gewandelten, nicht aufgeklärten braven kleinen Leuten, die nur durch Zufall in das Licht der Geschichte oder gar der Geistesgeschichte geraten, so als habe sich der Super-Trooper verirrt und einen Spot ins Dunkle gestreut.

Einer dieser Zufälle, für die man dankbar sein muß, geschah durch Thomas Carlyle (1795-1881), ältester Sohn von James Carlyle, einem Maurer und Steinmetzen, aus dessen zweiter Ehe. Carlyle besuchte die Dorfschule in Ecclefechan (Annandale), zehn Kilometer südlich von Lockerbie. Carlyle hat den kleinen, trotz einiger moderner Bauten noch immer charakteristischen und malerischen Ort in *Sartor Resartus* unter dem seltsam deutsch klingenden Namen Entepfuhl geschildert, auch die 18 Brücken über den Dorfbach (der heute weitgehend überbaut, aber bei Carlyles Geburtshaus und Gedenkstätte noch sichtbar ist).

Carlyle wurde, seiner Neigung und Begabung folgend, Mathematiklehrer, las aber stets sehr viel neben seinem Fach und empfing starke Anregungen von seinem Freund Edward Irving (1792-1834), dem bedeutenden schottischen

Theologen, dessen Jünger später die *Catholic Apostologic Scool* gründeten. Irving war ein faszinierender Mann, den die hohe Berufung nicht hinderte, in die verwirrendsten Abenteuer mit Frauen einzutauchen, aber es tat der Freundschaft mit Carlyle keinen Abbruch, daß unter diesen stürmisch geliebten Damen von Format auch die spätere Frau Carlyles war.

1819, also mit 24 Jahren, hatte Carlyle den Lehrerberuf satt, kehrte auf die Universität Edinburgh zurück und begann zu schreiben, beschäftigte sich dabei aber stark mit deutscher Philosophie und Literatur. Während dieser noch überwiegend nomadischen Lebensjahre übersetzte er *Wilhelm Meisters Lehrjahre* (sein Briefwechsel mit Goethe wird in Ecclefechan aufbewahrt), und 1826 heiratete er Jane Welsh, jene temperamentvolle, intelligente und attraktive Arzttochter aus Haddington, die zuvor schon Irving den Kopf verdreht hatte. Die Ehe mit Carlyle war intensiv und stürmisch, sein beruflicher Aufstieg langsam und schwierig. Erst nach 1834, der Übersiedlung nach London, kam es (von dem autobiographischen Roman *Sartor Resartus* abgesehen) zu großen Arbeiten wie dem wohl temperamentvollsten Buch über die Französische Revolution, das wir besitzen. Aber auch hier hatte Carlyle noch das katastrophale Mißgeschick, daß das vollständige, unter Entbehrungen verfaßte Manuskript bei John Stuart Mill, dem Carlyle es geschickt hatte, durch einen Brand vernichtet wurde. Der Brief an Mill, in dem Carlyle mehr den sorglosen Bewahrer der vernichteten Blätter tröstet als sich beklagt, kennzeichnet den Charakter dieses prächtigen Schotten ebenso wie seine Ablehnung des Bath-Ordens in späteren Jahren, seine Bitte, von finanziellen Zuwendungen abzusehen, kurz, seine bescheidene und doch stolze Eigenständigkeit, in der das väterliche Erbe eines gläubigen Calvinismus unter anderen Vorzeichen wieder aufersteht.

Carlyles Essays, seine Biographie Friedrichs II. von Preußen, seine Schriften über das Heldische in der Geschichte

333

sind heute noch lebendig und haben seinen Namen in der Diskussion gehalten. Die Welt, aus der er in die englische Literatur, in das Bewußtsein einer ganzen Nation vorstieß, ist jedoch durch zwei weniger bekannte Briefe gekennzeichnet, die von seinen Eltern stammen:

„Mein lieber Sohn", schrieb James Carlyle 1832, „einen langen Brief kann ich Dir nicht schreiben, aber ich will Dich wissen lassen, daß ich ein alter und gebrechlicher Sünder bin und es sehr wahrscheinlich ist, daß ich Dich auf dieser Welt nicht mehr wiedersehe. Wie dem auch sein möge, ich muß Dir nun wohl sagen, daß ich mich der Stunde, die allem Lebendigen bestimmt ist, von Tag zu Tag näher fühle. O mein Gott! Möge jeden von uns diese gewaltige Veränderung im tiefsten Herzen bewegen, mögen wir tagtäglich absterben für die Sünde und lebendig werden für die Rechtschaffenheit. Möge der Gott Jakobs mit Dir sein und Dir seinen Segen geben, Dich auf seinen Pfaden leiten und in seiner Ehrfurcht erhalten...

Mehr füge ich nicht hinzu, sondern übergebe Dich dem Schutz Seiner Hände und Seiner Obhut.   James Carlyle"

Janet Carlyle, die zweite Frau des Steinmetzen, zwölf Jahre jünger als er, war den vielen Carlyle-Kindern eine tüchtige Mutter, aber Lesen und Schreiben hatte sie nur unter vielen Mühen als nicht mehr junge Frau erlernt. Der Brief, mit dem sie den Kindern den Tod des Vaters mitteilte, ist in seiner Kürze und frommen Ergebenheit ein Dokument, das ebenso zu Schottland gehört wie die großen Werke seiner begabten Söhne:

„Es ist Gottes Hand, die es getan hat; haltet still, meine lieben Kinder. Eure euch liebende Mutter."

Von Georg III. zur großen Queen

Nach dem ersten und dem zweiten Georg, die beide in Hannover geboren worden waren, begrüßte man Georg III. als den ersten wirklich englischen König aus diesem Haus, obwohl er eine sächsische Mutter hatte und vier deutsche Großeltern. Das neue historische Großlexikon von Michel Mourre bescheinigt ihm einwandfreie Sitten, aber eine „intelligence bornée", und die Geschichtsschreibung seines Landes macht ihn für den Verlust der nordamerikanischen Kolonien und blutige Befriedungsaktionen in Irland verantwortlich. Doch hat kein Geringerer als Charles, Prinz von Wales, in einer längeren Arbeit eine Ehrenrettung dieses Monarchen vorgenommen, an dem uns begreiflicherweise vor allem seine schottischen Sympathien interessieren, wie er sie etwa mit dem Ruhegehalt an den Kardinal York, als Stuartprätendent mitunter als Heinrich IX. bezeichnet, zum Ausdruck gebracht hat.

Der Schlüssel zum Verhältnis eines hannoverschen Königs zu Schottland konnte nur in persönlichen Einflüssen liegen, und diese kamen durch einen Zufall zustande: Im Jahr 1747 wurde die Familie des Prinzen von Wales, er hieß Friedrich, auf der Picknickwiese von Egham durch einen Platzregen überrascht, und es war der Schotte John Stuart, dritter Earl des Inselreiches Bute im Firth of Clyde, der Friedrich-Frederick nicht nur ein dank schottischen Know-Hows regendichtes Zelt anbieten konnte, sondern auch eine unterhaltsame Whistpartie. Prinz und Prinzessin empfanden sogleich Sympathie für den Earl, der obendrein eine Montagu als Mutter und ein immenses Vermögen hatte, und 1750 war er Lord of the Bedchamber, 1751, nach dem Tod des Prinzen, jedoch Erzieher und Hauptvertrauensperson des Thronerben George. Dieses extreme und so gut wie ausschließliche Vertrauensverhältnis bestimmte die königliche Politik in den ersten fünf Jahren seiner Regierung und übte weitere zehn Jahre hindurch erheblichen Einfluß aus, dessen Werkzeug nun allerdings die Königin-Mutter war (Georg III. hatte sich gegenüber seinen Ministern verpflichtet, Bute nicht mehr zu empfangen, so daß der intrigante Schotte jedesmal über eine Hintertreppe verschwand, wenn der König die Räume seiner Mutter betrat.)

Bute wäre ohne diesen Zufall vermutlich völlig bedeutungslos geblieben; er hatte in den Körperschaften, denen er durch Geburt und Vermögen angehörte, nie den Mund aufgemacht, er war 20 Jahre lang nicht im Oberhaus erschienen, er glänzte offensichtlich nur in der Landwirtschaft, bei Whist und in Gesellschaft, konnte er doch weder von einem Zuwachs an Reichtum noch von einer Rangerhöhung irgendwelche positive Veränderungen seines ohnedies höchst angenehmen Lebens erwarten. Es überrascht, daß ein Mann dieser Art sich so schwere Antipathien in London zuziehen konnte, aber man muß bedenken, daß die Kriege gegen Charles Edward, der schließlich ziemlich nahe an London herangekommen war, erst wenige Jahre zurücklagen, als Butes Stern so überraschend aufging. Man schnitt den Schotten in Guildhall, man keilte seine Wagen ein, man hätte ihn einmal beinahe gelyncht, und er mußte sich von hervorragenden Degenfechtern begleiten lassen, um am Leben zu bleiben, obwohl sein Interesse in erster Linie dem Frieden galt und einer gewissen Förderung seiner eigenen Familie im schottischen Bereich.

Man darf festhalten, daß mit Georg III. zumindest innerhalb der königlichen Familie selbst ein gewisser Wandel in der Einstellung zu Schottland begann, der schließlich unter Queen Victoria dazu führte, daß zeitweise von Schottland aus regiert wurde, daß der britische Adel und das Großbürgertum entdeckten, wie schön dieses einst als barbarisch gescholtene Land sei. Allerdings vollzogen sich die Verbesserungen in der Lage Schottlands und seiner Wirtschaft mehr im Stillen, wenn auch atmosphärisch beeinflußt von diesem Umschwung allerhöchster Sympathien.

Schottlands immer noch bescheidene Wirtschaft hatte zwei Hauptkomponenten: Die Landwirtschaft hatte unter der lähmenden Tradition der kollektiven Feldarbeit gelitten, unter den mittelalterlichen Verhältnissen, die den natürlichen Erwerbstrieb nicht zur Geltung kommen ließen. Nach dem Ende der Stuart-Wirren und Dank der Befriedung, wie sie unter Georg III. schließlich auf allen Ebenen vollzogen wurde, kam es zu einem gewissen Erfahrungsaustausch zwischen schottischen und englischen Grundbesitzern, und die alten Formen der Felderbewirtschaftung wurden, von Süden nach Norden fortschreitend, aufgegeben. Nach dem Abzug der hannoverschen Truppen begannen auch Aufforstungs-Maßnahmen, und das in die Wirtschaft zurückkehrende Vertrauen führte zur Gründung von sogenannten Manufakturen vornehmlich in den Seestädten, wo der Exportweg kein Problem bildete.

Der schottische Seehandel wurde zum Nutznießer zweier Kriege. Im Siebenjährigen Krieg beherrschten die englischen Kaperschiffe den Ärmelkanal und die Biskaya, so daß die deutschen Kaufleute, aber auch der skandinavische und russische Handel, oft den Weg über Schottland wählten, wenn diese Länder Salz oder Wein aus Spanien zu beziehen wünschten. In Lübeck, Danzig und Königsberg wurden nicht nur schottische Schiffe registriert, es tauchten auch schottische Kaufleute auf, die man freilich nicht immer zuverlässig von den Engländern unterschied. Das kam auch daher, daß irische Waren oft über Schottland kamen, ebenso wie Kaffee aus Mittelamerika, und vor allem natürlich Hering, obwohl Friedrich der Große auf Hering kräftige Zölle erhob, seit Emden 1744 preußisch geworden war.

So unzureichend oft die wirtschaftsgeschichtlichen Quellen sind, die Königsberger Geistesgeschichte zeigt uns ganz deutlich, welche Rolle die weltläufigen Schotten nun zu spielen beginnen, und es ist nur natürlich, daß diese Kontakte dann auch auf Schottland zurückstrahlen. Die Schotten verbinden sich geschäftlich oder familiär mit Patrizierfamilien wie den Saturgus, den Cabrit, dem Handels- und Bankhaus Jacobi. Ihre eigene calvinistische Tradition verhilft ihnen auch unter den Reformierten Königsbergs zu besonderer Geltung: Edward Collins, Kirchenvorsteher zu Königsberg, erwirbt ein Haus in der kneiphöfschen Langgasse, der Schotte Francis Hay macht sich um den Bau der Burgkirche verdient, und sein Sohn (oder Enkel?) George Hay zählt zu Kants Freunden. Hays Partner Barckley begründete dank mehrerer Söhne eine ganze Händlerdynastie in Königsberg, während Kants engster Freund und ebenbürtiger Gesprächspartner Joseph Green ein Engländer aus Hull war. Green war es, der den jungen Schotten Robert Motherby nach Königsberg brachte und später zu seinem Teilhaber machte, und nach Greens frühem Tod, der Kant sehr erschütterte, war es dann die Familie Motherby, die Kant als regelmäßigen Sonntagsgast empfing.

Einer der Motherby-Söhne, nämlich William (1776-1847), wurde ein berühmter Arzt, setzte die Freundschaft seines Vaters mit Kant fort und spielt auch in der Lebensgeschichte Wilhelms von Humboldt eine Rolle: Als der Staatsrat Humboldt zur Reform des preußischen Bildungswesens in Königsberg weilte (wo damals wegen der Besetzung von Berlin durch die Franzosen die Königsfamilie lebte), war es die junge und geistvolle Frau Motherbys, die dem aus Rom kommenden Humboldt den preußischen Nordosten schmackhaft machte und seine Verdüsterung nachhaltig aufhellte.

Der Handelsverkehr war gegen Ende des 18. Jahrhunderts durchaus beträchtlich, doch muten uns die zwischen Schottland und den Ostseehäfen verschifften Waren mitunter kurios an, etwa wenn Kaviar und Senf auf Schlitten nach Königsberg kamen und hier verladen wurden. Aus

Schottland kamen irische Butter, Leder, Wolle, Kohle, Reis und Kolonialwaren wie Tabak, Rohrzucker usw.

Den Höhepunkt erreichte der schottische Ostseehandel während der von Napoleon verhängten Kontinentalsperre, weil sich der Ärmelkanal naturgemäß leichter kontrollieren ließ als die Nordsee. Nettelbeck aus Kolberg und andere Memoirenschreiber der Zeit haben uns berichtet, welches Ereignis jedesmal die Ankunft eines englischen oder schottischen Schiffes war, und natürlich verdienten die schottischen Geschäftsleute an dieser Umgehung einer Blockade nicht schlecht. In der großen Krise nach dem Friedensschluß von 1815, in der bekanntlich ja auch Schopenhauers Mutter und seine Schwester ihr Vermögen verloren, gingen viele Firmen zugrunde, die sich mit dem Schottlandhandel befaßt hatten, und in die schönen Häuser in der Langgasse zogen neue Besitzer ein. Selbst reichste schottische Familien wie die Bruinvich hatten offenbar aufgegeben, wenn Fritz Gause in seinem Standardwerk über die Geschichte Königsbergs schreiben kann: „Zehn Jahre nach der Emanzipation besaßen die Juden nach Ausweis des Adreßbuchs von 1822 über ein Drittel der kneiphöfschen Langgasse und... wohnten jetzt dort, wo vorher die Negelein, Saturgus, Barcklay, Hay, Green, Bruinvich und Toussaint gewohnt hatten." (II, 205)

Die Schotten schwärmten aus, und sie kehrten heim, nicht nur, wenn neue Verhältnisse wie in Preußen sie dazu nötigten, sondern auch dann, wenn sie ihr Vermögen gemacht hatten und es nun in der Heimat verzehren oder auch anlegen wollten. Das war vor allem dann der Fall, wenn es sich um Gelderwerb in den Kolonien handelte. Unter Georg III. war Kanada endgültig britisch geworden; gegen Ende des 18. Jahrhunderts begannen die Investitionen in Australien, und Indien erwies sich als ungleich ertragreicher als alle anderen Überseegebiete, seit es gelungen war, Franzosen und Portugiesen dort weitgehend auszubooten.

Auf diese Weise strömte ins arme Schottland Kapital, das

dort nicht hätte verdient werden können. Es wurde überwiegend in Landbesitz angelegt, denn welcher Schotte besitzt nicht gerne sein Gut, seine Ländereien, vielleicht sogar eines der vielzuvielen Schlösser. Aber auch die Industrie nahm Kapital auf, Kapital der Heimkehrer und Leihgeld von den Banken, die nun ein gewisses Zutrauen zu den Schotten zu fassen begannen. Die Arbeitskräfte für die neuen Industrien kamen teils aus dem Hochland, teils aus dem noch ärmeren Irland. In den Highlands hatten die Clanshäupter, die nach den neuen, nach 1745 eingeführten Gesetzen nun einfache Grundbesitzer waren, ihre Privatarmeen stark vermindert, so daß Männer frei wurden. Sie gingen zum Teil in die Überseeregimenter, wo sie ihre Wildheit und Kampfeslust austoben konnten, zum Teil aber suchten sie Arbeit in den größeren Orten zwischen Inverness, Glasgow und Edinburgh. Nicht wenige freilich wanderten nach den letzten Hungersnöten von 1782/83 auch aus und waren in den jungen Vereinigten Staaten von Nordamerika nicht nur ihrer Härte wegen willkommen: Der soeben konstituierte Staat hatte sehr viele Deutsche zu integrieren, arbeitsame, gebildete und energische Siedlergruppen, denen man lieber schottische Zuwanderer und Skandinavier entgegensetzte als die Neuankömmlinge aus dem eben besiegten englischen Mutterland.

Das große Unglück von Culloden, die blutige Niederlage, das Ende aller Stuart-Hoffnungen schien sich für Schottland positiv auszuwirken, als nach dem Seeverkehr auch der Landtransport aktiviert wurde, als zum erstenmal seit den Römern Landstraßen über weite Strecken angelegt wurden und die Turnpike-Act einen Großteil der Straßenzölle beseitigte.

Die Straßen, die Schottland im 18. Jahrhundert erhielt, verdankte es einem Iren, ein nicht sehr häufiger Vorfall in der schottischen Geschichte. Es war der spätere Field-Marshal George Wade aus Kilavally, der nach der Niederschlagung der ersten jakobitischen Revolution (gegen den älteren Prätendenten) im Zug der Entwaffnung der Clans auch Straßen zu ihnen baute. Seit 1724 sagte man darum in Schottland:

„Had you seen these road before they were made
You would lift up your hands and bless General Wade."

Gegen die flinken Märsche des jüngeren Prätendenten hatte der inzwischen über 70jährige Wade weniger Feldherrenglück, aber wenn er sich nun auch zur Ruhe setzen mußte, seine Straßen waren da und blieben. Sie schlossen die Highlands an die Lowlands an, womit uralte Gegensätze nun leichter zu überbrücken waren und der Ausgleich des Kultur- und Bildungsniveaus sich anbahnte.

Denn auch in Schottland kam, wie seinerzeit im alten Europa des Römerreiches, die Kultur auf der Straße dahergezogen, die Lehrer und Missionare der Kirk, aber auch der Katholiken, und die schon unter Königin Anna begründete *Schottische Gesellschaft zur Verbreitung christlicher Bildung* konnte nun endlich aus den Städten hinaus und aufs flache Land, wo sie tatsächlich die letzten Inseln eines gälischen Heidentums mit der Hilfe gälischer Bibeln bekämpfte. Es war ein erstaunlicher Schachzug, den Menschen in den abgelegenen Tälern und auf den Inseln nicht mit dem Glauben auch die Sprache zu nehmen. Denn gegen den christlichen Glauben hatten sie nichts, das Heidentum war im 18. Jahrhundert ohnedies bereits absurd entartet und nur noch ein Konglomerat verschiedener abergläubischer Bräuche. Aber am Gälischen hing man, und daß es in dieser Sprache nun Geschriebenes, ja Gedrucktes gab, das wurde für das Überleben des Gälischen ebenso wichtig wie für die Bekämpfung des Analphabetismus. Eine ausgezeichnete Grammatik des Gälischen von Stewart erschien 1812, die *Highland Society* brachte wenige Jahre später ein zweibändiges Wörterbuch des Gälischen heraus.

Es wirkte alles zusammen, die Überwindung der alten Lebensstruktur und die neuen Möglichkeiten, die durch die Beherrschung des Englischen, die Verkehrswege, den

Überseehandel und die Kolonien beinahe plötzlich gegeben waren. Es zeigte sich, daß die Engländer weit weniger Neigung hatten, ihre fashionablen Landsitze im klimatisch angenehmen Süden aufzugeben und das koloniale Abenteuer auf sich zu nehmen, als die Schotten, denen es im Grunde ja überall besser gehen mußte als in ihrer kargen Heimat. Es ist zwar eine freundliche Übertreibung, wenn der englische Historiker George Macaulay Trevelyan aus Stratford-on-Avon von einer 'Kolonisierung des Britischen Empires durch die Schotten' spricht (Kultur- und Sozialgeschichte Englands, p. 436), aber es ist andererseits sicher, daß die Schotten in den britischen Überseegebieten Außerordentliches leisteten, ungleich mehr, als ihrem Bevölkerungsanteil in Großbritannien entsprach. Es war auch mehr, als die Iren taten, die in ihrer Abneigung gegen England gar keine Lust zeigten, sich für den britischen Imperialismus einspannen zu lassen und darum die Vereinigten Staaten als Auswanderungsland vorzogen. Kanada nahm sehr viele schottische Farmer auf, Indien sah Tausende von Schotten als Soldaten und Offiziere. Im reichen Südafrika hielt sich die schottische Einwanderung in Grenzen: Man hatte sich in der Vergangenheit zu gut mit den Holländern verstanden, um sie nun in Bedrängnis zu bringen.

Das Wesentliche aber geschah nicht im Empire, sondern in der Heimat, und genauer gesagt in jenem Westen, der so lange das Stiefkind der Nation gewesen war, weil er sich von Europa abwandte: Die neuen Lebenszentren der Schotten jenseits des Atlantiks wirkten auf Glasgow zurück. Die Einfuhr von Tabak und anderen Kolonialwaren, der Export der ersten Baumwollwaren aus den südschottischen Textilfabriken, der Weinhandel mit Portugal und Spanien. Glasgow kam wirtschaftlich auf, während Edinburgh das alte Zentrum der Verwaltung und des geistigen Lebens blieb. Ein wenig in die Stadtgeschichte abschweifend, dürfen wir verzeichnen, daß Glasgow 1715 seine erste Zeitung erhielt — den *Glasgow Courant*, daß um 1740 der Baumwolldruck, also die Herstellung von Kattun be-

342

gann, und sich 1783 eine Handelskammer konstituierte. 1795 begann die erste Dampfmaschine in einer Spinnerei zu arbeiten, und seit 1782 gab es eine zweite Zeitung, den *Glasgow Herald.*

In Edinburgh ging es demgegenüber weit ruhiger zu, man hatte nicht einmal die vielen Stadt- und Theaterbrände, die in Glasgow immer wieder für Aufregung sorgten. Edinburgh begnügte sich mit der Gründung von gelehrten und medizinischen Gesellschaften und von Banken. Das *Edinburgh Review* veröffentlichte seine erste Nummer am 10. Oktober 1802, und da man keine schottischen Könige mehr in den Mauern hatte, gab man den aus Frankreich vertriebenen Brüdern des unglücklichen Ludwig XVI. auf Schloß Holyrood Asyl. (Sie kamen später als Ludwig XVIII. beziehungsweise Karl X. auf den Thron.)

Ein Fall von Lynchjustiz verdient verzeichnet zu werden, da er sich im sonst so vornehmen Edinburgh ereignete: Am 15. April sollte ein Schmuggler namens Wilson hingerichtet werden, aber da er durch ein heroisches Selbstopfer einem Kameraden das Leben gerettet hatte, da das Volk von Edinburgh seinen tollkühnen Allein-Einsatz gegen die Polizei zu honorieren wünschte, gab es bei der Hinrichtung einen Auflauf, Proteste und drohende Gebärden gegen das Exekutionskommando, das Captain Porteous kommandierte. Er befahl, in die Menge zu schießen, es gab 17 Tote oder Verwundete, und am 22. Juni 1736 verurteilte man ihn wegen Mordes zum Tod (!). Als Offizier in Ausübung seines Dienstes hatte er Anspruch und Hoffnung auf königliche Gnade, aber der König weilte in Hannover (wo sonst!), so daß die Königin keine Begnadigung aussprach, sondern nur einen Hinrichtungsaufschub. Das wütende Volk von Edinburgh jedoch holte den schneidigen Hauptmann aus dem Gefängnis und knüpfte ihn auf, so geschehen am 7. September 1736 auf dem Grass-Market von Edinburgh.

Aber derlei wurde selten, es war ein flüchtiges Aufflackern der alten schottischen Unabhängigkeit im Rechtsdenken, nun, da die Erbgerichtsbarkeit abgeschafft worden war und sogar auf den Inseln die geschriebenen Gesetze herrschten. Trotz aller Härte, die der Sieger von Culloden gezeigt hatte, trotz aller Todesopfer noch nach den Schlachten unter Verwundeten und Gefangenen, herrschte nun Frieden, und die wirtschaftlichen Segnungen dieses Friedens überzeugten.

Deutlicher als anderswo wirkte sich der Wandel zu einem gewissen Wohlstand im mittelalterlich-engen, alten Edinburgh aus. Die berühmte Reisende Lady Montagu, die sich in Wien über die fünfstöckigen Häuser amüsiert hatte, wäre angesichts der Wohnungen von Edinburgh ohnmächtig geworden, die sich acht Stockwerke hoch auftürmten, natürlich ohne Aufzüge, ohne Kanalisation, Wohn-Alpträume, in denen sich dennoch im 18. Jahrhundert die besten Köpfe der Insel über ihre Bücher setzten und Schottlands geistige Erneuerung bewirkten.

Nun, da Frieden eingekehrt war, wagte man, rund um die Stadt zu siedeln und Landhäuser zu bauen; man zog auch in die charmanten Dörfer an den tief eingeschnittenen Buchten oder anderen Wasserläufen, weil Boote noch immer die angenehmsten Verkehrsmittel waren. Was in der Stadt blieb, das waren Theater, Zeitungen, Zirkel, Gesellschaften, und sie blühten in Edinburgh in einem Maße auf, daß selbst das große London zeitweise von dieser geistigen Regsamkeit und ihrem literarisch-wissenschaftlichen Niederschlag übertroffen wurde. Ja in der allgemein noch recht beklagenswerten Misere der medizinischen Kenntnisse scheinen die schottischen Ärzte jenen des alten England um einiges voraus gewesen zu sein, sicherlich, weil sie ihre Studien zum Teil in Paris und Leiden absolviert hatten.

Es gab in all dem aber noch ein merkwürdiges Relikt aus vergangenen Zeiten, das waren jene Patronatsgesetze aus den Zeiten von Queen Anne, die dem Grundherrn gestatteten, den Pfarrer jener Gemeinden zu ernennen, die auf seinem Besitz lagen. In einem Land, in dem Katholiken und Calvinisten nebeneinander lebten, während die den Anglikanern nahestehende alte Episkopalkirche keine Rolle mehr spielte, war die Lage an sich schon schwierig genug, und hätte einer der alten und halsstarrigen Großgrundbesitzer einer Gemeinde einen Pfarrer aufgezwungen, der nicht ihrem Bekenntnis entsprach, so hätte dies wohl die schmerzlichsten Wirren zur Folge gehabt. Aber die Menschen waren ja lange genug in der Hand ihres Laird gewesen, zwischen ihm und den Gemeinden auf seinem Grund gab es nur sehr selten Divergenzen im Bekenntnis selbst. Es war eine Zeit, in der vor allem die besser gestellten Schotten nun die Köpfe hoben und freiere Luft atmeten, in der man sich nicht mehr von den Donnerpredigern einschüchtern ließ sondern − ohne gleich der Aufklärung zu verfallen −, doch ein wenig an den Düften des Lebens zu schnuppern wagte. Und da geschah es denn oft, daß der immerhin mit einer gewissen rudimentären Bildung ausgestattete Neuankömmling im Pfarrhaus zwar dem Grundherrn ganz wohl gefiel, den Bauern und Handwerkern der kleinen Gemeinden aber viel zu fortschrittlich war. Der umgekehrte Fall einer aufgeklärten, etwa durch eine Manufaktur und Auslandskontakte ein wenig aufgehellten Gemeinde, die ihren Oberhirten zu konservativ fand, kam auch vor, war aber sehr viel seltener.

In dieser Lage, die in dem ganzen, nun so prächtig dastehenden Schottland zu tiefer innerer Unsicherheit und einigem Unglück zu führen vermochte, stand ein Mann auf, der zunächst einmal als ein mitreißender Prediger berühmt wurde, dann aber auch als ein Theologe, dem es mehr um den Menschen ging als um die Theologie an sich. Es war Thomas Chalmers (1780-1847) aus Anstruther (Fife), der in Glasgow so berühmt wurde, daß man ihn nach London einlud, wo seine Predigten im Jahr 1817 zum Ereignis mehr für die Gesellschaft als die frommen Eigenbrötler wurden. Chalmers gelang es, das Recht der Gemeinde auf ihren Hirten durchzusetzen, wobei er vor Aufsehen erregenden Demonstrationen nicht zurückschreckte. Erst damit war der innere Friede in Schottland völlig wiederhergestellt, wo es ja nach wie vor für die Menschen auf dem Land und vor

allem in den Highlands noch sehr wenig Unterrichtungs-
möglichkeiten außerhalb von Kirche und Pfarrhaus gab.

War sich eine Gemeinde mit ihrem Pfarrer einig, dann
war auch hinsichtlich all der neuen Einflüsse wie Toleranz
und Aufklärung viel gewonnen, sie wurden ruhiger hinge-
nommen und endlich selbstverständlich.

Vielleicht war diese Beruhigung im so lange kämpferisch
bewegten religiösen Bereich das positivste Ergebnis, das
Schottland unter Georg III. und seiner Politik zu verzeichnen hatte − soweit man im Falle eines zeitweise und
schließlich endgültig unter Vormundschaft gestellten Königs von 'seiner' Politik sprechen kann. Im Gesamtklima jedenfalls hatte sich nicht der harte Kurs jenes Herzogs von
Cumberland durchgesetzt, der nach dem Vernichtungs-
sieg von Culloden die Highlands ausmorden und das übrige Schottland seiner Eliten berauben wollte, sondern eine
gewisse Unbefangenheit gegenüber Schottland, das den
Hannoveranern im Grunde genau so fremd war wie das
ganze England.

In den großen kriegerischen Auseinandersetzungen des
18. Jahrhunderts hatte England, das auf seiner Insel und in
der Weltpolitik freier schalten konnte als die Kontinental-
mächte Frankreich und Österreich, dank seiner Flotte und
der verbündeten preußischen Armeen Erfolge erzielt, die
sich durchaus mit jenen eines Heinrich VIII. oder einer
Elisabeth I. vergleichen ließen. Damit war der vielbeach-
tete Skeptizismus gegenüber dem Haus Hannover Lügen
gestraft, wie ihn (neben vielen anderen) der Staatsmann,
Schriftsteller und stadtbekannte Wüstling Henry Saint
John, Viscount Bolingbroke (1678-1751) zehn Jahre vor
seinem Tod in einem Brief zum Ausdruck gebracht hatte:

„Ein König, der im Besitz einer Krone auf eine Weise
handelt, als trüge er nur einen Kurfürstenhut, kann die Verehrung nicht erwecken und den Einfluß nicht ausüben, die
ihm zukommen ... Mag England Hannover und das ganze
protestantische Deutschland beschützen: Hannover und

Deutschland dürfen den Rat von Großbritannien nicht beherrschen."

Es war ein anderer Lebemann, nämlich Bute, der nach dem ersten und dem zweiten Georg mit Georg III. diesen Befürchtungen den Boden entzog.

Die Hinwendung zu Schottland, so unmerklich sie sich auch für die Engländer vollzog, so sehr sie nur in Schottland selbst sichtbar wurde, war zugleich eine Rückkehr zum Britentum nach der unter Karl II. so weitgehenden Unterwerfung unter den französischen Geist. Gewiß spielte es bei diesem Gesinnungswandel eine große Rolle, daß Frankreich die Unabhängigkeitsbestrebungen in Nordamerika so nachhaltig, ja mit Soldaten und fähigen Heerführern bis an den Rand der offenen Kriegserklärung unterstützt hatte. Aber der Vorgang wäre doch negativ geblieben, hätte das unverbrauchte Schottland nicht wie befreit aufgeatmet und mit erstaunlichen Kräften des Geistes die Positionen eingenommen, die es in der Politik verloren hatte.

Lytton Strachey beginnt seinen Carlyle-Essay mit einer Anekdote: Sein Großvater Edward Strachey sei mit Carlyle in Paris unterwegs gewesen, und bei einer Gelegenheit habe Carlyle, mit einem Kutscher unzufrieden, zu diesem gesagt: „Vous avez drivé devilish slow", welch schauriges französisch-englisches Kauderwelsch in früheren Zeiten völlig undenkbar gewesen wäre, weil seit der Stuart-Restauration alle Gebildeten Englands ihren Ehrgeiz dareinsetzten, ein einwandfreies Französisch zu sprechen. „Carlyle war kein englischer Edelmann", fährt Strachey fort, „er war ein schottischer Bauer ... im Ganzen ist er neben Dickens wahrscheinlich das vollkommenste Beispiel eines einheimischen Gewächses, das die Britischen Inseln der Welt zu bieten haben. Das Ergebnis ist bemerkenswert. Zugunsten der Reinprodukte eines speziellen Bodens läßt sich nämlich manches vorbringen; sie strotzen von Kraft und Eigenart; die Unabhängigkeit von fremden Einflüssen macht Energien in ihnen frei, die oft erstaunliche Wirkungen verursachen."

Die englische Antwort auf diese Explosionen des schottischen Geistes war bekanntlich die *Regency*, so benannt, weil der spätere Georg IV. seit dem Januar 1811 seinen nicht mehr geschäftsfähigen Vater als Regent (mit eingeschränkten Befugnissen) vertrat. Der 1762 geborene Prinz hatte 'bei den glücklichsten Anlagen' eine bereits britischsorgfältige Erziehung genossen. 'Bald aber gab er sich', wie wir im 'Alten Meyer' lesen können, 'gänzlich unedlen Leidenschaften hin. Ein Spieler, Verschwender und Wüstling, vermählte er sich heimlich mit der schönen Katholikin Fitzherbert'.

Während man den bisherigen Hannoveranern ihre dikken deutschen Mätressen neidlos gegönnt hatte, fanden die Engländer nun, daß ihnen dieser Prinz aus deutschem Blut denn doch zuviel zumute: Eine bereits zweimal verheiratete Frau (vom zweiten Mann stammte ihr irischer Name), sechs Jahre älter als der Prinz, und obendrein katholisch. Der Prinz hielt trotz unglaublicher Schwierigkeiten und aufsehenerregender Prozesse von 1785 bis 1803 an ihr fest, war auch noch, als er 1820 den Thron bestieg, beim Volk so unbeliebt, daß er bei jeder Ausfahrt in Lebensgefahr schwebte, hatte aber, wie so mancher Dandy, viel Geschmack, Sinn für Gepränge und eine über dem Durchschnitt gekrönter Häupter liegende Bildung. Auch daß er Metternichs *Heiliger Allianz* nicht beitrat, ist zweifellos als eine positive Entscheidung zu bewerten. Der nach seiner ersten Herrschafts-Phase benannte Stil, zum Unterschied von der ein Jahrhundert älteren *Regence* mit dem englischen y bezeichnet, ist bis heute das Entzücken der Sammler, der Möbelfälscher und der Kopisten und hat den Ruhm der englischen Möbel auf dem Kontinent begründet, nach zweihundert Jahren französischer Vorherrschaft.

Der Regent hatte deutliche Sympathien für die sogenannten Whigs, die damals einen Dauer-Gegensatz zu den konservativen Tories bildeten. Und von den 53 Abgeordneten, die Schottland nach der Parlamentsreform von 1832 für das Unterhaus stellen durfte, waren nicht weniger als 44

eher liberal eingestellt, was die Frühformen gewerkschaft-
licher Organisationen begünstigte, wie sie in den Textilfabriken Schottlands entstanden und bald auch auf andere
Wirtschaftszweige übergriffen.

Wir befinden uns damit schon in der kurzen, aber für
Schottland wichtigen Regierungszeit Wilhelms IV., der seinem älteren Bruder 1830 auf den Thron gefolgt war, offensichtlich, ohne damit noch zu rechnen, denn er war zu diesem Zeitpunkt schon 65 Jahre alt. Da er seine militärische
Karriere bei der Marine gemacht und auch an Seegefechten teilgenommen hatte, nannte man ihn den Matrosenkönig, und siehe da, seine acht Jahre waren für das Volk von
England und Schottland wie ein einziges Aufatmen nach
dem dritten und dem vierten Georg.

Er hatte mit einer hübschen irischen Schauspielerin nicht
weniger als zehn Kinder, trennte sich dann aber von ihr,
wobei die jungen Herren bestens versorgt wurden, und
gab schon ein Jahr nach seiner Thronbesteigung Hannover
eine neue Verfassung, in den Jahren darauf England und
Schottland neue Verfahrensweisen und Wahlmodi, die zu
der erwähnten Verbreiterung der schottischen Vertre-
tungsbasis führten. Die Gemeinden Schottlands konnten
endlich, zum erstenmal seit dem 15. Jahrhundert und seinen archaisch-demokratischen Gebräuchen, ihre Häupter
und Räte selbst wählen. Ja diese schottische *Burgh Act*
ging einer neuen englischen Gemeindeverfassung sogar
um zwei Jahre voraus. Allerdings war diese Reform in
Schottland auch ungleich nötiger gewesen, denn dort war,
trotz seines Erwachens zu der schönsten geistigen Regsamkeit, das Volk im Ganzen politisch noch weitgehend un-
interessiert. Man hatte den Rest aller guten Gefühle in Bonnie Prince Charlie investiert, man hatte die harten Zeiten
nachher inzwischen überstanden, aber der nationale Impetus, das volle und lebhafte Interesse am eigenen Land und
seiner neuen Rolle im United Kingdom, dies alles war eben
nicht so schnell neu zu erwecken wie das wirtschaftliche
Interesse an neuen Zeiten und neuen Möglichkeiten.

Es ist sicher richtig, daß ein Sieg der Hochländer, die inzwischen die besten britischen Regimenter stellten, über die Hannoveraner eine kaum vorstellbare Situation auf der Insel geschaffen hätte, wenn auch gewiß kein Dauer-Chaos oder die Abschlachtung aller Londoner, wie man unter Hinweis auf die bekannte Wildheit der Hochländer auch in bekannten Geschichtswerken lesen kann. Aber angesichts eines neuen Jahrhunderts mit Maschinen, Eisenbahnen und Gewerkschaften spielte es keine entscheidende Rolle mehr, ob der charmante jüngere Prätendent oder der Matrosenkönig Schottland in die Moderne hinüberführten. Es war so viel zu tun, und es lag so klar auf der Hand, daß dieses Land Straßen, Stadtverwaltungen, Wirtschaftsdenken und Fernhandel brauchte, daß jede Regierung im Grunde eigentlich dasselbe zu tun verpflichtet war.

Unter Wilhelm IV. vollendete sich, was unter Georg III. begonnen hatte: In allen britischen Kolonien waren die Schotten an die Spitze der Initiativen getreten. Daß England in der Abschaffung der Sklaverei unter Einsatz seiner Flotte gegen Nordafrika eine führende Rolle spielte, nachdem es jahrhundertelang am Sklavenhandel prächtig verdient hatte, das erzwang der unbeugsam moralische Geist der schottischen Kirche, und daß auch weite Gebiete wie Kanada durchdrungen und kolonisiert wurden, das schaffte der genügsame Sachverstand der Hochländer. Nicht nur der berühmte Livingstone, auch ein Halbdutzend anderer führender Kolonialpioniere kamen aus Schottland, und die englischen Karikaturisten zeichneten ihre Londoner Landsleute mit verrenkten Hälsen, denn von Norden kam das Licht.

Wilhelm IV. hatte seiner Irin kräftige Söhne gezeugt, die unter verschiedenen wohlklingenden Namen ins Empire ausschwärmten; mit Adelheid, Prinzessin von Sachsen-Meiningen hatte er nur zwei Mädchen, deren keines auch nur ein Jahr alt wurde. Aber Wilhelms Bruder Eduard

August hatte noch eineinhalb Jahre vor seinem Tod eine verwitwete Fürstin Leiningen geheiratet, und diese hatte am 24. Mai 1819 die 1837 dann auf den Thron folgende Prinzessin Viktoria geboren: Erst 18jährig schon Herrschaft über ein Großreich, ganz ähnlich, wie es zehn Jahre später bei der größten Kontinentalmacht, bei der Habsburgermonarchie Österreich der Fall war.

Jener 20. Juni 1837, als der Erzbischof von Canterbury, begleitet von einem hohen Hofbeamten, der jungen Prinzessin den Tod ihres Onkels und ihre Thronbesteigung mitteilte, war für das ganze Großbritannien ein glücklicher Tag, weil damit nun auch Tatsache wurde, was der Matrosenkönig geschickt vorbereitet hatte: Sein unpopulärer Bruder Ernst, Herzog von Cumberland, verschwand von der Insel und wurde König von Hannover, worüber in London mindestens ebensoviel Freude herrschte wie über die junge Queen. Ernst August war schon 1810 Gegenstand eines Attentats gewesen, dessen Urheberschaft nie geklärt wurde, weil zuviele mit dem Hauptverdächtigen, einem Kammerdiener, sympathisiert hatten, und was Ernst August später in Hannover alles dekretierte und einführte, zeigte den Briten, wie zufrieden sie mit der endlichen Abtrennung dieses kontinentalen Anhängsels sein konnten: Die niemals beliebte, oft zu Besorgnissen Anlaß gebende Personalunion mit Hannover hatte nach 125 Jahren zu bestehen aufgehört; das neue Königshaus nannte sich ab 1840 und bis zum Ersten Weltkrieg nach dem Prinzgemahl Sachsen-Coburg-Gotha.

Für die Schotten war damit die Erinnerung an Culloden und die Folgen zwar nicht getilgt, aber die hannoverschen Rotröcke, die so viele Highlanders hatten über die Klinge springen lassen, gehörten der Vergangenheit an, und die nun im britischen Weltreich so ruhmreich eingesetzten Hochlandregimenter schlossen die Wunden. Durchaus unerwartet war aber, daß die Königin, ein nicht sonderlich gebildetes Mädchen, alsbald ihr Herz für Schottland entdeckte. Wenn sie von sich ganz offen sagte: „I was brought up very simply", dann gibt sie schon mit diesem offenen Bekenntnis einen der Gründe an für die Sympathie mit dem schottischen Landleben und den Menschen nördlich des Tweed, und nach ersten Versuchen, auf der Insel Wight einen Ausgleich für das Londoner Leben zu finden, ging sie mit fliegenden Fahnen zu Schottland über, das ja nun mit der Eisenbahn erreichbar war.

Hier muß in Parenthese gesagt werden, daß die schottischen Eisenbahnen lange Stückwerk blieben, von einem Städtchen zum andern, etwa wenn Aviemore, bis dahin durch eine alte Militärstraße des Generals Wade mit Inverness verbunden, 1898 endlich seine Eisenbahn erhielt. Die *Caledonian Railway* begann im Februar 1848 zu dampfen, als Glasgow und Edinburgh längst miteinander verbunden waren. Und die Ausdehnung der West-Highland-Bahn bis nach Loch Ness brauchte gar bis ins Jahr 1903, als schon die ersten Automobile durch Schottland tuckerten und man einzusehen begann, daß in so ausgedehnten und so dünn besiedelten Gebieten die Straße wirtschaftlicher sei als das ständige Pflege und viel Personal erfordernde Schienennetz.

Nun, eine Königin reist natürlich anders. Sonderzüge werden von einer Gesellschaft an die andere weitergereicht, und da man ja nicht, wie in Australien, das Handikap wechselnder Spurbreiten hatte, mag die Queen ganz bequem in den hohen Norden gelangt sein, vor allem in den Zeiten der *Albertine Monarchy*, als ihr liebe- und taktvoller Prinzgemahl als Privatsekretär wirkte und zugleich als Reisemarschall. Er begegnete in Schottland viel stärkeren Sympathien als in England, wo man ihm zeitweise sehr reserviert gegenüberstand (was sich zum Beispiel gezeigt hatte, als er Schloß Windsor ein wenig bequemer und moderner hatte machen wollen).

Das bald heiß geliebte Ziel dieser Schottlandreisen war das noch heute oft genannte Schloß Balmoral, um das sich inzwischen manche Legende spinnt. Victoria und Albert sollen es gekauft haben, ohne es gesehen zu haben, sie sollen es nach drei Schottland-Besuchen gemietet und erst später erworben haben usw. Tatsache ist, daß Balmoral bei Ballater mitten drin im schottischen Land liegt, ja den Mittelpunkt bildet, wenn man ein Dreieck aus den Endpunkten Perth, Aberdeen und Inverness zeichnet. Also viel Land ringsum und mehr Distanz zum Meer, als die meisten schottischen Schlösser aufweisen.

Der Besitz, auf dem sich Balmoral Castle heute erhebt, wird 1484 zum erstenmal urkundlich erwähnt und damals Bouchmorale geschrieben. Der zweite Sohn des Ersten Earls of Gordon bewohnte es und bezahlte Miete dafür. 1662 verkauften die Gordons Balmoral an die Farquharsons von Inverey, und 1830 war es wieder ein Gordon, Sir Robert, der das Schloß in seinen Besitz brachte (sein Bruder, der Earl of Aberdeen, war während des Krimkriegs englischer Premierminister).

Sir Robert tat sehr viel für das Schloß, baute einen Küchenflügel an, forstete in der Umgebung auf, ergänzte das Schloß um einen Turm und machte die Räume wohnlich. Victorias Leibarzt hatte einen behinderten Sohn, der oft zu Gast bei Sir Robert auf Balmoral war, und einmal fügte es sich, daß er wunderbares Wetter hatte, während sein Vater und das Herrscherpaar am Loch Laggan, in Ardverikie einen Urlaub bei miserablem Wetter verbrachten. Als dann auch noch Sir Robert überraschend starb, bedurfte es keiner langen Verhandlungen mehr: Victoria mietete das Schloß für vier Jahre, und 1852 erwarb es Albert für 31 500 Pfund.

Albert verpflichtete zwar den Stadtarchitekten von Aberdeen, das Schloß aus- und umzubauen, aber es unterliegt keinem Zweifel, daß es seine eigenen Ideen waren, die bei dieser Gelegenheit verwirklicht wurden. Das Schloß ist, so wie man es heute vor sich sieht, im Wesentlichen von dem Prince Consort erdacht und geplant. Der Stil freilich ist jenes *scottish baronial*, das zuerst an den Borders herrschend wurde, sich aber bald in allen Schloßbauten des 19. Jahrhunderts durchsetzte: Glanzvolle Wohnschlösser, großzügig hingebreitet, die nichts mehr vom Festungs-charakter der altschottischen Wohnburgen haben. Albert sparte nicht; er ließ feinen grauen Granit aus Invergeld kommen, und auch die Bearbeitung wurde von besten Steinmetzen ausgeführt, als wolle man jenem sonst nicht sonderlich bekannten Mr. John Camden Nield besondere Ehre machen, einem wohlhabenden Juristen, der ein Gut-teil seines Vermögens ausgerechnet dem Herrscherpaar vermacht hatte.

Die Begeisterung von Albert und Victoria, die einander ja mehr zugetan waren, als man sonst bei dynastischen Ehen erwarten darf, ging etwa in die gleiche Richtung. Die Unterschiede bestanden nur in Nuancen, wenn er die vie-len kleinen Türmchen, die Sauberkeit des ganzen und die Luft rühmte: sie sei „glorious and clear, but cold", während Victoria als arg in Anspruch genommene Herrscherin die Akzente mehr auf Ruhe und Frieden legte, die man hier atme „and to make wone forget the world", eine ebenso er-klärliche wie überraschende Äußerung der Frau, die im-merhin Königin von Großbritannien und Kaiserin von In-dien war.

Balmoral wurde auf diese Weise nicht nur das berühmte-ste aller schottischen Schlösser, sondern auch − niemand kann da ganz sicher sein − das größte, und es ist selbst bei heutigen Unterbringungs-Ansprüchen imstande, an die 130 Menschen zu beherbergen. Nicht alle der vielen Gäste, die seither hier ein- und ausgehen, haben sich in ihrer Ein-stellung zu dem Schloß der Meinung der Erbauer ange-schlossen. Lord Clarendon, langjähriger Außenminister der Queen, dem die weite Reise nach Norden wertvolle Zeit stahl, beklagte sich über die allzu schottische Dekora-tion, und die Plaids sähen aus wie Satteldecken für Maul-tiere. Disraeli haßte Balmoral geradezu; der große Führer der englischen Politik in heikelsten Phasen war bekannt-lich Jude, litt unter Wetter und Atmosphäre noch mehr als die Engländer und hatte obendrein das Pech, ausschließ-lich bei Regen in Balmoral zu weilen, was wiederum der

Königin den gewünschten Frieden verschaffte: Es geht die Sage, dieser wichtigste Mann ihrer Weltpolitik sei insgesamt nur fünf Tage in Balmoral gewesen. Am Ausgehen gehindert, beschäftigte sich Disraeli notgedrungen mit der Bibliothek von Balmoral und stellte dabei fest, sie enthalte Walter Scotts berühmten Roman *The Lady of the Lake* nicht weniger als 32mal, und *Rob Roy* immerhin noch in einem runden Dutzend von Exemplaren.

Sir Frederick Ponsonby, jener langjährige Privatsekretär der Queen, der sich in 40 Jahren Hofdienstes seinen Humor bewahrte und von Georg V. schließlich zum Lord gemacht wurde, weiß in seinen auch heute noch ungemein unterhaltsamen Memoiren von Schwierigkeiten anderer Art zu berichten, die weniger das Herrscherpaar selbst hatte, dem ja Helfer aus dem Land zur Seite standen, als jene Neubürger und Neureichen, die in das plötzlich fashionable gewordene Schottland zuzogen und Nachbarn des hohen Paares wurden.

Es gab da einen Bankier mit dem stockenglischen Namen Neumann, der ein Landgut erworben hatte, das nur wenige Meilen von Balmoral entfernt war. Zu diesem Zeitpunkt war die Queen nicht mehr die Jüngste, aber ihr Sohn, der spätere Eduard VII., konnte eine Jagdeinladung des Nachbarn schwerlich ausschlagen, es wäre unschottisch gewesen. Überdies hatte Neumann versprochen, an einem geeigneten Platz seines Reviers ein fulminantes Buffet im Freien aufstellen zu lassen, und diesen Versuchungen konnte der Prinz von Wales ja bekanntlich ebensowenig widerstehen wie den schönen Frauen. Ponsonby schildert auf vielen Seiten die kaum vermeidliche Tragikomödie, in der sich alles gegen den unglücklichen Parvenu verschwor: Die Treiber waren offenbar aus dem Bankhaus rekrutiert worden, sie kannten weder Weg noch Steg noch die Eigenart des Rotwilds, bei Gefahr durch die Lärmfront zu brechen. Niemand kam zum Schuß, und der verzweifelte Neumann versicherte, man werde sich beim Buffet trösten. Aber so lange man auch im Gänsemarsch hinter

ihm herging, es kam kein Buffet in Sicht, bis die Jagdge-
sellschaft, müde, hungrig, verärgert und darum auch nicht
mehr sehr höflich, sich Bauernwagen anvertraute. Es stellte
sich heraus, daß zwei gleich geschriebene Merkpunkte im
Wald im Patois der Landschaft völlig verschieden ausgesprochen wurden – man hatte den falschen Ort angesteu-
ert. „Seine königliche Hoheit bedachte den armen Bankier
mit so ziemlich jedem Synonym für Idiot und machte bei-
ßende Bemerkungen über reiche Leute, die Dinge unter-
nähmen, von denen sie nichts verstünden." (Ponsonby
122/23)

Edgar Trevor Williams von der Universität Oxford ist überzeugt, daß Königin Victoria 'aus dem dünnen Strom schottischen Blutes in ihren Adern das Meiste machte', also
gleichsam ein Maximum an schottischen Bezügen in ihrem
Leben verwirklichte, und Balmoral brachte ihr die glücklichsten Stunden, die ihr langer Lebenslauf sah. Das beschränkte sich keineswegs nur auf Schloß und Natur, auf
gute Luft und die angenehmen Ufer des Flüßchens Dee. Es
war ein deutliches Verlangen nach einfachem Leben, das
hier erfüllt wurde, gegenüber dem ästhetisch kontrollier-
ten Luxus der Regency-Epoche und der von ihr stilisierten
Londoner Gesellschaft. Da man im neunzehnten Jahrhundert nicht mehr so argwöhnisch über die religiösen Neigungen der Könige wachte wie noch unter Jakob II. von
England, konnte Viktoria unbefangen zugeben, daß der
schottische Gottesdienst ihr ungleich mehr entspreche als
der anglikanische, *so long as the sermons were short
enough* (Williams), so lange die Predigten kurz genug waren. Ein Jahrhundert zuvor hätte es die vielbeschäftigte
Queen in den Kirchen wohl nicht ausgehalten. Sie liebte
den Zuspruch von Reverend Norman MacLeod und besuchte mit dem Prinzgemahl Gottesdienste in Nachbarge-
meinden, ehe 1895 die kleine Kirche von Crathie erbaut
wurde, die seither von der Königsfamilie am liebsten aufgesucht wird.

Die schottischen Klausuren, wie man es heute nennen würde, erwiesen ihre Bedeutung nach dem Tod des Prinzgemahls im Dezember 1861. Der tiefe und echte, mitunter sogar verzweifelte Schmerz der Königin ist ja bekannt, ja er wurde gelegentlich als unangemessen und einer Herrscherin unwürdig bezeichnet. Dennoch kann es keinen Zweifel daran geben, daß der tüchtige, ergebene und kenntnisreiche deutsche Partner dieser Zweisamkeit das Seine zu diesem Zeitpunkt bereits geleistet, daß er die Gemahlin auf ihr schweres Amt ebenso vorbereitet hatte wie auf die Tatsache, daß sie es früher oder später würde allein ausüben müssen. Auch britische Historiker sind sich klar darüber und haben es offen ausgesprochen, daß dieses Training zu geordneter Geschäftsführung, die Gewöhnung an harte Arbeit am Schreibtisch zweifellos nicht durch William Lamb, Viscount Melbourne erfolgt war (er starb 1848), sondern durch Albert; ja man schreibt dem deutschen Gemahl sogar die Organisation einer königlichen Späher- und Zuträgerrunde zu, die Viktoria unter Umgehung der Minister und anderer Hofstellen stets mit Informationen versorgte.

Eine negative Folge dieser tiefen Bindung an Albert war die unleugbare Tatsache, daß sie ihren Sohn und Thronerben durch viele Jahre zurücksetzte, ihm so gut wie kein wichtiges Amt übertrug, ihn nicht um Rat fragte oder gar zu Beratungen hinzuzog. Prinzgemahl Albert hatte sich die zu seinem Tod führende Erkrankung auf einer Blitzreise zugezogen, die er wegen einer Eskapade des Kronprinzen hatte unternehmen müssen, und Viktoria hat in ihrem Schmerz diese an sich zufällige Verkettung dem späteren Eduard VII. niemals wirklich verziehen. („It quite irritates me to see him in the room", sagte sie einmal zu Lord Clarendon.) Viktoria scheute sich auch nicht, zeitweise und vor allem in Balmoral den Eindruck einer zurückgezogenen Witwe zu erwecken: Die Erfindungen des Jahrhunderts, vor allem die Errichtung einer Telegraphenverbindung zwischen Balmoral und London, gestatteten ihr, so zu leben, wie es ihr paßte, zufrieden mit ihrer Beliebtheit, aber nicht eigentlich willens, sehr viel dafür zu tun.

Am 22. Januar 1901 folgte der als Prinz von Wales in Europa allzu bekannt gewordene älteste Sohn von Albert und Viktoria seiner in Osborne verstorbenen Mutter auf den Thron, und damit waren die großen Zeiten Balmorals im Besonderen und Schottlands im allgemeinen zunächst vorbei. Eduard, der unter der deutschen Pedanterie seines Vaters sehr gelitten hatte, war in Schottland nie glücklich gewesen und hatte dies auch niemals verheimlicht, obwohl seine älteste Tochter an einen Herzog von Fife verheiratet war. Viktoria mochte übertrieben haben, als sie dem 'königlichen Schottland-Diener' John Brown nicht nur ein kleines Anwesen auf dem großen Balmoral-Grundstück hinterließ, sondern dem Mann, den Albert sehr gemocht hatte, nach seinem Tod und mehr als 30 Jahren treuen Dienstes ein lebensgroßes Denkmal in seiner Tracht als Highlander hatte setzen lassen. Eduard aber setzte seine Proteste ebenso deutlich: die Dienerstatue wurde irgendwohin verbannt, und als man ihm in Glasgow, auf dem George Square, die Denkmäler berühmter Schotten vorführte, raunte er seinem Adjutanten gelangweilt die Frage zu, um welchen Friedhof es sich da eigentlich handle.

Besondere Bedeutung hatte dies nicht mehr, denn die Herren, deren Standbilder den König so wenig interessiert hatten, waren nicht nur wie Walter Scott zu Lieblingsautoren der ganzen Insel geworden, sie hatten auch durch viele Jahre das Britische Weltreich regiert oder als Minister mitregiert, soweit sie es nicht überhaupt als Kolonialpioniere geschaffen hatten. Da es niemandem einfällt, einen Engländer als Schotten zu bezeichnen, war durch dieses zeitweise festzustellende Überwiegen schottischer Persönlichkeiten in London keine Identitätskrise ausgelöst worden; schlimmer war es schon, wenn es sich ein argloser Ausländer einfallen ließ, einen Schotten als 'seinen englischen Freund' zu bezeichnen. (Rudolf Walter Leonhardt berichtet von einer solchen Episode, an der freilich nur erstaunlich ist, daß dieser wohlbewanderte Reiseschriftsteller darüber staunte.) Und bei Harold Nicolson, dessen Tagebücher und Briefe bei uns leider keinen Erfolg hatten, soviel man auch aus ihnen lernen kann, lesen wir als Eintragung auf einer Hebridenreise:

„Es ist merkwürdig, wie aufgeregt ich bin über den ersten Anblick von Skye. Ehe ich zu Bett gehe, blicke ich auf den Sonnenuntergang hinter den Bergen, sehe zu, wie die Möwen kreisen, und denke, daß es vielleicht an diesem kleinen schottischen Einschlag liegt, wenn ich mich so schlecht in das englische Leben einfüge." Und dann verwendet Harold Nicolson, der uns Kontinentaleuropäern heute als eine besonders überzeugende Ausprägung des englischen Gentleman erscheint, der stets um Eleganz bemühte Diplomat und Schriftsteller, der sich des besten britischen Butlers rühmt — dann verwendet Harold Nicolson das schottische Schimpfwort Sassenach für die Engländer:

„Ich gebe N. recht, daß nichts so lächerlich ist wie ein Sassenach, der sich als Hochländer ausgibt. Aber tief in meinem Innern steckt eine Abneigung gegen die Engländer ...; und die Freude zu wissen, daß ich ursprünglich zu diesen stolzen, feierlichen Bergen gehöre, ist gewiß ganz und gar aufrichtig. Hingerissen gehe ich zu Bett." (9. August 1938, Portree, Isle of Skye)

Seine Aufgabe hat es längst erfüllt

Theodor Fontane sagt es etwas ausführlicher, und man kann es nicht besser formulieren, als es sich in seinem gehaltvollen Aufsatz über die schottischen Hochlande findet: „Das wahre Fortleben, das Leben in Lied und Gesang, das Leben im Herzen und in der Erinnerung der Menschen, dies Fortleben ist dem schottischen Hochlande für alle Zeiten gesichert. Seine historische Aufgabe, wenn das alte Land der Clans jemals eine solche hatte, hat es längst erfüllt."

Auch die Freunde Schottlands betonen, wenn sie über ihr geliebtes Land schreiben, daß es eine schottische Geschichte nach der Niederwerfung des zweiten Stuartaufstands und der endgültigen Vereinigung der Königreiche nicht mehr gibt, von gelegentlichen Sonderlings-Aktivitäten wie dem Raub von Trophäen oder Sprayparolen abgesehen.

Man sollte das nicht bedauern, ja man darf darin eine glückliche Entwicklung sehen, ist doch selbst der zeitweise so blutige religiöse Streit innerhalb Schottlands zur friedlichen Diskussion abgeebbt. Wie anders dies alles sein kann, auch unter Europäern unserer Zeit, sehen die Schotten mit einem Blick über die Irische See hinweg, und es ist, als hätten die vielen – leider muß man sagen: vollkommen überflüssigen und sinnlosen – Mordtaten und Terroranschläge von Belfast, Londonderry und wie diese Blutburgen alle heißen, den Schotten gezeigt, welchen Gefahren sie entrinnen, wenn sie sich mit der friedlichen Pflege ihrer Traditionen begnügen, mit der energischen wirtschaftlichen Rückeroberung verlorener Positionen oder dem Ausbau jener Machtstellungen, die beinahe Monopole geworden sind: Die Whiskyherstellung, die Lachsfischerei und -konservierung, die unvergleichlichen Wollstoffe, die ihren Träger nicht selten ein Leben lang begleiten.

Es ist nur noch für die Schotten wichtig, mit wievielen Abgeordneten sie in den gesetzgebenden Körperschaften des Vereinigten Königsreiches vertreten sind, und daß dieser Staat, UK abgekürzt, nicht durch eine Mehrzahl-Endung ausdrückt, es handle sich um zwei vereinigte Königreiche, sondern um ein einziges, geeintes. Die schottischen Damen mögen mit Befriedigung registriert haben, daß in der *Coupon Election* vom Dezember 1918 erstmals alle Frauen über 30 wahlberechtigt waren, ein kleiner Trost anläßlich der Überschreitung jener klassischen Klippe. Neun Jahre später wurde dann eine *Scottish Nationalist Party* gegründet, die sich vollständige Selbstregierung zum Ziel gesetzt hat, aber die Krisen von 1931, die Kriegsdrohung seit 1936 und der Krieg von 1939 bis 1945 haben allem Separatismus das Interesse entzogen, umso mehr, als die Schotten im Vergleich zu den Engländern im Zweiten Weltkrieg viel weniger Verluste zu beklagen hatten: 34 000 Soldaten und 6000 Zivilisten, das war weniger als im Ersten Weltkrieg und weniger, als Hamburg oder Dresden in einer einzigen Bombennacht verloren. Kaum aber herrschten wieder friedliche Zeiten, meldeten sich die Nationalisten abermals zu Wort, sammelten quer durch alle Parteien Unterschriften für ein eigenes schottisches Parlament und errangen mit zwei Millionen Stimmen bei 5,15 Millionen Einwohnern ein kaum zu überbietendes Resultat. Es wird eines Tages zu einer neuen politischen Situation führen, weil gerade in diesem dünn besiedelten Land, das in manchen Teilen noch als Entwicklungsland anzusprechen ist, die zahlreichen und immer stärker genutzten Medien und Informationszentren erfolgreich und intensiv arbeiten. Die Hinwendung der Schotten nicht nur zum Fernsehen, sondern auch zu Buchhandlungen, Bibliotheken und Hochschulen, die Weltkontakte durch den wachsenden Touristenverkehr, dies alles wird die seit 1750 weitgehend indifferente Haltung in politischen Dingen nach und nach verändern.

Im Dezember 1856 begab sich der ungarische Freiheits-apostel Lajos Kossuth auf seiner Propagandareise auch nach Schottland; Fontane sah und hörte ihn in Edinburgh und stellte bei dieser Gelegenheit fest: „Die große Masse des Volkes besitzt eine Indifferenz in politischen Dingen – es müßte denn eine Brot- oder Bierfrage sein –, die durch keine Beredsamkeit nachhaltig aufgerüttelt werden kann, und was die 'respektablen Klassen' angeht: Die 'respektablen Leute' denken und fühlen fast immer wie die *Times*, oder umgekehrt."

Hundert Jahre später entschieden sich jene zwei Millio-nen dann für ein eigenes schottisches Parlament, eine Ent-wicklung, aus der man die Einflüsse der neuen Medien ab-lesen kann, die aber auch ein Zukunftsbild zeichnet, das angesichts dessen, was andere moderne Großstaaten im Baskenland, in Katalonien oder in der Bretagne erleben, keine Utopie mehr ist. Aber es werden nur noch schottische Entwicklungen sein, die sich vollziehen. Das große alte Kö-nigreich, das seine Verbindungen zu den Niederlanden und Frankreich so entschlossen kultivierte, das seit Carlyle auch ein Deutschlandbild hatte, dieses Schottland lebt für uns durch seine Dichter und Schriftsteller weiter, durch seine Landschaft und seine Geschichte. Nach den wichti-gen Förderern schottischen Geistes, wie sie in Leiden und Paris saßen, kamen dann die Deutschen aufnehmend und weitergebend hinzu, von Scott zu Goethe, von Burns zu Fontane; aber die Linien kreuzen sich: Carlyle schrieb ein *Leben Schillers* (mit einem Vorwort von Goethe in der deutschen Ausgabe), Goethe besorgte einen Übersetzer für Burns, der sich leider später dann doch nicht als das starke Talent erwies, das Goethe in ihm vermutet hatte – und Theodor Fontane beschäftigte sich eingehend mit den beiden Brüdern Chambers, obwohl so manches, was sie herausbrachten, nur durchschnittlich genannt werden kann und sie in ihrer Geschäftigkeit mindestens ein Projekt von Walter Scott zunichtegemacht hatten, indem sie ihm zuvorgekommen waren: die Sagensammlung über Edinburgh.

Es herrscht in jener so herrlich bewegten ersten Hälfte des 19. Jahrhunderts ein beinahe leidenschaftlicher Austausch der Informationen, der Versuche und der Ergebnisse zwischen dem aufs neue zum Märchen werdenden alten Caledonien und dem aus der Asche seiner Niederlagen aufsteigenden deutschen Phönix, wie es sich in dieser Art nur zwischen den deutschen Künstlern und Italien ereignet hat. Und es ist bis heute faszinierend, diesen Vorgang zu verfolgen, wie er nach kurzen Stockungen endlich großartig in Fluß kommt: Es begann mit der Schauermär vom *Schloß von Otranto*, dessen Autor kein Schotte war, aber den klassischen *gothic novel* schuf, wie er in jedem schottischen Schloß vor sich gehen konnte und bei Walter Scott dann auch wieder auferstand, und mit Ossian, dem gälischen Poeten, den es gar nicht gab, den sich der Lehrer Macpherson erfunden hatte und der über Herder und Goethe auf die deutsche Dichtung einwirkte wie seit Shakespeare kein Dichter von der Insel.

Während die Helden der romantischen Erzählungen einer nach dem andern in das Land ziehen, wo die Zitronen blühen, reist Ludwig Tieck, der klarste Kopf der ganzen Schule, nach England und bringt von dort im Jahr 1817 Walter Scotts Roman *Waverly* mit, eine hochromantische, aber historisch wohl abgeklopfte Geschichte zwischen schottischen Offizieren, schönen Mädchen, dem Charme des Hochlands und der Grazie des *Young Pretender* Bonnie Prince Charlie. Aber es war nicht dieser drei Jahre zuvor erschienene Roman, den Goethe als ersten in die Hand bekam, sondern *Kenilworth*, einen der bestgelungenen und berühmtesten von Scotts Romanen, der jedoch im elisabethanischen England spielt und der besonderen schottischen Aura entbehrt.

Goethes Äußerung ist charakteristisch für die Rationalität, mit der sich dieser Weise seine letzten Jahre einteilte: „Ich weiß nun, was Scott will und machen kann. Er würde mich immerfort amüsieren, aber ich kann nichts aus ihm lernen. Ich habe nur Zeit für das Vortrefflichste." (12.10.1823 zu Kanzler Müller; Goethe ist 74 Jahre alt, will aber immer noch lernen!) Im September 1828, dreieinhalb Jahre vor seinem Tod, liest Goethe dann *Waverly* auf deutsch, dann, weil es ihn zu sehr interessiert, auch noch im englischen Original. Und nun sagt er zu Eckermann, dieser Roman sei „ohne Frage den besten Sachen an die Seite zu stellen, die je in der Welt geschrieben worden". Nun wissen wir inzwischen, daß Goethe so manchen zeitgenössischen Autor unterschätzt und so manchen zeitgenössischen Komponisten überschätzt hat; aber die eben zitierten Zeilen über Walter Scott erwiesen sich doch als in einem höherem Maß zutreffend als das Urteil der Romantiker, die Scott im Grunde nichts anderes vorwarfen als seinen außerordentlichen Erfolg: Bücher, die der Menge so sehr gefallen, müßten doch etwas von jener Menge selbst in sich haben. Sarkastisch stellte so mancher enttäuschte deutsche Autor auch fest, der deutsche Leser wisse dank Scott in der schottischen Geschichte besser Bescheid als in der deutschen. Andere wieder machten sich, da es noch kein funktionierendes Urheberrecht gab, den Erfolg des großen schottischen Erzählers zunutze, indem sie ihre eigenen Elaborate als Übersetzungen und Bearbeitungen 'nach dem Englischen des Walter Scott' ausgaben. Die Verwirrung, die auf diese Weise entstand, charakterisiert sich durch ein Buch wie *Jacobine oder die Ritter des Geheimnisses*, als Bearbeitung eines Romans von Walter Scott ausgegeben durch den Autor F.P.E. Richter, der in Wahrheit aber Wilhelmine von Gersdorf hieß und die Fälschung nicht einmal selbst verfaßt, sondern einen 30 Jahre früher erschienenen Erfolgsroman umgeschrieben hatte.

Über diesen Symptomen, die geistesgeschichtlich nur bedingte Bedeutung haben, bleibt jedoch der faktische Einfluß Walter Scotts und der durch ihn aufbereiteten schottischen Geschichte und Geschichten wichtig, weil einzigartig: Nie zuvor hat die Geschichte eines kleinen Volkes, eines für die Welt nicht sonderlich bedeutsamen Landes derart die Phantasie der besten Köpfe großer Literaturnationen angeregt. In Frankreich, seit Corneille, Racine und Voltaire das Mekka der Literaten, fühlten sich Alfred de Vigny, Prosper Merimée, ja sogar Balzac und Victor Hugo von Walter Scott und seiner Erzählweise mächtig angezogen, in Italien ist der größte Roman des Jahrhunderts, *I Promessi sposi* von Alessandro Manzoni, deutlich Scott verpflichtet, obwohl er ihn übertrifft.

In Deutschland, wo Scott den größten Erfolg außerhalb seiner Heimat hatte, wirkten seine Romane wie eine Erlösung, ja man möchte sagen, sie gaben dem Lesepublikum sein gutes Gewissen zurück und befreiten es aus einem jahrzehntelangen Dilemma. Neben den Klassikern Wieland, Goethe und Schiller, deren gelehrte Romangebäude das Unterhaltungsbedürfnis höchstens mit dem *Geisterseher* einigermaßen befriedigten, beherrschte der Trivialroman mit dem Lieblingsthema der Geheimgesellschaften das Feld sosehr, daß selbst Jean Paul und Achim von Arnim sich von diesem erfolgreichen Muster nicht immer distanzieren konnten. Nun aber kamen Romane von Qualität und Gehalt, die fesselten, erbauten, belehrten und die dennoch zu gefallen wußten, und die großartige Frauengestalten enthielten, über die man beruhigt auch in den feinsten Salons sprechen konnte. Dazu kam etwas, das man heute freilich als ein Manko bei Scott empfindet: Er nahm nur sehr diskret Partei, er engagierte sich allenfalls im Gefühl und in der Einzelperson, sprach aber politische Überzeugung höchstens durch den Mund seiner Gestalten aus und blieb selbst auf der Position des unparteiischen Erzählers.

Diese besondere Vorsicht Scotts beendete die große Welle seiner Erfolge in Deutschland, als der politische Kampf um die Jahrhundertmitte die Gemüter zusehr erregte. Bis dahin aber waren schon gute deutsche Autoren zum Wettstreit mit Scott angetreten und hatten die eilfertigen Fälscher der ersten Stunde abgelöst. Es waren Willibald Alexis, der sogleich großen Erfolg hatte (und der merkwürdigerweise von Anfang an sicher gewesen war, es in dieser Manier Scott gleichtun zu können), es war aber auch Wilhelm Hauff, der heute noch gelesen wird, und schließlich Gustav Freytag, der in Scott überhaupt den 'Vater des modernen Romans' sah. „Als Walter Scott anfing, seine Romane zu schreiben", sagt Freytag 1853, „war er selbst schon lange Gutsbesitzer, Landbauer, Jäger, Kommunalbeamter seines Bezirks, nebenbei freilich auch gelehrter Altertumsforscher und Literaturhistoriker. Und durch eine Reihe von Jahren hatte er mit all den Urbildern seiner Gestalten, in den Landschaften, welche er für die Kunst lebendig machte, in Wirklichkeit verkehrt, hatte sich selbst kräftig gerührt. Daher ist auch Männerarbeit geworden, was er geschrieben hat, eine Freude und Erquickung für die Besten seines Volkes und die Gebildeten aller Völker."

Das ist deutlich, das ist ein Bekenntnis und wohl auch eine absichtsvolle Abwertung jener spekulativen Literatur, die sich um der Ideen willen von der Wirklichkeit der Vergangenheit oder der Gegenwart entfernt hat – aber selbst diese engagierte Aussage steht keineswegs vereinzelt dar. Man kann Fontane oder eigentlich zunächst seinen Vater entgegenhalten, der mit seiner Familie in Swinemünde weit über seine Verhältnisse lebte, am liebsten Napoleonanekdoten erzählte, deren er mehr wußte als jeder andere, als Lieblingslektüre aber keineswegs Stendhal oder einen anderen Panegyriker des großen Korsen pflegte, sondern Walter Scott, so gut wie ausschließlich und am liebsten und häufigsten *Quentin Durward*. Dann aber stieg Fontane selbst in das Werk Scotts ein, und zwar ganz folgerichtig mit den *Minstrelsy of the Scottish Border*, mit denen es begonnen hatte. Zwischen Fontane und Scott spinnt sich so vieles an, daß wir es umso weniger zu beleuchten brauchen, als Theodor Fontane, zum Unterschied von Alexis und vielen anderen, glücklicherweise noch gelesen wird: In *Graf Petöfi* beschreibt Franziska Franz die Atmosphäre jenes Fährhauses, bei dem sie mit dem Grafen Asperg landen soll, ein wenig salopp mit 'halb Märchen, halb Walter Scott'. In *Unwiederbringlich* nimmt Holk ein paar Bände Walter Scott mit nach Kopenhagen, denn 'der paßt immer'. Effie Briest läßt sich (unter anderen) Bücher von Walter Scott aus der Leihbücherei holen, und Rummschüttel, der ihr jede Lektüre verbieten will, sagt immerhin bei Scott nicht nein: Gegen den ließe sich nichts einwenden.

Fontane, der ja lange lebte und viel schrieb, hat natürlich auch Walter Scott einen eigenen Essay gewidmet; aber das spontanste Bekenntnis zu dem schottischen Dichter steht doch in einem Brief an seine Frau, dem vom 18.6.1884, der leider in vielen Briefsammlungen fehlt:

„Ja, Walter Scott ... er ist ein Segen wie Wald- und Bergluft. Die Menschen schreiben schließlich doch, wie sie sind. Er war ein entzückendes Menschen-Exemplar, ein echter, wirklicher Gentleman."

Und das führt nun zu einer allgemeineren Frage, denn Fontane ist ja in seiner hugenottischen Herkunft zeitlebens gegenüber Deutschland in einer gewissen Distanz geblieben, woran seine eigenen Erlebnisse in den Kriegen von 1866 und 1870/71 nichts änderten. An verschiedenen Stellen seiner Korrespondenz und seines essayistischen Werks wird deutlich, daß er im schottischen Wesen mehr sah und aus seiner Begegnung mit Schottland und schottischer Geschichte mehr erfahren hatte als einen Bildungs- und Kenntniszuwachs, gleichsam, als hätten seine französische Herkunft und sein deutsches Dichtertum sich in der gemeinsamen Beziehung zu Schottland gefunden und versöhnt. Er beklagt, daß die Anthologie-Fabrikanten die schönsten Balladen und Lieder übersehen, die er in den schottischen Sammlungen von Percy und Scott entdeckte und nachdichtete, und er sagt von diesen Sammlungen, sie seien „zwei Bücher, die auf Jahre hin meine Richtung und meinen Geschmack bestimmten. Aber mehr als der mir aus ihnen gewordene literarische und fast möchte ich sagen Lebensgewinn gilt mir der unmittelbare Genuß, den ich von ihnen gehabt habe." (*Von Zwanzig bis Dreißig*) Und den Schlüssel zu dieser offensichtlichen Wesensverwandtschaft gibt uns Fontane dann in seinem so warmherzigen Aufsatz über Walter Scott in die Hand, einem Stück literarischer Essayistik, das vom Kollegialen zur Freundschaft vorstößt, über den Tod des schottischen Schriftstellers hinaus, dessen Lebens- und Existenzprobleme Fontane mehr von seinem Vater her als aus dem eigenen Leben verstehen konnte:

„(Scott) war der liebenswürdigsten Sterblichen einer, die je gelebt haben: brav, gütig, gastfrei; keusch ohne Prüderie, fromm ohne Langeweile und Himmelsanmaßung; ein feuriger Patriot, ein rücksichtsvoller Gatte, ein zärtlicher Vater; leichtlebig, heiter, gesund, ohne Nerven und ohne Sentimentalität; ein guter Esser, ein noch besserer Trinker, ein unerreichter Anekdotenerzähler; im besten Sinn eine aristokratische Natur, wahr, voll Selbstbeherrschung, vor allem bescheiden."

Dieses letzte Wort hat Fontane unterstrichen und setzt dann zu einer *ars poetica* an, die eine über Walter Scott hinausgehende Affinität mit Schottland erkennen läßt:

„Es kamen zu diesem Schatz gewinnendster Qualitäten noch einige hinzu, die speziell den Romantiker machten: eine Vorliebe für das historische Genre, eine Hinneigung zum Abergläubischen, zur Gespensterseherei; dazu Sammeltrieb, Passion für Tiere und Vorliebe für Kuriositätenkram."

Hier geht es nicht mehr um Walter Scott, hier geht es um Schottland, und nicht mehr um die Fontane-Leser, sondern das der Gründerzeit zustrebende Jahrhundert mit Siegestaumel, schimmernder Wehr, Großmannssucht und dem Wort von jenem deutschen Wesen, an dem die Welt genesen werde. „Ich habe Bücher genug gelesen", sagt Scott in einem Gespräch mit einer englischen Interviewerin, der Mode-Romancière Maria Edgeworth, „um zu wissen, daß die tiefsten Aussprüche, die ich gehört habe, von den Lippen armer, ungebildeter Männer und Frauen kamen. Da kamen oft Dinge zutage, die erhabener und ergreifender vielleicht nur noch in der Bibel gefunden werden. Auch der Dichter wird seinen wahren Beruf nur erfüllen, wenn er alles als eitel und wertlos erkennt, was nicht wahre, innere Herzensbildung ist."

Es klingt beinahe wie eine Anspielung auf die Eltern Carlyles, deren Briefe im vorigen Kapitel zitiert sind, aber natürlich hatte Walter Scott in den Gemeinden, in denen er lebte und als Kommunalbeamter arbeitete, sehr viele darüber hinausgehende Kontakte mit seinen Landsleuten und ihrer besonderen, durch eine harte Geschichte und die karge Natur entstandenen Lebensart.

In den hundertfünfzig Jahren seit Walter Scott, den einhundert Jahren seit Theodor Fontane, hat sich Deutschland mehr gewandelt als Schottland, hat das deutsche Volk Geschichte erlebt und erlitten wie Schottland vor zweihundert Jahren und früher. Das kleine Europa, in dem eine halbe Milliarde Menschen sich viel zu langsam auf Bedrohungen vorbereitet, die alles, was der Erdteil bisher erlebte, in den Schatten stellen, in diesem Europa gibt es außer ein paar hundert Quadratkilometern in der Mancha und am Unterlauf des Guadalquivir, im Karpatenbogen und in Makedonien die alte Welt, deren Wasser und Luft Fontane als ein Labsal empfand, nur noch nördlich des Tweed, dort aber in einer unendlichen Erstreckung, im sich auffächernden schottischen Land und seinen Insel-Säumen. Begibt man sich heute dorthin, so begegnet man nicht nur Schottland, nicht nur der Vergangenheit, nicht nur der Romantik der Schlösser und der von Scott so geschätzten schlichten Weisheit einfacher Menschen, sondern man erfährt auch das Gegenwartsverständnis jenes Volkes, das eines der ältesten Europas ist und durch unser Altern zu einem der jüngsten geworden ist in jener keltischen Mischung von Wildheit und Weisheit mit ihrer ungebrochenen Kraft. Es wäre ein gefährlicher Irrtum, geschichtliche Abläufe romantisch zu verklären, in denen wir soviel Bluttaten und Brutalität begegnen wie eben in Schottland, und doch weht es uns aus den Highlands, aus dem Tal von Glencoe und aus dem Sumpf bei Culloden wie eine tröstliche Lektion an, die aus dem Land kommt mit allem, was dazugehört an Häusern, Herden und Menschen, eine Lektion vom Überstehen in Mut und Vertrauen zu den alten und segensreichen Kräften des Daseins.

Die Aufgabe seiner Eigenstaatlichkeit und seiner eigenen Geschichte hat es also tatsächlich erfüllt, dieses Land am nordwestlichen Rand Europas, und diese Aufgabe hat durch eine besondere Konstellation sogar ihre Herolde erhalten, ohne die sie nicht sonderlich bekannt geworden wäre; denn wer wußte schon um 1800 von Schottland und wer wußte um 1850 noch nichts?

In der Völkerfamilie Europas jedoch, in der die Kelten untergegangen sind, ist für Schottland eine neue Verpflichtung aufgegangen in einer Zeit, da man von Geschichte nicht mehr viel hören will und von den Liedern, die aus ihr herkommen, noch weniger. Der blutgetränkte Boden der *Borders*, die beredte Verlassenheit der Hebriden, die wiederentdeckte Vorgeschichte auf den Orkneys sind Attraktionen geworden, die ihren Sinn keineswegs nur aus dem schottischen Bereich und Geschichtsraum empfangen, sondern die uns die Augen öffnen für das, was Europa war, für das, was es geworden ist, und für die große Lektion, die Schottland uns Binneneuropäern erteilt eben dadurch, daß es überlebt hat.

Zeittafel der schottischen Geschichte

Etwa 3900-2500 v. Chr.	Steinzeitkulturen auf den Orkney-Inseln. Älteste Fundstellen auf der kl. Insel Papa Westray, spätere und größere auf Mainland.
um 2100 v. Chr.	Sturmkatastrophe von Skara Brae am Westrand von Mainland verschüttet ein Steinzeitdorf mit Sand; das schottische Pompei unter der Düne.
um 2000 v. Chr.	Kammergrab von Maes Howe auf Mainland/Orkneys.
um 1900 v. Chr.	Kammergräber von Midhowe Cairn (Insel Rousay) und Unstan Cairn (Mainland); Felsengrab von Dwarfie Stane (Insel Hoy).
um 1800 v. Chr.	Bronzezeitliche Denkmäler auf Mainland (Ring of Brodgar, Steinsetzungen von Stennes).
800 v. Chr.	Beginn der Einwanderung eisenzeitlicher Völkerschaften aus Mitteleuropa.
500 v. Chr.	Beginn der Kelteneinwanderung, hauptsächlich über Irland.
etwa 200 vor bis 200 n. Chr.	Die Zeit der Brochs (Steintürme ähnlich den Nuraghen) auf verschiedenen Orkney- und Shetland-Inseln (Ausgrabungen an der Meeresstraße zwischen Rousay und Mainland).
55-54 v. Chr.	Cäsar informiert sich bei Händlern über England und setzt auf die Insel über, doch ziehen die Römer wieder ab.
43 n. Chr.	Beginn der römischen Eroberung von England.
71-84	Nordvorstöße der Römer vor allem unter dem Feldherrn Agricola. Bau römischer Befestigungen zwischen Clyde und Forth.
84	Schlacht am Mons Gropius (vermutlich südöstl. Schottland) und Sieg der Römer über schottische Stämme.
117-138	Kaiser Hadrian. Er bereist Großbritannien und befiehlt den Bau des nach ihm benannten Walls.
142-145	Wall des Kaisers Antoninus auf verkürzter Linie wegen zunehmender Angriffe aus dem Norden auf den Festungsgürtel.

373

Ende des 4. Jh.	Unter starkem Druck schottischer Stämme werden die Wälle und Kastelle von den Römern verlassen. In größeren Siedlungen Reste christlicher Bevölkerung.
Frühes Mittelalter	In Schottland leben nebeneinander, mit zahlreichen, meist kriegerischen Kontakten, die Pikten im Reich Alba (nichtindogermanisches Volk), die keltischen Skoten (aus Irland eingewandert, Reich Dalriada im Westen) z.t. romanisierte Briten in Strathclyde (Südwesten) und german. Angeln (Northumbria, südöstl. Schottland).
397	St. Ninian beginnt die Missionsarbeit in Withorn.
449	Jütische Krieger unter Hengist und Horsa landen im Osten Englands.
563	Sankt Columba, Ire königlicher Abkunft, landet mit Gefährten auf der Hebriden-Insel Iona und missioniert Südwestschottland im Lauf der nächsten Jahrzehnte.
687	Tod des hl. Cuthbert nahe der Insel Lindisfarne (Northumbria).
690-790	Angelsächsische Buchkunst und Pflege der Pergamente in den ersten schottischen Klöstern (Evangeliare).
793	Überfall auf das Inselkloster Lindisfarne gilt als Beginn der Wikingerzeit; Heimsuchung aller meernahen Siedlungen, Raubflotten auf den Flüssen Seine, Rhein, Weser u.a.
834-860	Kenneth MacAlpine, König von Dalriada, schlägt Pikten und german. Seeräuber und einigt Schottland zum Königreich, zu dem 1016 Northumbria kommt und 1034 Strathclyde. Auf den Hebriden herrschen jedoch die Norweger.
1058-1286	Schottisches Mittelalter unter tüchtigen Königen wie Malcolm III., David I. und Alexander III. mit einer gewissen Prosperität in Friedenszeiten.
1290-1320	Nach Jahrhunderten schottischer Einfälle nach Süden Beginn von Abwehrkämpfen gegen das erstarkte England. Robert the Bruce, Begründer einer neuen Dynastie. Sir William Wallace (1272-1305) schottischer Freiheitskämpfer.
1314	Schottischer Sieg von Bannockburn bei Stirling.

374

1328	Vertrag von Northampton anerkennt Schottlands Unabhängigkeit.
1371-1689	Herrschaft des Hauses Stuart.
1424	Jakob I. nach 18 Jahren in englischer Gefangenschaft auf dem schottischen Thron (bis 1437).
1468	Nach den 1266 von Norwegen durch Kauf erworbenen Hebriden kehren nun auch Orkneys und Shetlands an Schottland zurück.
1495	Kings College von Aberdeen als dritte schottische Universität konstituiert (Nach Edinburgh 1412 und Glasgow 1451).
1513	Verlustreiche Niederlage gegen England bei Flodden. Tod Jakobs IV.
1542-67	Maria Stuart Königin der Schotten (gest. 1587).
1549/50	Religiöse und soziale Unruhen in England. Beginn der Reformation in Schottland.
1553-58	Maria die Katholische, auch genannt die Blutige, Königin von England.
1558-1603	Elisabeth I., Tochter Heinrichs VIII., Königin von England.
1561	Maria Stuart, junge Witwe nach Franz II. von Frankreich, kehrt nach Schottland zurück.
1567	Tod von Marias Gatten Lord Darnley durch einen Sprengstoffanschlag. Maria heiratet den vermutlichen Mörder Bothwell, unterliegt aber in der Schlacht von Langside bei Glasgow gegen die Lords (1568) und begibt sich in die Gewalt der englischen Königin.
1567-1625	Jakob VI. von Schottland, Sohn der Maria Stuart, seit 1603 auch König von England.
1587	Hinrichtung der Maria Stuart im Tower zu London wegen Verschwörung gegen die englische Krone.
1603	Tod Elisabeths I., erste Union of the Crowns (Vereinigung der Kronen) unter Jakob I.
1625-49	Karl I. König von England und Schottland aus dem Haus Stuart. Auf Betreiben Cromwells nach Schauprozeß hingerichtet.
1649	Aufstand in Irland von Cromwell grausam niedergeschlagen.

1653-58	Cromwell Lordprotektor und Herr der Insel bis zu seinem Tod.
1660	Dank General Monck Restauration der Stuarts mit Karl II. (1660-85), der intelligent und tolerant regiert.
1685-88	Jakob II. (in Schottland: Jakob VII.) versucht, die Katholiken in hohe Positionen zu bringen. Macht sich durch Härte unbeliebt. Landung von Wilhelm von Oranien, als König von England Wilhelm III. (1688-1702) anstelle seines Schwiegervaters Jakob II.
Juni 1689	Sieg der schottischen Hochländer bei Killicrankie über die englischen Truppen.
1692	Das Massaker von Glencoe.
1702-1714	Königin Anne bemüht sich um besseres Einvernehmen mit den Schotten.
1707	Proklamation des United Kingdom bei Vereinigung der Parlamente von London und (bis dahin) Edinburgh.
1714	Von Queen Anne geht der Thron an das Haus Hannover-Braunschweig über. Georg I. in Personalunion mit Hannover König von England und Schottland.
1715 und 1719	Erhebungen in Schottland für den sog. älteren Prätendenten, den spät geborenen Sohn Jakobs II. von England.
1727-60	König Georg II.
1745	Beginn der Erhebung unter dem Jüngeren Prätendenten, genannt Bonnie Prince Charlie (Karl Eduard Stuart, 1720-1788).
16.4.1746	Vernichtende Niederlage der Schotten bei Culloden
29.9.1746	Nach Monaten der Flucht und Entbehrungen, auf South-Uist verraten, auf Skye von Flora MacDonald gerettet, landet Karl Eduard in der Bretagne. Der letzte Jakobitenaufstand war nach bedeutenden Anfangserfolgen gescheitert.
1746/47	Sehr harte Maßnahmen gegen die überlebenden Parteigänger Karl Eduards in Schottland. Entmachtung der Clans. Hungersnöte.

1747	Flora MacDonald nach Haft im Tower amnestiert, wandert nach Amerika aus (später Rückkehr in die Heimat).
1760-1820	Georg III., erster in England geborener König der Hannoverschen Linie (seit 1811 Regentschaft des späteren Georg IV. *the Regency*).
1771-1832	Walter Scott (publiziert seit 1805, *Waverly* 1814).
1795-1881	Thomas Carlyle (1833 Autobiographischer Roman *Sartor Resartus*).
1796	Tod von Robert Burns. Schottlands großer Lyriker wurde nur 37 Jahre alt.
1822	Georg IV. besucht Schottland. Beginn der Reformpolitik, die 1885 (!) endlich zur Ernennung eines eigenen Schottlandministers führt.
Im 19. Jhdt.	steigt die Bevölkerungszahl Schottlands von 1,6 auf 4,5 Millionen (Auswanderung nach Amerika, Einwanderung aus Irland).
Seit 1927	Erstarken des schottischen Nationalismus. Raub des Krönungssteines aus London, wiedergefunden 1951 in Arbroath
1974/75	Durchgreifende Verwaltungsreformen in Schottland beseitigen weitgehend die alten Grafschaftsgrenzen.

JAKOB I. (VI.)
* 19.6.1566   † 27.3.1625
König von Schottland 1578,
von England 1603

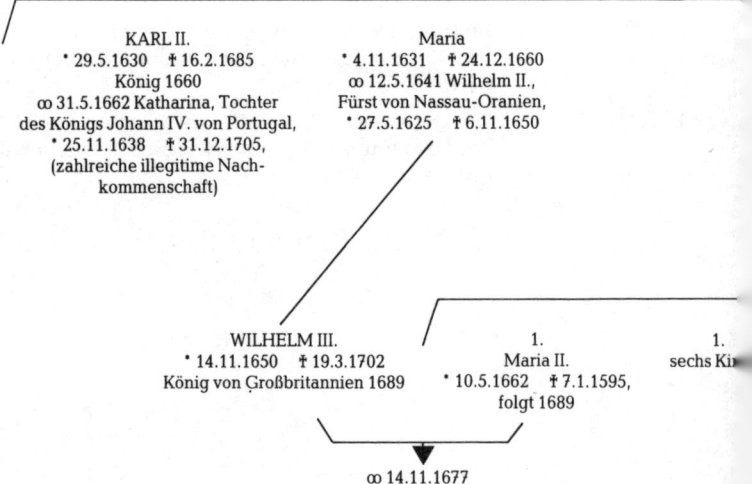

Heinrich Friedrich
* 19.2.1594
† 6.11.1612

Elisabeth
* 19.8.1596   † 23.2.1662
∞ 24.2.1613 Friedrich V.
Kurfürst von der Pfalz
* 26.8.1596   † 29.6.1632

Margarete
* 29.12.1598
† Kind

KARL II.
* 29.5.1630   † 16.2.1685
König 1660
∞ 31.5.1662 Katharina, Tochter
des Königs Johann IV. von Portugal,
* 25.11.1638   † 31.12.1705,
(zahlreiche illegitime Nachkommenschaft)

Maria
* 4.11.1631   † 24.12.1660
∞ 12.5.1641 Wilhelm II.,
Fürst von Nassau-Oranien,
* 27.5.1625   † 6.11.1650

WILHELM III.
* 14.11.1650   † 19.3.1702
König von Großbritannien 1689

1.
Maria II.
* 10.5.1662   † 7.1.1595,
folgt 1689

1.
sechs Ki▸

∞ 14.11.1677

Die Könige von Schottland
aus dem Hause Stuart
(1603-1714)

.12.1589

Anna, Tochter des Königs
Friedrich II. von Dänemark
* 12.10.1574   † 12.3.1619

KARL I.
* 19.11.1600   † 9.2.1649
folgt als König von Groß-
britannien 1625
3.6.1625 Henriette, Tochter des
igs Heinrich IV. von Frankreich
* 26.6.1609   † 10.9.1669

Robert
* 18.1.1602
† 27.5.1602

Marie
* 18.4.1605
† 16.12.1607

Sofie
* 22.6.1606
† 23.6.1606

JAKOB II.
* 24.10.1633   † 16.9.1701
folgt 1685-1689
15.2.1660 Anna Hyde, Tochter
s Eduard Earl von Clarendon
* 1637   † 31.3.1671
1.12.1673 Maria Beatrix Este,
hter des Herzogs Alfons II. von
dena, * 5.10.1658   † 7.5.1718

Heinrich
Herzog von Gloucester

Henriette
* 16.6.1644   † 30.6.1670
∞30.3.1661 Philipp I.
Herzog von Orleans
* 21.9.1640   † 9.6.1701

1.
ANNA
1665   † 12.8.1714,
folgt 1702
8.1683 Georg Prinz
von Dänemark
4.1653   † 8.11.1708

2.
Marie Luise
† 1712

2.
Jakob Eduard
* 10.6.1688   † 1.1.1766
∞ 3.9.1719 Maria Klementine,
Tochter des Prinzen
Jakob Ludwig Sobieski
* 18.7.1702   † 18.1.1735

2.
fünf Kinder

Karl Eduard
* 31.12.1720   † 31.1.1788
Graf von Albany
∞ 17.4.1772 ∞ 1784 Luise,
Tochter des Prinzen Gustav Adolf
von Stolberg-Gedem
* 21.9.1752   † 29.1.1824

Heinrich Benedikt
* 5.3.1725   13.7.1807
Kardinal 1747

Stichwort Clan
Eine Kurzinformation als Anhang

Als Tatsache sind die Clans älter als das Christentum. Die ältesten Belegstellen des Wortes finden sich jedoch in irischen Kirchenakten und bezeichnen „diejenigen Angehörigen eines Familienverbandes, die Anspruch auf Erbfolge in geistlichen Ämtern erheben konnten" (Lexikon des Mittelalters). Die Ursprünge der Clans scheinen jedoch Kultgemeinschaften zu sein, Sippenverbände, die einen bestimmten Gott gemeinsam verehren (z.B. der Gott Lug für den Clan Cholmain im mittleren Irland).

Später erweitert sich der Inhalt des Begriffs und bezeichnet im heutigen Sinn geschlossene Familiengruppen. Das irisch-keltische Wort *clann* — soviel wie Nachkomme, Kind, Sproß — erscheint in Schottland etwa ab dem zwölften Jahrhundert für einen Familienverband, der sich von einem gemeinsamen Ahnherrn ableitet und eng zusammenhält. (Beweise dafür, daß ähnliche Strukturen schon bei den Pikten existierten, gibt es nicht, doch nehmen viele Forscher dies an.) Die Clans etablierten sich in Schottland sichtbar und mächtig nach der Vereinigung der kleinen Teilreiche und treten im 13. Jahrhundert bereits als Machtzentren neben der Königsmacht und mitunter gegen sie in Erscheinung: Der Clan MacDuff (Mac heißt soviel wie 'Sohn des ...'), die Earls of Fife und die Nachfahren des mächtigen Lords of Argyll (gest. 1164), die sich fortan Mac-Dougall, MacRuari und MacDonald nennen. (Dieser Clan herrschte vom 14. Jahrhundert an so gut wie unabhängig über die Hebriden.) Seit dem 17. Jahrhundert treten nicht-gälische Clans auf, die ähnlich wie heute zusammenarbeitende Familienbünde agierten: die Stuarts, die Murray, die Gordon u.a.

Die heute so bekannten Clans-Muster auf dem Tartan

(Plaid) oder dem Kilt (Schottenrock) sind verhältnismäßig späten Ursprungs; sie hängen damit zusammen, daß die Hochländer nach der Niederschlagung der zweiten Stuart-Revolte im 18. Jahrhundert mit eigenen Regimentern in die Armeen des British Empire eingegliedert wurden. (Die vorher unsystematisch gebrauchten Clans-Muster auf den karierten Plaids und Röcken waren 1746 verboten worden.)

Das Wort Tartan wird heute sowohl für das Plaid als auch für sein Muster gebraucht. Es soll etwa zweihundert Tartans geben, und die einzelnen Muster sind nicht geschützt: Jeder kann grundsätzlich tragen, was ihm gefällt. Dennoch wird in Schottland selbst und von den kundigen Einwohnern darauf geachtet, daß nicht etwa ein MacDonald den Tartan eines Campbell trägt, um nur ein Beispiel zu nennen.

Die wichtigsten Clans, nach ihrer Verteilung über Schottland im 16. Jahrhundert, waren:

a) an der Westküste, von Norden nach Süden: MacLeod, MacDonell, MacDonald, Macinnon, Macquarie und der Clan Ranald;

b) an der Ostküste, von Norden nach Süden: Mackkay, Keith, Gunn, Oliphant, Sutherland, McCulloch, MacIntosh, Gordon, Lindsay, Ogilvy, Ruthven

c) im Süden von Ost nach West: Campbell, Hamilton, Maclachlan, Stewart, Murray, Moncreiffe, Haldane.

(vgl. auch Lit. Verz. unter Maclean)

Literaturbericht

Vergegenwärtigt man sich, was in unserem Jahrhundert in Deutschland über Schottland geschrieben wurde, so gewinnt man den Eindruck, daß dieses große und interessante europäische Land sich im Bewußtsein der Kontinentaleuropäer vor allem dadurch erhalten hat, daß dort ausgezeichneter Fußball gespielt wird. Die *Glasgow Rangers, Celtic Glasgow* und mit einigem Abstand *The Heart of Midlothian* tauchen regelmäßig auf den Sportseiten der deutschen Zeitungen auf, und die Begegnungen mit deutschen Mannschaften führen zu Reisen deutscher Schlachtenbummler nach Schottland, vor allem aber zu den stark beachteten Auftritten der schottischen Fans in deutschen Städten. Die kleine Gruppe deutscher Kulturreisender, die sich für das Edinburgh-Festival interessiert, fällt dagegen kaum ins Gewicht, soll aber nicht vergessen werden.

Während der 'alte Meyer' der schottischen Geschichte noch neun Spalten widmet, sind es in der neuen Meyer-Enzyklopädie, bei gleicher Anzahl der Bände, nur noch deren zwei. Historische Werke über Schottland aus deutschen Federn werden weder 1900 noch 1970 angeführt, eine einzige Kirchengeschichte ausgenommen. Westermanns großes *Lexikon der Geographie* bringt eine gute und ganzseitig-deutliche Sprachenkarte von Schottland, aber keinen einzigen historischen Titel in der Bibliographie, nicht einmal unter den englischen Werken. Der Wall des Antoninus wird einem Antonius zugeschrieben, der Hadrianswall gar nicht genannt, und so weiter.

Manches an dieser Situation ist erklärlich, anderes wieder verblüfft. Das etwa seit 1955 bei uns erwachte Interesse für Vor- und Frühgeschichte, für Ausgrabungen und das Weltreich der Römer fände doch in Schottland Materialien und Stoffe, die uns näher angehen als jeder Zikkurat oder

Kurgan, und was die Römer unter Cäsar, Agricola und Hadrian auf der britischen Hauptinsel alles in Bewegung setzten und erlebten, ist in seinem Ablauf gut zu überblikken und durch attraktive Fundstellen auch für die Touristenprogramme anregend. Das hat sich inzwischen wohl auch in einigen Schottlandführern niedergeschlagen, doch sind die ausführlicheren unter ihnen britischen Vorgängerwerken wie dem hervorragenden Shell-Führer für Schottland verpflichtet, die knappen Darstellungen wieder verzichten weitgehend auf historische Reminiszenzen.

Angesichts des leidenschaftlichen Interesses für die schottische Geschichte im Land selbst, die Spezialkarten für Schlösser, die Prachtwerke über Schlösser, Inseln, die Highlands, die 'magischen Orte', das keltische Schottland und ähnliche Spezialbereiche sucht man nach besonderen Gründen für die Zurückhaltung deutscher Autoren, die sich ja selbst mit Irland weitaus eingehender beschäftigt haben als mit Schottland. Einer der Gründe mag darin liegen, daß etwa zugleich mit dem Entstehen großer deutscher Geschichtsschreibung in Schottland und danach für ganz Europa der Stern von Walter Scott aufging, und als dieser um die Mitte des Jahrhunderts zu verblassen begann, war es Theodor Fontane, der nach Reisen in Briefen, Artikeln und längeren Darstellungen immerhin soviel über Schottland publizierte, daß die zünftigen Geschichtsschreiber dadurch entmutigt gewesen sein mögen – bis auf die Spezialliteratur über Maria Stuart, die im Gefolge des Dramas von Schiller eine Reihe weniger bedeutender Werke hervorbrachte und einen Plan, den Otto Ludwig aber nicht ausführte. Stefan Zweigs große Biographie von 1935 hat neuere Bearbeiter wohl eher abgeschreckt als zur Nachahmung ermutigt.

Die nachfolgende verhältnismäßig kurze Liste benützter und/oder weiterführender Werke kann daher auf fremdsprachige Titel leider nicht verzichten; von ihnen sind vor allem jene aufgenommen worden, die verhältnismäßig leicht auch bei uns zu beziehen sind.

AGRICOLA, Christiane: Volkssagen aus Schottland. Leipzig 1986.
dito: Schottische Sagen von Elben und Zauber. Leipzig 1988.

ALEXANDER, Marc: Enchanted Britain. Mystical Sites in Rural England, Scotland and Wales. London 1981.

BASSERMANN, Lujo: Die ungekrönte Geliebte. Düsseldorf und Wien 1967.

BECKETT, J.C.: Geschichte Irlands. Stuttgart 1971.

BEDA des Ehrwürdigen Kirchengeschichte der Angelsachsen. Schaffhausen 1866.

BRIE, Friedrich: Die nationale Literatur Schottlands von den Anfängen bis zur Renaissance. Halle 1937.

BUCKLE, Henry Thomas: Geschichte der Civilisation in England, 2 Bde. Leipzig 1874.

CHARLOT, Monica und MARX, Roland: La société victorienne. Paris 1978.

CHLEDOWSKI, Kasimierz von: Die letzten Valois. München 1922.

CROOKSTON, Peter (Hrsg.): Island Britain. London 1980.

DICKINSON W.C. u.a.: A source book of Scottish history, 3 Bände, London 1958/61.

DIESBACH, Ghislain de: George III. Paris 1966.

DONALDSON, G. (Hrsg.): The Edinburgh History of Scotland. Edinburgh und New York 1965 ff.

DUBS-BROCHER, Lucette: Der Prätendent Charles-Eduard Stuart. Frauenfeld und Leipzig 1935.

EAGLE/CARNELL: The Oxford literary Guide to the British Isles. Oxford 1977.

EVAN, John: Jakob I., König von Schottland. Hamburg 1939.

FALKUS, Malcolm / GILLINGHAM, John: Historical Atlas of Britain. London 1981.

FRANCIS, Barry (Hrsg.): Scottish Highlands. London 1986.

GARMONSWAY, G.N. (Hrsg.): The Anglo-Saxon Chronicle. London/New York 1962.

HELM, P.J.: Exploring Roman Britain. London 1975.

HILL, Christopher u.a.: Die englische Revolution von 1640 (Aufsätze). Berlin (DDR) 1952.

HINDE, Thomas (Hrsg.): The Domesday Book. England's Heritage then and now. 1985 s.l. (Printed in Italy). Eine einzigartige Quelle, wie sie vergleichbar nur Island besitzt.

385

JOHNSON, Paul (Hrsg.): The National Trust Book of British Castles. London 1978.

LAING, Lloyd: Celtic Britain. London 1979.

LERBS, Karl (Hrsg.): England schreibt. Briefe aus sechs Jahrhunderten. Hamburg 1937.

MACAULAY, Thomas Babington: Geschichte von England, 10 Bände. Braunschweig 1852 ff.

MACLEAN, Fitzroy: Schottische Clan-Geschichten. Herford 1987.

ders: Kleine Geschichte Schottlands. Herford 1986.

MORLEY, Frank: Literary Britain. A readers guide to Writers and Landmarks. London 1980.

NICOLSON, Harold: Tagebücher und Briefe. 2 Bände. Frankfurt 1969.

PEPYS, Samuel: The Diary (Transcription ed. by Latham and Matthews), 11 Bände. London 1983.

PONSONBY, Sir Frederick: Im Dienste der großen Queen. Jugenheim (Bergstr.) 1961.

SAXO GRAMMATICUS: Die ersten neun Bücher der dänischen Geschichte. Berlin 1900.

SCHREIBER, Hermann: Die Stuarts. Genie und Unstern einer königlichen Familie. München 1970.

dito: Auf Römerstraßen durch Europa. München 1985.

SCOTT, Eva: Die Stuarts (mit großem Stammbaum). München 1936.

SCOTT, Michael (The Wizard) über ihn Agricola, Schottische Sagen p. 332 ff.

SHAKESPEARE-Handbuch von Kröner (Stuttgart 1972) und Encyclopaedia von Methuen & Co. London 1966.

STRACHEY, Lytton: Carlyle. In 'Geist und Abenteuer'. Berlin 1932.

dito: Elisabeth und Essex. Berlin 1951.

TREVELYAN, George M.: Kultur- und Sozialgeschichte Englands. Hamburg 1948.

WESTWOOD, Jennifer: Albion. A Guide to Legendary Britain. London und Glasgow 1985.

BOSWELL, FONTANE und Walter SCOTT fehlen in diesem Verzeichnis, weil ihre im Text mit den Titeln zitierten Werke in verschiedenen Ausgaben und Auflagen vorliegen, z.B. Boswell bei Manesse und Diogenes usf. Es sei auch erwähnt, daß die Encyclopaedia Britannica in den Auflagen vor 1965 in ihren historischen Einzelartikeln oft ausführlicher informiert als selbständige historische Darstellungen.

Hermann Schreiber

Das Elsaß
und seine Geschichte

360 Seiten,
zahlreiche Vierfarb-
Abbildungen
ISBN 3-925825-19-3

Dieses Buch bricht ein Tabu der letzten Jahrzehnte, in denen zwar
viel über die Landschaft, die Kunst, den Wein und die Folklore des
Elsaß, aber so gut wie nichts über seine Geschichte geschrieben
wurde. In Frankreich nicht, weil der französische Nationalstolz es
nicht zuließ, im Elsaß etwas anderes als nur eine französische Region
zu sehen, in der die Bevölkerung einen Patois, einen Dialekt ähnlich
dem der Bretonen spricht, in Deutschland nicht, weil man voller
Schuldgefühl und das Ziel der deutsch-französischen Freundschaft
vor Augen alles vermieden hat, was dem Partner unangenehm gewesen wäre.
Der Verfasser, der bedeutende österreichische Sachbuchautor Prof.
Dr. Hermann Schreiber, ist ein Freund Frankreichs und der Franzosen, was ihn aber nicht hindert, klar die Ursprünge der 2000jährigen
Geschichte der Region zwischen Vogesen und Rhein darzustellen,
angefangen von der keltischen Besiedlung und Eroberung durch die
Alemannen bis in unsere Gegenwart, die bis zum Ende des Dreißigjährigen Krieges ein Teil des Deutschen Reiches mit deutscher Bevölkerung war, wo man sich aber seit der Französischen Revolution und
dem erwachenden politischen Bewußtsein stärker nach Frankreich
hingezogen fühlt. Letzten Endes hat Adolf Hitler und der Nationalso-
zialismus die endgültige Hinwendung zu Frankreich vollzogen.

Casimir Katz Verlag